ANNA · CARO · NIELS BEGEGNEN IHREM

BLINDGÄNGER

Gabrielle Riek

ANNA · CARO · NIELS
BEGEGNEN IHREM

BLINDGÄNGER

DREI UNBEQUEME BERICHTE
ÜBER DAS VERBORGENE ICH

Einführung in die Methode der Direkten Begegnung
mit den Personen, dem Kind und dem Verborgenen Ich

Umschlagfoto: José Vega
Foto der Autorin: Wolfgang Armbruster

Bibliografische Information der Deutschen Nationalbibliothek:
Die Deutsche Nationalbibliothek verzeichnet diese Publikation
in der Deutschen Nationalbibliografie; detaillierte bibliografische
Daten sind im Internet über dnb.dnb.de abrufbar.

Herstellung und Verlag: BoD – Books on Demand, Norderstedt

ISBN 9783752628531

Inhalt

Vorbemerkung

Die therapeutische Arbeit mit dem *Verborgenen Ich*, dem *Blindgänger*, setzt da an, wo lösungsorientierte Therapien aufgeben müssen.

So ist die therapeutische Arbeit mit dem *Blindgänger* gut für Menschen, die schon viel probiert haben und bei denen doch, trotz aller Bemühung, etwas Zentrales unberührt geblieben ist. Die therapeutische Arbeit mit dem *Blindgänger* ist auch für spirituelle Sucher geeignet, die schon über viele Jahre sich selbst erforschen, ihre Übungen machen, bei denen sich aber der Frieden und die Einigkeit mit ihren Leben nicht dauerhaft einstellen wollen.

Frustration und Resignation sind ein guter Boden für die therapeutische Arbeit mit dem *Verborgenen Ich*. Sie schaffen die Bereitschaft, etwas zu tun, was sonst kaum jemand tun würde: da-bleiben, auch wenn nichts passiert.

Denn genau das braucht der *Blindgänger*. Unser verborgenes, eigentliches Ich hat sich von aller Welt und sogar vor uns selbst zurückgezogen. Und doch ist es das Zentrum unseres Seins. Aber wir haben den Zugang zu ihm verloren. Als *Blindgänger* hat es sich in den Untergrund verzogen und sich bis zur vollkommenen Unkenntlichkeit mit Schutzschichten umhüllt. Dort liegt es und wartet, explosiv und gefährlich, bis irgendwann das Leben vorbei ist. Hoffnung auf bessere Zeiten hat es keine.

Diesem *Blindgänger* bin ich begegnet. Ich arbeitete damals bereits als Hakomi-Therapeutin in eigener Praxis. Ich nahm an einer mehrjährigen Fortbildung in *IndividualSystemik*® bei Artho Wittemann teil. Auch war ich bei ihm in einer intensiven, die Ausbildung begleitenden Lehrtherapie. Es ging um *Innere Personen* und um eine *Geheime Machtseite*. Plötzlich erwischte ich einen „Zipfel von mir", eine Seite, die mir bis dahin vollkommen verborgen geblieben war. Ich spürte: „Ich will erzwingen, dass es genau so läuft, wie ich es will! Ich bin rücksichtslos! Egoistisch!

Ich fühle mich niemandem verbunden!" Ich spürte meinen *Blindgänger*.
Ich war schockiert, ich war entsetzt – hatte ich mich doch bis dahin als
einfühlsamen, sensiblen und hilfsbereiten Menschen zu kennen geglaubt.
Mein Selbstbild zerfiel und ich sah mich plötzlich mit ganz anderen Augen. Ich spürte meine Aggressivität, meine Leidenschaft und eine Radi-
kalität, die ich bis dahin – ohne es zu wissen – gesellschaftlichen und
familiären „Notwendigkeiten" geopfert hatte.

Leider endete mitten in diesem heftigen Erkenntnisprozess die therapeutische Beziehung zu Artho Wittemann. Er wollte mich nicht weiter begleiten.

Und so war ich mit meinem *Blindgänger*, meinem *Verborgenen Ich*, ganz
allein. Es war eine Feuertaufe. Brennender Schmerz, Empörung, Wut
und die Ohnmacht, nicht anders sein zu können, überwältigten mich.
Ich hatte keine Ahnung, wohin mich das führen würde.

Intuitiv spürte ich, dass ich nichts anderes brauchen würde, als mit all
diesen Gefühlen zu sein. Ich wusste, ich muss sie einfach sein lassen, wie
sie nun einmal sind. Sein lassen und „weiter atmen". Meine Erfahrung
als Therapeutin sagte mir, dass sich diese Gefühle irgendwann wieder
wandeln würden. Und zwar einfach deshalb, weil sich Gefühle, wenn wir
ihnen Raum geben, immer irgendwann wandeln.

Nun, es hat gedauert – etwa zwei Jahre. Dann legte sich der Schmerz allmählich. Ich fühlte mich wie Phönix aus der Asche in einer völlig neuen
Art in meinem Leben *da*. Ich hatte nichts mehr zu verlieren, kein Ab-
grund konnte mich mehr schrecken, ich musste vor mir selbst nichts
mehr verbergen. Schlimmer konnte es nicht mehr werden. Und doch –
erstaunlicherweise, denn es hatte sich äußerlich ja gar nichts geändert –
ging es mir nun wieder gut!

Mit dieser existenziellen Erfahrung hat sich auch meine Arbeit mit meinen Klientinnen und Klienten gewandelt. Mir war klar geworden, dass
es in einem therapeutischen Prozess letztlich um den *Blindgänger* gehen
muss und alles andere nur Vorbereitung dafür ist. Denn der *Blindgänger*

bestimmt, was in unserem Leben geschieht, und vor allem auch, was in unserem Leben nicht geschieht. Der *Blindgänger* ist die machtvoll-bestimmende Kraft im Untergrund, die wir „vergessen" haben. Im *Blindgänger* wohnt unsere ursprüngliche Lebenskraft, die gelernt hat, sich unsichtbar zu machen.

Wir meinen, nur noch die von unserem eigentlichen Ich abgespaltenen Teilpersönlichkeiten, die *Personen,* zu sein. Wir haben uns von der Quelle, von unserem eigentlichen Sein, abgeschnitten.

Ich spürte eine Leidenschaft, mich in meiner therapeutischen Arbeit ganz auf diesen *Blindgänger* auszurichten. Ich setze mich dem *Blindgänger* meiner Klientinnen und Klienten aus, was auch immer das im Einzelfall bedeutet.

Doch der *Blindgänger* braucht Zeit, er misstraut jedem. Er will sich um keinen Preis verändern. Er ist resistent gegenüber allen gut gemeinten Ratschlägen und jeglichen Selbstoptimierungsversuchen. Alles gleitet an ihm ab. Nichts berührt ihn. Man beißt auf Granit, wenn man ihn verändern will. Und zwar auch die Klientin, der Klient selbst. Man kommt „gegen sich selbst", gegen den *Blindgänger,* den wir gerne „Widerstand" nennen, nicht an.

Als Begleiterin wende ich mich diesem *Blindgänger* zu. Ich setze mich ihm aus und ich bleibe da. Egal, was er tut oder auch nicht tut, ich bleibe da. Oftmals ist er mir feindlich gesinnt, er greift mich an, weist mich ab oder ignoriert mich. Manchmal über Jahre. Ich bleibe da, weil ich weiß, dass das das Einzige ist, was ich wirklich tun kann: dableiben und zulassen, dass der *Blindgänger* so ist, wie er ist. Egal, wie böse oder ignorant er ist. Nie wird er von mir eine Ermahnung zu hören bekommen, sein Misstrauen doch endlich hinter sich zu lassen. Niemals würde ich ihm sagen, dass er sich doch öffnen oder mir vertrauen soll.

Irgendwann ist der *Blindgänger* irritiert. Warum gehe ich nicht weg, wenn er mich doch dauerhaft nicht beachtet? Warum wird er nicht selbst attackiert, wenn er mich doch ständig angreift? Warum wende ich mich nicht irgendeiner Teilpersönlichkeit zu, die den therapeutischen Prozess unterstützen und fördern will? Das kann er nicht verstehen. Er weiß doch, dass die Menschen sich nicht wirklich für ihn interessieren und ihn eigentlich nur weghaben wollen. Auf diese Irritation muss ich warten.

So kann der *Blindgänger* erst durch die langfristig nicht eintretende negative Erfahrung anfangen, sich für sich selbst zu interessieren. Erst wenn er weiß, dass er in diesem Raum bei mir nicht im „Feindesland" ist, kann er sich um sich selbst kümmern. Vorher ist das nicht möglich, es wäre viel zu gefährlich. Niemand achtet im Krieg auf sich selbst. Im Krieg muss der Feind immer im Auge behalten werden!

Doch dieses Auf-sich-selbst-Schauen, dieses Innehalten ist Voraussetzung dafür, dass der *Blindgänger* ein Gefühl für sich selbst gewinnt. Nur im Innehalten kann er spüren, wie er geworden ist. Erst wenn er spürt, wie er geworden ist, und nicht dafür verurteilt wird, kann er entspannen – und wird dadurch tiefer sinken. Dieser Weg, das Innehalten und Wahrnehmen unserer selbst, führt letztlich durch all unsere Schutzschichten hindurch zur Quelle – unserem eigentlichen Ich.

Man kann sich natürlich fragen, warum ich mir das als Begleiterin antue. Warum setzte ich mich dieser Abweisung und Negativität eines *Blindgängers* über Jahre aus? Das haben mich schon einige Klientinnen und Klienten, aber auch Freunde gefragt. (Und tatsächlich gibt es außer mir kaum jemanden, der diese Arbeit tun will.) Ich habe auf diese Frage mehrere Antworten:

Zum einen wüsste ich nicht, was ich Sinnvolleres mit meinen Klientinnen und Klienten tun könnte. Wenn letztlich in einem therapeutischen Prozess sowieso alles auf den *Blindgänger* hinausläuft, warum soll ich mich mit etwas anderem beschäftigen?

Ich habe erlebt, welche Befreiung es bedeutet, mich selbst in meinem *Blindgänger* zu erkennen. Diese Möglichkeit möchte ich auch anderen Menschen geben.

Die persönlichste Antwort aber heißt: Jeder *Blindgänger* zeigt mir, wie

ein Mensch unter den Umständen, die er in diesem seinem Leben vorgefunden hat, geworden ist. Unabhängig davon, wie manipulativ, abwesend
oder aggressiv ein *Blindgänger* ist, er ist so *geworden*. Es ist seine „Lösung
aller Probleme", so zu sein. Ich sehe es als eine zentrale Aufgabe von uns
Menschen, alle Zustände, in denen wir uns vorfinden, wahrnehmen und
annehmen zu lernen. Dies verschafft uns den Spielraum nicht immer
wieder automatisch, blind und zerstörerisch zu reagieren. Die *Blindgänger*, die ich in meinen Sitzungen erlebe, bieten mir da eine hervorragende
Schulung! Manchmal ist das nicht einfach, manchmal fühle ich Ohnmacht oder ich spüre, wie eine Verurteilung einer Klientin oder eines
Klienten in mir überhandnehmen will. Und dann weiß ich immer, dass
ich etwas nicht verstanden habe. *Ich* kann etwas nicht annehmen – und
deswegen muss ich es verurteilen oder meine, es verändern zu müssen.
Sobald ich das verstanden habe, kann ich das Augenmerk auf mich selbst
richten und mich fragen: „Was darf gerade nicht sein? Wofür verurteile
ich diesen Menschen? Was meine ich, sollte er begreifen?" Genau da habe
ich etwas zu lernen! *Meine* Begrenzung wird an dieser Stelle spürbar. Ich
erhebe mich über diesen Menschen und meine zu wissen, was er tun oder
lassen soll. Doch das wird ihm und seiner Geschichte nicht gerecht! Und
so ist das Sein mit dem *Verborgenen Ich* meiner Klientinnen und Klienten
auch ein Weg des Lernens und Wachsens für mich selbst. Ich lerne dabei
immer noch weiter, zum Leben, zu all seinen Stimmungen, Zuständen
und Befindlichkeiten, *Ja* zu sagen.
Nach einer Einführung in die Methode beschreibe ich in diesem Buch die
therapeutischen Prozesse von drei Menschen, die diesen Weg über lange
Jahre mit meiner Begleitung gegangen sind. Sie sind mutig dageblieben
und haben sich beharrlich sich selbst, ihrem *Blindgänger*, ausgesetzt. Das
war oft nicht einfach. Denn auch sie waren sich selbst gegenüber oft ohnmächtig, auch sie konnten „nichts tun". Aber sie wollten es wissen. Über
alles Unbequeme hinaus, sie wollten es wissen. Therapie im herkömm-
lichen Sinne ist das nicht. Ein Weg der Heilung allerdings schon.

Ich danke Anna, Caro und Niels, die in Wirklichkeit anders heißen, dass sie mir erlaubt haben, die Geschichte ihrer Prozesse hier aufzuschreiben. Um ihre Privatsphäre zu schützen, habe ich einige Details ihrer Geschichte verändert. Der Gesamtverlauf ihres therapeutischen Prozesses ist jedoch unverändert und wahrheitsgetreu wiedergegeben.

Einführung in die Methode

Wir sind Verschiedene

Anna, die Klientin der ersten therapeutischen Prozessdokumentation, beschreibt in einer ihrer ersten Sitzungen bei mir einen Besuch bei ihren Eltern. Sie sagt, sie sei traurig, zu spüren, wie wenig sie sich zu sagen haben. Ich kann die Trauer deutlich spüren, während sie spricht. Sie ist niedergeschlagen und hat Tränen in den Augen.

Kurze Zeit später sagt sie dann aber auch, den gleichen Besuch betreffend, sie habe nur darauf gewartet, bis sie wieder gehen dürfe. Es habe sie genervt, da ewig bei Kaffee und Kuchen rumzusitzen.

Diese beiden Aussagen unterscheiden sich deutlich. War sie nun traurig oder hat sie gewartet und war genervt? Oder hat sie *traurig* gewartet? Nein, Letzteres nicht. Sie hat nicht *traurig* gewartet, sie hat *genervt* gewartet. Aber was ist mit der Trauer? War sie nicht eben noch traurig? Doch, sie war traurig. Aber wie geht das denn alles zusammen?

Das Phänomen ist leicht zu verstehen, wenn wir verschiedene Anteile von Anna unterscheiden: *Ein* Anteil von Anna ist traurig. Er wünscht sich Kontakt und erlebt, wie wenig davon in ihrer Familie möglich ist. Ein anderer Anteil ist unbeteiligt. Er ist genervt und wartet, bis Anna wieder gehen darf. *Er* will keinen Kontakt. Er hat sich längst mit der familiären Kontaktlosigkeit arrangiert und will selbst keinen Kontakt mehr.

Wer ist denn nun aber „Anna"? Ist „Anna" traurig oder wartet „Anna" darauf, bis sie endlich gehen darf? Es lässt sich nicht sagen. Es gibt zwei Perspektiven, es gibt zwei Realitäten. Beide haben die gleiche Berechtigung. Beide fühlen sich gleich wahr an, und doch unterscheiden sie sich diametral.

Das Phänomen des „Verschieden-Seins" begegnet mir nicht nur bei Anna. Es begegnet mir bei Freunden und in der Familie, bei Kollegen, Bekannten, Personen des öffentlichen Lebens und es begegnet mir bei mir selbst. (Das allgemeine Phänomen unterschiedlicher Persönlichkeitsanteile ist nicht zu verwechseln mit dem psychiatrischen Krankheitsbild der multiplen Persönlichkeitsstörung. Bei diesem Krankheitsbild zerfällt die Persönlichkeit in verschiedene Anteile, die keinerlei Wissen voneinander haben und daher nicht integrierbar sind. Siehe ICD 10, F44.81.)

So bin ich geneigt zu sagen: Es gibt unterschiedliche Anteile, die sich im Alltag eines Menschen zeigen! Ich nenne sie *Alltagspersonen* oder kurz *Personen*.

Ich-Fokus und Wechsel des Ich-Fokus

Als Anna damals traurig war und „ich" sagte, nahm sie sich als eine *Person* wahr, die sich einsam und verlassen fühlt. Ich könnte sagen, sie „schaute mit den Augen" einer *Person*, die traurig war und die sich mehr Kontakt gewünscht hätte. Sie fühlte und erlebte die Welt aus der Sicht dieser *Person*. Sie hatte ihren *Ich-Fokus* also in dieser traurigen *Person*.

Eine andere *Person*, die, die bei dem Besuch der Eltern genervt gewartet hatte, sagte in der Sitzung: „Mir sind die Menschen zu viel."

Wenn Anna also jetzt „ich" sagt, meint sie jemand anderen. Diesen „jemand" hat Anna *Vernebler* genannt. Schaut Anna aus *Verneblers* Augen auf die Welt, ist es eine andere Welt. Jetzt sind ihr die Menschen zu viel. Sie will von ihnen in Ruhe gelassen werden.

Annas *Ich-Fokus* hat also gewechselt. Anfangs hat sie sich in der traurigen *Person* als „ich" gefühlt, später in *Vernebler*. Dazwischen hat offensichtlich ein Wechsel des *Ich-Fokus* stattgefunden.

So sagt Anna, je nachdem, in welcher *Person* ihr *Ich-Fokus* gerade ist, mit der gleichen Selbstverständlichkeit: „Ich bin einsam, ich wünsche mir mehr Kontakt" oder „mir sind die Menschen zu viel, sie sollen mich alle in Ruhe lassen." Beide Aussagen unterscheiden sich so grundlegend, dass man nicht vermuten würde, dass sie von ein und demselben Menschen stammen. Je nach *Ich-Fokus* hat Anna also einen ganz anderen Blick auf die Menschen und die Welt. Das gilt natürlich nicht nur für Anna. Jedes Gespräch, jede Begegnung wird stärker als von irgendeinem besprochenen Inhalt davon geprägt, in welcher *Person* jemand seinen *Ich-Fokus* gerade hat – also als welche *Person* er an diesem Gespräch teilnimmt.

Vorderer Raum und Hinterer Raum

Alle *Personen* eines Menschen halten sich im *Vorderen Raum*, dem Raum des Alltags, auf. Sie sind leicht aufzusuchen, und meist ist es leicht, mit ihnen in Kontakt zu kommen. Verbringen wir Zeit mit ihnen, lernen wir unsere verschiedenen *Alltagspersonen* allmählich kennen. Wir meinen normalerweise, dass dieser *Vordere Raum* uns ganz ausmacht.

Doch irgendwann in diesem Erforschungsprozess wird es stiller. Entweder zeigt sich eine *Person*, die nicht viel sagen will. Oder eine *Person*, die anfangs durchaus lebhaft war, wird stiller. Nicht weil sie das soll, sondern weil sie sich zunehmend so vorfindet. Sie müsste sich anstrengen, diese Wandlung zu vermeiden – was sie manchmal durchaus auch tut. Denn die Stille kann ihr unangenehm sein. Zumal sie nicht weiß, wo das denn hinführen soll. Wenn man mit jemandem zusammen ist, redet man doch, oder? Bis es ihr dann doch nutzlos vorkommt, die Stille zu vermeiden.

In diesem stilleren Zustand kann ihr dann das, was vorher war, wie ein Theaterstück auf einer Bühne vorkommen. Nur gibt es jetzt gerade keine Vorstellung. Wir erleben nur eine leere Bühne und scheinbar passiert nichts. Das mag dieser *Person* unangenehm sein, denn die leere Bühne ist nicht für Besucher vorgesehen.

Dieser stillere Zustand ist die Grenze zwischen dem *Vorderen* und dem *Hinteren Raum*. Manchmal entpuppt sich die *Person*, die zunehmend stiller geworden ist, als eine Art Wächter des *Hinteren Raumes*.

Im *Hinteren Raum* wohnt das *Verborgene Ich*. Es ist die Instanz, die eigentlich nicht gesehen werden will. Das *Verborgene Ich* hält sich also im Hintergrund, hinter der „öffentlich sichtbaren Bühne", auf.

Die Menschen aber sollen die *Alltagspersonen* sehen, nicht das *Verborge-*

ne Ich! Das *Verborgene Ich* ist uns selbst meist unbekannt und – wenn wir es dann zu fühlen beginnen – befremdlich. So wollen wir nicht sein! Und so bin ich doch auch gar nicht!

Und doch, je mehr wir uns in unserem *Verborgenen Ich* wahrnehmen lernen, umso deutlicher wird uns, dass gerade das *Verborgene Ich* uns eigentlich ausmacht. Und obwohl wir unser *Verborgenes Ich* meist verurteilen, ist es seltsamerweise befriedigend, sich im Verborgenen Ich aufzuhalten. Wir spüren, wie gut es tut, uns einmal nicht zu verstellen! Es macht uns satt, selbst wenn wir gerne anders wären. Ein Phänomen, das nur schwer zu begreifen ist.

Die Alltagspersonen im Vorderen Raum

Doch wenden wir uns zuerst den *Alltagspersonen* zu. Sie sind ja auch die Ersten, die wir in einem therapeutischen Prozess erleben. Diese *Personen* sind so vielfältig wie die Menschen, die uns umgeben.

Es gibt angepasste *Personen*, aufmüpfige *Personen*, es gibt verschiedene *Kinder*, Abenteurer, Faulenzer, Arbeitstiere, penible Buchhalter, es gibt erotische Frauen und Männer und was weiß ich noch alles. In manchen *Alltagspersonen* finden wir uns oft vor, wir erleben sie als unser „normales Ich". Andere sind nur ab und zu da und wieder andere treten nur in einer Ausnahmesituation in Erscheinung.

Eine *Person* kann sich beispielsweise dafür verantwortlich fühlen, alles Alltägliche zu regeln. Sie organisiert die Betreuung der Kinder, kauft ein, kocht, hängt die Wäsche auf, überweist eine Rechnung, bringt auf dem Weg zur Arbeit noch das Päckchen zur Post und schafft es damit, dass unser Leben irgendwie funktioniert.

Eine andere *Person* will im Internet surfen. Sie mag es, bestimmte Produkte zu suchen, sie mit anderen zu vergleichen, Testberichte und Bewertungen von Kunden zu lesen und sich stundenlang mit einem Produkt auseinanderzusetzen. Menschen braucht diese *Person* eigentlich nicht. Eher sind sie ihr sogar lästig.

Eine andere *Person* liebt es, in der Natur zu sein. Sie liebt Abenteuer. Gerne geht sie in die Berge, wandert in einsamen Tälern, genießt es, an einem wilden Bergbach zu sitzen, und trinkt das frische, kalte Wasser aus einer Quelle, an der sie gerade vorbeikommt. Am liebsten ist sie mit einem Freund, einer Freundin unterwegs. Sie mag es, die Erlebnisse mit jemandem zu teilen, ohne jedoch viel darüber zu sprechen.

Eine weitere *Person* liebt es, neue Bekanntschaften zu machen. Wo immer sie ist, sie kommt mit den Menschen leicht ins Gespräch. Sie kann sich gleichermaßen über eine neue Rebsorte, die resistent gegen Mehlpilzbefall sein soll, unterhalten wie über das Verkaufssystem von Thermomix oder eine alternative Schulform. Sie kann sich auf nahezu jedes Thema einlassen und Relevantes dazu sagen. Diese *Person* ist offen, heiter, gesellig und die meisten Menschen sind gern mit ihr zusammen.

So hat jeder Mensch sein ganz individuelles „Personal", das sich mehr oder weniger erfolgreich im gesellschaftlichen Leben etabliert hat. Die *Personen* existieren dauerhaft.

Der Mensch hat also nicht an einem Tag die einen fünf *Personen* zur Verfügung und am nächsten Tag fünf ganz andere.

Die *Personen* können sich sowohl bei Frauen wie bei Männern weiblich, männlich oder kindlich anfühlen. Jeder Mensch hat einige dieser *Personen*, aber nicht unzählige. Auch wenn ich sie nie auf Vollständigkeit untersucht habe, nach meiner Erfahrung „lebt" jeder Mensch etwa fünf bis zehn solcher *Alltagspersonen*.

Besonders spannend wird das Phänomen der verschiedenen *Personen* dadurch, dass sich diese in einem therapeutischen Prozess konkret aufsuchen und damit näher kennenlernen lassen. Ich kann als Begleiterin also direkt mit der *Person* von Anna sprechen, die sich nach Kontakt sehnt und die traurig ist. Ich kann aber auch die *Person* in Anna aufsuchen, die wartet und die sich von Kontakten belästigt fühlt.

Beide *Personen* von Anna sind also nicht nur beim Besuch ihrer Eltern spürbar, sondern ich kann ihnen auch noch Wochen oder Monate später in einem Sitzungsraum begegnen. Ich kann genau die *Person* treffen, die damals traurig war. Und auch jetzt in der Sitzung ist die Trauer von damals wieder fühlbar.

Das Kind

Einen speziellen Platz nimmt das *Kind* im *Vorderen Raum* ein. Bei manchen Klienten ist es die erste *Person*, die ich als Begleiterin sehe, bei anderen ist es gut versteckt. Ein *Kind* fühlt sich wie ein richtiges Kind an. Wenn es ihm gut geht, ist es verspielt, kreativ, verträumt oder ausgelassen. Das *Kind* ist dann eine Quelle von Lebensfreude und Kreativität.

Oftmals geht es aber einem *Kind*, das wir in einem therapeutischen Prozess antreffen, nicht gut. Vielleicht ist es einsam, überfordert, gekränkt oder verletzt. Manche *Kinder* sind regelrecht traumatisiert. Wenn wir in einem therapeutischen Prozess einem traumatisierten *Kind* begegnen, ist es oftmals so verstört, dass es uns weder anschauen noch mit uns sprechen will.

Das *Kind* ist seinem Wesen nach hoch emotional. Eigentlich können wir fast davon ausgehen, dass, wenn wir heftige Gefühle wie Angst, Wut, Panik und Verzweiflung erleben, wir dann unser *Kind* fühlen.

Ein *Kind* kann unterschiedlich alt sein. Manche sind noch ganz klein, klein wie ein Säugling, der nur Schutz und freundliche Zuwendung braucht. Oft ist ein *Kind* aber auch älter, Kindergartenalter, frühes Schulalter oder auch späteres Schulalter. Ein *Kind* hat meist ein Gefühl dafür, wie alt es ist. Gerne frage ich es danach.

Ein *Kind* wird nie erwachsen. Das ist auch gar nicht seine Aufgabe. Ein *Kind* ist ein Kind und bleibt Kind, auch wenn der Mensch 80 Jahre oder noch älter sein sollte.

Das Verborgene Ich

Das *Verborgene Ich* unterscheidet sich von den *Alltagspersonen* insofern, als es nicht einfach eine weitere Teilpersönlichkeit von uns ist. Vielmehr ist es unser eigentliches Ich. Allerdings ist es – wenn wir es denn überhaupt fühlen können – kaum mehr als solches zu erkennen. Es hat sich zurückgezogen, es hat sich mit Schutzschichten umhüllt und will meist mit den Menschen und der Welt nichts mehr zu tun haben. Normalerweise ist es über Jahre und Jahrzehnte still verborgen – wie ein *Blindgänger* –, und nur wenn uns eine Situation unerträglich näherückt, kann es mal unvorhersehbar hervorbrechen und „explodieren". Vielleicht schreien wir, vielleicht schlagen wir, vielleicht zerstören wir etwas oder wir sagen ein Wort oder einen Satz in einer Schärfe, die alle Anwesenden erstarren lässt.

Für eine ganze Gesellschaft zutiefst schockierend, tritt das *Verborgene Ich* bei einem Amoklauf hervor. Da übernimmt der *Blindgänger* das Kommando, und von dem „normalen Menschen", den man bis dahin in ihm gesehen hat, ist nichts mehr zu erkennen.

Doch nicht jedes *Verborgene Ich* explodiert. Und nicht jedes *Verborgene Ich* wird zum Amokläufer. Meist spüren wir das *Verborgene Ich* nur dadurch, dass uns etwas fehlt. Wir fühlen uns nicht so saft- und kraftvoll, wie wir ahnen, eigentlich zu sein. Oder wir spüren ein diffuses Gefühl von Sinnlosigkeit und Orientierungslosigkeit.

Doch wie können wir diese Quelle von Lebendigkeit und Kraft erschließen? Wie können wir die Schutzschichten, die sich um unser eigentliches Ich abgelagert haben, in die Lebenskraft und Lebenslust wandeln, die uns fehlt? Und wie können wir verhindern, dass der *Blindgänger* dabei unkontrolliert explodiert?

Das sind große Fragen, und damit beschäftigt sich dieses Buch. Doch so viel schon mal vorweg:

Es ist notwendig, dass wir uns einlassen auf unser *Verborgenes Ich*. Es ist notwendig, dass wir uns einlassen auf all seine Schutzschichten und Verdrehungen. Es ist notwendig, dass wir uns einlassen auf seinen Rückzug, sein Misstrauen, seine Negativität. Kurzum, es ist notwendig, dass wir uns einlassen auf alles, was sich zeigt. Es ist notwendig, dass wir alle

Selbstverurteilung hinter uns lassen und sehen, spüren und annehmen, wie sich unser *Verborgenes Ich* zeigt. Und zwar auch dann, wenn wir so, wie unser *Verborgenes Ich* ist, eigentlich niemals sein wollen.

Zunehmend werden wir spüren, dass wir hinter allen Bewertungen, hinter allem Angepasst- und Anständigsein eigentlich *so* sind. Es mag schmerzlich und schambesetzt sein, sich das einzugestehen. Und trotzdem tut es auch gut. Es ist erleichternd, sich unbeschönigt einzugestehen: Ja, so bin ich. Das erfordert zwar Mut, doch es fühlt sich gleichzeitig an, wie wenn eine alte Last, die Last der Tarnung und Selbsttäuschung, von uns abfällt.

Eine besondere Herausforderung in diesem therapeutischen Prozess besteht dabei darin, dass wir unser *Verborgenes Ich* nicht ändern können. Wir können uns nicht einfach um-entscheiden und uns dazu entschließen, jetzt anders zu sein. Wir können die Schutzschichten um unser eigentliches Ich nicht einfach ablegen, wir können den Rückzug und das Misstrauen nicht einfach aufgeben und wieder freundlich und aktiv am Leben teilnehmen. Das geht nicht.

Das *Verborgene Ich* hat sich ja nicht leichtfertig zurückgezogen. Das *Verborgene Ich* hat existenzielle Gründe dafür. Auch wenn wir kaum etwas darüber wissen. Das *Verborgene Ich* will sich zurückziehen. Es ist nur möglich, es aufzusuchen, nicht aber, es zu ändern. Das macht diese therapeutische Arbeit so langwierig.

Die große Schwierigkeit liegt darin, dass das *Verborgene Ich* das Leben aufgegeben hat. Es hat resigniert. Es hat sich für das nackte Überleben entschieden. Das Überleben können jedoch auch die *Alltagspersonen* aus dem *Vorderen Raum* sichern, dafür wird es nicht gebraucht. Und so wartet das *Verborgene Ich* im *Hinteren Raum* nur noch darauf, dass dieses sogenannte Leben irgendwann mal vorbei ist.

Dem *Verborgenen Ich* ist es also recht, wenn es von den *Alltagspersonen* überdeckt und damit verborgen wird. Weder will es gesehen werden noch sucht es Hilfe.

Das Verborgene Ich sucht keine Hilfe

So sind wir Begleiterinnen und Begleiter in der paradoxen Situation, jemandem helfen zu wollen, der gar keine Hilfe will. Beziehungsweise, jemand will schon Hilfe, aber es ist nicht derjenige, um den es eigentlich geht. Eine *Alltagsperson* oder ein *Kind* ist in Not. Oder jemand hat eine Sehnsucht, dass das Leben mehr sei, als das, was bisher möglich ist. Aber das *Verborgene Ich*, das in seinem Rückzug die Ursache ist für das Leid der anderen, interessiert das nicht. Es hat das Leben aufgegeben – und sich dadurch von *seinem* Leidensdruck befreit. Das Leid der anderen berührt das *Verborgene Ich* nicht. Seine Resignation überdeckt alles.

Nun weiß ein *Verborgenes Ich* zu Beginn eines therapeutischen Prozesses meist noch gar nicht um sich selbst. Es ist nicht nur für die anderen verborgen. Es ist sich auch selbst verborgen. Und selbst wenn es eine Ahnung von sich hat, kann es sich nicht vorstellen, dass sich jemand mit ihm, so wie es nun mal ist, ernsthaft auseinandersetzen will. Seine Erfahrung mit den Menschen ist ja gerade, dass es nicht gewollt ist, dass sich niemand für es interessiert. Immer nur soll es anders sein. Doch das *Verborgene Ich* will nicht anders sein. Es hat gute Gründe, so zu sein. Auch wenn es sich an diese Gründe gar nicht mehr erinnert.

So sind wir als Begleiter in der schwierigen Situation, dass diejenigen, die nach Hilfe fragen, jemandes Opfer sind, der keine Hilfe will. Und das wird sich auch nicht ändern lassen. Das ist grundsätzlich so.

Eigentlich wird erst über Jahre, die ein solcher therapeutischer Prozess dauert, sichtbar, ob das *Verborgene Ich* den Prozess trotz allem will. Das würde heißen, dass in seiner Tiefe doch noch ein Fünkchen Hoffnung glimmt, dass es noch etwas Besseres gibt, als nur noch auf den Tod zu warten. Es räumt dem Prozess eine winzige Chance ein und prüft uns Begleiter währenddessen. Gibt es dieses Glimmen nicht oder ist es nicht stark genug, wird die Klientin, der Klient nicht die Kraft haben, den Prozess durchzustehen. Sie oder er wird das Interesse am Prozess verlieren, anderes wird wichtiger werden und vielleicht erscheint plötzlich eine andere therapeutische Methode Erfolg versprechender. Oder die Zeit oder das Geld ist nicht mehr zu erübrigen. Gründe, warum es nicht mehr geht, sind immer zu finden.

Wir können als Begleiter in so einem Fall nichts tun. Es wäre nicht sinnvoll, die Klientin, den Klienten überreden zu wollen. Gegen den Willen des *Verborgenen Ich* ist nicht anzukommen. Wir können nur zurücktreten und den Menschen freundlich ziehen lassen. Wir haben ihm das gegeben, was wir konnten. Mehr geht offensichtlich nicht. Wir müssen uns dem Willen des *Verborgenen Ich* beugen, selbst wenn dieser noch gar nicht direkt zu sehen ist. Manchmal ist das nicht einfach.

Das Machtgefälle

Doch nicht nur in dieser Frage lässt sich am Verhalten der Klientin, des Klienten der Wille des *Verborgenen Ich* ablesen.

Oft strengen sich die *Personen* im *Vorderen Raum* für etwas an, was ihnen einfach nicht gelingen will. Vielleicht will eine *Person* abnehmen, keinen Kaffee mehr trinken, nicht mehr so viel Zeit am Handy verbringen oder regelmäßig Sport treiben. Oder eine *Person* will ihre Mails zeitnah beantworten, Ordnung schaffen in den Papieren oder die Küche fegen – aber es läuft immer wieder anders. Die *Person* vergisst, was sie eben noch tun wollte, oder macht eine kleine Ausnahme. Vielleicht ist sie überfordert oder es schiebt sich irgendwas Dringendes dazwischen. Trotz ihres guten Willens passiert also immer wieder etwas anderes als das, was sie zu tun vorhatte.

An diesem Verhalten – vor allem über einen längeren Zeitraum gesehen – lässt sich der Wille des *Verborgenen Ich* ablesen. Wenn dem *Verborgenen Ich* eine Sache wichtig ist, *wird* sie geschehen. Und zwar selbst dann, wenn sie schwierig, mit Hindernissen behaftet oder anstrengend sein sollte.

Keine herausragenden Künstler, keine Spitzenmusiker oder Spitzensportler, keine erfolgreichen Trainer oder Firmenbosse könnten tun, was sie tun, ohne dass auch ihr *Verborgenes Ich* das will. Was nicht heißt, dass diese Menschen ihr *Verborgenes Ich* tatsächlich kennen. Meist tun sie das nicht. Doch irgendeine Art von Zugang müssen sie haben, sie müssen eine Verbindung zu dieser Kraftquelle haben, sonst könnten sie die Energie und das Durchhaltevermögen nicht aufbringen, die für ihre Aufgabe unabdingbar sind.

Ist allerdings eine Aufgabe dem *Verborgenen Ich* nicht wichtig – und das ist sehr oft der Fall, denn das *Verborgene Ich* ist ja meist sehr zurückgezogen –, hält es sich einfach zurück. Es tut nichts. Und die *Alltagspersonen* können sich dann anstrengen, es trotzdem irgendwie hinzukriegen. Was ihnen aber oft genug misslingt. Für ein größeres Projekt fehlen ihnen die Kraft und die Leidenschaft, es fehlt ihnen die Beharrlichkeit.

Die *Alltagspersonen* kommen langfristig gegen den Willen des *Verborgenen Ich* nicht an – und zwar auch dann nicht, wenn das *Verborgene Ich* „schläft" und gar nicht um sich weiß. Der Wille des Nichtwollens – es ist ein Nichtwollen, wenn jemand „schläft" – wirkt auch dann. Die Abwesenheit von Präsenz, von Denken und Fühlen wirkt auch ohne, dass wir darum wissen. Die *Alltagspersonen* sind dann allein gelassen. Sie fühlen sich, als müssten sie zusätzlich zu der Aufgabe auch noch eine Tonnenlast des Widerstands mitschleppen.

Für viele Menschen ist das allerdings der Normalfall. Sie kennen es nur so und haben sich längst daran gewöhnt. Sie wundern sich dann höchstens, warum sie sich oft so energielos fühlen und bei dem, was sie tun, so wenig rauskommt.

Besonders schwierig ist, dass wir diesen Widerstand, den wir manchmal spüren, als etwas Fremdes wahrnehmen. Wir spüren nicht, dass wir selbst es sind, die das, was wir vorhaben, gar nicht wollen. Vielmehr meinen wir, es wären „ungünstige Umstände", die uns einen Strich durch die Rechnung machen. Eine kleine Ablenkung. Oder was auch immer. Lieber schauen wir gar nicht so genau hin. Lieber bemühen wir uns weiter und hoffen, dass es beim nächsten Mal dann anders sein wird.

Die *Person*, die so denkt und fühlt, kann nichts dafür. *Sie* hat es ja versucht, *sie* hat sich angestrengt. Insofern ist sie tatsächlich „unschuldig". Und genau das wollen wir auch gerne bleiben.

Hätten wir unseren *Ich-Fokus* nämlich im *Verborgenen Ich*, würde sich das ganz anders anfühlen. Wir würden dann fühlen: „Ich will das nicht!", „Ich mach das nicht!", „Mir ist das egal."

Das aber so wahrzunehmen oder gar auszusprechen würde uns in Schwierigkeiten bringen. Wir wollen doch lieb sein, wir wollen doch niemanden enttäuschen, wir wollen doch unseren Teil beitragen! Diese Haltung wäre aber, wenn wir so fühlen würden, wie es das *Verborgene Ich* fühlt, nicht mehr aufrechtzuerhalten.

So spricht besser eine freundliche, angepasste *Alltagsperson*. Sie möchte das Zugesagte tatsächlich tun. Und das *Verborgene Ich* schweigt.

Wenn es aber an die Umsetzung geht, sitzt die *Alltagsperson* am kürzeren Hebel. Sie kann sich nicht durchsetzen. Sie kommt nicht an gegen das *Verborgene Ich*, das das nicht will – und das auch selbst die Zusage nie gegeben hat.

Bei unseren Mitmenschen erkennen wir dieses Phänomen meist leichter als bei uns selbst. Wir erleben, wie Kollegen, Freunde, Bekannte oder Partner sagen: „Ich ruf dich dann an", „ich schick dir das gleich noch per Mail", „nächstes Mal bezahl dann ich", „ich wasch die Tassen gleich noch ab", „ich stell den Müll dann morgen früh raus" – und handeln dann doch anders.

„Jemand" wollte das wirklich tun. Wir wurden nicht einfach angelogen. Aber jemand anderes, das *Verborgene Ich*, wollte es nicht. Es war ihm zumindest nicht wichtig, denn sonst hätte es die Sache in die Hand genommen und es wäre geschehen.

Dieses Phänomen führt unter den Menschen zu viel Enttäuschung und Irritation. Und kaum einer versteht, was eigentlich passiert.

So wird klar, dass ein grundlegender Wandel nur durch das *Verborgene Ich* geschehen kann. Doch das *Verborgene Ich* ist veränderungsresistent.

Veränderungsresistent

Das *Verborgene Ich* lässt sich nicht willentlich ändern. Es ist, wie es ist. Das *Verborgene Ich* sieht auch gar nicht ein, warum es sich verändern sollte. Wir können ihm eine Veränderung niemals schmackhaft machen. Es ist ihm egal, wie viele stichhaltige Argumente wir anführen. Es ist ihm egal, ob wir es mit Lob oder Tadel zu einer Veränderung verführen wollen. Es ist ihm egal, ob wir subtilen oder manifesten Druck ausüben – allenfalls zieht es sich einfach noch mehr zurück. Vor allem aber ist und bleibt es, wie es ist. Es hat gute Gründe zu sein, wie es ist, selbst wenn es diese nicht mehr kennt. Das *Verborgene Ich* ist *der* Spezialist für Nicht-Veränderung – und so muss jeder Versuch, es zu verändern, scheitern.

Verändern geht also nicht. Beeinflussen geht auch nicht. Aber die Klientin, der Klient hat uns doch um Hilfe gebeten. Jemand *ist* doch in Not. Nur, was können wir tun?

Sein lassen

Nun, das, was wir tun können, ist etwas, wovon sich kaum jemand eine Veränderung versprechen würde: Wir lassen das *Verborgene Ich* sein, wie es ist. Und wir *verbringen mit ihm Zeit*.

Dabei werden wir das *Verborgene Ich* allmählich kennenlernen. Das ist sozusagen unvermeidlich. Nur das. Mehr nicht. Wir lassen es sein, wie es ist, und wir sind mit ihm da.

Wir haben nicht die versteckte Absicht, das *Verborgene Ich* dann, wenn wir sein Vertrauen gewonnen habe, doch zu beeinflussen. Wir geben ihm niemals zu verstehen, dass das, was es tut oder fühlt, doch heute, wenn es genauer hinschaut, eigentlich unangemessen ist.

Wir beraten es nicht, wir belehren es nicht, wir loben es nicht, wir tadeln es nicht. Wir sind einfach nur mit ihm da. Das kennt das *Verborgene Ich* nicht.

Allerdings nimmt das *Verborgene Ich* dieses Angebot – nachdem es sich erst mal daran gewöhnt hat – gerne an. Endlich mal ein Raum, wo es nicht anders sein soll! Endlich mal ein Raum, wo nicht Anstrengung und Veränderungswille gefordert sind. Was für eine Wohltat!

Aber so durchweg angenehm und ereignislos, wie sich dieses Sein-Lassen vielleicht anhören mag, ist es dann doch nicht. Mit Wellness hat es nichts zu tun. Wir haben als Begleiter nicht die Absicht, dass es dem *Verborgenen Ich* gut gehen soll. Wir bemühen uns nicht darum, dass es sich möglichst *wohl*fühlen möge. Wir sind nur mit ihm *da*. Und zwar unabhängig davon, in welchem Zustand es ist. Wir sind mit ihm, wenn es angespannt oder unruhig ist. Wir sind mit ihm, wenn es verschlossen ist. Wir sind mit ihm, wenn es traurig oder resigniert ist. Wir sind mit ihm, wenn es einen alten Groll hegt oder sich langweilt. Wir sind mit ihm, wenn es sich an der Menschheit rächen will. Wir sind mit ihm, wenn es die Menschen verachtet.

Wie auch immer das *Verborgene Ich* ist, wir greifen nicht ein, wir suchen nach keiner Veränderung. Das ist für das *Verborgene Ich* irritierend. Da es nicht für möglich hält, dass es wirklich so sein darf, wie es ist, versteht es nicht, was diese Situation soll. Warum wird ihm nicht gesagt, was es tun soll? Warum wird es nicht kritisiert? Was führen wir im Schilde? Das ist eine ihm unbekannte Situation.

Das *Verborgene Ich* trägt die lebenslange Erfahrung in sich, dass es so, wie es ist, eben *nicht* sein darf. Diese Erfahrung lässt sich nicht eben grad mal so beiseiteschieben. Und so wird es diesem befremdenden Es-sein-Lassen lange misstrauen. Es wird über einen langen Zeitraum glauben, dass es nur scheinbar, sozusagen als „therapeutischer Trick", so sein darf, wie es ist – dann aber, wenn es Vertrauen gefasst haben sollte, doch anders sein muss.

Dieses Misstrauen ist verständlich und lässt sich nicht überspringen. Es lässt sich nicht wegrationalisieren durch die kognitive Einsicht, dass wir es bestimmt ernst meinen. Dieses Misstrauen – das sich oft in Warten, in Sich-Langweilen oder „Schlafen" zeigt – muss da sein dürfen. Und zwar so lange, wie es eben da *ist*.

Ohne dass das *Verborgene Ich* selbst klar darum weiß, wird in dieser Phase die Beziehung zur Begleiterin, zum Begleiter geprüft. Meinen wir es wirklich ernst? Stimmt es wirklich, dass es so da sein darf, wie es ist? Das ist nichts, was wir ihm sagen könnten. Es ist etwas, was es erfahren muss.

Lineare Lösung – vertikale Lösung

Doch was soll das bringen? Gut, das *Verborgene Ich* darf so sein, wie es ist. Das mag es auch als angenehm empfinden. Aber wie soll das der Klientin, dem Klienten helfen? Was soll damit gewonnen werden? Um diese Fragen zu beantworten, muss ich etwas ausholen.

Es ist uns westlich geprägten Menschen angenehm, Probleme linear zu lösen. „Lineare Lösung" heißt für mich: Ich löse das Problem mit dem Ursache-Wirkung-Prinzip. Es gibt ein Problem, ich tue was und dann ist es anders.

Zum Beispiel: In einer Kneipe wackelt unser Tisch. Wir nehmen einen Bierdeckel, falten ihn und unterlegen das zu kurze Bein damit. Der Tisch wackelt nicht mehr. Das Problem ist gelöst. Das ist sehr praktisch und befriedigend. Unzählige Probleme lassen sich in unserem Alltag auf diese Weise lösen. Es ist uns so selbstverständlich, so zu agieren, dass wir meist gar nicht mitkriegen, wie viele „Probleme" wir eigentlich unablässig beheben. Nur hat dieser Lösungsansatz seine Grenzen. Wenn ich mich immer in die gleiche Art Männer verliebe und die mir aber nicht guttun, ist das schwer zu verändern. Oder wenn ich mich häufig schwer und lustlos vorfinde, mich aber fröhlich und unbeschwert fühlen möchte, ist dieses Problem nicht leicht zu lösen.

Auch in der Arbeit mit dem *Verborgenen Ich* funktioniert der lineare Lösungsansatz nicht.

In Annas Geschichte begegnen wir *Vernebler* – er wird sich im Verlauf des therapeutischen Prozesses als ihr *Verborgenes Ich* herausstellen –, der sich sehr früh aus Annas Leben komplett zurückgezogen hat. Würden wir zu *Vernebler* sagen: „Jetzt komm doch mal zurück, die Zeit im Krankenhaus ist doch längst vorbei! Du kannst doch dein Leben jetzt selbst in die Hand nehmen!" *Vernebler* würde es noch nicht einmal hören, geschweige denn positiv darauf reagieren. Es wäre für ihn nur das immer gleiche Geschwätz von Menschen, die wieder irgendwas von ihm wollen. Er würde sich daraufhin nur noch mehr zurückziehen.

Verneblers Haltung – wie die Haltung von jedem *Verborgenen Ich* – lässt sich durch den linearen Lösungsansatz nicht verändern. Was aber dann? Die Haltung, der Zustand, in dem ein *Verborgenes Ich* ist, kann sich *vertiefen*.

Was aber bedeutet in diesem Zusammenhang *vertiefen*?

Vernebler ist, wie er ist. Er darf so sein. Er muss sich nicht anstrengen, anders zu werden. Er muss sich nicht ändern. Er muss sich *niemals* ändern. Das entspannt ihn. Er dehnt sich aus in seinem So-Sein. Er spürt noch ein bisschen mehr, wie er eigentlich ist. Er sinkt damit tiefer, tiefer in sich selbst – und wandelt sich dadurch. Auch das ist Veränderung. Veränderung durch Tiefersinken. Das nenne ich die „vertikale Lösung".

Für den westlich geprägten Verstand ist diese Art der Veränderung eine Zumutung, denn sie ist nicht willentlich steuerbar. Diese Art der Veränderung ist nicht durch einen Entschluss und mit Anstrengung zu erreichen. Das ist uns unangenehm, denn die Veränderung entzieht sich dadurch unserer Kontrolle.

Zudem kann unser Verstand die „vertikale Lösung" nicht begreifen: Ich tue nichts und es wandelt sich doch… Das kann doch nicht sein! So funktioniert doch die Welt nicht!

Und tatsächlich ist das ja auch nur die halbe Wahrheit.

Hätte Anna nur „nichts" gemacht, hätte sich Anna also gar nicht um *Vernebler* gekümmert, wäre diese Wandlung, die sie erfahren hat, nicht eingetreten. Anna hat also schon „etwas getan": Sie hat sich auf *Vernebler* eingelassen. Sie hat ihn immer wieder sehr genau gespürt und *anerkannt*, dass *Vernebler* – also sie selbst – so ist!

Das sieht nach wenig aus, ist aber viel. Es erfordert Demut. Anna kann es nicht *machen*. Nicht Anna selbst kann die Veränderung bewirken. Anna kann sich nur auf das einlassen, was ist. Die Veränderung, die Wandlung, geschieht ohne ihr aktives Zutun.

Erschwerend kommt hinzu: Anna kann noch nicht mal bestimmen, in *welche Richtung* sich ihr Zustand wandelt! Annas Sinken ist auch für sie selbst nicht vorhersehbar. Es folgt nicht ihrer Vorstellung, wie sie gerne wäre. Das ist eine heftige Zumutung! Anna hat einfach keinerlei Kontrolle.

Das gilt natürlich nicht nur für Anna. Es gilt für jeden von uns.

Suchen wir nach der vertikalen Lösung, können wir uns also nur auf den Zustand einlassen, der sowieso schon da ist. Dabei ist unsere Bewertung des Zustandes unerheblich. Wir können gut finden, wie wir sind, oder uns dafür verurteilen – das spielt nicht wirklich eine Rolle. Unabhängig davon ist unser Zustand, wie er ist. Notwendig jedoch ist, dass wir ihn anerkennen und uns selbst erlauben, so zu sein. Und das selbst dann, wenn wir gerne anders wären.

Reaktionsschichten

Gut. Ich lasse also das *Verborgene Ich* sein, wie es ist. Weder ich als Begleiterin noch die Klientin, der Klient bemüht sich um Veränderung. Das *Verborgene Ich* entspannt sich und sinkt tiefer. Fast unmerklich verändert sich sein Zustand. Wir begegnen einem neuen Zustand, einer neuen *Schicht*.

In Annas therapeutischem Prozess hat *Vernebler* in der obersten Schicht gar nicht gespürt, dass er *jemand* ist. Er dachte, er wäre *nichts*. Dann, in einer tieferen Schicht, hat er gespürt, dass er *weg* ist. Er hat also gespürt, dass er *jemand* ist, der weggegangen ist. In einer noch tieferen Schicht hat er gespürt, dass er beleidigt ist und mit den Menschen nichts zu tun haben will. In einer noch tieferen Schicht hat er gespürt, dass er verletzt ist. Dann spürte er, dass er sich in dieser Welt fremd fühlt und Kontakt nur in sehr kleiner Dosierung verträgt. Und dann spürte er, dass er sehr langsam ist und für alles viel Zeit braucht.

Im Rückblick ist leicht zu erkennen, was für eine tiefgreifende Wandlung *Vernebler* durchgemacht hat. In der aktuellen Situation jedoch hat *Vernebler* das Gefühl, immer nur „nichts" zu machen. Er hat sich nie angestrengt, er war immer nur so, wie er nun mal war. Und trotzdem hat er sich gewandelt. Es hat sich sogar etwas ganz Tiefgreifendes in ihm gewandelt.

Anna wurde als Frühchen zu Beginn ihres Lebens wochenlang nahezu ohne jeden menschlichen Kontakt im Krankenhaus versorgt. Dieses winzige Wesen, eben noch von der Mutter umhüllt, von ihren Bewegungen getragen, von ihrem Herzschlag begleitet, war auf einen Schlag vollkommen allein, nur noch von lebloser Materie und künstlichem Licht umgeben.

Das muss furchtbar gewesen sein. Und darauf hat *Vernebler reagiert*. Er hat Schutzschichten – oder *Reaktions*schichten, wie ich sie nenne – gebildet und so seinen Schmerz reduziert.

In seiner obersten Schicht, da, wo er sich gar nicht mehr als *jemand* fühlt, kann ihm nichts mehr passieren. Er fühlt sich nicht mehr verlassen, denn er ist ja selbst weg. Wer könnte ihn da noch verlassen? *Vernebler* ist dem Schmerz tatsächlich entkommen.

In einem therapeutischen Prozess begegnen wir den *Reaktionsschichten* in umgekehrter Reihenfolge zu ihrer Entstehung. In der obersten Schicht ist das *Verborgene Ich* am geschütztesten. *Vernebler* ist einfach nur *nicht da*. Durch den jahrelangen Prozess ist er tiefer gesunken und sich selbst damit immer nähergekommen.

Ich habe als Begleiterin in jedem längeren therapeutischen Prozess ein *Verborgenes Ich* gefunden, das sich auf die eine oder andere Art und Weise aus dem Leben zurückgezogen hat. Immer hat sich dieses Verbergen als eine Art Schutz herausgestellt, sich dem Leben nicht mehr unmittelbar preiszugeben.

Der Weg des Zurückkommens ist allerdings langwierig. Manchen Menschen mag das zu mühsam sein. Ich kenne aber keine Abkürzung. Vielleicht gibt es auch keine.

Trance

Das *Verborgene Ich* ist in seinen *Reaktionsschichten* von der Vergangenheit geprägt. Diese haben mit der Gegenwart nur wenig oder sogar gar nichts zu tun. Die Sicht des *Verborgenen Ich* auf die Realität, seine Sicht auf die Menschen und die Welt wird durch seine *Reaktionsschichten* verzerrt. Diese Verzerrung nenne ich *Trance*.

Das *Verborgene Ich* ist in *Trance*, weil es meint, die Gegenwart zu sehen und angemessen auf sie zu reagieren. Tatsächlich aber reagiert es auf eine längst vergangene Situation, die durch die aktuelle Situation nur reaktiviert wird. Ob das *Verborgene Ich* dabei direkt in der Welt agiert oder ob es das nur indirekt über die *Alltagspersonen* tut, ist dabei unwesentlich.

Diese Verzerrungen sind aber so alltäglich, dass wir sie als normal empfinden – mehr noch als das: Wir erkennen gar nicht, dass wir uns eigentlich alle mehr oder weniger unablässig in einer *Trance* – jeder in seiner eigenen *Trance* – befinden! Wir sind blind dafür. Wir meinen doch, die Realität zu sehen! Wir erkennen nicht, dass unser Empfinden mehr oder weniger ununterbrochen von unserer Vergangenheit gefärbt und dadurch verzerrt ist. Würden wir das erkennen, wären wir nicht in *Trance*. Doch die *Trance* ist, gesellschaftlich gesehen, unser Normalzustand.

In Annas therapeutischem Prozess zeigt sich die *Trance* bei *Vernebler*. Er sagt: „Ich bin beleidigt. Ich will, dass man mir meine Wünsche von den Augen abliest."

Eigentlich sind dies Bedürfnisse aus Annas frühster Kindheit. *Damals* hätte sie gebraucht, dass jemand ihre – damals noch wortlosen – Bedürfnisse wahrnimmt und angemessen auf sie eingeht. *Vernebler* spürt diese Gefühle aber heute. Er spürt sie wie eine Forderung an mich. Ich habe aber mit damals gar nichts zu tun.

Das sage ich *Vernebler* aber nicht. Ich will nicht, dass er kognitiv konstatiert, dass das unangemessen ist. Ich will, dass *Vernebler* spürt, dass er so fühlt. Nicht, dass heute alles gut ist. Nicht, dass ich ihm heute all seine Wünsche von den Augen ablese. Das könnte ich nicht leisten. Das könnte niemand leisten, und das wäre auch nicht heilsam. Das würde höchstens eine Illusion hervorrufen, die nach kurzer Zeit dann doch wieder enttäuscht würde. Aber darum geht es nicht. *Vernebler* hat es nicht wirklich nötig, dass ihm heute seine Wünsche von den Augen abgelesen werden. Vielmehr braucht er das Gefühl, dass er *so vorkommen* darf. Dass es von Bedeutung ist, was er fühlt, und dass er darauf eine Antwort bekommt. Dass er *sagen* kann: „Ich bin beleidigt und ich will, dass man mir meine Wünsche von den Augen abliest!" Und jemand hört und versteht ihn. Das befriedigt ihn. Paradoxerweise macht ihn das satt – und nicht die tatsächliche Erfüllung des geäußerten Wunsches.

Verschiebung des Ich-Fokus

Da die Haltung des *Verborgenen Ich* grundlegend unser Sein in der Welt bestimmt, wird sich jeder langfristige Therapieprozess früher oder später ganz auf das *Verborgene Ich* ausrichten müssen. Die *Alltagspersonen* verlieren an Wichtigkeit.

Doch meist lehnen wir unser *Verborgenes Ich* erst mal ab. Es ist egoistisch, zurückgezogen, kompromisslos, abgegrenzt. So wollen wir nicht sein!

Über die Jahre aber – selbst wenn wir nicht *gerne* so sind, wie unser *Verborgenes Ich* ist – spüren wir: Ich bin es aber trotzdem! Was soll ich mich dagegen wehren, wenn ich es doch nicht ändern kann? Unsere Selbstverurteilung nimmt ab, und wir beginnen, das *Verborgene Ich* mehr und mehr als „Ich" zu fühlen. Das heißt also, unser *Ich-Fokus*, unsere Ich-Wahrnehmung verschiebt sich allmählich von den *Alltagspersonen* im *Vorderen Raum* hin zum *Verborgenen Ich*.

Das hat weitreichende Folgen: Wir spüren, dass das, was wir tun – beziehungsweise auch das, was wir eben *nicht* tun – *unser* Wille ist. Wir spüren, *ich* will das so! Nicht irgendjemand anders hindert mich daran, es sind nicht die Umstände, das bin ich selbst!

Das ist eine große Erleichterung, denn wir sind damit keine Opfer mehr. Das *Verborgene Ich* ist kein Opfer, es ist Täter! Das ist zwar nicht bequem, aber das ist kraftvoll. Im zunehmenden Fühlen des *Verborgenen Ich*, im zunehmenden Gefühl, dass wir selbst die Täter sind, die unser Leben genau so *wollen*, wie es ist, gewinnen wir unsere Autorität zurück.

Die Verschiebung des *Ich-Fokus* ist nicht zu verwechseln mit dem Wechsel des *Ich-Fokus*, den ich weiter oben beschrieben habe.

Der Wechsel des *Ich-Fokus* ist situativ und mit etwas Übung meist leicht zu vollziehen. Ich kann mit einem Wechsel des *Ich-Fokus* also gezielt eine *Person* wie z. B. den *Buchhalter*, den *Abenteurer*, das *Kind,* aber auch das *Verborgene Ich* aufsuchen.

Die Verschiebung des *Ich-Fokus* beschreibt die langfristige Verlagerung unseres *Ich-Fokus* von den *Alltagspersonen* hin zum *Verborgenen Ich*. Die Verschiebung des *Ich-Fokus* ist nicht willentlich zu leisten. Vielmehr geschieht sie nur dadurch, dass wir uns auf unser *Verborgenes Ich* einlassen, es immer tiefer kennenlernen und uns in ihm annehmen.

Tool 1: Die Direkte Begegnung

Bisher habe Ich über die *Alltagspersonen*, das *Kind* und das *Verborgene Ich* in seinen *Reaktionsschichten* geschrieben. Ich habe von der Notwendigkeit geschrieben, Zeit mit ihnen zu verbringen, um sie dabei allmählich kennenzulernen.

Wie aber – ganz konkret – geht das „Kennenlernen" einer *Alltagsperson*? Wie geht das, mit dem *Vorborgenen Ich* „Zeit zu verbringen"?

Die einfache Antwort heißt: Wir *begegnen* ihnen. Und zwar ganz unmittelbar und direkt.

In jeder Sitzung wenden wir uns unmittelbar als zentralem Element einer *Person* des *Vorderen Raums* beziehungsweise dem *Verborgenen Ich* im *Hinteren Raum* zu. Für diese *Direkte Begegnung* wählen wir einen spezifischen Platz im Raum. Eine *Alltagsperson* hat im vorderen Teil des Raumes seinen spezifischen Platz und das *Verborgene Ich* hat im hinteren Teil des Raumes seinen spezifischen Platz.

Begibt sich nun die Klientin, der Klient auf einen dieser Plätze, geschieht etwas Erstaunliches: Die *Alltagsperson*, die diesem Platz zugeordnet wurde, beziehungsweise das *Verborgene Ich* auf seinem Platz, tritt unmittelbar in Erscheinung! Die Körpersprache verändert sich, die Mimik verändert sich, die Stimmung verändert sich. Wir können die jeweilige *Person*, wir können das *Verborgene Ich* jetzt direkt als solche ansprechen!

Die Klientin, der Klient bemüht sich also nicht darum, eine bestimmte Rolle zu spielen. Vielmehr begibt sie oder er sich nur auf den vorgegebenen Platz und lässt sich selbst davon überraschen, was dann passiert. Dass „nichts" passiert, dass sich auf einem Platz niemand zeigt, gibt es nicht. Denn jedes „Nichts" – schauen wir denn nur genau genug hin, fühlen wir denn nur genau genug hin – entpuppt sich als „etwas". *Immer* entsteht eine bestimmte Stimmung, eine bestimmte Atmosphäre.

Und *immer* spricht der Körper. Das müssen wir als Begleiter nur zu lesen verstehen. In der *Direkten Begegnung* ist alles, was sich ereignet, willkommen. Es gibt kein Gefühl, keinen Zustand, keine Gedanken, die unerwünscht sind. Das gilt für diffuse Zustände wie Langeweile, Schläfrigkeit, das Gefühl, gar nicht richtig anwesend zu sein, wie für klar zuordenbare Gefühle wie Trauer, Wut, Beleidigtsein, Ungeduld oder Freude gleichermaßen.

Jede der sich ereignenden Befindlichkeiten sagt etwas über die jeweilige *Person* oder über das *Verborgene Ich* aus, das gerade anwesend ist, und ist somit bedeutsam.

Dabei lenke ich als Begleiterin die Situation nicht aktiv. Ich will die anwesende *Alltagsperson* oder das *Verborgene Ich* in keiner Weise beeinflussen. Weder will ich den Heiteren zum Über-sich-Nachdenken bringen, noch will ich den Traurigen trösten. Ich will den Ängstlichen nicht beruhigen und den Verschlossenen nicht zum Sich-Öffnen bewegen.

Ich bin als Begleiterin aber auch keine „Reporterin". Ich mache kein Interview mit der anwesenden *Person*. Ich frage nicht, wer sie denn so ist und was sie denn so tut im Leben dieses Menschen. Darauf würden zwar manche *Alltagspersonen* freudig antworten, aber es hilft nicht weiter. Viele *Alltagspersonen* und auch das *Verborgene Ich* täuschen sich über sich selbst. Sie erzählen dann Dinge, die sich im Nachhinein als nicht haltbar herausstellen. Daher würden solche Gespräche leicht in die Irre führen und wären einem substanziellen Kennenlernen nicht dienlich.

Eine Sitzung unterteilt sich in der Regel also in drei Phasen: das Vorgespräch, die *Direkte Begegnung* und das Nachgespräch.

Im Vorgespräch erzählt die Klientin, der Klient von allem, worüber sie oder er erzählen mag. Meist betrifft dies Ereignisse und Erfahrungen, Gefühle und Befindlichkeiten der letzten Zeit. Dann besprechen wir, wer, also welche *Person* – oder *das Verborgen Ich* – in diesem Gespräch eben am deutlichsten zu spüren war. Meist wählen wir diese dann auch für die *Direkte Begegnung* aus – denn offensichtlich „möchte" sie gerade hier sein. Die Klientin, der Klient begibt sich auf den Platz der gewählten *Person*/des *Verborgenen Ich*. Die *Direkte Begegnung* beginnt. Sie kann fünf Minuten oder auch zwei Stunden dauern.

Im Nachgespräch, wieder auf dem Ausgangsplatz, werden die gemachten Erfahrungen besprochen. Wir schauen gegebenenfalls nach Lebenssituationen, in der die erlebte *Person* oder das *Verborgene Ich* auch schon in dieser Haltung sichtbar und fühlbar geworden ist. Für eine erstmalig aufgesuchte *Person* wird noch ein passender Name gefunden.

Tool 2: Ähnlich sein

Wie aber *begegne* ich als Begleiterin einer *Alltagsperson*? Was heißt das überhaupt, ihr zu *begegnen*?

Ich werde ihr ähnlich.

Heißt das, dass ich sie imitieren soll? Soll ich ihre Gestik, ihre Körpersprache nachahmen? Nein, das würde sie irritieren, sie würde sich nicht ernst genommen fühlen. Vielmehr schaue ich nach einer meiner *Alltags-personen*, die der *Alltagsperson* meiner Klientin, meines Klienten ähnlich ist. Bei einer heiteren *Person* suche ich also nach jemandem, der auch heiter und unbeschwert ist, bei einer nachdenklichen *Person* suche ich nach jemandem, der auch über alles nachdenkt, und bei einer traurigen *Person* suche ich nach jemandem, der auch traurig und empfindsam ist. Grundsätzlich entspannt sich eine *Person*, wenn sie so sein darf, wie sie ist. Am unmittelbarsten erlebt sie das, wenn ihr Gegenüber ihr ähnlich ist. Sie erkennt: „Ah, die ist auch so? Dann ist ja gut! Dann versteht sie mich. Dann darf man hier offensichtlich so sein!"

So begebe ich mich als Begleiterin in jeder *Direkten Begegnung* in eine ganz eigene Beziehung. In dieser Beziehung gibt es kein Gefälle. Es begegnet nicht eine „Therapeutin" einer „Klientin", einem „Klienten"! Stattdessen findet eine ebenbürtige Begegnung zwischen zwei *Personen* statt. *Keiner* der beiden hat für diese Begegnung einen speziellen Auftrag. Ich, als Begleiterin, verhalte mich nur so, wie sich *meine Alltagsperson* eben mit dieser anderen *Person* verhält. Wohin uns diese Begegnung führt, ist auch mir unbekannt. Ich muss also bereit sein, mich in einer Sitzung auch ganz persönlich auf unsicheres Terrain zu begeben.

In dieser Begegnung gibt es weder etwas, das unbedingt passieren soll, noch etwas, das auf keinen Fall passieren darf. Ich strebe keinen bestimmten Zustand an, weder bei mir noch bei meinem Gegenüber. So ist jede *Direkte Begegnung* unvorhersehbar und überraschend. So wie jede echte Begegnung immer neu und überraschend ist.

Durch die verschiedenen Begegnungen, die eine *Person* nun im Verlauf eines therapeutischen Prozesses erlebt, entwickelt sie allmählich ein Gefühl für sich selbst. Sie denkt meist nicht explizit über sich nach – das wäre auch nicht hilfreich –, sondern ist nur so da, wie sie nun mal da ist, und verbringt Zeit mit jemandem, der so ähnlich ist wie sie. Mehr im Sinne einer „Nebenwirkung" wird dabei deutlich, wie sie eigentlich ist. Eine besondere Herausforderung stellt sich der Begleiterin, dem Begleiter beim Ähnlich-Sein mit einem *Verborgenen Ich*. Oft ist das *Verborgene Ich* in seinen *Reaktionsschichten* abweisend, misstrauisch, aggressiv, arrogant, verachtend oder rachsüchtig. In der *Direkten Begegnung* mit dem *Verborgenen Ich* geht es nun darum, seine Stimmung sehr wohl aufzugreifen, ohne dabei aber eine Negativität, die gegen uns gerichtet sein kann, zu spiegeln. Je negativer es selbst ist, umso empfindlicher ist es gegen jede gegen sie gerichtete Negativität. Das *Verborgene Ich* braucht, um ein Gefühl für sich selbst zu entwickeln, ein ebenbürtiges Gegenüber, das ihm aber ohne jede Verurteilung oder Abwertung begegnet.

Auch bei einer *Direkten Begegnung* mit einem *Kind* sind wir als Begleiterin, als Begleiter diesem nicht immer nur ähnlich. Bei einem traurigen oder traumatisierten Kind sind wir ihm vielmehr ein freundliches, liebevolles und einfühlsames Gegenüber. Wir geben ihm Raum, einfach zu fühlen, was es fühlt, und beantworten ihm seine Fragen.

Tool 3: Das Phänomen der Resonanz

Wie immer sich eine Klientin, ein Klient uns gegenüber verhält, es löst eine entsprechende Resonanz in uns aus. Wir werden je nachdem, welche *Alltagsperson* vor uns ist, eine ganz andere Resonanz empfinden. Und es wird noch mal eine andere Resonanz in uns auslösen, wenn das *Verborgene Ich* spürbar wird.

Jede Resonanz ist ganz unmittelbar körperlich wahrnehmbar. Vielleicht ist es ein Ausdehnen, ein Zusammenziehen, ein subtiles Hingezogen-Sein oder ein Sich-Abwenden.

In dem oben beschriebenen Beispiel, wo *Vernebler* möchte, dass wir ihm seine Wünsche von den Augen ablesen, könnten wir beispielsweise ein Gefühl von Anspannung und Bedrängnis haben. Wir könnten uns dafür verantwortlich fühlen, diesmal alles ganz „richtig" zu machen und ihn nicht zu enttäuschen. Wir könnten uns aber auch stolz und wichtig fühlen: „Ich werde *Vernebler* jetzt all das geben, was er braucht. Bei mir wird er die Zuwendung erfahren, wonach er sich ein Leben lang sehnt!"

Jede Haltung, jedes Wort, jedes Schweigen, jeder Blick, jedes Wegschau-en, jede Geste, jede Mimik – kurzum alles, was ein Mensch tut oder auch unterlässt – erzeugt eine Resonanz in uns. Wir können diese wahrneh-men oder übergehen. Voraussetzung für die Wahrnehmung ist unser *In-nehalten*. Doch allzu gern verfallen wir in eine automatische Reaktion. Wir verhalten uns, ohne zuvor gespürt zu haben, wie unsere Resonanz „klingt". Es entgeht uns dann eine wesentliche Information.

Richten wir jedoch unsere Aufmerksamkeit auf die immer wieder neu ausgelöste Resonanz, lässt dieses Phänomen einen präzisen Rückschluss darauf zu, *wie wir angeschaut werden.*

Wir sind wie ein Resonanzkörper, der in „Schwingung" versetzt wird. Durch das Lesen dieser Schwingung erfahren wir etwas über das Wesen desjenigen, der die Schwingung auslöst. So können wir das Phänomen der Resonanz wie ein Navigationsinstrument nutzen, um besser zu ver-stehen, was bei unserem Gegenüber „los ist". Der Rückschluss auf unser Gegenüber ist umso präziser, je mehr wir mit unseren eigenen Themen im Reinen sind. Mit anderen Worten, wenn wir selbst in *Trance* sind, beeinflusst das unsere Wahrnehmung der Resonanz. Die ausgelöste Schwingung ist dann verzerrt und lässt keine realen Rückschlüsse auf unser Gegenüber zu.

Blinde Reaktion

Verpassen wir es, uns dem Phänomen der Resonanz zuzuwenden und dann zu wählen, wie wir uns verhalten wollen, reagieren wir blind. Wir *reagieren* dann automatisch auf unsere Klientin, unseren Klienten, ohne dass wir merken, was eigentlich geschieht. Damit werden wir selbst zum *Blindgänger*. Die Klientin, der Klient „lässt seine alte Geschichte auf uns los" und wir reagieren blind mit *unserer* alten Geschichte.

Im Alltag unter ganz normalen Menschen geschieht das mehr oder weni-ger ununterbrochen. In der Sitzungsarbeit wollen wir das vermeiden. Es ist meine Aufgabe als Begleiterin, das zu verhindern. Und wenn es doch geschieht, ist es meine Aufgabe, mithilfe von Supervision eine Klärung meiner Verstrickung herbeizuführen.

In Annas therapeutischem Prozess gerate ich auch in eine blinde Reaktion. Ich bin von *Vernebler* genervt. Ich bin von seinem ewigen Nichtstun genervt und ich werde von meinen eigenen Gefühlen überrollt. Ich weise ihn barsch zurecht. Mein *Blindgänger* geht hoch. *Verneblers* Reaktion darauf ist bemerkenswert – aber das will ich jetzt nicht vorwegnehmen. Es ist in Annas Dokumentation nachzulesen.

Die Quelle

Die Frage stellt sich: Wohin führt denn das alles? Wir lernen unsere *Alltagspersonen* kennen, wir begegnen unserem *Verbogenen Ich*, wir erleben seine *Reaktionsschichten*, wir erkennen *Trancen*, wir sinken tiefer – aber wohin? Und kommen wir jemals „an"?

In einem mehrjährigen therapeutischen Prozess können wir spüren, dass wir uns über die ganze Zeit hinweg etwas Wesentlichem nähern. Wir spüren, dass das *Verborgene Ich* uns uns selbst näherbringt, wir nehmen wahr, wie wir uns im Sinken durch die *Reaktionsschichten* wandeln, und es wird uns immer deutlicher, wer wir eigentlich sind und was wir eigentlich wollen. Die Verwirrtheit lässt nach, der Wunsch, uns über die *Alltagspersonen* zu tarnen, lässt nach, die Spaltung in *Alltagspersonen* und *Verborgenem Ich* nimmt ab. Wir können uns selbst immer klarer und ohne jede Beschönigung sehen – ohne dass wir uns dafür verurteilen. Wir müssen uns selbst nichts mehr vormachen. Wir sind einfach, wie wir sind.

In diesem Prozess können wir mit der Zeit eine Quelle spüren. Eine Quelle, die wie ein Magnet eine Anziehung ausübt. Es ist eine Quelle von Liebe und Wahrheit. In ihrer Nähe fühlen wir, dass wir in Ordnung sind. In ihrer Nähe wissen wir, dass wir genau so, wie wir in unserem tiefsten Grund sind, eigentlich gemeint sind. Und wir spüren, dass wir auch so sein *wollen*. Weil es wahr ist.

Wenn wir mit der Quelle verbunden sind, lieben wir, verschenken wir uns und wir sagen unsere Wahrheit. Auch wenn sie unbequem ist. Nicht weil wir müssten, sondern weil es unserem eigentlichen Wesen entspricht. Weil es sich für *uns selbst* besser anfühlt, die Wahrheit zu sagen, als sie zu verschweigen oder sie zu verbiegen. Weil es sich für *uns selbst* besser anfühlt zu geben als nicht zu geben. Es ist eine neue Hingabe an uns selbst. Das ist zutiefst befriedend. Wir sind, wer wir eigentlich sind.

Dabei werden wir weiblicher: Wir können annehmen, was ist, wir treten kraftvoll mit unseren Mitmenschen in Beziehung, wir gewinnen an Geduld.

Und wir werden männlicher: Wir setzen klare Grenzen, wir erkennen eine Situation differenziert und handeln so, wie wir es für richtig halten. Wir spüren unseren unbeirrbaren Instinkt genauso, wie unsere Intuition wach und lebendig ist. Wir sind auf eine neue Art unschuldig, unschuldig wie ein Kind. Allerdings sind wir im Unterschied zu diesem jetzt wissend unschuldig und nicht naiv unschuldig. Und wir spüren, dass es etwas gibt, das größer ist als wir selbst. Wir fühlen uns eingebunden in ein Ganzes, das wir vielleicht gar nicht benennen können oder wollen.

Die *Alltagspersonen* verlieren an Bedeutung. Wir sehen, dass sie Abspaltungen von unserem eigentlichen, wahren Ich sind. Die *Alltagspersonen* waren „erlaubte Versionen" unserer selbst – aber getrennt vom Kern, getrennt von unserem eigentlichen Ich. Wenn sich das *Verborgene Ich* aber nicht mehr verbergen muss, wenn es sein darf, wie es ist, will es sich nicht mehr hinter den *Personen*, hinter seinen Masken, verstecken. Es nimmt die Qualitäten der *Alltagspersonen* wieder in sich auf. Es fügt sich zum einen ungebrochenen Ich.

Der Weg zur Quelle ist lang. Ich kann nicht sagen, dass eine meiner Klientinnen oder Klienten da schon angekommen wäre. Das ist wohl eher eine Lebensaufgabe – oder geht vielleicht noch darüber hinaus. Ich sehe aber, dass sich die Menschen auf diesem Weg der Quelle nähern. Ich sehe, dass sie sich differenzierter wahrnehmen, sich klarer ausdrücken, sie weniger verführbar sind und ihre Kompensationshandlungen nachlassen. Sie nehmen sich selbst ernst, sie spüren immer tiefer, was es heißt, sich selbst treu zu sein. Ihre Beziehungen klären sich.

Zusammenfassung

Der Mensch kann unterschiedliche *Personen* in sich ausmachen. Die *Personen* im *Vorderen Raum* können wir leicht entdecken. Schwerer zu finden ist hingegen das *Verborgene Ich*. Es befindet sich im *Hinteren Raum* und will nicht erkannt werden.

Die *Alltagspersonen* und das *Verborgene Ich* lassen sich in der *Direkten Begegnung* unmittelbar kennenlernen.

Jeder langfristige therapeutische Prozess läuft auf das *Verborgene Ich*, den *Blindgänger*, hinaus. Von ihm hängt es letztlich ab, was im Leben dieses Menschen geschieht – und vor allem auch, was in diesem Leben nicht geschieht.

Das *Verborgene Ich* lässt sich nicht willentlich verändern. Es entspannt sich aber, wenn es so sein darf, wie es ist. Die Entspannung lässt es tiefer sinken, lässt es in sich ankommen. So entsteht die paradoxe Situation, dass gerade das Sein-Lassen des *Verborgenen Ich* zu tiefgreifender Veränderung oder – besser gesagt – Wandlung führt.

Das *Verborgene Ich* sinkt – für es selbst nahezu unmerklich – von einer *Reaktionsschicht* zur nächst tieferen. Ohne dass es sich aktiv darum bemühen würde, relativieren sich alte, verletzende Erfahrungen. Die Resignation lässt nach. Es spürt immer mehr, wer es eigentlich ist und was es eigentlich will. Es findet Geschmack daran, *da* zu sein, und beginnt, am Leben unmittelbar teilzunehmen. Es spürt: Dieses Leben ist ja *mein* Leben! Und es macht mich zufrieden, mich darin zu bewegen! Mit der Rückkehr des *Verborgenen Ich* findet der Mensch zu seiner ihm entsprechenden Ordnung zurück. Er wird zu einem beweglichen, lebendigen Organismus. Das *Verborgene Ich* ist jetzt nicht mehr „verborgen", es ist kein *Blindgänger* mehr. Es nimmt den ihm angemessenen Platz ein. Es bestimmt die Grundzüge des Lebens wie eine gute Königin, wie ein guter König. Die *Alltagspersonen* und die *Kinder* dürfen sich in dem vom *Verborgenen Ich* geschützten Raum frei bewegen und sich in ihrer jeweils ganz eigenen Art entfalten. – Friede kehrt ein.

Anna

„Totsein ist nicht so eine schlechte Alternative zum Leben."
(Vernebler)

1. Therapeutisches Prozessjahr

Verzweifelt, überfordert

Anna ist 36 Jahre alt, als sie mich das erste Mal aufsucht. Sie arbeitet als Krankenschwester in einer psychosomatischen Klinik. Sie macht mit Patientinnen Tagespläne, überwacht die Medikamenteneinnahme und protokolliert je nach Krankheitsbild Gewicht, Temperatur, Puls, Blutdruck, den allgemeinen Zustand und eventuelle spezielle Vorkommnisse des Tages.

Sie wohnt mit einer anderen Frau in einer Zweier-WG.

Zu mir kommt sie, weil sie sich oft verzweifelt fühlt. Sie sagt, sie sei immer den Tränen nahe und fühle sich von ihrem Leben grundsätzlich überfordert. Sie weint auch jetzt in unserem ersten Gespräch immer wieder. Ich frage, was genau sie überfordere. Sie kann es nur schwer in Worte fassen. Es scheint eher ein Grundgefühl zu sein als eine konkrete Situation. Sie kann sich beim Einkauf eines Kleidungsstücks überfordert fühlen, bei der Planung ihres Wochenendes oder wenn sie morgens knapp dran ist, zur Arbeit zu gehen.

Sie sagt, sie habe viel Stress. Sie strenge sich immer an, allen möglichen Verpflichtungen nachzukommen. Allerdings wäre viel „hausgemacht", es wären auch private Verabredungen, die sie stressen würden. Sie könne das aber nicht ändern. Sie habe sich schon oft vorgenommen, weniger zu tun, aber es gelinge ihr einfach nicht. Dabei sei es eigentlich gar nicht so viel, was sie tue. Andere Menschen wären damit sicher längst nicht überfordert. Das ärgere sie dann immer so. Aber für sie sei es einfach zu viel. Sie weint.

Es ist einen Moment still. Dann fährt sie fort, sie habe manchmal das Gefühl, nur halb da zu sein, so, als fehle ihr etwas. Sie würde allem immer nur hinterherlaufen. Wahrscheinlich käme daher diese Anstrengung. Manchmal käme es ihr so vor, als wäre es gar nicht ihr Leben. Sie wisse auch nicht, wieso sie so viele Dinge tue, die sie gar nicht so wichtig finde.

Irgendwie habe sie einfach das Gefühl, sie lebe gar nicht richtig. Sie könne sich nicht erklären, warum das so sei.

Dann erwähnt sie noch, dass sie noch nie mit einem Mann in einer längeren Beziehung gewesen sei. Erstaunlicherweise wirkt sie aber bei der Erwähnung dieses Themas nicht traurig. Es ist in zwei Sätzen erledigt. Sie scheint keinen Schmerz darüber zu empfinden. Sie wirkt, als sage sie das nur vollständigkeitshalber. Ein Problem hat sie damit nicht.

Anna sagt, sie habe schon zwei Jahre Gesprächstherapie gemacht, bevor sie jetzt zu mir gekommen sei. Sie habe aber das Gefühl, dass ihr die Therapie nicht wirklich geholfen habe. Sie hätten zwar viel geredet, vor allem über diese überfordernden Situationen, aber das habe ihr nicht wirklich geholfen. Es sei nicht besser geworden, und deshalb habe sie damit wieder aufgehört. Von einer Freundin habe sie nun vor Kurzem von meiner Arbeit mit den verschiedenen *Personen* und dem *Verborgenen Ich* gehört und hoffe, dass ich ihr helfen könne.

Ich bin nachdenklich. Ich kann die Not und die Überforderung fühlen, sie sind mit Händen zu greifen. Allerdings, so rein äußerlich betrachtet, scheint Annas Leben in geordneten Bahnen zu verlaufen. Sie wirkt nicht im Unfrieden mit ihrer Arbeits-, Wohn- oder Beziehungssituation.

Ihre Not bezieht sich ausschließlich auf ihr inneres Erleben. Ich frage mich, welche Personen in Annas Leben vorkommen.

Ich vermute, dass die Überforderung zu einem Kind gehört. Ich habe schon jetzt, in diesem ersten Gespräch, etwas Kindliches in Anna gespürt. Auch sieht sie jünger aus, als es ihrem realen Alter entspricht – ein bisschen so, als wäre sie noch ein Mädchen.

Bemerkenswert finde ich dieses Nur-halb-Dasein, das Anna erwähnt. Sie spürt offensichtlich, dass etwas Zentrales fehlt. Spürt sie vielleicht ihr Verborgenes Ich? Oder, besser, das Fehlen von ihm? Und dann muss es noch jemand Mächtigen geben, der Beziehungen zu Männern ablehnt. Dass sie bis heute keine längere Paarbeziehung gelebt hat, ist schon eine gewichtige

Aussage. Am meisten wundert mich allerdings, dass sie darunter nicht zu leiden scheint. Es ist für sie nicht wichtig. Warum wohl?

Und dann muss es noch eine Person geben, die gut funktioniert und Annas Alltag trotz allem recht gut bewältigen kann. Sonst wäre sie nicht in der Lage, ihre Aufgaben in der Klinik gewissenhaft auszuführen, wie dies der Fall ist.

In der Direkten Begegnung möchte ich als Erstes zu dem Kind in Anna gehen. Ich habe es im Vorgespräch schon deutlich gespürt und von da kommt wohl der Leidensdruck. Dem will ich Raum geben.

Das Kind

Ich teile Anna meine Gedanken mit. Dann sage ich ihr, dass ich gerne als Erstes mit dem Kind in ihr sprechen würde, es sei ja schon im Vorgespräch präsent gewesen. Ich frage, ob sie damit einverstanden ist. Sie bejaht.

Ich breite vor ihr links auf dem Boden eine Decke aus und lege ein paar Kissen dazu. Anna hatte im Vorgespräch immer wieder auf diesen Platz geschaut, wenn sie weinte.

Klientinnen und Klienten deuten häufig körpersprachlich auf bestimmte Plätze, je nachdem, welche ihrer Personen gerade spricht. Diesen Hinweisen folge ich bei der Wahl eines Platzes für eine sich neu zeigende Person.

Ich bitte Anna, auf der Decke Platz zu nehmen und sich dem zu überlassen, was passiert. Ich sage, am Schluss der Sitzung würden wir, dann wieder auf dem Ausgangsplatz, besprechen, was sie auf diesem Platz erlebt hat. Sie setzt sich auf die Decke und sofort schießen ihr die Tränen in die Augen. Sie muss so stark weinen, dass sie gar nicht mehr sprechen kann. Ich lasse sie weinen und bin still. Nach einiger Zeit wird sie etwas ruhiger. Sanft sage ich: „Hallo!" Sie beginnt wieder zu weinen. Dann sagt sie: „…dass du mich besuchst…" Sie kann nicht weitersprechen, die Tränen fließen. Ich sage nichts, schaue sie nur freundlich an. Nach einer Weile sagt sie: „…ich habe mir so gewünscht, dass mich mal jemand sieht und hört…"

„Ja, ich kann dich sehen, und ich kann dich auch hören", antworte ich ihr.

„Du kannst mich sehen?", fragt sie ungläubig.

„Ja, das kann ich."

„Ach so, dann ist gut. Ich dachte, man kann mich nicht sehen."

„Doch, ich kann dich sehen."

Nach einer Pause sagt sie:

„Ich bin traurig."

„Ja."

„Gut, dass du das siehst."

„Warum?"

„Das hat noch nie jemand gesehen."

„Ist das so? Ich kann gut sehen, dass du traurig bist."

„Ja, das bin ich oft. Fast immer."

„Das ist schlimm."

„Ja." Wieder weint sie jetzt.

„Irgendwie bist du ganz alleine…?"

„Ja, ich bin fast immer alleine. Und immer muss ich so viel tun, ich kann das aber alles nicht!" Ihr laufen Tränen über das Gesicht.

„Was musst du denn tun?", frage ich.

„Vieles. Immer wieder was anderes. Gestern Abend zum Beispiel wollte ich Wäsche waschen. Das war wichtig, weil ich am Wochenende wegfahre und sonst keine Zeit mehr dafür habe. Dann war die Waschmaschine aber belegt von meiner Vermieterin, die eine eigene Waschmaschine hat. Sie hat zwei Maschinen gleichzeitig laufen lassen! Eigentlich ist meine Maschine ihre alte. Ich darf sie benutzen, weil sie eine neue gekauft hat. Aber jetzt war sie besetzt. Warum hat sie meine benutzt? Ich war so verzweifelt! Ich konnte nichts tun! Ich habe geweint, aber eigentlich hätte ich alles kaputt schlagen können! Ich hätte am liebsten ihren Wäschekorb zertreten und in hundert Stücke gerissen! Oder ihre Waschmaschine mit Füßen getreten! Oder den Stecker rausgezogen und ihre Wäsche auf den Boden geschmissen und dann meine eigene Wäsche gewaschen! Das habe ich mir tatsächlich überlegt. Ich war so wütend. Dann habe ich aber geweint. Ich fühlte mich überfordert. So was passiert mir oft. Nicht mit der Waschmaschine, aber sonst. Ich fühle mich dann so hilflos. Ich kann nichts tun."

„Ja, das ist wirklich ärgerlich, so was."

Wir sind eine Weile still. Plötzlich fragt sie mich: „Kannst du mir helfen?"

„Womit?", frage ich.

„Dass alles nicht mehr so schlimm ist."

„Oh", sage ich, „das ist nicht so einfach. Ich kann dir zuhören, ich kann mit dir immer mal wieder Zeit verbringen, aber richtig viel helfen wird dir das wohl nicht. Im Leben draußen bist du dann doch wieder alleine."

„Das ist aber blöd!"

„Ja, schon, richtig blöd!"

„Aber wieso kommst du dann? Kannst du mir gar nicht helfen, und es geht immer nur so weiter? Das will ich nicht!"

„So ist es auch wieder nicht, aber das ist etwas kompliziert zu erklären. Ich versuch's trotzdem. Dass du dich so fühlst, wie du dich fühlst, hat gar nicht nur mit dir zu tun. Es gibt da noch andere, die haben sich zurückgezogen, und deswegen fühlst du dich oft alleine und überfordert."

„Die haben sich vom Acker gemacht und mich allein gelassen?"

„Ja, so ungefähr."

„Das ist aber gemein!"

„Ja, irgendwie schon. Die andern haben sich in Sicherheit gebracht, und du musst es ausbaden, das ist schon gemein. Aber trotzdem ist es halt so. Allerdings machen die das nicht, weil sie böse sind oder dich quälen wollen. Die gehen nur weg, wenn sie Schreckliches erlebt haben und sich von den Menschen zurückziehen."

„Und die sind dann für immer weg?"

„Für sehr, sehr lange. Manchmal bleiben sie ein ganzes Leben lang weg."
„Und ich muss aber bleiben?!"
„Ja, so ist es."
„Aber das ist doch ungerecht!"
„Ja, irgendwie schon. Aber so ist es nun mal. Die Mächtigen setzen sich durch, sie können weggehen. Und die Schwächeren müssen es ausbaden."
„Ich find das gemein!"
„Kann ich verstehen. Aber aufs Ganze gesehen, ist es vielleicht die beste von lauter schlechten Möglichkeiten. Die andern haben sich in Sicherheit gebracht und damit das Überleben gesichert. Dich aber haben sie übrig gelassen. Irgendjemand musste dableiben, und das bist offensichtlich du."
„Das ist aber nicht schön. Kann man da denn gar nichts tun?"
„Doch, schon. Aber nur ganz, ganz langsam. Es ist mühsam und zäh. Ich muss dann vor allem mit denen Zeit verbringen, die weggegangen sind. Ich weiß noch nicht, ob Anna diesen Weg gehen will."
„Ich möchte, dass du mir hilfst, auch wenn es lange dauert!"
„Das ist schön zu hören. Gerne will ich dir helfen. Ich werde mit Anna darüber sprechen. Sie muss das ja entscheiden."
„Ja, das ist gut!"
Ich bitte Anna, wieder auf ihrem Sessel mir gegenüber Platz zu nehmen. Sie ist erstaunt und berührt. Sie hat dieses *Kind* ganz unmittelbar gefühlt, mehr noch als das, sie *war* dieses *Kind*. Sie war klein, sie war ein *Kind*! Sie hat dieses *Kind* nicht *gespielt*, es war da!
Anna ist etwas irritiert, dass ihr so etwas „passiert" ist, sie hatte das gar nicht beabsichtigt. Sie fühlt sich aber auch nicht schlecht. Sie weiß nur noch nicht recht, wie sie das Erlebte einordnen soll. Sie ist verwirrt.
Und dann erzählt sie, dass sie sich eigentlich oft fühlt wie dieses *Kind*. Ihr wäre diese Wut und Ohnmacht so vertraut, die sie auch jetzt spürte, als sie die Sache mit der Wachmaschine erzählte. Allerdings würde sie dabei eher weinen als schreien. Genauso würde sie das auch sonst aus ihrem Leben kennen. Ich frage dann noch, ob diese Trauer, die wir am Anfang

bei dem *Kind* erlebt haben, wirklich niemand von ihr kennen würde. „Oh doch", sagt sie, „eigentlich schon. Ich weine schon immer sehr schnell, das können andere natürlich sehen. Das ist mir zwar unangenehm, aber ich kann das nicht ändern. Trotzdem fühle ich mich so, als würde es niemand richtig mitkriegen. Das ist seltsam, oder?"

„Naja", antworte ich, „mir kommt es so vor, als fühle sich dieses *Kind* abgelehnt. Es denkt, es dürfe so nicht sein, schon gar nicht traurig oder wütend. Und obwohl die Tränen da sind, fühlt es sich nicht gesehen. Es gab wohl bis jetzt niemand, der sich wirklich für dieses *Kind* interessiert hat."

„Ja, das ist so. Auf jeden Fall habe ich mich so gefühlt, als würde diese Trauer zum ersten Mal gesehen. Seltsam, wo ich doch immer so schnell weine.

Aber ich glaub wirklich, der Unterschied war, dass es sein durfte. Das *Kind* durfte weinen und du warst einfach nur dabei. Sonst kämpfe ich ja immer dagegen an und ärgere mich, dass ich jetzt schon wieder weinen muss. Ich glaube deswegen hat es sich so angefühlt, als würde ich zum ersten Mal darin gesehen."

So beenden wir diese erste Sitzung. Ich sage Anna dann nur noch, dass sie mit dieser Erfahrung jetzt nichts tun müsse. Sie solle das *Kind* einfach nur so sein lassen, wie es ist. Sie solle nicht versuchen, etwas zu verändern. Sie solle die Sitzung jetzt wirken lassen und ein paar Nächte darüber schlafen. Sie würde dann sicher spüren, wie es ihr mit dieser Sitzung heute gehe und ob sie Lust habe weiterzumachen. Dann solle sie sich einfach wieder bei mir melden.

Ich bin zufrieden mit dieser ersten Sitzung. Für Anna ist es offensichtlich einfach, dieses Kind zu spüren und sich darin zu zeigen. Der Leidensdruck ist allerdings groß. Ich frage mich, ob sie die Geduld haben wird, diesen langsamen Weg zu gehen. Die Wut verstehe ich noch nicht wirklich. Ist es wirklich das Kind, das wütend ist, oder geht es da um jemand anderen? So wie sie da war, hatte die Wut schon etwas Kindliches. Allerdings richtig

gefühlt habe ich die Wut nicht, vielleicht eher eine Art Trotz. Das wird sich
sicher mit der Zeit noch deutlicher zeigen.

Vernebler

Drei Wochen später sehe ich Anna wieder. Sie hat sich entschlossen, die
Arbeit weiterzumachen, auch wenn sie, wie sie sagt, sich noch nicht genau vorstellen kann, wie der Prozess dann längerfristig aussieht. Sie war
beeindruckt, in ihrem Alltag immer wieder dieses *Kind* in sich zu erleben. Sie spürte, wie oft sie sich eigentlich klein fühlt. Sie sagt, es wäre fast
ein konstantes Lebensgefühl von ihr, dass die anderen „groß" seien und
sie klein. Irgendwie denke sie immer, die anderen müssten es besser wissen als sie. Ihr ist aufgefallen, dass sie auch kleine Entscheidungen lieber
anderen überlässt. Sie erzählt, letzte Woche bei der Arbeit habe sie einen
neuen Katalog verstauen wollen, den sie von einer Firma zugeschickt bekommen haben. Sie habe aber lieber ihre Kollegin gefragt, wo sie ihn hin-
tun solle, als selbst einen Platz dafür zu suchen. Ganz automatisch würde
sie das so machen. Sie sei da wirklich wie ein *Kind*.
Anna wirkt diesmal viel ruhiger. Sie ist heute nicht in Not. Eher wirkt sie
sogar abgegrenzt und distanziert. Ich teile ihr meine Beobachtung mit.
Sie bestätigt: „Ja, das ist so. Eigentlich bin ich oft abgegrenzt. Mir sind
manchmal die ganzen Menschen und alles, was da draußen läuft, zu viel."

Offensichtlich ist heute jemand ganz anderes anwesend. Anna ist nicht nur
ein bisschen anders, sie ist diesmal ganz anders. Ihr selbst scheint das aber
nicht aufzufallen. Genauso selbstverständlich, wie sie in der letzten Sitzung
sagte, dass sie sich oft klein fühle, sagt sie jetzt, dass sie sich oft abgegrenzt
und distanziert fühle. Ich bin überzeugt, beides ist wahr! Allerdings für je-
weils eine andere Person.

Ich schlage Anna vor, auch dieser neuen, abgegrenzten *Person* Raum zu geben. Sie ist einverstanden. Sie hatte sich, während wir über diese Abgegrenztheit von ihr sprachen, weit nach hinten gelehnt, auf die rechte Seite ihres Sessels, so, als wollte sie da nach hinten verschwinden. Deshalb bitte ich Anna, sich hinten rechts im Raum hinzustellen. Ich sage noch, sie hätte wieder keine spezielle Aufgabe, sie müsse nicht versuchen, jemand Bestimmtes zu sein, sondern sie solle sich einfach dahinstellen und dann schauen, was passiert.

Anna steht auf und stellt sich auf den vorgegebenen Platz. Zu meiner Überraschung dreht sie sich allerdings gleich weg. Sie steht seitlich, im 90-Grad-Winkel zu mir und schaut zum Fenster.

Ich bin etwas irritiert. Warum tut sie das? Ich beschließe, sie aber vorerst nicht danach zu fragen. Ich vermute, sie könnte mir keine relevante Antwort geben. Vielleicht würde sie sich dann meinem vermeintlichen Wunsch anpassen und sich frontal hinstellen – obwohl das ja gar nicht das ist, worum es mir geht. Ich möchte verstehen, warum sie sich von mir abwendet. Aber das braucht wohl Zeit.

Zurückhaltend sage ich nach einer Weile: „Hallo".

„Hallo", kommt es nach einer längeren Pause tonlos zurück. Sie schaut mich nicht an. Sie starrt zum Fenster, als gäbe es da was zu sehen. Nichts passiert. Ich sage nichts. Sie auch nicht. Sie wirkt abwesend. Sie scheint keinerlei Impulse zu haben. Weder etwas zu sagen noch sich zu bewegen. Sie steht einfach nur da, wie zur Salzsäule erstarrt. Bewegungslos, leblos, gefühllos. Es ist still. Nur ab und zu hört man die Straßenbahn vorbeifahren oder ein paar entfernte Stimmen von der Straße. Es passiert nichts. Nach einer halben Stunde frage ich: „Bist du gar nicht richtig da?"

„Nein", kommt die lakonische Antwort.

Wieder Schweigen. Wieder Leblosigkeit. Es ist leer und es ereignet sich nichts. Diese Stunde fühlt sich an wie eine Ewigkeit. Ewig leer, ewig leblos. Eine Wüste.

Dann beende ich die *Direkte Begegnung* und bitte Anna wieder zu ihrem Sessel am Ausgangsplatz.

„Uiuiui, wo sind wir denn hier gelandet?", frage ich sie.

„Ich war im Nebel. Das war gut."

„Im Nebel?"

„Ja, im Nebel. Es war weiß und leer. Es war gut, mich da mal so ungestört aufhalten zu können. Ich war froh, dass du nicht mit mir sprachst. Ich wollte nicht reden. In gewisser Weise konnte ich gar nicht reden, aber ich weiß nicht. Auf jeden Fall wollte ich nicht reden. Ich habe so an das eine oder andere gedacht, an die Arbeit in der Klinik oder was ich danach noch einkaufen will, aber es war nicht wichtig. Es waren nur so Wolkenschwaden, die vorbeiziehen. Es war einfach leer – nicht tief oder weisheitsvoll, wie manche spirituellen Lehrer von der Leere sprechen –, einfach nur banal leer. Sonst nix. Doch das war gut."

Ich sage: „Da gibt es also jemanden, der ist im Nebel und in der Leere. Aber erstaunlicherweise scheint sich dieser Jemand da wohlzufühlen. Auf jeden Fall hat er nichts dagegen. Auch nicht, dass ich ihn da sehe."

„Ja", antwortet Anna, „das war okay. Die *Person* fand es gut, dass du sie in Ruhe gelassen hast. Sie mag nicht gestört werden, das war klar. Aber fast alle Menschen stören.

Sie will einfach ihre Ruhe haben und sonst nichts. Der Nebel ist gut für sie, der schirmt sie ab. Das will sie so."

„Dann wollen wir sie *Vernebler* nennen, okay?" Anna nickt zustimmend.

Kindheit

Dann frage ich Anna nach ihrem Elternhaus, nach ihrer Kindheit. Sie sagt, sie wäre in einer ganz normalen Familie groß geworden. Sie habe noch eine drei Jahre ältere Schwester, die sei verheiratet und habe zwei Kinder, vier und sieben Jahre alt. Sie arbeite in Teilzeit als Sekretärin. Sie hätten aber nicht viel Kontakt.

Und es habe eine noch ältere Schwester gegeben, die habe sie aber nie gekannt. Sie habe einen Geburtsfehler gehabt, ihr habe die Galle gefehlt, und sie sei dann mit eineinhalb Jahren gestorben.

Ihre Mutter sei Hausfrau gewesen, bis sie zehn Jahre alt war, danach habe sie im Geschäft des Vaters mitgearbeitet. Ihr Vater habe einen Malerbetrieb mit zehn Angestellten gehabt. Er habe ihn schon von seinem Vater übernommen.

Anna sagt, sie könne sich an keine speziellen Ereignisse in ihrer Kindheit erinnern, weder an positive noch an negative. Sie wisse nur noch, dass sie nie gerne Klassenkameradinnen zu sich nach Hause einlud. Irgendwie sei es bei ihr zu Hause immer etwas unangenehm gewesen, irgendwie kühl. Man hielt sich nicht gerne da auf. Die Mutter versorgte zwar die Kinder, sie kochte, putzte und hielt das Haus in Ordnung. Aber sie gab ihnen keine Wärme oder emotionale Zuwendung, sie war innerlich weit weg. Aber für sie sei das normal gewesen, sie habe es ja nicht anderes gekannt. Richtige Gespräche habe es in ihrer Familie eigentlich nicht gegeben. Kaum je habe jemand mal was länger erzählt. Man habe sich einfach nicht für einander interessiert. Auch Diskussionen wären unerwünscht gewesen. Wenn man sich der Meinung des Vaters widersetzt habe, habe es nur Streit gegeben. Es wäre besser gewesen zu schweigen. Nur ab und zu sei von den Eltern abfällig kommentiert worden, was der eine oder andere Nachbar gesagt oder getan habe. Oder was in der Zeitung stand. Alle anderen seien dumm oder faul gewesen.

Der Vater war selten zu Hause. Eigentlich habe er immer gearbeitet, auch sonntags. Sicher habe es im Geschäft immer was zu tun gegeben, aber er habe die Familie auch nicht gesucht. Er habe mit ihr und ihrer Schwester nichts anfangen können, und auch zu seiner Frau gab es keine Nähe. Arbeiten sei ihm recht gewesen, mehr wollte er nicht. Er hatte kaum Freunde und Hobbys. Seine Kontakte beschränkten sich auf seine Angestellten und seine Kunden. Mit denen hat er dann schon gesprochen, aber das war rein sachlich.

Die Familie hatte kaum je Besuch. Nur ganz selten kamen mal Verwandte, aber auch da hatte man sich nichts zu sagen. Die Fakten waren schnell ausgetauscht und mehr wusste man sich nicht mitzuteilen. Manchmal habe der Vater sogar in Anwesenheit der Besucher die Zeitung gelesen. Dafür habe sie sich immer geschämt.

Anna sagt, in ihrer Familie habe es keinen Körperkontakt gegeben. Sie könne sich nicht daran erinnern, jemals auf dem Schoß des Vaters oder der Mutter gesessen zu haben. Das sei bei ihnen nicht üblich gewesen. Niemand habe Berührung gesucht, niemand wollte das. Sie kann sich auch nicht erinnern, dass sich ihre Eltern je liebevoll berührt oder umarmt hätten. Sie sagt, es wäre für sie schwer vorstellbar, wie sie überhaupt entstanden seien.

Anna findet das alles aber gar nicht schlimm. Es war ja „nichts Schlimmes" passiert. Sie seien weder geschlagen worden, noch wären die Eltern Alkoholiker gewesen. Dass auch die Bezugslosigkeit und das Desinteresse ihrer Eltern gravierende Schädigungen in ihrer kindlichen Entwicklung hervorgerufen haben könnten, darüber hatte sie nie nachgedacht.

Als ich Anna das nächste Mal sehe, sagt sie, sie hätte bei ihrem Bericht über die Familie letztes Mal noch etwas vergessen. Sie wisse nicht, ob es wichtig sei, aber sie wolle, dass ich darum wisse.

Sie sagt: „Ich war eine Frühgeburt. Ich kam schon in der 30. Woche auf die Welt und wog grad mal 1000 Gramm. Ich war zehn Wochen im Brutkasten. Man dachte, dass ich nicht überleben werde. Die Ärzte haben das meinen Eltern auch so gesagt. Deswegen haben sie mich in den ersten acht Wochen auch nicht besucht. Sie dachten, ich sterbe sowieso bald und dann tut es nur noch mehr weh. Das haben sie ja schon bei ihrem ersten Kind erlebt, das wollten sie nicht noch mal haben.

Im Krankenhaus wurden mir damals sedierende Medikamente verabreicht. Man wollte nicht, dass ich schreie und damit unnötig Kraft verliere. Oder vielleicht wollten sie es sich auch nur ein bisschen leichter machen. Wie auch immer. So hat man das damals halt gemacht. Das war nicht ungewöhnlich."

Was für ein Bericht! Was für ein Start in dieses Leben! Maschinen und Apparate, nur funktionale Berührung… Wie muss sich ein hoch empfindsames, winziges Wesen fühlen, wenn es nur von weißen Tüchern, grellem Licht und Technik umgeben ist? Was muss es fühlen, wenn es den Herzschlag der Mutter plötzlich nicht mehr hört, wenn es nicht mehr getragen und gewiegt wird von einem lebendigen Körper? Anna war plötzlich ganz allein in einer „toten Welt". Zehn Wochen sind eine Zeit, die ein Baby nicht erfassen kann. Zehn Wochen bedeuten für ein Baby „immer". Also immer alleine, immer bezugslos, immer un-menschlich.

Natürlich kann sich Anna als erwachsener Mensch an all das nicht mehr erinnern, aber diese frühesten Erfahrungen prägen ein Leben lang.

Die Gehirnentwicklung ist ja mit der Geburt noch keineswegs abgeschlossen. In den ersten Monaten und Jahren werden in unserem Gehirn Spiegelneuronen gebildet und aktiviert, die zentral sind für Kommunikation, Beziehung und Mitgefühl. Dafür braucht das Kind freundliche Zuwendung, liebevolles Angeschaut-Werden und angemessene Resonanz auf das eigene Verhalten. Fehlen diese „Reize", entwickelt sich das Gehirn nur unvollständig.

Die Entwicklung des Gehirns ist zwar nie völlig abgeschlossen und auch ältere Kinder und Erwachsene können noch Spiegelneuronen aufbauen und neue Vernetzungen bilden, aber es geht sehr viel langsamer und auch dann nicht in dem Ausmaß, wie das in den ersten Monaten und Jahren möglich ist. (Siehe dazu auch Joachim Bauer, „Warum ich fühle, was du fühlst", Heyne Verlag, München 2012, S. 57 ff,)

Ich denke über meine Begegnung mit Vernebler nach. Das Erste, was er tat, war, sich wegzudrehen. Das ging so schnell. Das geschah vor jeder Überlegung. Auf der Körperebene sagt er: „Ich bin nicht da. Ich will keinen Kontakt. Ich schaue zum Fenster in eine andere Welt. Hier will ich nicht sein."

Er braucht dafür keine Worte.

Ich frage mich, ist Vernebler Annas „Antwort" auf die ersten Wochen ihres Lebens?

Anna ist jetzt still. Sie wirkt nicht weiter aufgewühlt durch das Gesagte. Sie findet daran nichts außergewöhnlich. Okay, die Frühgeburt, das hat nicht jeder erlebt. Aber was ist schon dabei? Es ist lange her, und sie hat keine Erinnerung daran. Sie weiß das, was sie erzählt hat, nur aus ein paar knappen Kommentaren ihrer Eltern. Sie hat keine Empfindungen dazu. Fast hätte sie sogar vergessen, es mir überhaupt zu erzählen.

Als ich ihr sage, was ich dazu fühle und denke, ist sie erstaunt. So hat sie noch nicht darauf geschaut. Ein bisschen nachdenklich ist sie jetzt doch. In der *Direkten Begegnung* gehe ich zu *Vernebler*. Er dreht sich weg und schaut zum Fenster. Er schweigt.

Die Eltern

Bei unserem nächsten Termin ist Anna traurig. Allerdings nicht aufgrund unserer letzten Sitzung, wie ich vermute, sondern aufgrund eines Besuchs bei ihren Eltern. Ihr ist plötzlich deutlich geworden, wie wenig sie sich zu sagen haben. Sie verbringen zwar Zeit zusammen, aber eigentlich wartet jeder nur, bis es vorbei ist.

Anna hat gespürt, dass sie mit ihnen gar nicht sprechen will. Sie denkt, sie wollen es ja sowieso nicht wissen. Sie spürt, dass ihre Eltern an ihrem Leben nicht interessiert sind. Sie kann sich nicht vorstellen, dass sie wirklich Anteil nehmen an dem, was sie erlebt. So war es schon immer. Sie hat ihnen auch nicht erzählt, dass sie jetzt eine Therapie macht. Anna sagt, das würde nur blöde Kommentare hervorrufen. Die Eltern würden vielleicht sagen, wieso sie das denn nötig habe, es habe ihr doch an nichts gefehlt. Und ob sie denn mit ihrem Geld nichts Gescheiteres anzufangen wisse. Das will sich Anna nicht antun.

Der Vater habe dann vom Sohn der Nachbarn erzählt, der schon die zweite Lehre abgebrochen habe und jetzt im Café am Strandbad bediene. Er sagte, er habe schon immer gewusst, dass aus dem nichts Rechtes wird. Dann fragt die Mutter übergangslos, wie es ihr denn gehe. Anna sagt, sie wäre auf der Hochzeit einer Freundin gewesen. Die Mutter sagt, das wäre doch sehr schön. Die Tochter von Liesl, ihrer Nachbarin, die kenne sie ja, habe auch vor Kurzem geheiratet, obwohl sie ja erst Anfang zwanzig sei. Sie hätten ein riesiges Fest gemacht und den Festsaal vom Schloss am See gemietet. Das sei sicher nicht billig gewesen. Die Tochter habe ein wunderschönes Hochzeitskleid gehabt, sie habe Bilder davon gesehen, wirklich sehr schön. Und das Wetter habe auch mitgespielt, da hätten sie wirklich Glück gehabt. Den Mann, den sie geheiratet habe, kenne Liesl noch kaum, aber sicher würde sich das jetzt ändern. Auf den Bildern sehe er jedenfalls ganz anständig aus. Liesl habe gesagt, er sei Ingenieur oder so was. Jedenfalls kommt er nicht von hier.

Die Mutter redet noch eine ganze Weile weiter. Dass sie Anna gefragt hatte, wie es ihr gehe und darauf eigentlich noch gar keine Antwort bekommen hat, hat sie bereits vergessen. Und Anna ist nicht danach, noch etwas zu erzählen.

So bleibt es bei Belanglosigkeiten. Und dann schweigen sie. Anna wartet, bis sie wieder gehen darf. So kommt es ihr vor. Es darf nicht unanständig kurz sein. Aber sie hat ihnen nichts zu sagen. Und was sie erzählen, interessiert sie nicht.

Aber was Anna eigentlich bedrückt, ist, dass sie spürt, dass das schon immer so war. So war ihre ganze Kindheit. Es wurde nie wirklich gesprochen. Es gab keinen echten Kontakt. Immer ging es nur um Belanglosigkeiten. Es gab kein Interesse aneinander. Und jetzt bei diesem Besuch war es genauso. Es war nichts Spezielles. Aber gerade kann Anna spüren, wie traurig es war, in diesem Klima aufzuwachsen. Kein Wunder, dass ihre Klassenkameradinnen nicht zu ihr nach Hause kommen wollten. Auch sie selbst hätte da eigentlich nicht sein wollen. Aber als Kind hat man ja keine Wahl.

Anna wundert sich, dass sie erst jetzt wahrnimmt, wie es damals eigentlich war.

Dann erzählt Anna, sie habe zwei Freundinnen gefragt, ob sie sie manchmal zurückgezogen oder abwesend erleben würden, so wie jemanden, der im Nebel ist. Beide verneinten. Sie sagten unabhängig voneinander, sie würden Anna als lebhafte und emotionale Person kennen. Wie sie denn darauf käme?

Ich frage Anna, wie sie sich denn selbst erlebe. Ob sie selbst ein Zurückgezogensein wahrnehmen könne? Anna verneint. Sie sagt, sie spüre eigentlich nur die Not des *Kindes*, das wäre für sie deutlich.

Ich frage nach, wie sie den Besuch bei ihren Eltern erlebt habe, was genau sie da gefühlt habe. Anna sagt: „Ich war traurig. Ich fand schlimm, dass wir uns nichts zu sagen haben.“

„Und was hast du dabei gefühlt?“, frage ich nochmals.

„Nichts“, sagt sie, „eigentlich nichts. Ich habe halt gewartet, bis es vorbei ist. Gefühlt habe ich eigentlich nichts.“

„Da haben wir ihn. Da ist er, der *Vernebler*.“

Anna schaut mich fragend an.

Vernebler ist nicht in dieser Welt

Ich sage Anna, ich wolle dies lieber nicht weiter erklären, die Erfahrung würde es schon zeigen. Sie soll sich doch bitte wieder hinten rechts auf den Platz von *Vernebler* stellen. Sie geht dahin und dreht sich weg.

„Hallo“, sage ich zurückhaltend.

„Hallo“, kommt es entfernt zurück.

„Du magst mich wohl nicht gerne anschauen, wenn du dich immer gleich von mir wegdrehst, wenn wir uns begegnen?“

„Nein“, kommt die einsilbige Antwort.

Dann wieder Schweigen. Wieder fühlt es sich leer an, vollkommen ereignislos.

Ich sage: „Beim Besuch deiner Eltern warst du wohl auch weg?“

„Ich weiß nicht“, sagt er, ohne aufzuschauen.

Wir schweigen den Rest der Stunde. Für Vernebler ist das offensichtlich kein Problem. Eher im Gegenteil, scheint mir. Mir kommt es so vor, als würde er heute noch selbstverständlicher schweigen als die letzten Male.

Nach einer Stunde beende ich die Situation und bitte Anna wieder zurück auf den Ausgangsplatz. Anna erzählt mir, dass sie sich im *Vernebler* ganz weit weg gefühlt habe. Sie fühlte sich gar nicht da. Eigentlich, sagt sie, sei es unmöglich, von da aus zu sprechen. Sie habe mir zwar auf meine Fragen geantwortet, aber eigentlich hätte sie keine Lust dazu gehabt. Am liebsten hätte sie nur geschwiegen und gar nichts gesagt. Das habe sie sich aber nicht getraut.

Eigentlich sei Vernebler gar nicht wirklich auf der Welt. Er habe mit allem hier nichts zu tun. Darum habe er auch über den Besuch bei ihren Eltern nichts sagen können. Die Menschen kommen für ihn gar nicht vor. Er hat noch nicht mal eine Abneigung gegen sie. Sie kommen nicht vor. Und sie vermissen, nein, das tut er nicht. Er ist froh um diesen Platz ganz hinten im Raum, weit weg von allen. Er habe zwar selbst gar nicht gewusst, dass es ihn gebe. Dann gebe es ihn halt. Das sei ihm aber auch egal. Ihn interessiert überhaupt nichts. Er sei weg, und das sei gut. Ihn beschäftige nichts.

Anna hält inne, sie ist plötzlich verunsichert. Was ist das nur in ihr? Warum fühlt sie nichts? Sie kann deutlich spüren, sie ist so. Aber ist das normal? Kann man denn überhaupt so sein? Ist das gestört? Was soll sie tun? Ich sage ihr, es ist, wie es ist. Man kann nichts tun, aber man muss auch nichts tun. Man kann nur *Vernebler* kennenlernen und mit ihm Zeit verbringen. Das geht, und das ist schon alles. Das, was ist, verändern zu wollen, funktioniert nicht. Es lässt sich nicht verändern. Das Einzige, was man damit erreichen würde, wäre, dass *Vernebler* sich wieder verbirgt. Er wäre dann nicht mehr zu treffen. Man würde vielleicht nur noch das *Kind* sehen können. Es gäbe ihn natürlich weiterhin, nur könnte man ihn nicht mehr sehen, so wie wir es jetzt tun.

Anna kann das nachvollziehen und doch befriedigt sie meine Antwort nicht. Sie möchte doch ins Leben kommen! Das ist doch das Ziel, deswegen macht sie doch überhaupt Therapie! Und nun soll sie sich einfach nur dem aussetzen, dass sie nicht ins Leben kommt?

Irgendwie hat sie sich das anders vorgestellt. Da müsste man doch irgendwas tun können. Nur was?

Anna grübelt. Sie hat durch *Vernebler* gespürt, dass sie von nichts was wissen will und sich noch nicht mal für sich selbst interessiert. Aber ist das nicht die Voraussetzung für einen fruchtbaren Prozess? Wie soll man denn jemanden kennenlernen, der keinerlei Interesse hat für sich selbst? Das geht doch überhaupt nicht! Mit dem kann man doch höchstens die Zeit absitzen, aber passieren kann da ja nichts.

Anna sagt frustriert, vielleicht gehe es bei ihr einfach nicht. Vielleicht sei sie ja zu gestört und man könne ihr gar nicht helfen. Sie ist verzweifelt und weint.

Ich kann Anna verstehen. Nur, was soll sie tun? Sie kann sich nicht anders machen. Sie findet sich so vor. Sie kann zwar ignorieren, dass es Vernebler gibt, sie kann sich nicht damit beschäftigen. Das funktioniert. Aber ist es deswegen anders?

Der Nebel, die Leere, das Schweigen, das Desinteresse, sie sind da. Und sie bestimmen ihr Leben. Das hat sie ja eigentlich schon gespürt, bevor sie zu mir kam. Sie fühlte sich schon früher nur „halb da". Nur ist es jetzt deutlicher geworden. Jetzt kann sie ganz unmittelbar fühlen, dass sie nicht da ist. Vernebler scheint das Verborgene Ich zu sein. Seine Haltung ist entscheidend für das, was in Annas Leben passiert, und vor allem auch für das, was nicht passiert. Meine Arbeit wird sich also vor allem auf ihn konzentrieren müssen. Ob das allerdings noch etwas bewegen kann, ist tatsächlich fraglich. Vernebler hat kaum eine Eigenwahrnehmung. Und er hat keinen Leidensdruck. Er ist weg. Er hat für sich eine Lösung gefunden. Leiden tut das Kind.

In der *Direkten Begegnung* gehe ich also weiter zu *Vernebler*. Immer dreht er sich weg. Immer sagt er kein Wort. Immer fühlt er „nichts", wie ich im Nachgespräch erfahre. Ich bleibe bei ihm und tue nichts. Außer dem

„Hallo" zu Beginn sage auch ich jetzt nichts mehr. Ich bleibe eine drei-viertel Stunde bei ihm und schweige. Dann beende ich die *Direkte Be-gegnung* und bespreche mit Anna auf dem Ausgangsplatz, wie sie die Zeit aus der Perspektive von *Vernebler* erlebt hat. Sie kann allerdings nicht viel dazu sagen. Sie sagt nur, dass es angenehm sei, dass sie nicht reden müsse und ich sie in Ruhe lasse. Das sagt sie jedes Mal. Sonst spürt sie nichts. Auch keine Veränderung von der einen Sitzung zur nächsten.

In ihrem Alltag spürt Anna *Vernebler* nach wie vor kaum. Sie sagt, es wäre immer so viel los, sie könne keine Zurückgezogenheit bei sich wahr-nehmen. Nur dieses „Halb-Dasein" würde sie nach wie vor spüren und die Anstrengung bei allem. Aber dieses totale Wegsein, wie in den Sitzun-gen, könne sie sonst in ihrem Leben nicht spüren.

Ich denke nach. Mich irritiert, dass Anna in ihrem normalen Leben so gar keine Wahrnehmung hat vom Vernebler. Ich frage mich, welche Alltagsper-son eigentlich diese ganzen Aktivitäten unternimmt, von denen Anna mir erzählt. Das heißt, ich weiß ja nicht wirklich, was sie tut, aber irgendwie scheint sie ständig beschäftigt zu sein. Ich glaube nicht, dass das vom Kind ausgeht, so fühlt es sich nicht an.

Ich will schauen, ob ich in der nächsten Sitzung diese Person finden kann. Sie scheint dafür zu sorgen, dass Anna nie innehält und Vernebler außer-halb der Sitzungen kaum wahrnimmt.

Verwirbler

Das Vorgespräch in der nächsten Sitzung kommt meinen Überlegungen entgegen. Anna erzählt mir, dass sie sich überlegt, mit ihrer Freundin Eva zusammen in ihrem Urlaub für eine Yoga-Gruppe in der Toskana zu kochen. Sie sagt, sie kenne das Haus, es wäre sehr schön da, und sie sei auch mit der Seminarleiterin lose befreundet, und sie könnte da ein paar Euro dazuverdienen und gleichzeitig auch noch ein bisschen Urlaub machen, weil es nicht so anstrengend sei, zu zweit für fünfzehn Leute zu kochen jeden Tag.

Gleichzeitig überlegt sie aber auch, ob sie nicht besser zum Wandern nach Korsika fliegt. Sie war schon öfter da und liebt die Insel. Sie denkt, es würde ihr guttun, mal eine Weile ganz alleine zu sein und Zeit zu haben, sich selbst zu spüren. Vielleicht würde sie ja da sogar den *Vernebler* mehr wahrnehmen können. Sie könnte alleine wandern, das mag sie sehr. Dann aber denkt sie wieder an das Seminarhaus und daran, dass es da immer ganz schön war. Könnte sie nicht in den Pausen auch da spazieren gehen? Die Landschaft in der Toskana ist auch wunderschön. Na ja, denkt sie laut, das ist aber trotzdem nicht dasselbe. Eine Stunde spazieren gehen oder den ganzen Tag in der Natur sein und draußen schlafen, das ist schon was ganz anderes. Aber ist es auf Korsika dann nicht zu einsam? Was mache ich, wenn ich mich da verloren fühle? Auf den Zeltplätzen, okay, da kann ich Leute ansprechen, was aber, wenn nur Familien mit Kindern da sind? Das macht dann nicht so viel Spaß. Vielleicht wäre kochen doch besser. Zumal es dem Geldbeutel guttäte.

Eigentlich, sagt sie, habe sie gar nicht das Geld, um nach Korsika zu fliegen. Da wäre es doch besser, nur ein bisschen Urlaub zu haben und noch Geld zu bekommen, statt welches auszugeben. Andererseits kann man so eine Wanderung auf Korsika nur im Sommer machen. Im Herbst oder Winter ist das Wetter zu unsicher. Es ist zu kalt zum Draußen-Schlafen und zudem wird es früher dunkel. Das macht dann nicht so viel Spaß. Jetzt aber könnte sie es tun. Wenn sie es jetzt nicht tue, könnte sie erst in einem Jahr wieder gehen.

Dann sagt sie: „Andere Leute machen doch auch Urlaub, die kommen gar nicht auf die Idee, in ihrem Urlaub zu arbeiten, so was passiert doch nur mir! Und mit dem Geld werde ich schon irgendwie klarkommen, irgendwie geht es doch immer! So wird es auch diesmal sein. Nur, was ist mit meiner Freundin Eva? Sie hatte sich doch schon so gefreut, dass wir wieder zusammen in die Toskana fahren und kochen. Und eigentlich habe ich ihr ja auch schon zugesagt. Eva ist arbeitslos und braucht das Geld noch viel dringender als ich. Aber ganz alleine für die Gruppe zu kochen traut sie sich nicht zu, und das ist auch wirklich zu anstrengend. Man muss sich schon ein bisschen abwechseln können, sonst wird es zu viel…"

Mir wird ganz wirr im Kopf beim Zuhören. Was soll ich jetzt dazu sagen? Das hat ja keinen Anfang und kein Ende. Anna erzählt und erzählt, und je mehr sie erzählt, desto unklarer wird es. Ich habe kein Gefühl dafür, um was es eigentlich geht. Ich bin nur verwirrt und irgendwie innerlich leer. Voll und leer zugleich. Seltsam, aber so ist es.
Wer spricht hier eigentlich, frage ich mich plötzlich. Danach habe ich doch gesucht! Das ist doch weder das Kind noch der Vernebler! Das könnte doch genau die Alltagsperson sein, die auch sonst in Annas Leben für diese ständige Aktivität sorgt! Ich werde versuchen, sie in der Direkten Begegnung aufzusuchen.

Ich sage Anna, dass ich immer verwirrter werde beim Zuhören. Je mehr sie erkläre, desto weniger würde ich verstehen. Sie schaut mich verblüfft an und sagt: „So geht es mir doch auch immer! Genauso fühle ich mich auch! Deswegen rede ich ja so viel, weil ich versuche, da rauszukommen! Ich versuche, mir Klarheit zu verschaffen, aber es geht einfach nicht! Ich rede und rede, aber es wird immer nur noch verworrener! Ich weiß nicht, was ich tun soll! Es ist einfach zum Verzweifeln mit mir!"
Sie beginnt zu weinen. Ich kann jetzt wieder das *Kind* spüren, seine Überforderung und Hilflosigkeit.
Als Anna sich beruhigt hat, sage ich, dass es doch eine *Alltagsperson* geben müsse, die das genau so mache, wie wir es erleben. Wahrscheinlich wolle diese eben keine Klarheit, sondern irgendetwas anderes, was ich auch noch nicht wisse. Es wäre doch spannend, dieser Spur mal zu folgen. Anna schaut mich etwas ungläubig an. Mir scheint, sie kann sich nicht

vorstellen, dass es so jemanden überhaupt geben könnte. Trotzdem ist sie einverstanden, es auszuprobieren.

Ich bitte Anna auf einen Platz vorne rechts. Auf diese Stelle hatte sie immer wieder geschaut, während ihres vielen Redens. Sie steht jetzt also auf der gleichen Seite wie *Vernebler*, nur weiter vorne.

„Guten Tag", begrüße ich die neue *Person*.

„Guten Tag!", tönt es mir sofort entgegen.

„Und wie ist das nun genau mit dem Urlaub?", frage ich etwas dreist.

„Ach, du weißt ja, ich habe es ja schon erzählt, da gibt es so verschiedene Seiten. Man muss immer bedenken, was man tut."

„Das tust du offensichtlich ganz ausführlich", sage ich heiter.

„Oh ja, das tue ich", entgegnet mir die *Person*.

„Nicht, dass dadurch etwas klar würde…"

„Nein, nein, darum geht es auch gar nicht…"

„Das habe ich mir gedacht. Man soll denken, aber es soll nicht klar werden."

„Ach, das ist mir jetzt schon fast wieder zu kompliziert. Man muss auf jeden Fall immer alles von allen Seiten beleuchten. Zum Beispiel jetzt bei dem Urlaub. Das ist ja wirklich knifflig. Zum einen gibt es die Toskana, und da sprechen viele Gründe dafür, und zum andern gibt es Korsika, und auch da sprechen viele Gründe dafür. Und dann gibt es die Natur und das Wandern, aber auch meine Freundin Eva, das Allein-sein-Wollen, aber auch wieder nicht zu sehr und dann eben das Geldproblem. Das Ganze ist komplex, ich hab es dir ja schon erläutert."

„Ja, genau, das hast du. Ich wurde allerdings ganz wirr davon. Richtig verstanden habe ich es nicht. Oder verstanden vielleicht schon, aber nicht verstanden, was das Ganze soll."

„Was meinst du, was das soll? Ich denke eben darüber nach, aber ich komme zu keinem Schluss. Das geht mir immer wieder so. Letzte Woche zum Beispiel war ich einkaufen, eine Hose für die Arbeit. Zu Hause aber fand ich sie dann doch etwas zu eng. Bei der Arbeit ist es doch viel wichtiger, dass man sich wohlfühlt, und nicht so sehr, wie man ausschaut, so genau schaut einen dort doch sowieso niemand an. Also gehe ich wieder zurück zum Laden und will sie umtauschen in eine größere Größe. Die war aber nicht mehr zu haben. Nur noch in einer anderen Farbe, einem helleren Blau. Eigentlich ziehe ich so ein helles Blau nicht an, ich ziehe eher dunkle Farben an, das andere kommt mir so auffällig vor. Ich mag es lieber unauffällig. Aber das dunklere Blau gab es nicht mehr. Was sollte ich tun? Ich war mir unschlüssig. Am Schluss nahm ich dann doch die bereits gekaufte Hose wieder mit. Vielleicht nehm ich ja auch wieder ein bisschen ab, und dann ist sie nicht mehr so eng. Aber ich weiß nicht, ob ich eine gute Entscheidung getroffen habe. Ich muss es mir noch mal überlegen, ich kann sie ja nächste Woche noch mal zurückbringen."

„Hm, ja". Ich weiß nicht, was ich darauf sagen soll.

„Und ich habe auch noch ein Problem, was das nächste Wochenende angeht. Da ist ja wieder dieser große Flohmarkt in der Habsburgerstraße, ich weiß nicht, ob du den kennst…"

„Nein…"

„…der ist sehr schön, da musst du mal hingehen. Es gibt ganz viele unterschiedliche Stände, auch mit richtig schönen Dingen, die man anderswo kaum findet. Und dann gibt es diese mobilen Sandwich- und Kaffeestände, hast du die schon gesehen? Da gibt es auch feine Bio-Sachen, Rohkost-Salate und vieles andere, und es ist gar nicht so teuer. Ich treffe da auch immer einige Bekannte und lerne aber auch ganz leicht neue Leute kennen. Es ist einfach eine gute Stimmung. Jetzt hat mich Alexander, ein Freund von mir, gefragt, ob wir da zusammen einen Stand machen. Er hat ihn sowieso schon gebucht, aber er merkt jetzt, dass es ihm zu viel ist, ihn alleine zu betreuen. Ich könnte da natürlich auch meine Sachen verkaufen. Den Gewinn würden wir uns dann teilen. Aber ich müsste eben auch vor Ort sein. Zumindest meistens. So ein bisschen rumflanieren geht schon, aber halt nicht ständig. Allerdings gibt's auch noch das Problem mit dem Auto. Ich habe ja kein Auto und meine Sachen müssen ja dahin kommen. Aber wenn Alexander vorher noch bei mir vorbeikommt und wir alles von mir noch einladen, müssen wir sehr früh aufstehen. Wenn wir es aber am Tag vorher machen, müsste er extra vom Münstertal nach Freiburg fahren und wieder zurück, das ist ja auch ein Riesenaufwand und kostet wieder extra Benzin…"

„Oh ja. Das ist nicht einfach."

Nach etwa einer Stunde bitte ich Anna auf den Ausgangsplatz zurück.

Ich sage: „Das ist ja ein Ding, dieser Kerl!"

Anna schaut mich erstaunt an. Sie weiß offensichtlich nicht, was ich meine.

Ich ergänze: „Der redet und redet und redet, und doch weiß ich nicht, was er mir eigentlich sagen will."

„Aber er hat doch verschiedene Dinge erzählt…", sagt Anna.

Ich habe das Gefühl, Anna hat ihren *Ich-Fokus* noch halb in dieser *Person*. Sie kann sie noch gar nicht „von außen" betrachten. So bitte ich Anna, sich neben mich zu stellen und sozusagen „von meinem Platz aus" auf diese *Person* zu schauen. Ich frage, wie sie diese *Person*, die eben hier auf dem Platz rechts vor uns stand, erlebt habe.

„Hm". Anna wird nachdenklich. „Sie redet viel. Sie möchte irgendwie alles erzählen. Sie ist ein bisschen wie in einem Rausch. Sie fand es eigentlich schön."

„Und", frage ich weiter, „hast du ein Gefühl dafür, um was es ihr eigentlich geht?"

Anna denkt nach. „Ich weiß nicht, ob es ihr wirklich um was geht. Es fühlte sich lebendig an."

„Mein Eindruck ist", sage ich, „es geht ihr nicht wirklich um das, was sie sagt. Eher darum, uns beschäftigt zu halten. Sie sprach ja ohne Punkt und Komma, als wollte sie verhindern, dass auch nur einmal ein Moment Pause eintritt."

„Ja, das kann ich nachvollziehen", sagt Anna langsam, „den Eindruck habe ich auch. Sie wollte keine Pause entstehen lassen. Das ist aber ganz normal für sie. Es sprudelt nur so aus ihr raus. Sie hätte auch noch länger reden können, das wäre überhaupt kein Problem für sie. Es geht immer weiter."

„So habe ich es auch empfunden", sage ich. „Sie hätte locker auch noch eine zweite Stunde geredet. Es ist ja auch nicht uninteressant, was sie sagt. Nur kommt irgendwie nichts dabei raus. Das Reden führt nicht in eine bestimmte Richtung. Man bleibt irgendwie immer auf der Stelle."

Anna ist erstaunt. „So habe ich es mir noch nie überlegt. Eigentlich stimmt das. Mir kommt es vor, als wäre sie ein riesiger Schaumschläger. Sie nimmt halt irgendwas und bauscht es auf und wirbelt es herum und es sieht ganz lebendig aus – es fühlt sich ja lebendig an, aber irgendwie, ich weiß nicht, es ist verwirrend, ich weiß auch nicht recht, was sie macht."

Ich sage: „Es fühlt sich lebendig an, aber nur solange sie in Bewegung ist. Wenn man genauer hinschaut, fällt ihr Redestrudel in sich zusammen. Eigentlich ist nicht viel dahinter."

„Oh, das ist aber hart, wie du das sagst. Aber ich glaub, ich verstehe dich trotzdem. Sie redet halt und es geht nicht wirklich um was. Vielleicht will sie dich ja nur unterhalten."

„Ja, oder sie will etwas verbergen."

„Das kann auch sein. Vielleicht lenkt sie nur ab."

„Ja. Das wird sich noch zeigen. Heute haben wir einen ersten Eindruck von ihr gekriegt. Jetzt wissen wir schon mal, dass es so jemanden bei dir gibt. Wie dieser Jemand wirklich ist und warum er tut, was er tut, werden wir sicher mit der Zeit noch besser verstehen. Aber ich bin froh, dass wir ihn heute überhaupt mal zu Gesicht bekommen haben. Das war doch spannend, oder? Wie willst du ihn denn nennen?"

„Vielleicht *Schaumschläger*?", fragt Anna.

„Fühlt er sich dadurch nicht abgewertet?", frage ich.

„Doch, schon ein bisschen. Ich glaube, ich werte ihn selbst ein bisschen ab. So kann man doch nicht sein!"

„Offensichtlich schon. Warte mit deinem Urteil, bis wir ihn besser verstehen. Was hältst du von ‚Verwirbler'?", frage ich.

„Oh ja, ‚Verwirbler' ist gut. Er wirbelt ja ständig herum, bis man nicht mehr weiß, was er eigentlich sagt. Ich glaube, er hat nichts dagegen, so genannt zu werden."

„Fühltest du dich auf diesem Platz eher weiblich oder männlich?"

„Oh, das ist schwer zu sagen. Ich glaube ich fühlte mich neutral, irgendwas dazwischen, weder männlich noch weiblich."

„Okay", sage ich, „dann nennen wir ihn ‚Verwirbler.'"<

Ich bin froh, Verwirbler gefunden zu haben. Das ist wohl genau die Alltagsperson, nach der ich gesucht habe, sie wirbelt ständig herum in Annas Leben.

Verwirbler ist, soweit ich bis jetzt sehen kann, nicht in Not. Er strengt sich nicht sichtbar an – auch wenn ich mir vorstellen kann, dass das, was er tut, ganz schön anstrengend ist.

Nur, warum tut er das? Will er die Menschen wirklich unterhalten? Ich kann mir das irgendwie nicht recht vorstellen. Dann hätte er sich mehr auf mich ausgerichtet. Das hat er nicht gemacht. Er hat mich sogar eher ignoriert. Fast hatte ich sogar das Gefühl, er würde genauso herumwirbeln, wenn ich gar nicht da bin. Das spricht nicht für Unterhaltung.

Mein Gefühl geht mehr in Richtung Tarnung. Allerdings nicht nur für die Menschen draußen, sondern auch für Anna selbst. Wenn sie in ihrem Leben so herumwirbelt, kann Anna ja gar nie richtig „zur Besinnung kommen". Sie ist diesem „Wirbel" dermaßen ausgesetzt, dass sie nicht spüren kann, wo unten und oben ist – und vielleicht ist das genau der Zweck des Ganzen. Vielleicht ist Verwirbler der Grund dafür, dass Anna den Vernebler in ihrem Alltag so wenig spürt. Ja, so könnte es sein!

Ich will meine Überlegungen mit Anna besprechen.

Anna sagt, es erleichtere sie, was ich sage. Sie könne sich gut vorstellen, dass es so sei. Und sie verstehe schon, warum *Verwirbler* den *Vernebler* tarne. Sie wolle doch nicht so „gestört" erscheinen, wie der *Vernebler* sei, das wäre ja schrecklich. Alles solle „normal" ausschauen, und das würde ja mit *Verwirbler* trotz allem ganz gut gelingen. Anna sagt, sie wäre schon so oft an sich selbst verzweifelt und hätte sich einfach keinen Reim drauf machen können, wieso sie sich so verhalte. Gerade sei sie richtig erleichtert, weil es vielleicht doch einen Grund gebe, warum sie so sei. Sie habe immer versucht, sich zu verändern, aber das wäre ihr einfach nicht gelungen. Und das habe sie dann so wütend gemacht. Sie habe sich dann selbst beschimpft und für dumm erklärt. Und dann habe sie sich so minderwertig und tatsächlich auch dumm gefühlt. Wahrscheinlich habe das dann das *Kind* abgekriegt. Sie habe schon so oft geweint und dabei immer gedacht, sie wäre halt ein hoffnungsloser Fall. Ihr würde nichts und niemand helfen können, sie sei einfach zu dumm. Das wäre immer so schrecklich gewesen.

Jetzt sei natürlich auch nicht alles anders, aber wenn das alles wenigstens einen Sinn ergebe, sei es nicht mehr so schlimm zu ertragen.

2. Therapeutisches Prozessjahr

Wieder Vernebler – oder?

In einer Sitzung suche ich nach dem Vorgespräch wieder *Vernebler* auf. *Verwirbler* ist gerade nicht mehr zu spüren. *Vernebler* hingegen ist für mich – wie eine Unterströmung – schon in dem, was mir Anna von ihrer letzten Woche erzählte, deutlich spürbar gewesen. Anna redet da zwar, aber trotzdem kann ich ein untergründiges Schweigen spüren. Seltsam, dass das geht. Ist aber so. Auch Anna beginnt, ein Gespür dafür zu entwickeln. Sie nennt das: „Ich kann meine Abwesenheit ein bisschen fühlen." Ich sage, das wäre super, mehr wäre gar nicht nötig.

Als ich in einer weiteren Sitzung Anna auf den *Vernebler*-Platz bitte, passiert etwas Interessantes: Anna stellt sich hin und dreht sich weg, wie sie es immer tut, und sagt dann aber nach einer Weile: „Ich bin gar nicht da.

Ich meine, ich bin nicht im *Vernebler*. Eigentlich denke ich darüber nach, was ich nach der Sitzung noch einkaufen soll und wie ich das mache mit meinem Fahrrad, das noch in die Reparatur soll, denn ich brauche es eigentlich noch für die schweren Sachen, die nach Hause sollen, aber der Fahrradladen wäre von hier aus näher…"

„Oh", unterbreche ich, „wen haben wir denn hier? Das hört sich doch ganz nach *Verwirbler* an! Komm doch ein paar Schritte nach vorn auf den *Verwirbler*-Platz."

Anna stellt sich dorthin und spricht wieder, wie ich es von *Verwirbler* kenne, ohne Punkt und Komma. Sie steht jetzt mir zugewandt, nicht mehr weggedreht wie auf dem *Vernebler*-Platz. Ich sage nicht viel, ich lasse *Verwirbler* reden und höre diesen steten Gedankenschleifen zu.

Dann sagt Anna unvermittelt: „Jetzt reicht's, ich mag nicht mehr."

„Was", frage ich, „magst du nicht mehr?"

„Dieses endlose Gerede…" Sie schweigt und schaut zum Fenster. Sie dreht sich ein bisschen von mir weg.

„Ach so", sage ich, „jetzt bist *du* wieder hier. Ihr scheint ja irgendwie zusammenzugehören. Dann geh doch bitte wieder ein paar Schritte zurück zum *Vernebler*-Platz."

Anna stellt sich dahin, dreht sich zum Fenster und sagt mit einem kleinen Seufzer: „Ja, das ist gut hier."

Den Rest der Zeit schweigt sie.

Im Nachgespräch erzählt mir Anna, dass sie einen fast fließenden Übergang von *Vernebler* zu *Verwirbler* und wieder zu *Vernebler* gespürt habe. Oder eigentlich, korrigiert sie sich, habe sie *Vernebler* am Anfang gar nicht gespürt, sondern nur diese vielen Gedanken. Das wäre ihr eigentlich schon mehrmals so ergangen auf dem *Vernebler*-Platz. Sie denke hierhin und sie denke dahin und kreise innerlich in Gedanken, die nirgends hinführen würden. Jetzt habe sie es halt mal ausgesprochen, und es wäre gut gewesen, auf dem *Verwirbler*-Platz zu stehen und das alles auszusprechen, statt nur in Gedanken hin und her zu drehen. Und dann habe es aber irgendwann plötzlich aufgehört. Das sei ja bei der ersten Begegnung mit *Verwirbler* nicht so gewesen. Aber jetzt habe es einfach aufgehört. Es sei ihr plötzlich so anstrengend vorgekommen und sie habe sich leer gefühlt. Und dann habe sie es halt gesagt.

Sie habe gespürt, sie will gar nicht mehr reden, das ist ihr alles viel zu viel. Das wäre richtig gut gewesen, dann wieder auf dem *Vernebler*-Platz zu stehen und nicht mehr da sein zu müssen. Sie habe das richtig als Erleichterung gespürt. Im *Vernebler* würde sie sich einfach so fühlen. Sie könne das nicht ändern.

Weit weg

In den folgenden Sitzungen bleibe ich in der *Direkten Begegnung* bei *Vernebler*. Immer dreht er sich als Erstes weg.

Immer schaut er zum Fenster. Es passiert nichts. Es fühlt sich leer an und weit weg. Wenn ich dazu mal eine kleine Bemerkung mache, kommt nur ein kleines „Hm" zurück. Ich bin mir nicht sicher, ob das eine Zustimmung bedeuten soll oder einfach nur „lass mich in Ruhe mit deinem Gequatsche".

In einem Nachgespräch frage ich Anna, ob sie den Zustand von *Vernebler* genauer beschreiben könne.

Sie sagt, *Vernebler* wolle einfach nicht hier sein. Er sei in einer anderen Welt. Er sei „draußen" – wobei „draußen" nicht nur heiße, dass er hier bei mir nicht sein wolle, sondern überhaupt, egal, wo er sei, er wolle nicht „hier" sein.

Letztlich wolle er gar nicht leben. Das fühlt sich ganz undramatisch an, wie Anna das sagt. Ich spüre keinerlei suizidale Absicht dahinter. Sicherheitshalber frage ich aber trotzdem nach.

„Nein", sagt Anna, „damit hat das nichts zu tun. *Vernebler* will sich nicht *umbringen,* er will nur nicht leben. Da gibt es gar niemanden umzubringen, denn er lebt ja gar nicht. *Vernebler* will weg sein. Er will nichts tun. Er will sich wegdrehen und rausschauen. Sonst nichts."

Darüber bin ich froh. Im Übrigen beeindruckt mich aber vor allem, wie vollkommen stoisch Vernebler unsere Sitzungen hinnimmt. Jahrzehntelang wusste er gar nicht, dass es ihn überhaupt gibt, und jetzt wird er plötzlich jede Woche eine Stunde lang angeschaut – doch das berührt ihn nicht. Keine Regung, kein Erstaunen, keine Freude, keine Ablehnung – nur absolute Nicht-Bezugnahme.

Ich frage mich, ob Vernebler vielleicht zu weit weg ist, um unsere Sitzungen überhaupt wahrzunehmen. Das halte ich für möglich. Auf jeden Fall zeigt er keinerlei Interesse an meinen Besuchen.

Nein, Vernebler vermisst niemanden. So viel ist klar. Er ist nur froh, dass ich ihn in Ruhe lasse. Das war eine seiner wenigen Äußerungen, die er bei unserem Zusammensein machte.

Plastiktüte

In einer Sitzung sagt *Vernebler* dann plötzlich: „Ich fühle mich wie eine leere Plastiktüte im Meer."

Dann schweigt er wieder den Rest der Stunde.

Ich bin begeistert! Was für eine Aussage! Nach all der Zeit des Schweigens findet Vernebler plötzlich dieses Bild, das seinen Zustand so präzise wiedergibt! Gibt es ein passenderes Bild für die absolute Abwesenheit jeglicher Fühlung? Und doch sagt mir gerade dieses Bild, dass er dabei ist, Fühlung für sich selbst zu bekommen. Dieses Bild kann nur jemand finden, der eine Wahrnehmung von sich selbst hat!

Erst im Nachgespräch merkt Anna, dass diese Äußerung eine Wende in ihrem Prozess bedeutet: *Vernebler* beginnt, sich selbst wahrzunehmen!

Ich sage: „Bisher hat *Vernebler* die Sitzungen nur geduldet. Er hat sich daran gewöhnt, dass ich ihn anschaue und dass nichts Schlimmes passiert. Er hat die Erfahrung gemacht, dass ich ihn grundsätzlich in Ruhe lasse.

Das ist angenehm. Angenehmer, als wenn du sonst mit Menschen bist. Die reden ja immer."

„Ja", sagt Anna, „Begegnungen strengen ihn eigentlich an. Er braucht sie nicht. Hier bei dir ist es gut. Er kann einfach sein, er braucht nichts zu tun und er muss noch nicht mal verbergen, dass er so ist. Ich glaube, er hat sich mit diesen Sitzungen arrangiert. Sie stören ihn nicht. Er wartet in den Sitzungen einfach, wie er sein ganzes Leben schon wartet."

„Absolut bemerkenswert finde ich aber", sage ich zu Anna, „dass jetzt dieses Bild mit der Plastiktüte aufgetaucht ist! Das heißt ja, dass *Vernebler* einen Hauch von seinem Leersein, von der Bedeutungslosigkeit, die er dem Leben gegenüber empfindet, von seinem Desinteresse an allem gefühlt haben muss. Sonst hätte ihm dieses Bild nicht kommen können. Dieses Bild: Er treibt dahin, er hat kein Gewicht, kein Leben... – war es eine dieser durchsichtigen, leichten Plastiktüten vom Supermarkt, in denen man Obst und Gemüse abwiegt?"

„Ja", Anna nickt zustimmend.

„Das passt! So fühlt er sich! Nach einmaligem Gebrauch wirft man sie weg. *Vernebler* fühlt sich nicht als Mensch. Er fühlt sich als wertloses Ding. Leicht, leer, bedeutungslos. Plastiktüte eben."

„So ist es wohl", sagt Anna und schaut nachdenklich vor sich hin.

Sterben ist normal

In dieser Zeit wird Annas Mutter schwer krank. Sie hat einen Hirntumor, die Prognose ist nicht gut. Anna kümmert sich. Sie fährt ihre Mutter in die Klinik zu verschiedenen Untersuchungen. Eine Operation ist nicht aussichtsreich, eine Chemotherapie lehnt die Mutter ab. Es ist absehbar, dass die Mutter bald sterben wird.

Als mir Anna das alles erzählt, wirkt sie ruhig. Sie ist erstaunlich wenig aufgewühlt, auch weint sie nicht. Ich frage mich, ob sie noch im Schock ist oder ob sie wirklich so entspannt ist damit.

Ich bitte Anna auf *Vernebler*s Platz und frage ihn, wie er das findet, dass seine Mutter so schwer erkrankt ist. Erstaunlicherweise bekomme ich Antwort. Er sagt: „Dass sie jetzt so krank ist, ist nicht schön. Aber wenn sie sterben wird, ist das in Ordnung. Es ist normal, wenn Menschen sterben. Ich habe nichts dagegen. Sie hat es dann geschafft. Ich glaube, es wird nicht mehr lange dauern."

So war es dann auch. Nur vier Monate später ist es soweit.

Annas Haltung ist bemerkenswert. Ich frage mich: Ist ihr entspanntes Verhältnis zum Tod ihrer Mutter Ausdruck davon, wie wenig Bindung zwischen ihnen besteht? Oder ist Anna durch ihren schweren Lebensbeginn mit dem Tod so vertraut, dass sie ihn gar nicht fürchtet? Ich weiß es nicht. Auf mich wirkt es so, als wäre es nicht nur die Beziehungslosigkeit in der Familie, die ihrem Verhalten zugrunde liegt. Vernebler ist nicht einfach nur gleichgültig gegenüber dem Schicksal der Mutter. Er ist nur ungewohnt vertraut mit dem Tod. Er geht mit ihm um, als wäre nichts weiter dabei und als trüge er keinen Schrecken. In seiner unaufgeregten Selbstverständlichkeit liegt sogar eine gewisse Wärme, die Vernebler sonst ja wirklich nicht auszeichnet.

3. Therapeutisches Prozessjahr

Behindert

In einer Sitzung erzählt mir Anna von ihrem letzten Wochenende. Sie sagt, eigentlich habe sie am Samstag Pause machen wollen. Sie habe Zeit haben wollen zum Putzen und danach eine Freundin zum Kaffee treffen und dann noch Papiere sortieren wollen, das stünde schon lange an – sie würde ihre Briefe immer nur auf einen Stapel legen, statt sie zu öffnen und zu lesen –, und sie hätte dann auch noch die wöchentliche Mail an mich schreiben wollen. Dann aber habe Alexander angerufen und sie gefragt, ob sie nicht ins Thermalbad mitkomme. Sie habe dann hin und her überlegt und sich Zeit erbeten, sich zu entscheiden. Dann rief sie ihn an und sagte zu. Sie sagt, kaum aber habe sie das Telefonat beendet, habe sie sich schlecht gefühlt. Sie habe dann gedacht, das wäre, weil sie sich falsch entschieden habe. Daher rief sie ihn wieder an und sagte ihm, dass sie doch nicht kommen wolle, es sei ihr zu viel. Sie sagt, er sei enttäuscht gewesen und habe das auch gesagt. Nach dem Telefonat habe sie sich dann aber wieder schlecht gefühlt. Sie habe sich gefragt, ob sie nicht vielleicht doch hätte mitgehen wollen. Oder ob sie es nur nicht aushalten könne, dass er enttäuscht war. Sie habe es nicht gewusst. Auf jeden Fall aber habe sie ihn dann nochmals angerufen und ihm gesagt, dass sie nun doch mitkommen wolle und ihre Meinung auch nicht mehr ändern werde – ob das für sie so stimme, habe sie zwar dann immer noch nicht gewusst, aber es war klar für sie, dass sie ihn nicht noch mal anruft.

Im Thermalbad dann, erzählt sie weiter, wäre es anfangs schön gewesen, sie hätte sich entspannen und das warme Wasser genießen können. Sie habe sich tief ins Wasser gelegt, sodass auch die Ohren unter Wasser waren. Die Menschen und die ganze Welt seien dann so weit weg gewesen, sie habe nur noch das warme Wasser gespürt und ganz entfernt ein paar Geräusche gehört. Das wäre toll gewesen.

Dann aber wäre sie plötzlich unruhig geworden und habe über alles nachdenken müssen, was sie jetzt nicht tun könne und wofür sie dann heute keine Zeit mehr haben werde. Sie habe es dann nicht mehr genießen können und sei nur noch körperlich da gewesen. Eigentlich aber wäre sie weg gewesen.

Alexander habe danach noch essen gehen wollen. Das wäre ihr zu viel gewesen, das habe sie sogar gespürt. Aber sie habe nicht die Kraft gehabt, nein zu sagen, jetzt, wo sowieso schon alles so schiefgelaufen war. Alexander habe sogar noch gesagt, es sei kein Problem, wenn sie nicht mitkommen wolle. Aber sie sei mitgegangen und er habe sie den ganzen Abend zugelabert. Sie habe nur darauf gewartet, bis sie endlich nach Hause gehen könne.

Die ganze Nacht aber und den ganzen folgenden Tag habe sie sich dann so über sich selbst geärgert! Eigentlich habe sie zwei volle Tage und eine Nacht mit sich gehadert! Sie habe das Rad der Zeit zurückdrehen und sich nochmals neu entscheiden wollen! Das wäre natürlich nicht gegangen und sie wäre dann wieder so verzweifelt gewesen und habe viel geweint.

Auch jetzt ist Anna verzweifelt. Sie sagt, bei ihr werde es wohl nie besser. Sie fühle sich einfach überfordert. Sie denke, sie habe es falsch gemacht, aber sie könne es nicht besser. Sie weint.

Ich frage Anna, ob es sie interessiere, zu schauen, welche ihrer *Personen* wohl in dieser Situation beteilig gewesen seien. Sie bejaht.

Ich sage: Anfangs habe sie Zeit haben wollen, zu Hause ihre Dinge in Ruhe zu machen. *Wer* das eigentlich hätte tun wollen, wüssten wir noch gar nicht. Vermutlich sei es aber *Vernebler* gewesen, der es *langsam* habe tun wollen. Dann kam der Anruf von Alexander und sofort war *Verwirbler* da. Er hat gewirbelt und keine Entscheidung gefällt, wie das ja so seine Art ist. Er wirbelt um des Wirbelns willen.

Dann, im Thermalbad, habe sie es erst mal genossen. War das *Vernebler*? Es würde zu ihm passen. Sicher lässt er sich gerne vom warmen Wasser tragen und genießt es, von den Menschen und der Welt weit weg zu sein…

Dann aber habe sich eine Unruhe und Unzufriedenheit in ihr breitgemacht. Warum wohl? Hatte *Vernebler* genug? Auf jeden Fall habe ihr *Ich-Fokus* dann zum *Kind* gewechselt, das Angst hat, die Dinge nicht geregelt zu bekommen.

Von da an, sage ich, hätte ich den Eindruck, sowohl eine *Alltagsperson* als auch das *Verborgene Ich, Vernebler,* zu spüren: Nach „vorne hin" wäre das *Kind* da gewesen, es hätte versucht, es so zu machen, wie der andere – in dem Fall Alexander – es will.

Im Hintergrund aber wäre *Vernebler* zu spüren. Allerdings in einer anderen Schicht! In dieser Schicht wollte *Vernebler* nicht da sein und mit allem nichts zu tun haben. Er wartete, bis es vorbei ist. Egal, was. Das kann er.

Die Not in der Nacht und an den folgenden Tagen wird dann wieder zum *Kind* gehören. Es fühlt sich schlecht und denkt, es habe alles falsch gemacht.

„So etwa denke ich, dass es gewesen sein könnte", beende ich meine kleine Analyse.

Anna schaut mich an und nickt. „Ja", sagt sie dann, „so könnte es sein. So geht es mir oft. Ist das nicht ganz und gar gestört? Ich komme mir so bescheuert vor!"

Ich sage: „Du hast es schwer. Die mächtigste Instanz, *Vernebler*, hat sich aus deinem Leben zurückgezogen. Dadurch fehlen dir Boden und Orientierung. Das *Kind* und *Verwirbler* haben keinen Halt. Du *weißt* nicht, ob du mit Alexander ins Thermalbad gehen willst oder nicht. Das *Kind* weiß es nicht, und *Verwirbler* weiß es auch nicht. Sie irren herum und wissen nicht, was sie sagen sollen. Und *Vernebler* schweigt."

Anna laufen Tränen übers Gesicht. Sie ist verzweifelt. Sie fragt mich, wie lange ich denke, dass das noch so bleiben wird.

Ich sage: „Das wird noch lange so bleiben. Du musst das wie eine Behinderung verstehen, die du mit ins Leben bringst. So, wie wenn dir ein Arm oder Bein fehlte. Das ist auch nicht plötzlich wieder gut. Du kannst nicht laufen und springen wie viele andere. Du bist behindert. Du kannst dich zwar schon bewegen, auch „laufen und springen", aber es fällt dir schwerer und gelingt dir weniger gut. Es ist, wie wenn du mit einer Krücke oder einer Prothese gehen musst, während andere zwei gesunde Arme und Beine haben."

Anna schaut mich erstaunt an. Sie sagt: „So habe ich das noch nie gesehen. Das erleichtert mich irgendwie. Wenn das so ist, muss ich mich ja gar nicht verrückt machen deswegen. Ich habe mich immer so abgewertet deswegen. Ich spürte immer, ich bin anders, ich kann nicht so viel leisten, obwohl ich mich sehr anstrenge. Und irgendwie mache ich immer wieder komische, unlogische Dinge. Ich dachte immer, ich bin einfach zu blöd! Ich habe manchmal eine richtige Wut auf mich selbst! Aber so, wie du das beschreibst, macht es für mich irgendwie Sinn. Ich weiß zwar noch nicht, warum ich das so tue, aber ich verstehe besser, was eigentlich passiert. Das mag komisch klingen, aber das verändert was."

„Ja", antworte ich, „das kann ich verstehen."

Sie fährt fort: „Und irgendwie tut es mir gut, was du da sagst mit der Behinderung. Eigentlich habe ich mich schon immer behindert gefühlt, aber ich konnte es mir nie so zugestehen. Ich war einfach nur wütend auf mich und habe mich abgelehnt. Das jetzt einfach mal als ‚Tatsache' zu nehmen, erleichtert mich. Ich kann es ja nicht ändern. Das habe ich schon so oft probiert! Aber wenn das jetzt erlaubt ist und ich einfach eine ‚Behinderung' habe, dann ist es irgendwie in Ordnung. Dann kann ich mich entspannen. Dann bin ich eben so. Und dann brauche ich eben für manches mehr Zeit, und manchmal bewege ich mich etwas seltsam, so wie jetzt am Wochenende. Und dann muss ich mich auch nicht so beeilen, dass es sich verändert. Schließlich wächst „ein Bein" auch nicht so schnell nach – wenn es das überhaupt tut. Ich wundere mich selbst, aber das erleichtert mich."

Dem Kind geht es besser

In einer anderen Sitzung erzählt mir Anna von ihrer Arbeit, was nur selten vorkommt. Sie musste mit einer Kollegin eine kleine Patientengruppe leiten, in der sie die Angebote der Klinik vorstellten und die individuellen Tages- und Wochenpläne erklärten. Sie hatte keine Lust dazu und überließ die Hauptverantwortung dafür ihrer Kollegin. Sie spürte ihre Zurückgezogenheit und darin *Vernebler*. Sie spürte seine Haltung: „Ich will nicht reden. Ich will mich nicht beteiligen."

In Zukunft aber wird sie diese Gruppen alleine leiten müssen. Das macht ihr Angst. Sie spürt ihren Widerstand. Sie sagt: „*Vernebler* will keine Gruppen leiten. Er will überhaupt mit Menschen nichts zu tun haben.

Aber er macht es sich leicht. Er geht einfach weg, aber ich muss es ja trotzdem tun!"

Ich spüre die Not des *Kindes*. Ich sage, gewissermaßen schon zum *Kind*: „Ja, so ist es. Er macht es sich leicht und du musst es ausbaden. Das ist nicht fair, und doch können wir es nicht ändern. Wollen wir heute mal wieder zum *Kind* gehen? Es ist ja oft da in deinem Alltagsleben."

Anna ist einverstanden. Ich bereite den Platz mit der Decke und den Kissen. Sie setzt sich dahin.

„Hallo", begrüße ich es sanft.

„Hallo", sagt es leise.

„Ich will mal wieder nach dir schauen, nach all der Zeit."

„Ich dachte schon, du kommst gar nicht mehr!"

„Ich habe dich nicht vergessen. Ich habe dich auch immer wieder gespürt, wenn Anna erzählt hat. Da warst du doch auch immer wieder ein bisschen da, oder?"

„Ja, schon. Nur halt nicht so direkt."

„Das stimmt. So wie jetzt ist es schon noch mal was anderes."

Wir sind eine Weile still. Das *Kind* schaut vor sich auf den Boden. Dann frage ich: „Hast du's schwer?"

„Ja, ich habe Angst. Ich kann keine Gruppen leiten. Ich glaube, ich kann nicht vor fremden Menschen sprechen."

„Anna hat mir davon erzählt. Sie sagte, dass du Patientengruppen in die Klinik einführen musst."

„Ja. Aber ich mag keine Menschen, die ich nicht kenne. Und diese Gruppen, das sind ja immer die Neuen! Mit denen, die schon da sind, geht es eigentlich gut. Aber ich mag diese blöde Begrüßung nicht machen!"

„Das verstehe ich. Das ist nicht angenehm."

Es ist wieder still. Dann sage ich: „Trotzdem wirkst du heute nicht so traurig und verzweifelt wie beim letzten Mal."

„Das kann sein. Ich glaub, ich bin nicht mehr ganz so hoffnungslos. Irgendwas ist ruhiger geworden."

„Das ist schön.“

„Ich weiß aber nicht, warum.“

„Das macht nix. Das müssen wir nicht wissen.“

Es ist wieder still.

Nach einer Weile sagt sie: „Ich brauch gar nicht so viel. Es geht mir grad gar nicht so schlecht.“

„Das freut mich. Es ist schön, mit dir zu sein.“

„Ich weiß nicht. Ich habe nicht viel zu sagen.“

„Das macht nichts. Es ist trotzdem schön. So schön ruhig und einfach.“

„Hm.“

Ich bleibe noch eine Weile mit dem *Kind*. Ab und zu sprechen wir noch ein bisschen. Dann beende ich die Begegnung.

Dem Kind geht es besser, das ist gut. Die Situation in der Klinik hat die Not des Kindes nur ein bisschen berührt. Ich habe den Eindruck, dass es vor allem das Kind entlastet, dass sich Anna besser versteht. Die Selbstabwertungen haben dadurch nachgelassen, und die hatten vor allem das Kind getroffen.

Neuland

Anna schreibt mir wöchentlich eine Mail. Das hatte ich ihr zu Beginn des Prozesses empfohlen. Normalerweise berichtet sie mir darin von ihrem Alltag und wie sie ihre *Personen* da wahrnimmt. In dieser Woche unterscheidet sich ihre Mail von allen anderen. Sie schreibt:

Hallo Gabrielle, hatte gerade den PC noch an und wollte schon ausloggen, da kam mir in den Sinn, ich muss ja noch die Pflichtübung machen und dir schreiben. Habe aber keine Lust dazu. Glotze vor mich hin, bin am Abdriften. Kein Interesse, dir zu schreiben. Schon den PC auszumachen ist zu viel. Gruß, Vernebler

Das ist ja was Neues! Vernebler schreibt! Ganz direkt und unmittelbar.
Dass er nicht gerade freundlich und zugewandt ist, war ja schon klar. Anna
ist also tatsächlich dabei, Vernebler in ihrem Alltag zu spüren!
Das ist neu. „Von außen" hat sie ihn ja schon lange gespürt. Schon in der
ersten Sitzung hat sie gesagt, sie sei nur „halb" da. Jetzt aber schreibt sie aus
der Perspektive dessen, der weg ist. Das ist ein gewichtiger Unterschied!

Die nächste Sitzung mit *Vernebler* ist bemerkenswert. Als ich ihn in der
Direkten Begegnung aufsuche und ihn wie immer mit „Hallo" begrüße,
sagt er nach einer Weile: „Ich will dir nicht Hallo sagen. Ich will über-
haupt zu niemandem irgendetwas sagen."
Ich antworte: „Ja, so ist das."
Dann schweigt er. Er dreht sich weg und schaut zum Fenster.
Nach einer Weile legt er sich hin. Einfach so, auf den Teppich. Ich sage
nichts. Er auch nicht. Er schließt die Augen, sein Atem geht ruhig. Ich bin
mir nicht sicher, ob er schläft. Dann sagt er plötzlich:
„Eigentlich schlafe ich."
„Ja", sage ich.
„Ich bin gar nicht richtig da."
„So ist es".
„Man kann mich gar nicht sehen, ich bin so weit weg."
„Naja, ich kann dich schon sehen."
„Hm. Das ist seltsam. Ich glaub, mich hat noch nie jemand gesehen."
„Das kann gut sein."
Dann schweigen wir wieder.
Im Nachgespräch, als Anna wieder auf dem Ausgangsplatz sitzt, sagt sie,
dass sie erstaunt sei über das Verhalten von *Vernebler*. Das habe sie nicht
erwartet. Sie habe sich das nicht vorgenommen, es sei einfach so passiert.
Als sie dagestanden habe, habe sie plötzlich gespürt, dass sie sich eigent-
lich hinlegen wolle. Ohne viel zu überlegen, habe sie es einfach getan. Es
sei ganz fraglos gewesen. Eigentlich habe sie erst, als sie schon am Boden

lag, gedacht, dass das ja ungewöhnlich sei. Aber das sei ihr dann auch egal gewesen. Sie habe als *Vernebler* nichts dazu sagen wollen. Und das mit dem Schlafen sei auch so unüberlegt aus ihr rausgekommen. Sie habe tatsächlich fast geschlafen und dann habe sie das einfach gesagt.

Die Bewegung setzt sich also fort: Vernebler beginnt, sich zu spüren. Er gibt Antwort beziehungsweise er sagt, dass er keine Antwort geben will. Was ja auch eine Art von Antwort ist.

Nun sitze ich seit über zwei Jahren fast jede Woche vor ihm und begrüße ihn jedes Mal mit „Hallo", und er grüßte jedes Mal zurück. Und jetzt plötzlich merkt er, dass er das gar nicht will! Und er sagt einfach, wie es ist!

Und dann legt er sich hin! Er legt sich hin, weil er spürt, dass er sich hinlegen will. Wer weiß, wie oft er das eigentlich schon hätte tun wollen! Und jetzt war es soweit. Er hat einfach umgesetzt, was er wollte. Das ist neu.

Normalerweise tut Vernebler nichts. Wenn etwas nicht so ist, wie er das will, dann geht er weg. Das ist die Lösung, die er schon als Säugling gefunden hat. Und jetzt betritt er Neuland. Er will nicht Hallo sagen und er sagt nicht Hallo. Er will sich hinlegen und er tut es. Das sieht nach wenig aus, aber ich weiß um die Bedeutung davon. Vernebler nimmt hier ganz unmittelbar Bezug auf das Leben. Und das ist das Entscheidende.

Vernebler will keine Verantwortung übernehmen

In einer der nächsten Sitzungen sagt Anna, dass sie *Vernebler* stärker wahrgenommen habe in ihrem Leben. Sie erzählt mir von einem Konflikt mit ihrer Mitbewohnerin Julia. Sie sagt, Julia habe den unterschwelligen Vorwurf von ihr gespürt, dass sie zu wenig einkaufe. Genau so habe sie das zwar nie gesagt, aber ganz falsch sei es nicht. Auf jeden Fall habe Julia sich gewehrt und gesagt, dass das für sie nicht stimme und dass sie das so nicht stehen lassen wolle. Sie wolle mit ihr darüber reden.

Sie, Anna, habe dann kaum was gesagt. Sie habe eigentlich nur stumm vor sich hingeschaut. Aber sie habe gespürt, dass sie im *Vernebler* ist. Anna sagt, sie habe richtig gemerkt, wie sie Julia habe reden lassen und nicht im Entferntesten Lust gehabt habe, sich mit ihr auseinanderzusetzen. Sie habe gedacht: „Red du nur, mich berührt das gar nicht." Und sie habe einfach nur weiter ihr Brot gestrichen und vor sich hingeschaut.

Doch als Julia eine Antwort von ihr forderte, habe sie es nicht mehr nur abprallen lassen können, und da seien ihr die Tränen gekommen. Das wäre dann wohl das *Kind* gewesen. Sie sei verzweifelt gewesen, habe geweint und zu Julia gesagt, dass sie ihr doch gar nichts vorgeworfen habe und dass sie das fertigmache, wie sie zu ihr spreche. Sie könne das nicht aushalten, sie habe doch gar nichts getan.

Julia habe sich dann verteidigt und gesagt, dass sie sie doch gar nicht angegriffen habe, sondern nur sagen wolle, wie sie sich fühle. Dann habe Anna wieder *Vernebler* gespürt und gedacht: „Lass mich doch in Ruhe! Ich red nicht mit dir!" Aber das habe sie natürlich nicht gesagt. Sie habe wieder nur geschwiegen. Und als sie dann wieder was habe sagen müssen, wäre wieder das *Kind* gekommen, und mit ihm die Tränen. So sei es mehrmals hin und her gegangen.

Julia habe dann irgendwann auch geschwiegen und sie habe gespürt, wie sie gewollt habe, dass Julia sie jetzt freundlich ansprechen und versuchen solle, wieder „Frieden" zu machen. Sie selbst habe den Schritt aber nicht tun wollen. Sie habe sich ja verletzt gefühlt. Julia habe es aber auch nicht getan. So hätten sie sich dann beide in ihre Zimmer zurückgezogen.

Anna sagt, solche Situationen habe sie schon oft erlebt. Diesmal aber habe sie besser verstanden, wieso das so sei. Bisher habe sie immer nur das *Kind* gespürt mit seiner Verzweiflung. Sie habe nie nachvollziehen können, warum andere so „herzlos" zu ihr sind, wo sie doch weine und verzweifelt sei. Sie habe immer gedacht, sie selbst würde an ihrer Stelle bestimmt nicht so handeln. Jetzt aber habe sie gemerkt, dass das *Kind* ja nicht das Einzige sei, was im Gespräch da sei. *Vernebler* sei ja überhaupt nicht in Not gewesen. Er habe Julia abgeblockt und sich der Auseinandersetzung verweigert. Eigentlich habe er nur in Ruhe sein Brot essen und keinen Ärger haben wollen. Julia habe bestimmt seine Ignoranz gespürt. Und so wäre ja auch verständlich, dass sie das wütend gemacht habe.

Wenige Tage später schreibt mir Anna in einer Mail:

Ich will keine Verantwortung übernehmen. Deshalb ist Anna am Wirbeln. Ich (Anna) spüre beide Seiten. Vorhin war ich im Kind, als ich einer Freundin ein Treffen absagen wollte. Ich wollte die Entscheidung von außen beziehungsweise eine Absolution der Freundin, dass es okay ist, das Treffen abzusagen. Die eine Verabredung hängt aber wieder von einer andern ab. Dann haben sich noch zwei spontane Besuche angemeldet. Ich bin ambivalent hoch zehn, ob mir das nicht alles viel zu viel wird (Vernebler). Dann will ich die Termine wieder rückgängig machen usw.

Ich vertage dann alles auf morgen, was zur Folge hat, dass ich morgen wieder hin und her telefoniere (Verwirbler). Aber morgen habe ich eigentlich gar keine Zeit dazu. Das bringt mich dann wieder in Not (Kind). Ach, es ist einfach alles scheiße anstrengend mit mir. Mist.

Vernebler war schon immer da

In der nächsten Sitzung sagt Anna, sie merke immer deutlicher, dass es *Vernebler* gebe und dass seine Haltung eine Wirkung habe in ihrem Leben. Er sei nur so unscheinbar, dass er ihr vorher nicht aufgefallen war. Aber eigentlich wäre er schon immer da gewesen. Ihr Rückzug wäre ihr nur so selbstverständlich gewesen, dass sie ihn lange gar nicht als „etwas" erkennen konnte.

Anna sagt, sie fühle sich wie der Fisch im Wasser, der das Wasser nicht kenne. Für sie sei *Vernebler* zu „normal" gewesen, um ihn zu sehen. Sie sagt, immer wieder habe sie Kontakte nur *ausgehalten*. Wenn sie sich beispielsweise mit jemandem zum Kaffee verabrede, merke sie oft nach kurzer Zeit, dass es ihr zu viel würde. Immer wieder würden ihre Freundinnen ihr gerne viel erzählen, aber oft wünsche sie sich, dass es bald vorbei sein möge.

Gerade spüre sie, dass das natürlich *Vernebler* sei. *Ihm* würde es schnell zu viel, und *er* warte dann nur noch darauf, bis er gehen dürfe. Vielleicht wolle sich *Vernebler* auch gar nicht mit ihren Freundinnen treffen. Ja, wahrscheinlich würden das nur die anderen wollen, das *Kind* vielleicht oder *Verwirbler*.

Anna erzählt weiter, sie habe *Vernebler* neulich deutlich gespürt, als sie mit einem befreundeten Paar in der Sauna war. Das Paar wäre immer zusammengeblieben, aber sie hätte einen anderen Rhythmus gehabt. Sie habe länger schwitzen und noch den Aufguss abwarten wollen. Die anderen seien dann schon mal rausgegangen und sie hätten sich dann im Ruheraum getroffen. Das wäre nett gewesen, es wären kaum Leute da gewesen und sie hätten etwas geplaudert. Dann wären die anderen wieder in den Hitzeraum gegangen und sie habe sich noch alleine etwas ausgeruht. Als sie dann wieder in die Sauna aufbrach, waren die anderen noch da und sie habe sich wieder zu ihnen gesetzt, das habe sie gefreut. Sie habe gespürt, dass das für sie schöner war, als wenn sie nur alleine dort gewesen wäre. Die anderen wären dann natürlich bald wieder aus dem Hitzeraum rausgegangen, hätten sich dann aber wieder später im Ruheraum getroffen…

Anna sagt, sie habe da die ganze Zeit *Vernebler* gespürt, und der habe das super gefunden. Sie habe richtig gespürt, wie er es genossen habe, so ganz ohne Begründung oder Entschuldigung den Kontakt immer wieder zu unterbrechen.

Anna sagt, sie habe sogar das Gefühl gehabt, dass es *Vernebler* nett fand, die anderen immer wieder zu treffen. Es war ja klar, dass es immer nur für kurz sein würde. Also ganz nach seinem Geschmack. Anna meint scherzhaft, vielleicht sollte sie alle Menschen nur noch in der Sauna treffen…

Man kann jetzt nicht sagen, dass sich in Annas Leben äußerlich viel verändert hätte. Sie wirbelt nach wie vor in ihrem Leben, das Kind ist nach wie vor immer wieder mal in Not und Vernebler hält sich nach wie vor aus al-

lem raus. Was sich aber verändert hat, ist Annas Verständnis für sich selbst. Sie erkennt sich in ihren verschiedenen Personen, sie erkennt sich in ihrem Verborgenen Ich und sie spürt, wie diese sich auf ihr Leben auswirken. So unangenehm ihr bestimmte Situationen auch heute noch sind, verglichen mit ihren früheren Gefühlszuständen, geht es ihr besser.

Bloß nicht bewegen

In einer Sitzung erzählt mir Anna: „Vergangenes Wochenende war ich zu Besuch bei meinem Vater. *Vernebler* war für mich sehr spürbar. Ich habe meinen Vater ignoriert und innerlich auf Durchzug geschaltet. Wir saßen im Wohnzimmer auf Sesseln, die es schon seit meiner Kindheit gibt, und wir hatten uns nichts zu sagen. Nur alle zehn Minuten machte mein Vater oder ich irgendeine kleine Bemerkung. Ich weiß nicht genau, warum wir das taten, vielleicht um ein Interesse vorzutäuschen, oder aber auch nur, um das lange Schweigen zu unterbrechen. Wir haben uns einfach nichts zu sagen.

In einem Café trafen wir dann noch meine Schwester mit ihren beiden Kindern. Mein Vater war die ganze Zeit nur am Reglementieren. Ständig sagte er den Kindern, wie sie sich zu benehmen hätten und was sie nicht tun sollten. Sie sollen nicht laut sein, sie sollen nicht auf der Kante des Stuhls sitzen, sie sollen die Zuckertütchen nicht in die Hand nehmen und nicht mit dem Löffel auf den Tisch klopfen. Keinen einzigen Moment hat er sich auf einen wirklichen Kontakt mit ihnen eingelassen! Er motzte nur bei jeder kleinsten aufkommenden Lebendigkeit herum. Immer nur: ‚Mach dieses nicht oder mach jenes nicht‘ oder ‚Jetzt rede ich‘. Ich fand es furchtbar, und doch war es so normal.

Ich habe an früher gedacht. Genauso war er doch auch, als wir noch Kinder waren. Das machte mich sehr traurig. Mir wurde so deutlich, wie es bei uns keinen Raum gab, sich zu entfalten und zu entwickeln. Ich flüchtete in mein Inneres und wurde nach außen hin starr und abwesend.

‚Bloß nicht bewegen!' – das wurde mein Lebensgrundsatz. Das ist mir an diesem Wochenende so deutlich geworden wie nie zuvor."

In der *Direkten Begegnung* frage ich *Vernebler*, wie er den Besuch bei seinem Vater erlebt habe. Er sagt, er wäre nicht gerne da. Aber es sei trotzdem gut gewesen, weil er gespürt habe: Ach so, deswegen bin ich so, wie ich bin. Er sagt: „Das war eigentlich eine gute Entscheidung mit dem Wegsein. Ich würde es auch heute noch so machen."

Ich sage: „Aber heute bist du doch diesem Vater und diesem Umfeld gar nicht mehr ausgesetzt."

„Stimmt. Aber jetzt bin ich halt schon so. Ich habe mich abgewandt. Ich kann jetzt auch nicht mehr anders."

„Ja, das ist wohl so. Du vermisst allerdings auch niemanden…"

„Nein, das tue ich nicht. Ich finde es zwar langweilig und öde, wie es ist, aber ändern möchte ich nichts."

„Das ist auch gar nicht notwendig."

„Gut. Würde ich sowieso nicht tun."

„Ich weiß."

Er legt sich hin. Seitlich von mir abgewandt. Dann sagt er:

„Das einzig Gute ist, dass ich hier schweigen darf. Mich regt dieses ständige Geplapper auf."

„Ja."

Wir schweigen. Als die Zeit um ist, beende ich die Sitzung.

Ich fühle mich hilflos. Dieses Schweigen ist so mächtig. Ich weiß nicht, ob Vernebler je zu einer tieferen Schicht sinken wird. Vielleicht wird er ja einfach immer so bleiben. Das mag er zwar gut finden, aber passieren tut trotzdem nichts. Anna beklagt sich nie über die Sitzungen. Noch nie hat sie gesagt, dass ihr zu wenig passiere. Das ist bemerkenswert bei diesem Verlauf. Auch bezahlt sie alle Sitzungen selbst, obwohl sie nicht viel Geld hat. Und kaum je sagt sie eine Sitzung ab. Zuverlässig ist sie da. Jede Woche. Und Vernebler schweigt. Vernebler bestimmt Annas Leben. Nur durch eine Be-

wegung seinerseits könnte sich Annas Leben grundsätzlich verändern. Aber wird das je passieren? Wird nicht Vernebler auch noch in fünf oder zehn Jahren schweigen? Ich möchte meine Gedanken mit Anna teilen. Ich will sie fragen, wie sie den therapeutischen Prozess sieht und ob sie uns auf dem richtigen Weg fühlt.

Annas Rückmeldung auf meine Frage ist bemerkenswert. Sie findet nicht, dass in ihrem Prozess nichts passiert. Sie sagt, sie sei so dankbar, dass sie nicht so tun müsse, als würde mehr passieren. Sie sei so froh, dass eine Stagnation, die sie eigentlich schon ihr ganzes Leben lang fühle, einfach sein dürfe. Dass sie nicht dagegen angehen müsse und auch ich nicht dagegen kämpfe – das sei so entlastend für sie. Das habe sie noch nie zuvor erlebt und das empfinde sie als sehr kostbar. Sie würde niemals dahin zurückkehren wollen, wieder gegen sich zu kämpfen, wie sie es jahrzehntelang getan habe. Das wäre nur anstrengend, frustrierend und sinnlos.

Ich bin beeindruckt von Annas Aussage. Kaum je hat sie zu einer Frage so eindeutig Stellung genommen wie jetzt. Gut, denke ich, dann will sie es. Sie trägt den Prozess mit. Dann bin auch ich bereit, mit ihr diesen Weg weiterzugehen.

Ein Stück Holz
Wenige Wochen nach diesem Gespräch taucht in *Vernebler* wieder ein Bild auf. Er sagt in die Stille hinein: „Ich fühle mich wie ein Stück Holz auf dem Meer."

Wow, keine Plastiktüte mehr! Diesmal fühlt er sich als ein Stück Holz!

Ich frage ihn, als was für eine Art Holz er sich fühle. Er meint: „Naja, so ein Stück Holz eben, etwa so lang und so dick – mit den Händen zeigt er die Maße –, es ist alt und verwittert. Irgendein dickerer Ast oder kleiner Stamm. Knorrig. Er liegt schon viele Jahre im Meer. Das sieht man ihm an. Darauf haben sich schon ein paar Müschelchen oder kleine Schnecken mit ihren gezwirbelten Häuschen eingenistet. Und ab und zu sitzt vielleicht auch ein Vogel drauf, der sich ausruhen möchte."

„Das hört sich friedlich an", sage ich.

„Ja," sagt er, „es ist gut. Schön ruhig."

Dann schweigt er wieder die restliche Zeit.

Im Nachgespräch vertiefe ich mich mit Anna in dieses Bild und setze es in Beziehung zum letzten Bild von *Vernebler*, der leeren Plastiktüte im Meer.

Wir fühlen uns in die Materialien hinein:

Das Holz ist gewachsen und hat einen organischen Ursprung. Plastik ist in einem aufwändigen Vorgang aus Erdöl künstlich hergestellt worden.

Die Form: Die Plastiktüte hat keine eigene Form, sie lässt sich beliebig bewegen oder zusammenknautschen. Das Holz hat Festigkeit und behält auch unter Druck seine Form bei.

Das Gewicht: Die Plastiktüte aus dem Supermarkt wiegt keine zwei Gramm, ein Stück Holz in dieser Größe kann schon fünf oder zehn Kilo wiegen.

Die Farbe: Das dunkle Braun ist die natürliche Farbe von Holz. Es ist schön anzuschauen. Die Plastiktüte hat keine natürliche Farbe. In *Verneblers* Bild war sie durchsichtig. So unauffällig und bedeutungslos wie möglich.

Der „Aufenthaltsort": Plastik gehört nicht ins Meer. Es schadet Pflanzen, Tieren und indirekt auch dem Menschen. Holzstücke schwimmen seit Urzeiten im Meer. Schon immer sind sie ins Meer gespült worden und sind da entweder verrottet oder irgendwo wieder aufs Land geworfen worden. Für die Natur ist das kein Problem. Es gehört zum natürlichen Kreislauf.

Die Ästhetik: Eine leere Plastiktüte im Meer empfinden wir als hässlich und störend. Wir wollen nichts mit ihr zu tun haben und schauen weg. Ein Stück Holz, das lange im Meer war, sieht attraktiv aus. Man könnte ein Kunstwerk daraus machen.

Soweit einige der Unterschiede.

Wir überlegen gemeinsam: Was bleibt denn gleich in den beiden Bildern von *Vernebler*?

Das Meer, der Himmel, die Abwesenheit von Menschen und allem von Menschenhand Geschaffenem.

Und wie fühlt sich das Meer an?

Es ist groß, es ist riesig, es ist endlos. Es ist gleichförmig, gewaltig, ruhig, urtümlich, salzig, menschenleer, grenzenlos. Für uns Menschen kann es bedrohlich sein, aber für Plastiktüten und Holzstücke ist es ungefährlich. *Vernebler* fühlt sich sicher und aufgehoben im Meer. Er braucht nichts.

Und was sagt uns das alles nun über *Vernebler*? Das neue Bild zeigt, dass *Vernebler* mehr Substanz fühlt. Er hat ein Gewicht, er hat ein Volumen. Er fühlt sich zwar nicht als Mensch, aber als Gegenstand organischen Ursprungs. Er nimmt Raum ein und spürt Festigkeit und Kontur.

Anna ist erstaunt, was sich alles anhand dieses einfachen Bildes offenbart. Sie ist bewegt davon und fühlt sich auf eine ganz eigene Art erkannt. Sie hat dieses Bild ja nur so „dahergesagt", wie sie meint. Ihr war gar nicht bewusst, was für eine bedeutsame Aussage sie – als *Vernebler* – damit macht.

Mails von Anna und Vernebler

Ich (Vernebler) verhindere den ganzen Vormittag und natürlich generell immer, dass Anna etwas unternimmt. Sie überlegt, langlaufen zu gehen. Das Wetter ist aber (Gott sei Dank) nicht toll. Dann ruft sie Leute an, um diese zu irgendwas zu motivieren. Ich selbst will ja nix. –

Ich (Anna) spüre einfach diese Ambivalenz. Ich versuche, was zu machen, und die Zeit geht ins Land, bis es Abend wird. Aber eigentlich ist Vernebler immer da. Zwischendurch spüre ich das ganz pur, wenn ich (Vernebler) vor mich hinstarre und zehn Minuten so verharre, bis Anna wieder eine Aktion startet. –

Vorgestern war ich mit Alexander noch was trinken. Ich war fast nur im Vernebler. Es entstanden Gesprächslücken… Aber auch während ich was fragte oder erzählte, dachte ich permanent: Ich habe keine Lust, es ist jetzt Pflicht und ich muss den Schein wahren. –

Vernebler: Ich habe neun Stunden geschlafen, bin gestern Abend schon um 22.00 Uhr ins Bett. Endlich, nach all dem Wirbeln gestern, konnte ich ausgiebig schlafen. Heute, Anna ist zum Wandern verabredet, wollte ich gar nicht aufstehen. Ich traute mich aber nicht abzusagen. Das macht man doch nicht, so kurzfristig und ohne Grund absagen… Dann bin ich eben doch los. Gut war, dass ich nicht nur mit Alexander verabredet war, sondern auch noch mit seiner Mitbewohnerin Elisabeth. So konnte ich immer mal wieder vor mich hindümpeln, ohne dass es auffiel. Ich bin den ganzen Tag wie unter einer Glocke. Ich wollte da nicht sein. Ich habe mich allerdings schon geärgert, dass ich es nicht geschafft habe abzusagen. –

Es ist gut, wenn wir uns nächste Woche sehen. Ich beobachte, dass ich nichts spüre und du mir sehr weit weg vorkommst. –

Ich, Vernebler, spüre mein Nicht-Wollen. Bei jeder Aktion, die Anna vorhat oder auch machen muss, verweigere ich diese: Ich vertage den Anruf auf nächste Woche, die Ummeldung beim Amt hat auch Zeit. Weiter aufräumen in der Wohnung hat auch Zeit. Ich sitze da, sitze die Zeit ab. Das sind alles Anforderungen, mit denen ich nichts zu tun haben will. –

4. Therapeutisches Prozessjahr

Umzug

Anna erzählt mir, dass im Haus, in dem sie wohnt, eine kleine Dachwohnung frei wird. Sie überlege sich, da einzuziehen. Sie spürt, dass *Vernebler* eigentlich noch nie Lust hatte, in einer WG zu wohnen, wie sie es bisher ihr ganzes Erwachsenenleben lang getan hat. Natürlich wäre eine eigene

Wohnung teurer, aber das kann doch nicht der einzige Grund sein zusammenzuwohnen.

Anna spürt erstaunlich klar: Ich will alleine wohnen! Ich will diese Dachwohnung! *Vernebler* will diese Wohnung!

Es geht alles ganz einfach. Die Vermieterin wohnt auch im Haus, sie mag Anna. Sie ist gerne bereit, ihr die oberste Wohnung zu geben.

Schrittweise vollzieht sie den Umzug vom einen ins andere Stockwerk. Allerdings hat *Vernebler* natürlich keine Lust *umzuziehen*. Lieber will er schon da sein. Er mag sich nicht anstrengen. So sitzt Anna, wie sie mir erzählt, manchmal einfach zwischen den Kisten und tut gar nichts. Sie hat sie zwar ins Dachgeschoß gebracht, aber sie packt sie nicht aus. Sie sitzt dann nur in ihrer neuen Wohnung und spürt die neuen Räume. Das ist gut. Das mag sie, und das mag *Vernebler*.

Sie mag, dass das nun ganz ihre eigene Wohnung ist und niemand Zutritt hat, den sie nicht selbst hineinlässt. Sie ist geradezu begeistert von dem Gefühl, die Tür ganz hinter sich zumachen zu können. Sie spürt, wie sich *Vernebler* in der Wohnung ausbreitet. Er tut natürlich vor allem nichts, aber durch den Schutz, den die geschlossene Wohnung ihm gibt, kann er sich entspannen.

Es wundert Anna, wie richtig es sich anfühlt, alleine zu wohnen. Warum war sie nicht schon früher auf die Idee gekommen? Sie hat ja nur die Gelegenheit wahrgenommen, die sich ihr geboten hat. Aber so ist *Vernebler*. Er denkt nicht über die Verbesserung einer Situation nach. So ist er nicht. Er nimmt eine Situation grundsätzlich als gegeben hin. Wenn er sich nicht wohlfühlt, zieht er sich zurück. Handeln tut er nicht.

Ich denke an die frühe Traumatisierung von Anna. Sie war als Säugling ihrer Situation vollkommen ausgeliefert. Sie konnte nichts tun, um sie zu verbessern. Wenn sie geschrien hatte, wurde sie nur ruhiggestellt. So ist es für Vernebler auch heute noch: Er glaubt, er kann eine Situation nicht beeinflussen. Er glaubt, es gibt nichts, was er tun kann, damit es besser wird.

Während der Vorgespräche habe ich im Moment meist mit dem *Kind* und *Verwirbler* zu tun. Als in einer Sitzung das *Kind* wieder sehr präsent ist – Anna weint, weil ihre frühere Mitbewohnerin trotz mehrfacher Zusagen ihre schwere sperrige Holzkiste nicht aus dem Keller räumt –, schlage ich ihr vor, zum *Kind* zu gehen. Anna aber lehnt ab. Sie sagt, sie habe nicht das Gefühl, dass ihr das helfen würde. Sie wolle lieber, dass wir unsere Zeit mit *Vernebler* verbringen. Das fände sie sinnvoller.

Ich folge ihrem Wunsch und sie stellt sich auf den *Vernebler*-Platz. Doch sie muss auch auf diesem Platz sofort weinen. Ich spüre, es ist die Not des *Kindes*. Sie kann vor lauter Schluchzen kaum sprechen. So bitte ich Anna, sich nun doch auf den Platz des *Kindes* zu begeben.

Sie setzt sich auf den *Kind*-Platz. Das *Kind* sagt weinend, es könne nichts tun, es wisse einfach nicht, wie es die Kiste loswerden soll. Sie wäre groß und schwer und stünde richtig im Weg. Es fühle sich so hilflos.

Ich sage nichts und bin nur mit ihm da.

Nach einigen Minuten beruhigt es sich und sagt, es sei jetzt gut. Wir könnten jetzt zum *Vernebler* gehen.

So bitte ich Anna auf den *Vernebler*-Platz. Tatsächlich ist er jetzt da. Wie gewohnt wendet er sich ab und schweigt. Auf meine Frage hin sagt er, ihn gehe das alles nichts an.

Ihm sei völlig egal, was die frühere Mitbewohnerin noch im Keller stehen habe. Er wolle in Ruhe gelassen werden. Er habe mit Menschen und Kisten nichts am Hut. Dann schweigt er wieder.

Im Nachgespräch sagt Anna, sie wäre so froh, um die *Alltagspersonen* und ihr *Verborgenes Ich* zu wissen. Sonst wäre einfach überhaupt nicht zu verstehen, wie sie sich verhalte und fühle.

Oft würde sie sich an ihre „Behinderung" erinnern, das wäre für sie nach wie vor entlastend. Sie könne sich einfach nicht wie andere Menschen entscheiden und handeln.

Das ginge bei ihr einfach nicht. Und so könne für sie so eine fremde Kiste im Keller ein „Weltuntergang" sein.

Mir wurde Unrecht getan

Wochen später passiert etwas Erstaunliches. Anna hat sich eben auf den Platz von *Vernebler* gestellt und sich wie immer zum Fenster gedreht, als er mich plötzlich direkt anschaut. Das hat er noch nie getan! Dann dreht er sich zu mir hin. Zuerst ein bisschen und dann ganz. Er steht mir jetzt offen und direkt gegenüber und schaut mich an.

Er sagt: „Ich will nicht *sagen*, dass du mich anschauen sollst! Aber du *sollst* mich anschauen! Du sollst sehen, dass ich beleidigt bin! Eigentlich möchte ich geliebt werden. Aber ich will nicht darum fragen."

Vernebler weint. Dann sagt er: „Ich will, dass du siehst, dass mir Unrecht getan wurde."

Leise sage ich: „Ja, das sehe ich".

Er weint weiter. Er sagt: „Ich bin weggegangen, das war gut. Hier ist es friedlich und still. Mit der Welt will ich nichts zu tun haben. Die Menschen haben's bei mir verschissen."

Im Nachgespräch beschreibt mir Anna ihre Gefühle noch genauer. Sie sagt, sie habe ein tiefes Gefühl von Unrecht gehabt. Dass es so nicht richtig war, wie es war, und ihr Substanzielles vorenthalten wurde. Sie habe gefühlt, wie falsch das alles war. Und dann habe sie gefühlt, dass sie zutiefst beleidigt und gekränkt sei. Sie habe gefühlt, dass ihr „die Welt" etwas schulde und dass „die Welt" das gefälligst wieder in Ordnung zu bringen habe.

Es sei ihr klar, dass das absurd wäre, aber trotzdem habe sie sich so gefühlt. Das sei ihre – also *Vernebler*s – tief gefühlte Realität! Es würde sogar noch weiter gehen, sagt sie dann. Sie fühle, dass sie aus *Vernebler*s Sicht den Anspruch habe, dass man sich bei ihm in aller Demut zu entschuldigen habe und vor ihm den roten Teppich ausbreiten solle! Sozusagen als Wiedergutmachung solle man ihm jetzt alle Wünsche von den Lippen ablesen und sie erfüllen, noch bevor er sie überhaupt ausgesprochen habe. Das wäre sozusagen das Mindeste, was *Vernebler* erwarte.

Natürlich ist Anna klar, dass das von niemandem zu erfüllen ist und heute auch unangemessen wäre. Trotzdem aber spürt sie, dass *Vernebler* so fühlt. Sie sagt, es sei für sie entlastend, das einfach mal so krass auszusprechen, wie es nun mal für *Vernebler* sei.

Zum einen steht jetzt also die Verletzlichkeit von Vernebler im Raum. Bisher war immer nur das Kind verletzlich. Jetzt spürt Vernebler was ihm angetan wurde, und er spürt, dass das Unrecht war. Das ist neu.
Und zum andern spürt Anna aber auch Verneblers Entschluss und grundsätzliche Haltung: Von mir kriegt ihr nichts! Ich bin beleidigt! Ihr seid mir was schuldig!

In der nächsten Sitzung nimmt *Vernebler* den Faden wieder auf. Er sagt: „Ich bin beleidigt und bleibe zurückgezogen, bis mir Recht widerfährt."
Ich sage: „Das wird wohl nie passieren."
Er: „Ich weiß. Dann bleibe ich eben für immer zurückgezogen."
Ich: „Früher wurde dir Unrecht getan. Heute tust du Unrecht."
Er schweigt eine Weile, dann fragt er: „Wieso?"
Ich sage: „Ich habe dir nichts getan. Im Gegenteil. Seit vier Jahren setze ich mich vor dich hin und rufe dich. Du aber bestrafst mich mit deinem Rückzug und Beleidigtsein."
Er überlegt eine Weile und antwortet dann: „Ja, das ist so. Das ist mir aber egal."
Wir schweigen wieder.

Es geht mir mit meiner Aussage nicht darum, Vernebler zu beschuldigen. Ich möchte nur, dass er spürt, was er tut. Ich möchte, dass er erkennt, dass seine Reaktionshaltung, sein Schutz von damals, heute in seinen Beziehungen Schaden anrichtet. Das betrifft nicht in erster Linie mich persönlich. Wir haben in dem therapeutischen Setting eine Situation, die mir gerade erlaubt, dieses Verhalten zu erkennen, ohne dass es mich gleichzeitig verletzt. Ich möchte hier nur, dass Vernebler spürt, dass er andere zurückweist, dass er spürt, wie beleidigt er ist, noch bevor etwas Kränkendes in einer Beziehung passiert.

Im Nachgespräch sagt Anna, dass sie mehr Boden spüre. Sie wisse jetzt, dass sie Nähe verhindere und Beziehungen mit ihr nur in begrenztem Umfang möglich seien. Sie spüre: Ich bin abgegrenzt. Ich mag die Menschen nicht besonders. Und ich bin beleidigt und will sie bestrafen für ein frühes Leid, das mir angetan wurde. Aber sie verurteile sich nicht dafür. Sie wisse, dass sie das nicht ändern könne. Und sie verstehe, warum sie so geworden sei.

Anna sagt weiter, das alles sei ja nicht besonders schön zu fühlen. Vielmehr sei es ernüchternd und desillusionierend. Aber richtig weh tue es nicht. Und irgendwie tue es sogar gut. Sie könne sich das nicht erklären. Aber hier könne sie stehen. Hier habe sie Boden. Hier müsse sie sich nicht anstrengen und niemandem etwas vormachen. Das tue gut. Das erleichtere und entspanne sie.

Wie die Made im Speck

Viele weitere Stunden bleibe ich bei *Vernebler*. Er spürt sich, und er spürt, dass er meine Aufmerksamkeit will. Nicht, dass er die Zeit „für sich nutzen" wollte, das nicht. Aber er will, dass ich sein Beleidigtsein sehe. Er sagt, er wolle, dass es mir leidtue, dass er weg sei. Das bestätige ich ihm, denn es ist wahr.

Dann dreht er sich mir frontal zu und sagt: „Ich bin wie die Made im Speck. Ich finde gut, dass du auf mich wartest."

„Hm", antworte ich etwas ratlos.

„Ich finde gut, dass ich die Macht habe, mich zu verweigern. Und dass du nichts tun kannst."

„Ich kann nichts tun, das stimmt. Die Nahrung, die Aufmerksamkeit, die ich dir gebe, ist offensichtlich lecker."

„Ja. Mehr will ich gar nicht. Das reicht mir."

„Ach so. Ich soll dir also den „roten Teppich" ausrollen und auf dich warten. Kommen aber tust du nicht."

„Glaub schon. Ich will nicht zurück. Ich bin trotzig!"

„Den Eindruck habe ich allerdings auch!"

„Ich finde es gut, dich zu bestrafen. Das habe ich ja noch nie gekonnt.
Bisher war es allen egal, dass ich weg war. Dich jetzt zu bestrafen, ist mein
Triumph!"

„Hm. Ich weiß nicht, ob ich das gut finden soll. Aber das spielt wohl sowieso keine Rolle.
Du willst meine Hand gar nicht, die ich dir reiche."

„Nein. Die würde mich zurückbringen in die Welt. Aber das will ich
nicht. Ich möchte nur, dass du dich um mich bemühst. Dass du auf mich
wartest. Die Welt ist nicht attraktiv für mich. Sie interessiert mich nicht
im Geringsten. Ich will da nicht hin."

„So ist es wohl. Das habe ich zu akzeptieren."

Weitere Sitzungen vergehen.

Vernebler ist jetzt wieder still und steht halb abgewandt.

Ich spüre sein Beleidigtsein, seine Zurückgezogenheit und sein Mich-bestrafen-Wollen. Von ihm kommt nichts. Er wartet. Er hat unendlich Zeit.

*Ich kann es nicht verhindern, ich fange an, mich über Vernebler zu ärgern.
Natürlich darf er so sein. Das ist ja meine Grundhaltung in der Arbeit.
Jahre habe ich darum gerungen, dass er überhaupt eine Wahrnehmung von
sich bekommt. Aber so, wie er das jetzt macht, ist es für mich schwer auszuhalten.*

*Er will sein Leben gar nicht – jetzt, wo es anfängt, möglich zu werden. Es
reicht ihm, sich in meiner Zuwendung zu sonnen und mich stellvertretend
für den Rest der Welt zu bestrafen.*

*Ist Therapie hier überhaupt noch sinnvoll? Ist das nicht ein geschlossener
Kreislauf, der keine heilsame Wirkung mehr entfaltet?*

Hinzu kommt, dass Anna in ihrem Alltag kaum mehr ein Gefühl für Ver-

nebler hat. Sie nimmt sich überwiegend im hilflosen Kind und ab und zu im Verwirbler wahr – so wie ich es schon seit Jahren von ihr kenne. Das ist in dieser schier endlosen Wiederholung schwer auszuhalten.

In einem Vorgespräch erzählt mir Anna von ihrem Urlaub. Sie hadert mit den Umständen, die sie da antraf. Sie ärgerte sich über ihr Zimmer, das neben der Klimaanlage lag, deren Motor sie ständig hörte. Aber sie hatte nicht darauf bestanden, das Zimmer zu wechseln. Denn so hatte sie Meerblick, und auf den wollte sie nicht verzichten. Aber sie fühlte sich ohnmächtig und wütend. Sie kam unzufrieden und angespannt zurück. „Besser sollte ich gar nicht in den Urlaub gehen“, sagt sie.
Sie ist im *Verwirbler*. Sie weint. Auf *Verwirbler*-Art erzählt sie von den Umständen, die alles schwierig machten. Dann sagt sie, dass sich bei ihr ja nie was verändern würde, und sie frage sich, ob das denn alles überhaupt einen Sinn mache.

Vernebler ist abgetaucht. Anna spürt ihn nicht. Sie hält noch nicht mal nach ihm Ausschau. Sie verhält sich so, als wenn er gar nicht existierte und wir noch nie etwas mit ihm zu tun gehabt hätten.
Ich bin frustriert. Wo ist der Boden, den wir uns mühsam erarbeitet hatten? Warum ist Vernebler weg? Will Anna ihr Opfersein wirklich um jeden Preis bewahren? Ich habe keine Antwort. Ich sage nichts.
Erst heute im Rückblick kann ich sehen, dass ich in dieser Phase des Prozesses in eine blinde Reaktionshaltung geraten bin. Ich war genervt, ungeduldig und enttäuscht. Ich wollte, dass sie anders ist. Aber das habe ich damals nicht erkannt.

Ich bitte Anna, sich auf den Platz von *Vernebler* zu stellen. Ich möchte wissen, wie es sich von da aus für sie anfühlt und ob sie sich von diesem Platz aus an *Vernebler* erinnert. Sie stellt sich hin und dreht sich weg. Ich spüre *Vernebler*s Zurückgezogenheit. Nach einer Weile schaut er mich kurz an und sagt dann: „Ich will mich nicht spüren."

Dann erzählt er vom Urlaub und wie es vielleicht anders besser gewesen wäre. Es ist klar, jetzt spricht wieder *Verwirbler*. Ich bitte Anna zwei Schritte nach vorne zu kommen, auf den Platz von *Verwirbler*. Er beleuchtet die ungünstigen Umstände von verschiedenen Seiten. So kenne ich ihn, es führt nirgends hin.

Ich lasse ihn seine Schleifen drehen, drehe ein bisschen mit, bin aber eher schweigsam. Eigentlich bin ich genervt und frustriert. Aber ich sage nichts. Er muss es ja so tun dürfen, wie er es tut.

Ich kann nicht mehr

In der nächsten Sitzung legt sich *Vernebler*, ohne ein Wort zu sagen, von mir abgewandt hin. Nach einer längeren Weile dreht er sich zu mir hin. Er sagt, er hätte sich gewünscht, dass ich ihn frage, ob er sich nicht zu mir hindrehen wolle. Er sagt, er möchte, dass ich ihm seine Wünsche von den Augen ablese. Er wolle sie nicht selbst äußern. Er wolle kein Risiko eingehen. Er wolle ganz sicher sein, dass es richtig ist, was er sagt oder tut. Er wolle keine Fehler machen. Aber anpassen wolle er sich auch nicht. Daher wäre es am einfachsten, wenn ich ihn immer genau zu dem anweise, was er selbst tun möchte. Dann müsse er keine Verantwortung übernehmen. Und es passiere trotzdem das, was er wolle.

Ich sage, das wolle ich nicht tun. Ich wolle ihm seine Wünsche nicht von den Augen ablesen. Und überhaupt ginge es mir nicht darum, ihm seine Wünsche zu erfüllen.

Unwillig und ohne ein weiteres Wort dreht er sich von mir weg.

Wieder bin ich blind. Eigentlich sind Verneblers Aussagen absolut stark! Er formuliert, wie er sich wahrnimmt und was er will. Das ist zwar unverschämt, aber wahr. Und nur darum geht es hier. Aber das erkenne ich nicht. Unseren Dialog finde ich zwar in Ordnung. Ich bin da ja ähnlich wie er. Er fordert Unverschämtes und ich antworte trocken. Das ist okay.

Nur im Nachgespräch hätte es einer Würdigung bedurft für diesen Schritt, den Vernebler hier macht. Doch das sehe ich nicht. Ich bin verärgert und blind.

Nächste Sitzung. *Vernebler* ist beleidigt. Niemand hat an ihn geglaubt. Er wartet auf eine Entschuldigung. Die kommt aber nie. Seine Eltern ahnen noch nicht mal, dass sie Anna Unrecht getan haben. Sie spüren nicht, dass sie Anna im Stich gelassen haben. Sie spüren nicht, wie kalt und beziehungslos sie waren. Sie spüren nicht, dass sie ihr Kind gar nicht geliebt haben. *Verneblers* Rückzug ist seine Rache.

Nächste Sitzung. *Vernebler* dreht sich weg. Er will nichts. Er fühlt sich taub. Er legt sich abgewandt hin und döst.

Ich kann es nicht mehr aushalten. Ich bin genervt.

Impulsiv bitte ich ihn, aufzustehen und sich direkt mir gegenüber hinzustellen. Er steht auf, wendet sich mir zu, schaut mir direkt ins Gesicht und sagt: „Du Arschloch!"

Dann er legt sich wieder hin. Natürlich von mir abgewandt.

Ich bin verblüfft. So was hat er noch nie gemacht. Ich habe einen Fehler gemacht, das ist klar. Ich habe blind reagiert. Ich habe mich von meinem Ärger überrollen lassen. Ich hätte ihm nicht sagen dürfen, was er tun soll. Aber es ist mit mir durchgegangen. Ich habe es einfach nicht mehr ausgehalten. So sollte es nicht sein. Aber es war so. Eigentlich bin ich froh um Verneblers deftige Antwort. Vernebler hat mir klare Grenzen gesetzt. Das ist gut. Eigentlich eine gesunde Reaktion.

Nächste Sitzung. *Vernebler* legt sich hin, seitlich von mir weggedreht. Nichts passiert. *Vernebler* schweigt. Vielleicht schläft er auch.

Ich spüre, ich bin an meiner Grenze. Ich bin es schon eine ganze Weile. Ich mache Fehler. Ich halte das nicht mehr aus. Ich kann die Not von Annas

Kind und das gleichzeitige Desinteresse von Vernebler nicht mehr ertragen.
Ich kann meine eigene Ohnmacht nicht mehr aushalten.

Mitten in der Sitzung bitte ich Anna, sich auf den Ausgangsplatz mir gegenüber zu setzen. Ich sage, dass ich ihr etwas von mir persönlich sagen müsse. Ich sage, dass ich an meine Grenzen komme und meine Gefühle von Ohnmacht und manchmal auch Wut und Frustration so groß seien, dass ich nicht wisse, ob ich mit ihr noch weiterarbeiten könne. Ich sage, dass mir klar sei, dass sie selbst auch nichts anderes tun könne und ich ihr keinen Vorwurf mache. Meine Gefühle seien aber so stark, dass ich sie ihr mitteilen wolle.

Anna ist schockiert. Sie spürt zwar, dass ich sie nicht verurteile, aber meine Aussage macht ihr Angst. Was soll sie tun, wenn ich nicht mehr kann? Wo soll sie hingehen? Wer sonst würde so etwas mit ihr machen? Wohl niemand. Für sie gibt es zu mir keine Alternative. Ich weiß das. Trotzdem ist es, wie es ist.

Anna ist ernst. Aber sie weint nicht. Sie ist nicht im *Kind*. Auch *Verwirbler* ist nicht da. Sie schaut mich nur ernst und nachdenklich an.

Eine Lösung hat sie nicht.

Ich auch nicht.

Eine Woche später sehen wir uns wieder.

Sie sagt, sie habe nachgedacht, aber sie habe keine Lösung. Ich sage, ich wisse auch nicht, wie es weitergehen könne. Ich schlage vor, dass sie zum *Vernebler*-Platz geht, und wir schauen, wie es sich von da aus anfühlt.

Vernebler stellt sich wie gewohnt halb abgewandt hin. Nach einer Weile sagt er: „Es ist meine Absicht, mich genau so hinzustellen. Ich will keine Stellung beziehen. Ich will mich nicht *ganz* wegdrehen, da könnte man mich angreifen. Ich will mich aber auch nicht zu dir hindrehen, weil ich nichts geben will. Ich will dir noch nicht mal mein Nein geben. Ich will genau so halb abgewandt stehen. Ich ernähre mich von deiner Zuwendung. Du sollst wiedergutmachen, was andere mir angetan haben. Ich aber mache nichts. Ich warte, bis du deine Arbeit getan hast."

Ich schaue ihn an, ich sage nichts. Nach einer Weile fährt er fort: „Ich habe nur Angst, wenn ich das jetzt so ausspreche, dass ich meine Macht verliere. Vielleicht spielst du dann plötzlich nicht mehr mit. Aber vielleicht hörst du ja sowieso auf, wie ich gehört habe. Dann kann ich es ja auch sagen."

Ich bin beeindruckt. Vernebler nimmt unmittelbar Bezug auf das, was in der letzten Sitzung war. Und er nimmt Stellung dazu. Das ist unglaublich! Ich bin erleichtert.

Im Nachgespräch ist Anna gar nicht so klar, was für ein großer Schritt das eben war. *Vernebler* hat das getan, was er im besten Fall tun kann: Er erkennt seine Realität an. Er spricht aus, wie es ist. *Das* kann er tun. Nichts sonst. Und genau das hat er getan. Diese Veränderung ist auch in Annas Alltag zu spüren. In einer Mail schreibt sie mir:

Ich bin enttäuscht und wütend auf Alexander. Ich wollte auf einer Hütte im Schwarzwald einige Leute zum Käsefondue einladen. Das heißt, eigentlich war es Alexanders Idee, und ich fand sie gut. Ich dachte, er nimmt das jetzt in die Hand. Aus der Erfahrung heraus hätte das auch so sein können. Aber er tat es nicht. Und ich selbst will ja keine Verantwortung übernehmen. Ich wollte einfach, dass er es tut, aber ohne dass ich es sage.

Eigentlich ist das schon dreist von mir. Aber ich bin beleidigt und möchte von ihm bedauert werden. Er soll sich bei mir entschuldigen, dass er nicht das tat, was ich will...

5. Therapeutisches Prozessjahr

In einer weiteren Sitzung dreht sich *Vernebler* weg. Er sagt, er könne sich nicht fühlen und wolle sich nicht einlassen.

Dann sagt er, er habe die Ansprüche eines Säuglings. Man solle ihm seine Wünsche ansehen und sie erfüllen, ohne dass er darum bittet.

Er sagt, er spüre, dass er sich „nicht bewohne". Er sei ziellos. Er sei unbefriedigt über sein Abgewandtsein. Aber er wolle auch nichts ändern. Dann schaut er zum Fenster und sagt: „Ich will keine Verantwortung übernehmen. Und es ist mir egal, dass es so ist."

Ich sage: „Wenn es dir egal ist, kannst du es mir ja auch direkt ins Gesicht sagen." Nachdenklich schaut er zu mir rüber. Er dreht sich langsam frontal zu mir hin. Dann sagt er: „Hallo! Ich habe gar nicht gemerkt, dass du da bist!" Er hat Tränen in den Augen. Er ist berührt darüber, dass er mir tatsächlich „Hallo" gesagt hat, und nicht nur der Form halber. Erst jetzt spürt er, dass ich da bin.

Vernebler spürt sein Desinteresse an allem. Er spürt, dass er weggegangen ist, weil er das so will. Er dreht sich zu mir hin. Ich darf ihn so sehen. Er dehnt sich aus. Er weiß, dass er hier so sein darf. Das tut ihm gut, er entspannt sich. Er spürt ein Wohlgefühl in seinem Körper, ein feines Strömen. Er spürt, er ist sehr langsam.

Neue Bilder von Vernebler

Es folgen kleine Sequenzen aus verschiedenen Sitzungen.

In einer Sitzung steigt in *Vernebler* ein neues Bild auf:

Er sagt: „Ich bin wie ein Schlamm, der in jede Ritze dringt. Schwer und träge. Ein Schlamm, der atmet. Ich atme ein und aus. Es gibt sonst nichts. Nur atmen. Ein und aus. Wie Meereswellen, die kommen und gehen. Es ist friedlich. Gerade habe ich keine Ansprüche. Ich tue nichts. Ich denke nichts. Ich *bin* nur. Dieses Leben da draußen will ich nicht. Es interessiert mich nicht. Das ist mir alles viel zu laut und viel zu schnell. Das will ich nicht. Mir reicht es, einfach nur zu sein. So wie jetzt. Das ist gut."

„Ja", sage ich, „gerade ist es gut. Mehr willst du nicht."

Es ist eine Weile still. Dann sagt *Vernebler*: „Ich will meine Ruhe. Ich warte. Ich warte schon ein ganzes Leben. Eigentlich ist es langweilig."

In einer anderen Sitzung fühlt sich *Vernebler* wie eine Echse in der Sonne, noch steif vom Winterschlaf. Sie hat keinen Bezug zu den Menschen. Sie will von den Menschen in Ruhe gelassen werden. Die Haut der Echse ist weich. Echse zu sein ist weder angenehm noch unangenehm. Sie denkt nicht. Sie fühlt nicht. Sie ist, wie sie ist.

In einer weiteren Sitzung fühlt sich *Vernebler* wie ein Embryo. Unfertig. Nicht bereit für die Welt. Er möchte nachreifen. Die Welt ist ihm viel zu schnell. Auch Beziehungen sind ihm zu viel. Hier ist es gut. Hier muss er nichts tun. Er muss nichts geben. Und er wird in Ruhe gelassen. Zu viel Nähe kann er nicht ertragen.

Neue Sitzung: *Vernebler* fühlt sich als Puppe. Nur so hingestellt. Er ist immer nur halb. Halb will er gesehen werden, halb will er es nicht. Halb will er leben, halb will er es nicht.

Neue Sitzung: *Vernebler* sagt: „Ich bin weg. Ich bin blind. Ich bin taub. Ich bin stumm. Ich warte immer. Es ist todlangweilig. Ich schlage die Zeit tot. Es gibt nichts, was mich berührt, nichts, was ich möchte. Ich will mein Leben nicht."

Neue Sitzung: *Vernebler* liegt – jetzt mir zugewandt – auf dem Boden. Er sagt: „Ich bin froh, hier zu sein. Du bist meine Verbindung zur Welt. Es ist sehr langweilig. Aber ich kann und will nichts anderes."

Neue Sitzung: *Vernebler* schläft. Dann sagt er: „Ich habe kein Anliegen hier. Ich will mein Leben nicht ergreifen. Dass du mich hier schlafen lässt, ist das Beste, was mir passieren kann. Mehr will ich nicht."

Verneblers Haltung zur Welt hat sich nicht verändert. Was sich aber verändert hat, ist seine „Mitarbeit" in den Sitzungen – wenn man das denn so nennen kann. Vernebler ergreift sich selbst in seinem Sosein. Wie immer er sich vorfindet, er bringt es ein.

Eine „Nebenwirkung" davon ist wohl, dass die Not des Kindes in Annas Leben wieder nachgelassen hat. Anna weint nicht mehr so oft in den Vorgesprächen und sie erzählt mir, dass ihr Leben insgesamt ruhiger geworden sei. Sie würde nicht mehr so viel herumwirbeln und wäre nicht mehr so oft in Not. Sie habe sich halt viel zurückgezogen und würde in ihrer Wohnung irgendetwas rumkruschteln. Aber so wäre sie nun mal. So würde es ihr halt entsprechen.

Ich selbst habe mich in den Sitzungen ein kleines bisschen zurückgenommen. Von mir kommt nicht mehr viel Input. Ich bin zwar da und stelle den Raum zur Verfügung, aber ich strenge mich nicht mehr so an. Ich überlasse es Anna, ob sie den Raum für sich nimmt oder eben auch nicht. Ich selbst fühle mich in den Sitzungen mit ihr jetzt wieder entspannt und gebe sie gerne.

Vernebler kennt sich aus mit dem „Totsein"

In einer Sitzung erzählt Anna wie nebenbei, sie habe eine Stellenanzeige gelesen von einem speziellen Beerdigungsinstitut, das eine „ganzheitliche Begleitung" bei Todesfällen anbiete. Das sehe für sie interessant aus. Sie wolle da mal anrufen.

Als wir uns eine Woche später wiedersehen, erzählt mir Anna von dem Telefonat. Sie sagt, es wäre gut gewesen, sie habe sich wohlgefühlt und die Arbeit habe sich für sie interessant angehört. Sie hätten ein einwöchiges Praktikum vereinbart.

Im Praktikum zeigt sich, dass Anna einen ungezwungenen und natürlichen Umgang hat mit verstorbenen Menschen. Sie machen ihr keine Angst, sie ekelt sich nicht. Sie ist mit ihnen ganz einfach, praktisch, unprätentiös. Sie erzählt mir, wie sie einen Verstorbenen gewaschen und ihm seine Lieblingskleider angezogen habe. Dann wäre da noch ein Schlauch gewesen, vom Krankenhaus, den habe sie noch entfernen müssen. Dann habe sie den Verstorbenen aufgebahrt und schön gemacht für die Angehörigen.

Ich wundere mich über die Selbstverständlichkeit, mit der sie über diese ungewöhnliche Arbeit spricht. Das sage ich ihr.

Sie antwortet: „Für mich ist das ganz natürlich. Wenn ich einen Verstorbenen sehe, denke ich, der hat es geschafft. Ich fühle mich ihm nah. Ich kann sein Totsein gut verstehen. Ich habe keine Auflehnung gegen den Tod. Gerne mache ich es schön für ihn. Irgendwie finde ich es berührend, wie die Verstorbenen so ruhig daliegen. Ich kann sie noch spüren. Sie sind noch nicht ganz weg. Ich denke darüber nach, was sie wohl für ein Leben gelebt haben. Jetzt ist es friedlich. Das finde ich schön."

Mich beeindruckt Annas Bericht. So habe ich noch nie jemanden über Verstorbene sprechen hören. Ich kann ihren natürlichen Umgang mit ihnen richtig spüren. Vernebler muss sich ihnen verwandt fühlen. Die frisch Verstorbenen haben ihr Leben gerade hinter sich gelassen. Und Vernebler ist in seinem Leben nie wirklich angekommen. So sind sie sich irgendwie ähnlich. Sie sind beide in einer Art „Zwischenreich". Vernebler ist noch nicht wirklich da und die frisch Verstorbenen sind nicht mehr wirklich da. Vernebler ist in diesem Zwischenreich zu Hause. Er kann gut mit den Verstorbenen umgehen. Wenn ich mir das so vergegenwärtige, verstehe ich, warum Anna eine Anziehung zu dieser Arbeit verspürt.

Anna muss nicht lange überlegen. Sie will diese Arbeit tun. Weder wirbelt sie rum, noch übernimmt das hilflose *Kind*. Es scheint *Verneblers* Entscheidung zu sein. Auch für die Chefin des Beerdigungsinstituts ist klar, dass sie Anna als Mitarbeiterin haben will.
Die ersten sechs Monate im Beerdigungsinstitut bestehen aus der Anlernzeit. Anna begleitet währenddessen die Chefin, Andrea, bei all ihren Tätigkeiten. Anna ist bei Angehörigengesprächen dabei, sie hilft, Verstorbene abzuholen, sie lernt die Formalien mit den Behörden kennen, das Gestalten der Traueranzeigen, die Vorbereitungen der Trauerfeier und noch einiges mehr.
Da Anna zeitlich sehr beansprucht ist, sehen wir uns jetzt nur noch 14-täglich. Das fühlt sich für Anna aber auch unabhängig von ihrer neu-

en Arbeitsstelle gut und richtig an. Sie meint, ihr Leben sei schon besser geworden und sie brauche mich nicht mehr so oft wie früher.

6. Therapeutisches Prozessjahr

Zwischen den Welten

In einer Sitzung begrüßt mich *Vernebler* als Erster. Er sagt: „Hallo. Ich fühle mich verkrüppelt, aber ich bin da."
Die Sonne scheint ins Zimmer.
Er sagt: „Ich leg mich in die Sonne, da kann ich es am besten aushalten."
Er legt sich auf den Teppich.
Dann sagt er: „Ich habe mit dem Leben eigentlich nichts zu tun. Ich lebe zwischen den Welten, wie die frisch Verstorbenen. Deswegen komme ich mit denen gut klar. Ich versteh die."
Die erste Zeit am neuen Arbeitsplatz ist hart. Die neuen Kolleginnen und Kollegen sind zwar nett und Anna fühlt sich freundlich aufgenommen. Aber die Arbeit selbst ist sehr anstrengend. Nicht *was* sie tun muss, sondern *wie viel* sie tun muss! Anna ist jeden Tag viele Stunden auf den Beinen. Am schlimmsten aber ist für sie, dass sie die ganze Zeit neben Andrea sein muss. Immer ist jemand da. Immer ist sie unter Beobachtung. Das ist ihr zu viel! Sie will mit niemandem jeden Tag so viele Stunden zusammen sein müssen!
Aber es hilft nichts. Wenn sie die Arbeit tun will, muss sie da durch. Es beginnt eine harte Zeit.
Schritt für Schritt arbeitet sich Anna in das neue Arbeitsfeld ein. Der Computer macht ihr zu schaffen. Sie muss sich in ein neues Programm einarbeiten und die auszufüllenden Formulare sind knifflig. Leicht passieren ihr Fehler. Aber genau das darf eigentlich nicht sein!
Anna ist langsam. Sie nimmt Neues nicht leicht auf und vergisst manchmal schon Gelerntes. Es ist mühsam. Zudem ist Andrea überkorrekt, wie Anna findet, und sie redet ihr bei jeder Kleinigkeit rein.

Nur ganz langsam geht es etwas besser. Aber es braucht Geduld von allen Seiten.

Nur die Todesfälle selbst sind für Anna kein Problem. Und das, obwohl das Beerdigungsinstitut auch viele jung Verstorbene mit ihren Angehörigen zu betreuen hat. Ich selbst bin erschüttert über einige dieser tragischen Tode, von denen sie mir erzählt.

Anna aber ist gelassen. Auch wenn junge Erwachsene oder sogar Kinder verstorben sind. Sie sind ihr nicht gleichgültig, nein, das nicht. Sie spricht immer mit Anteilnahme von ihnen. Aber sie ist nicht erschüttert über deren Tod. Sie sagt, sie finde Totsein nicht so eine schlechte Alternative zum Leben.

Die Vorgespräche nehmen jetzt viel Zeit ein. Es geht fast immer um die Arbeit. Anna will darüber sprechen. Sie spricht nicht wirklich über Schwierigkeiten, sie beklagt sich nicht. Mir scheint eher, dass Anna durch das Erzählen „verdaut", was sie erlebt.

Rechtschaffen müde

Vernebler ist in den Sitzungen jetzt oft einfach müde – „rechtschaffen müde", wie er sagt. Er hat jeweils einen Tag voll strenger, auch körperlicher Arbeit hinter sich. Er legt sich hin, schließt die Augen und sagt beispielsweise: „Es ist gut, zur Ruhe zu kommen. Ich brauche das. Mit den Menschen wird es mir schnell zu viel."

Sein Groll und sein Beleidigtsein sind für mich nicht mehr zu spüren.

Ein anderes Mal begrüßt mich *Vernebler*: „Hallo, Gabrielle! Ich spüre, ich bin weit weg. Aber ich will dir Hallo sagen." Er setzt sich mir zugewandt hin. Er hat sich den Sessel vom Ausgangsplatz in seine Ecke geholt. Er schaut mich eine Weile an, dann schaut er auf den Boden. „Es ist in Ordnung so. Mehr Kontakt will ich nicht. So ist es gut." Dann schweigt er den Rest unserer gemeinsamen Zeit.

Dann, ein anderes Mal: „Ich bin müde. Anna irrt so orientierungslos durchs Leben. Ich mag die Toten. Ich mag dieses Zwischenreich, so kurz nach dem Tod. Und ich mag auch, dass die Toten still sind." Nach einer Weile sagt er: „Ich fühle mich fast zufrieden."

Inzwischen darf Anna selbstständig arbeiten und ist nicht mehr oft mit ihrer Chefin zusammen. Das tut ihr gut. Es ist wichtig für sie, in ihrem eigenen Rhythmus und auf ihre eigene Art arbeiten zu können. Das Team ist weiterhin sehr angenehm. Jeder hilft dem anderen, wenn es gerade mal eng ist. In den wöchentlichen Meetings werden nicht nur arbeitsspezifische Themen besprochen, sondern durchaus auch mal persönliche Dinge mitgeteilt. Das schätzt Anna sehr. Eigentlich macht sie ihre Arbeit jetzt gerne. Nur wenn zu viel auf einmal gefordert ist, gerät sie in Stress und ist überfordert. Sie fühlt sich dann wie gelähmt. Sie spürt dann das *Kind* und muss manchmal weinen. Glücklicherweise ist dies an diesem Arbeitsplatz möglich, ohne dass sie schief angeschaut wird.

In einem Mitarbeitergespräch äußert die Chefin ihre große Zufriedenheit mit Anna. Sie sagt, Anna habe eine wahre Gabe, mit den Verstorbenen und ihren Angehörigen umzugehen. Sie sei mitfühlend, stelle einen warmen Kontakt her und halte doch eine angemessene professionelle Distanz. Das wäre genau das, was von den Mitarbeiterinnen und Mitarbeitern gebraucht werde. Sie sei sehr glücklich, Anna in ihrem Team zu haben!

7. Therapeutisches Prozessjahr

Schlafen ist eine der schönsten Tätigkeiten

Ein weiteres Jahr ist vergangen. Irgendwie ist viel passiert in dieser Zeit, aber irgendwie auch fast nichts. *Vernebler* ist nach wie vor zurückgezogen und findet „Schlafen" eine der schönsten „Tätigkeiten" des Lebens. Am liebsten tut er nichts. In der Sonne liegen, das findet er schön. Aber viel mehr muss es für ihn nicht sein. Doch sein Wegsein hat abgenommen. Es gibt konkrete Bezugnahmen auf das Leben.

Neulich, als sie zwei Wochen inklusive Wochenenddienst durcharbeiten sollte, hat Anna der Chefin gesagt, dass ihr das zu viel sei. Diese zögerte, denn es war für sie schwierig, eine andere Lösung zu finden.

Aber schließlich bewerkstelligte sie es, Anna einen freien Tag zu geben in dieser Zeit.

In der Sitzung sagt *Vernebler*: „Es war komisch. Es war mir zu viel, so lange am Stück zu arbeiten, und ich habe was gesagt! Das tue ich ja sonst nie. Es fühlte sich schwierig an. Erstaunlicherweise aber bekam ich dann tatsächlich einen Tag Pause! Das hätte ich gar nicht gedacht. Komisch. Ich wusste gar nicht, dass man was sagen kann und dass das was nützt!"

Vernebler legt sich in den Sitzungen meist hin. Er sagt, er brauche viel Zeit für sich. Menschen sind für ihn anstrengend. Laute Menschen und Menschenansammlungen sind ihm zu viel. Ab und zu jemanden zu treffen ist in Ordnung. Mehr aber nicht. Und zu lange sollte es auch nicht gehen.

Das *Kind* ist jetzt nicht mehr so oft im Stress. Anna sagt, sie glaube, es gehe dem *Kind* meist gut. Diese Überforderungsanfälle habe sie nicht mehr oft. Auch *Verwirbler* gibt es noch. Er ist nach wie vor viel am „Organisieren". Vor allem in Entscheidungssituationen tritt er in Erscheinung. Aber Anna ist entspannter damit. Von langen Kleiderumtauschaktionen und Ähnlichem höre ich nichts mehr.

Wie eine Qualle im Meer

Weitere Momentaufnahmen von *Vernebler*. Er sagt:

„Ich bin gerne alleine. Ich spüre mich. Ich bin entspannt. Es passiert nichts Besonderes."

„Ich sehe die Menschen und die Welt wie die Alpen im Schwarzwald: weit entfernt am Horizont. Es interessiert mich nicht, näher zu gehen. Es ist gut, dass sie so weit weg sind."

„Ich fühle mich fremd hier auf der Welt.

Ich habe dieses Leben nicht ergriffen. Ich habe keine Gefühle, denn ich beziehe mich nicht auf die Menschen und Dinge hier."

„Ich will hier sein. Aber ich will nichts tun."

„Ich will wie ein Baby einfach nur sein."

„Ich will nicht mitspielen."

„Ich bin stur und unflexibel."

„Ich will *da* sein. Vielleicht nicht in der normalen Welt, aber *da*."

„Ich bin langsam. Sehr langsam."

„Ich spüre mein Gewicht."

„Ich vegetiere vor mich hin. Ich will keine Verantwortung übernehmen."

„Ich fühle mich wie ein Koloss: fett, verunstaltet, faul. Nichts interessiert mich. Erstaunlicherweise ist es angenehm, mich so zu fühlen."

„Ich bin wie eine Qualle im Meer und lebe so vor mich hin. Mal werde ich hierhin geschwemmt und mal dorthin. Ich selbst trage nichts dazu bei. Gerade bin ich aber nicht resigniert. Ich finde das ganz in Ordnung so."

„Ich fühle viele kleine zarte weiße Würzelchen von mir zu Anna wachsen. Kennst du das von jungen Pflänzchen, die man eintopft? Ich bin nicht mehr isoliert von ihr. Das tut gut."

In Annas Leben ist jetzt nicht einfach alles gut. Sie ist noch immer „behindert", Vernebler will noch immer keine Verantwortung übernehmen und kaum etwas aktiv beitragen zu diesem Leben. Und doch ist er da. Er weiß um sich und er lässt sich in sich selbst nieder. Anna spürt ihn. Sie weiß: Ich bin Vernebler.

Annas Start in dieses Leben war dramatisch. Vernebler ist in gewisser Weise noch immer dieses Frühchen. Vielleicht besteht der einzig zentrale Unterschied in dem Umstand, dass Anna sich heute darin spürt und annimmt. Sie ist sich selbst näher. Sie spürt die „andere Hälfte".

Im Erstgespräch hatte sie gesagt: „Ich bin nur halb da". Da wusste sie noch nichts von Vernebler. Jetzt ist Vernebler da. Vielleicht nicht so, wie sie ihn gerne hätte. Er ist nicht an der Quelle. Aber er ist da.

Anna kann ihn spüren. Nur „halb" ist sie nicht mehr.

Anna nimmt auch heute noch Sitzungen bei mir.

Was der Prozess noch für Wendungen nimmt und wie lange er noch andauern wird, wird man sehen. Anna – also Vernebler – bestimmt es.

Essentials 1

Man kann sein Verborgenes Ich nicht loswerden

Oberflächlich betrachtet, könnte man sagen, es passiert in Annas Prozess eigentlich die ganze Zeit nichts. *Vernebler* ist am Anfang des Prozesses nicht da und auch sieben Jahre später will er sein Leben nicht aktiv gestalten. Das sieht nicht nach großer Veränderung aus. Ist aber trotzdem etwas anders geworden? Was für eine Wandlung hat Anna in diesen Jahren durchgemacht?

Anna nimmt sich selbst zu Beginn des Prozesses vor allem als *Kind* wahr. Sie spürt ihre Not, ihre Hilflosigkeit, ihre Überforderung. Wenn sie „Ich" sagt, meint sie eigentlich das *Kind*. Sie sagt: *„Ich bin überfordert. Ich strenge mich immer so an."* Es ist das *Kind*, das sich so fühlt.

Von *Vernebler* hat Anna zwar auch schon von Beginn an eine Wahrnehmung, aber diesen Anteil fühlt sie nicht als „Ich". Er ist ihr fremd und sie will mit ihm nichts zu tun haben. Am liebsten würde sie ihn irgendwie loswerden.

Nun, das geht nicht. Diese Erfahrung hat Anna gemacht, schon bevor sie zu mir kommt. Man kann keine *Person* loswerden und schon gar nicht kann man sein *Verborgenes Ich* loswerden. Das ist aber auch nicht nötig. Wir machen nun das Gegenteil von „loswerden": Wir wenden uns *Vernebler* zu. Ich gebe ihm meine ganze Aufmerksamkeit. Egal, was er tut, egal, was er nicht tut, ich wende mich ihm zu. Anna erlebt sich dadurch in ihm. Immer wieder.

Sie spürt: Auch das bin *ich*. Und eigentlich fühlt es sich gar nicht schlecht an, *Vernebler* zu sein, auch wenn das vielleicht niemand verstehen kann. *Vernebler* selbst verurteilt sich nicht. Bemerkenswerterweise verurteilt sich das *Verborgene Ich* nie. Es empfindet seine Haltung gegenüber den Menschen und der Welt ja als vollkommen angemessen.

Anna fühlt sich mehr als Vernebler

Über die Jahre findet bei Anna also eine sehr langsame Verschiebung des *Ich-Fokus* vom *Kind* hin zu *Vernebler* statt. Ihr Ich-Gefühl wird mehr von *Vernebler* bestimmt und weniger vom *Kind*. Das hat weitreichende Folgen: Anna wird abgegrenzter, zurückgezogener, ruhiger – alles Attribute von *Vernebler*. Und sie fühlt sich weniger als Opfer. Das *Kind* ist nicht so mächtig wie das *Verborgene Ich*. Das *Kind* ist Opfer. Fühlt sich Anna überwiegend im *Kind*, möchte sie immer etwas anderes als das, was in ihrem Leben tatsächlich passiert. Denn das bestimmt *Vernebler*. Das ist frustrierend und zermürbend. Spürt sich Anna aber zunehmend in *Vernebler*, spürt sie: *Ich* will wenig Kontakte. Sie versucht also nicht mehr alle möglichen Kontakte herzustellen, während sie sich gleichzeitig dabei sabotiert. In *Vernebler* spürt sie: *Ich* bin langsam und *ich* will mir für die Dinge Zeit lassen. Ist ihr *Ich-Fokus* in *Vernebler*, versucht sie nicht gleichzeitig schnell zu sein, um dann doch langsam zu sein.

Die Verschiebung des *Ich-Fokus* ist wohl zu unterscheiden vom Wechsel des *Ich-Fokus* (vgl. Seite 20 und 38). Ein Wechsel des *Ich-Fokus* ist situativ und schnell. Anna kann eine Situation willkürlich von *Vernebler*, von *Verwirbler* oder vom *Kind* aus betrachten. Der Wechsel des *Ich-Fokus* ändert aber nichts an der grundsätzlichen Identifikation. Das ist bei der Verschiebung des *Ich-Fokus* anders.

Die Verschiebung des *Ich-Fokus* hin zum *Verborgenen Ich* hat eine beruhigende Wirkung auf den ganzen Menschen, also auch auf das *Kind* und den *Verwirbler*. Annas Fühlen entspricht zunehmend der Art und Weise, wie sie sich auch äußerlich verhält. Sie wird „kongruent" mit sich selbst. Das ist die *eine* Bewegung, die wir in Annas Prozess sehen können.

Vernebler wandelt sich

Die andere Bewegung ist der Wandel des *Verborgenen Ich* selbst. Obwohl *Vernebler* sich nie anstrengt, obwohl ich ihn nie dazu anhalte, sich zu verändern, findet über die Jahre ein tiefgreifender Wandel statt. Ich möchte diesen Wandel von *Vernebler* mit Aussagen, die er über die Jahre gemacht hat, dokumentieren:

1. Jahr: Mich gibt es nicht. Es ist weiß und leer. Ich bin im Nebel. Ich will in Ruhe gelassen werden. Mich gibt es gar nicht.

2. Jahr: Ich kann meine Abwesenheit fühlen. Ich bin gar nicht da. Ich will nicht in dieser Welt sein. Ich fühle nichts. Ich will nicht sprechen. Ich fühle mich wie eine leere Plastiktüte im Meer.

3. Jahr: Ich schlafe. Ich warte. Ich weiß aber nicht worauf. Ich will dir keine Mail schreiben.

Ich will dir nicht „Hallo" sagen. Ich will nicht mit Menschen sprechen. Ich spüre mein Nicht-Wollen. Ich fühle mich wie ein Stück Holz auf dem Meer.

4. Jahr: Ich bin beleidigt. Eigentlich will ich geliebt werden! Ich will, dass du siehst, dass mir Unrecht getan wurde. Ich bestrafe dich für das Leid, das mir angetan wurde. Ich bin wie eine Made im Speck und ernähre mich von deiner Zuwendung! Ich will keine Verantwortung übernehmen. Ich habe die Ansprüche eines Säuglings. Ich will nichts geben. Ich bin trotzig.

5. Jahr: Ich spüre ein feines Strömen in mir. Ich bin ein atmender Schlamm. Es ist friedlich.

Nur einatmen und wieder ausatmen. Sonst nichts. Die Welt draußen ist mir viel zu schnell und viel zu laut. Ich fühle mich wie eine Echse, die in der Sonne liegt. Ich habe keinen Bezug zu den Menschen. Ich warte immer. Es ist todlangweilig. Es gibt nichts, was mich berührt, nichts, was ich möchte. Ich habe kein Anliegen hier.

6. Jahr: Ich lebe in einem Zwischenreich. Ich fühle mich verkrüppelt, aber ich bin da. Ich lebe in einem Zwischenreich wie die frisch Verstorbenen. Ich mag, dass die Toten still sind. Ich bin rechtschaffen müde. Ich will dir „Hallo" sagen. Mehr aber nicht.

7. Jahr: Ich bin fremd in dieser Welt. Ich bin gerne alleine. Ich spüre mich. Es passiert nichts Besonderes. Ich sehe die Menschen weit weg, wie die

Alpen am Horizont. Es interessiert mich nicht, näher zu gehen. Ich bin wie eine Qualle im Meer und lebe so vor mich hin. Mal werde ich hierhin geschwemmt, mal dorthin. Ich finde das in Ordnung so. Ich fühle viele kleine Würzelchen von mir zu Anna wachsen. Ich bin nicht mehr isoliert von ihr. Ich bin langsam.

Vernebler gewinnt ein Ich-Gefühl

Zunächst also spürt sich *Vernebler* als „nichts". Dann spürt er, dass er schon jemand ist, aber jemand, der weg ist, keine Substanz hat, wie eine leere Plastiktüte im Meer. Dann spürt er, dass er nicht sprechen will und nur wartet. Dann ist er beleidigt und will mich bestrafen für das Unrecht, das ihm angetan wurde. Er spürt, er will keine Verantwortung übernehmen. Dann spürt sich *Vernebler* als atmender Schlamm. Dann wie eine Echse, friedlich, alleine ruhend in der Sonne. Dann fühlt sich *Vernebler* verkrüppelt, aber da. Für ihn sind die Menschen weit weg, er sucht sie nicht, er braucht sie nicht. Die Verbindung zu den anderen in Anna aber spürt er.

Vernebler gewinnt in diesem Prozess immer weiter an Substanz. Er bekommt überhaupt erst ein Ich-Gefühl. Das zeigt sich auch an seinen Bildern. Sie entwickeln sich von einer substanzlosen Materie (Plastiktüte) über ein organisches Material (ein Stück Holz), hin zu einem Lebewesen (Echse beziehungsweise Qualle). Zwar ist eine Qualle noch kein Mensch. Aber im Vergleich zu „Plastiktüte" ist in den darauffolgenden Bildern schon sehr viel mehr Leben, sehr viel mehr Gefühl für: *Ich bin da*.

Dieses lebendigere Dasein ist auch an Annas Berufswechsel abzulesen. Sie hat mit ihrem neuen Beruf eine Möglichkeit gefunden, ihre ganz spezielle *Vernebler*-Konstellation in eine Erwerbstätigkeit umzusetzen.

So etwas hätte ich mir nie ausdenken können! Sie hat tatsächlich eine Möglichkeit gefunden, ihr Wegsein im *Vernebler* für sich selbst und die Menschen hilfreich einzusetzen. Ihr unbeschwerter Umgang mit dem Tod, ihre Wahrnehmung des „Zwischenreichs" machen es ihr leicht, die frisch Verstorbenen liebevoll zu umsorgen und den Angehörigen eine einfühlsame und professionelle Gesprächspartnerin zu sein. *Vernebler* kommt also in ihrem Beruf vor. Es ist sein Wille, es ist der Wille von Annas *Verborgenem Ich*, das zu tun. Das befriedigt. Das macht satt.

Soweit bin ich mit Anna bis jetzt gekommen. Es wird sich zeigen, wie es weitergeht. Schon bis hierhin finde ich ihren Prozess beeindruckend. *Vernebler* hat nie das Gefühl, sich zu verändern, und doch geschieht Wesentliches. Es gibt diese langsame, fast unmerkliche Wandlung. Eigentlich ist sie fast nur im Rückblick zu erkennen.

Anna ist vor allem „weg". Ihr Weg besteht aus dem Zurückkommen. Das hat wahrscheinlich mit ihrem ganz frühen Trauma zu tun. Noch heute ist *Vernebler* zu weit weg, um überhaupt gegenüber Menschen Gefühle zu haben.

Ich fasse zusammen: In Annas Prozess lassen sich zwei substanzielle Bewegungen gut ablesen: Zum einen die langsame Verschiebung des *Ich-Fokus* vom *Kind* hin zum *Vernebler*. Und zum anderen das Tiefersinken in *Vernebler*. Schicht um Schicht „erobert" er sich zurück. Er spürt immer mehr, wer und wie er ist.

Interessanterweise ist das nicht nur für *Vernebler* selbst entspannend, sondern auch für das *Kind*. Anna hat durch ihre Wahrnehmung von *Vernebler* mehr Orientierung, sie hat mehr Boden gewonnen. Das beruhigt die Ängste des *Kindes* und das Gefühl der Überforderung weicht.

Die Resignation des Verborgenen Ich

Annas Prozess ist wenig trickreich. Ihr *Verborgenes Ich* ist wenig getarnt. Schon in der zweiten Sitzung habe ich *Vernebler* aufsuchen können. Das ist enorm. In vielen Prozessen brauche ich bis zur ersten Begegnung mit dem *Verborgenen Ich* Jahre.

Das heißt allerdings nicht, dass Annas Prozess deswegen schneller abläuft. Jeder Prozess ist letztlich zäh und langwierig. Ich habe es noch nie anders erlebt.

Das *Verborgene Ich* ist auf Schutz spezialisiert. Es wird ihn niemals einfach so, nur wegen eines „dahergelaufenen Therapeuten" ablegen. Es braucht Zeit. Es braucht so viel Zeit, dass Zeit gar keine Rolle mehr zu spielen scheint. Das *Verborgene Ich* hat abgeschlossen mit der Welt und den Menschen. Es hat nichts zu verlieren. Seine Resignation ist so tief, dass es gar keine Hilfe mehr will. Das ist die eigentliche Schwierigkeit. Die dem Prozess zugrunde liegende, tiefe Resignation des *Verborgenen Ich* macht den Prozess so zäh. Diese Resignation führt dazu, dass sich die Menschen nicht wirklich satt fühlen in ihrem Leben, dass sie nicht wirklich das Leben leben, das sie tief innen als wahr empfinden. Diese tiefsitzende Resignation aufzuweichen, ist das zentrale Anliegen meiner Arbeit.

Der „Job" der Alltagspersonen im Vorderen Raum

Doch auch wenn jeder längere Prozess auf das *Verborgene Ich* und seine Schutzschichten zuläuft, ist die Arbeit mit den *Alltagspersonen* des *Vorderen Raums* nicht unwichtig. Auch sie machen einen wichtigen „Job" im Leben dieses Menschen, und den möchte ich gerne würdigen.

In den hier beschriebenen Prozessen ist mir das bei Caro am besten gelungen. Bei Anna war das schwieriger. In ihrem *Vorderen Raum* fand ich nur das *Kind* und den *Verwirbler* – wobei Annas „Personal" damit nicht vollständig erfasst ist. In späteren Sitzungen, die in dieser Dokumentation nicht mehr beschrieben sind, taucht noch die *Frau* im *Vorderen Raum* auf. Sie kann gut zuhören und bezieht sich einfühlsam auf die Menschen. Eigentlich wird erst durch die *Frau* verständlich, wie Anna sowohl in ihrer Arbeit mit den Angehörigen der Verstorbenen als auch mit ihren Freundinnen tiefe und berührende Begegnungen haben kann. Das kann weder von *Vernebler* noch von *Verwirbler* noch vom *Kind* ausgehen. Lange Zeit aber habe ich die *Frau* nicht erkannt.

Trotzdem läuft Annas Prozess grundsätzlich auf *Vernebler*, ihr *Verborgenes Ich*, zu. Dem bin ich gefolgt und dem folge ich auch heute noch.

Doch auch bei Niels, dem dritten hier in diesem Buch beschriebenen therapeutischen Prozess, habe ich nicht viel Zeit mit den *Personen* des *Vorderen Raums* verbracht. Sein „Personal" besteht vor allem aus dem *Lieben Niels,* und den habe ich kein einziges Mal in einer *Direkten Begegnung* aufgesucht! Das hätte man sicher besser machen können. In den späteren Phasen des Prozesses hat es sich dann allerdings nicht mehr angeboten. Es war einfach klar, dass es um sein *Verborgenes Ich,* um *Vorstopper,* geht und dass sein tiefer Wille nicht beim *Lieben Niels* zu finden ist. Der muss nur die Situation außen „übernehmen", wenn sich *Vorstopper* zurückzieht. Und das war fast immer der Fall.

Das Verborgene Ich taucht ab, wenn es heikel wird

In heiklen Situationen taucht das *Verborgene Ich* meist ab und überlässt das Handeln und Reagieren den *Personen* des *Vorderen Raums,* oft dem *Kind.* Das ist nicht schön, denn das *Kind* ist davon überfordert, das *Kind* kommt dadurch in Not.

Bei Niels übernimmt der *Liebe Niels.* Das ist zwar kein *Kind,* aber es ist eine freundliche *Person* des *Vorderen Raums.* Er will es allen recht machen, er möchte gemocht werden. So macht der *Liebe Niels* immer wieder Versprechungen und Zusagen, die er dann aber nicht halten kann. *Vorstopper will* sie nicht einhalten, und dieser ist mächtiger. Das bringt den *Lieben Niels* dann in Schwierigkeiten.

Wir können uns fragen, warum das so geschieht, wenn es uns doch immer wieder in Schwierigkeiten bringt.

Ich vermute, dass wir in unserer Kindheit mit den *Personen* des *Vorderen Raums* unsere Eltern milde stimmen konnten. Wir sind mit den *Personen* des *Vorderen Raums* dem direkten Machtkampf ausgewichen. Wir waren klein und wir waren abhängig. Wir konnten es uns nicht leisten, dass sie uns „rauswerfen" oder uns die Liebe und Zuwendung entziehen. Wir versuchten auf die eine oder andere Art, uns dem Umfeld anzupassen, das wir vorgefunden hatten. Wir fingen an, uns zu „verbiegen".

Als kleines Kind war das allerdings noch nicht möglich. Wir hatten noch nicht die Kraft, uns anders zu machen, als wir sind. Unser *Ich* hatte sich noch nicht *verborgen*. Es wird seine Bedürfnisse damals noch lautstark geäußert haben: mit Worten, mit Schreien, mit impulsiven Handlungen. (Außer wenn es so schwer und früh traumatisiert worden ist wie im Falle von Anna.)

Früher oder später macht das *Ich* dann aber die Erfahrung, dass sein Verhalten nicht zu dem führt, was es eigentlich will. Vielleicht erlebt es Gewalt oder es erfährt, dass sich die Eltern von ihm abwenden. Für das Kind ist das eine existenzielle Bedrohung. Allmählich *lernt* es, dass es besser ist, seine Bedürfnisse und seinen Willen nicht direkt zu zeigen. Es *lernt*, dass es besser ist, sein eigentliches Sein zu verbergen.

So umgibt sich das *Ich* mit Schutzschichten und Reaktionshaltungen, hinter denen es sich auch noch Jahrzehnte später verbirgt. Es lernt, sich zu verbiegen und zu verstecken. Es entwickelt sich zum *Verborgenen Ich*. Diesem „Verbiegen und Verstecken" begegne ich dann im Prozess in Form von *Reaktionsschichten*. Ich begegne ihnen in umgekehrter Reihenfolge zu ihrer Entstehung. Der zuletzt entstandenen *Reaktionsschicht* begegne ich also als Erstes.

Die Personen des Vorderen Raums verdecken das Verborgene Ich

Zu all dem kommt hinzu, dass die *Personen* des *Vorderen Raums* das *Verborgene Ich* verdecken. Der Schutz ist also doppelt abgesichert: Zum einen durch die *Reaktionsschichten* des *Verborgenen Ich* selbst und zum anderen durch die *Personen* des *Vorderen Raums*, die das *Verborgene Ich* von der Außenwelt komplett abzuschirmen vermögen!

Was unseren Schutz angeht, haben wir also ganze Arbeit geleistet. Das war auch gut so, so haben wir zumindest überlebt. Und ohne Überleben wären wir nicht hier und könnten uns auch nicht um unser Heilwerden kümmern.

Normalerweise besteht der Überlebensmechanismus ein Leben lang fort.

Wie wir es in unserer Kindheit gelernt haben, schonen wir auf die eine oder andere Art unsere Gegenüber und verbiegen uns in unserem Tiefsten. Wir verlieren den direkten Zugang zu unserem eigentlichen *Ich* und wissen dann nicht mehr, wer wir sind und was wir hier mit unserem Leben auf dieser Erde eigentlich wollen.

Das ist die normale Startposition, die ich bei nahezu allen Klientinnen und Klienten, die zu mir kommen, finde. Auch mir selbst ging es nicht anders, als ich damals meine ersten Sitzungen bei Artho Wittemann nahm.

Es ist uns aber so selbstverständlich, so zu sein, und wir sind zudem von Menschen umgeben, die alle auch nicht wissen, wer sie sind und was sie wollen, dass uns das gar nicht weiter auffällt. Wir leben in einer Gesellschaft, wo das Uneigentliche das Normale ist. Kaum jemandem fällt das auf, kaum jemand spricht darüber. Und das ist ja auch verständlich. Denn um es zu bemerken, müssten wir selbst *da* sein, und das ist ja gerade nicht der Fall.

Es stellt sich die Frage: Wenn das so ist, wie finden dann Menschen überhaupt zu dieser Arbeit? Und wieso bleiben sie über viele Jahre dabei?

Vielleicht gibt es in jedem von uns eine Ahnung, dass das, was wir „normalerweise" leben, nicht alles sein kann. Vielleicht ahnen wir etwas „Verborgenes", das wir kaum benennen können. So jedenfalls ging es mir selbst.

Ich möchte jetzt den zweiten therapeutischen Prozess, den von Caro, vorstellen. Ihr Prozess steht in ziemlichem Kontrast zu dem von Anna. Ihre *Alltagspersonen* sind geradezu darauf spezialisiert, andere zu täuschen und in die Irre zu führen. Wohlmeinende Therapeutinnen gehören dabei zu ihren liebsten Opfern.

Caro

„Das sind doch alles Ameisen! Und Ameisen stellen keine Fragen."
(Herrscherin)

1. Therapeutisches Prozessjahr

Caro sucht mich aufgrund einer Empfehlung ihrer langjährigen Psycho-therapeutin, Frau Breuning, auf. Frau Breuning hat das Pensionsalter er-reicht und ist im Begriff, die noch laufenden therapeutischen Prozesse ihrer Klientinnen und Klienten abzugeben.

Caro ist zu der Zeit 55 Jahre alt und arbeitet als Kunsttherapeutin in einer psychosomatischen Einrichtung. Sie hat einen erwachsenen Sohn, Tom, der bereits ausgezogen ist und selbstständig lebt. Sie ist aktuell liiert mit Rolf, den sie vor Kurzem in einem meiner Workshops kennengelernt hat.

Als Therapieziele möchte Caro ihre eingeschränkte Beziehungsfähigkeit verbessern – sie sagt, sie habe immer wieder so dramatische Beziehun-gen, die dann in einem Eklat enden – und sie möchte sich mit ihrem Schicksal aussöhnen und Frieden in sich finden.

Da Caro eine weite Anfahrt hat, vereinbaren wir, uns monatlich zu sehen und uns dafür jeweils einen ganzen Nachmittag Zeit zu nehmen für die Sitzung.

Das verschenkte Kind
Caro erzählt mir gleich in unserer ersten Sitzung von ihrer dramatischen Kindheit:

Sie hat einen Halbbruder, Ulrich, er ist elf Jahre älter. Sein Vater war deut-scher Offizier und ist im Krieg gefallen. Caros Mutter war Opernsängerin und hat an der Front für die Soldaten gesungen. Ulrich hatte sie unter-dessen in verschiedenen Kinderheimen untergebracht.

Caros Vater war Jude und Unternehmer. Er floh kurz vor dem Krieg in die Schweiz und heiratete dort eine ältere Frau. Unmittelbar nach Kriegsende kam er nach Deutschland zurück und Caros Mutter wurde seine Geliebte. Er beschloss, eine Textilfirma zu gründen, da er in der Schweiz Kontakte zu Stofflieferanten hatte. Um ihn näher an sich zu binden, wurde Caros Mutter „versehentlich" schwanger. Sie wollte ihn damit zwingen, sich von seiner Frau scheiden zu lassen. Doch die Rechnung ging nicht auf. Weder ließ er sich scheiden, noch war er bereit, mit Caros Mutter eine Familie zu gründen. Er empfand keine väterlichen oder auch nur fürsorglichen Gefühle für Caro. Doch er ließ die Mutter mit ihrem Halbbruder und ihr in der obersten Wohnung seines Hauses wohnen. Er selbst wohnte in der Wohnung darunter. Im Erdgeschoß war die Näherei, die ihre Mutter leitete. Der Vater war oft unterwegs zur Kundschaft.

Wenn die Mutter auf Opern-Tournee ging, was weiterhin häufig vorkam, überließ sie Caro ihrem halbwüchsigen Bruder, Ulrich. Er war aber ein kriegs- und heimtraumatisierter Teenager, der für Caro weder sorgen konnte noch es wollte. Stattdessen lebte er seine sadistische Neigung an dem Kind aus.

Die Mutter fühlte sich von Anfang an von Caros Existenz belästigt. Sie verurteilte Caro dafür, dass sie ihre Karriere als professionelle Sängerin zerstörte. In einem Anfall von Überdruss „schenkte" sie Caro, erst wenige Wochen alt, ihrem Halbbruder Ulrich. Sie sagte ihm einfach, er könne sie haben. So war ihm klar, er durfte mit ihr machen, was er wollte – sie gehörte ja ihm!

Mit sechs Jahren fing Caro an, das Essen zu verweigern. Sie wurde stark untergewichtig.

Caros Mutter machte es, wie sie es immer machte, wenn ein Kind Probleme machte: Sie steckte es in ein Heim. Erst drei Jahre später, mit neun Jahren, kam sie wieder zur Mutter und dem Bruder zurück.

Jetzt versuchte die Mutter, Caro loszuwerden, indem sie ihren Klassenkameradinnen heimlich kleine Geschenke dafür gab, dass sie Caro nach der Schule zu sich nach Hause mitnahmen. Caro wusste das nicht. Sie dachte, sie würde zu ihren Freundinnen spielen gehen, weil diese mit ihr spielen wollten. Tatsächlich aber wollten diese nur ein Geschenk oder ein Taschengeld.

Es wundert mich nicht, dass sich Caro unter diesen Umständen zu einem auffälligen Kind mit erheblichen sozialen Schwierigkeiten entwickelte.

Mit elf Jahren schickte ihre Mutter sie dann in ein Internat für verhaltensauffällige Kinder. Geradezu stolz erzählt mir Caro, wie sie es immer wieder schaffte, ihre Lehrer und Betreuerinnen so zur Weißglut zu bringen, dass sie dreimal aus einem Internat wieder ausgeschlossen wurde! Es scheint, als wollte sich dieses ungeliebte Kind immer wieder neu bestätigen, dass es untragbar war und weggeschoben werden musste. Wenigstens Ärger konnte sie machen! Wenigstens so musste man sich um sie kümmern! Wenn es schon keine Liebe gibt in der Welt, dann wenigstens Aufmerksamkeit!

Trotz aller Schwierigkeiten schloss Caro die Schule ab und machte eine Lehre zur Buchhalterin, die sie – geradezu erstaunlich nach dieser Geschichte – erfolgreich abschloss.

Als Caro 18 Jahre alt war, beschloss ihr Vater, dass sie jetzt heiraten sollte. Er war über siebzig und brauchte einen Nachfolger für seine Firma. Er dachte wohl, das ließe sich doch prima kombinieren und dann sei er sie endgültig los. Er fand einen „geeigneten" Mann, einen kurz vor dem Diplom stehenden BWL-Studenten. Mit ihm schloss er einen Deal: „Du heiratest Caro und dafür wirst du Prokurist in meiner Firma."

Caro hatte nichts dagegen. Nicht dass sie den ausgesuchten Mann besonders mochte, aber sie war froh, die Eltern damit los zu sein. Obwohl die Ehe nicht glücklich verlief, wurde sie mit 22 Jahren schwanger. Sie freute sich auf das Baby und war überglücklich, dieses winzige Menschenwesen bald „ganz für sich" zu haben. Doch sie war mit ihrem Baby Tom unglücklich und überfordert. Zudem konnte sie ihren Mann nicht länger ertragen. Sie floh mit Tom, er war erst wenige Woche alt, in einer Nacht-und-Nebel-Aktion zu ihrem Halbbruder und seiner Frau Elisabeth, die sie sehr mochte.

Doch auch da währte die Idylle mit dem Baby nicht lange. Caro konnte den täglichen Bedürfnissen dieses kleinen Wesens nicht gerecht werden. In ihrer Not überlegte sie sich sogar, sich selbst und das Baby umzubringen. Doch vor diesem endgültigen Schritt wollte Caro keine Möglichkeit ungenutzt lassen, vielleicht doch noch einen Weg zu finden. Sie suchte eine Beratungsstelle für alleinerziehende Mütter auf und erzählte von ihrer Überforderung. Ihr wurde nahegelegt, eine tiefenpsychologisch fundierte Psychotherapie zu beginnen.

Sie erhielt die Kontaktdaten von mehreren Therapeutinnen und Therapeuten, u. a. die von Frau Breuning. Caro nahm Kontakt mit ihr auf und eine 28 Jahre dauernde (!) therapeutische Beziehung begann.

Mit unglaublicher Geduld, Zuverlässigkeit und Freundlichkeit unterstützte Frau Breuning Caro über weite Strecken ihres Lebens. Sie half ihr, sich im äußeren Leben zu stabilisieren und für Tom Verantwortung zu übernehmen. Sie half Caro, einen geordneten Alltag aufzubauen und später, als Tom älter war, Kunsttherapie zu studieren. Sie half ihr, eine der wenigen und sehr begehrten Stellen als Kunsttherapeutin zu finden, wo Caro auch heute noch arbeitet.

So ist Caros äußeres Leben, als sie zu mir kommt, stabil und erfolgreich. Tom ist erwachsen und lebt sein eigenes, von ihr unabhängiges Leben. In der Klinik ist sie etabliert und erfüllt zuverlässig ihre Aufgaben.

Und dennoch ist Caro, wie sie sagt, starken Gefühlsschwankungen unterworfen. Sie sagt, sie fühle sich oft einsam und sei nicht glücklich, obwohl ihr Leben äußerlich gut geworden sei.

Caro spricht leicht und scheinbar ohne Hemmungen über ihre schwierige Vergangenheit. Ihre Erzählung ist eine lebendige, spannende, ja geradezu dramaturgisch aufgebaute Geschichte. Ich habe beim Zuhören jedoch ambivalente Gefühle. Ich bin zwar überzeugt davon, dass sich alles genau so ereignet hat, wie Caro es mir erzählt, aber ich bin irritiert darüber, wie versiert sie mir diese Geschichte präsentiert. Ich habe den Eindruck, dass sie mich die ganze Zeit über genau im Blick hat und ihre Erzählung auf kleinste Reaktionen von mir abstimmt.

Warum macht sie das wohl? Ich frage mich, was für eine Person in Caro gerade anwesend ist. Ich bin mir nicht sicher. Die Stimmung und ihre Gefühle änderten sich immer wieder. Sind das mehrere Personen oder ist das alles nur eine *– eine sehr vielseitige – Person?*

Ich gebe Caro eine kurze Einführung in die Methode der Arbeit: Ich erkläre, dass es bei uns Menschen verschiedene Persönlichkeitsanteile gebe, die ich *Alltagspersonen* nenne. Diesen könne man einen Platz im Raum zuweisen und ihnen da einzeln begegnen. Je nachdem also, welchen Platz sie im Raum einnehme, sei eine andere *Person* anwesend. Dabei müsse sie nicht über sich nachdenken und herauszufinden versuchen, wer sie hier sei. Sie sei einfach nur da. Vielleicht habe sie ein bestimmtes Gefühl, vielleicht auch nicht. Vielleicht wolle sie sprechen, vielleicht auch nicht. Vielleicht freue sie sich, gesehen zu werden, vielleicht sei es ihr unangenehm oder einfach nur egal. Das eine sei nicht besser als das andere.
Auf diese Weise könnten wir mit der Zeit ihr „Personal" kennenlernen und dabei immer besser verstehen, wer sie, Caro, sei.
Irgendwann würden wir dann wahrscheinlich auch noch ihrem *Verborgenen Ich* begegnen, denn auf das *Verborgene Ich* laufe jeder Prozess letztlich zu. Aber das zeige sich meist erst spät im Prozess und wäre daher im Moment nicht von Bedeutung. „Das ist schon alles, was du vorab wissen musst", beende ich meine kurze Einführung.
Caro schaut mich ratlos an. „Du kannst nichts falsch machen", ergänze ich. „Was immer passiert, ist Ausdruck einer deiner *Alltagspersonen*. Selbst wenn wir anfangs nichts verstehen, durch die Wiederholungen, die eintreten werden, werden sich allmählich festere Konturen abzeichnen. Und an diesen Konturen werden wir mit der Zeit deine *Personen* ablesen können." Caros zweifelnder Blick verrät mir, dass ich sie nicht überzeugt habe. Aber das macht nichts. Die Erfahrung wird es zeigen.

Zauberer

Ich bitte Caro, sich direkt hinter ihren Sessel zu stellen und einfach zu schauen, was passiert.

„Hallo", sage ich zur Begrüßung der anwesenden *Person*.

„Hallo!", kommt es mir sofort entgegen. Wache, schnelle Augen blicken mich an und registrieren all meine Bewegungen.

„Bist du auf der Hut?", frage ich.

„Ja, immer. Das soll man mir aber nicht ansehen."

„Ich sehe es aber trotzdem."

„Na gut."

Kurzes Schweigen. Dann frage ich:

„Ist es dir unangenehm, jetzt hier so sichtbar zu stehen?"

„Ach, es geht. Ich komme schon damit klar. Ich muss halt erst herausfinden, wie es hier so läuft."

„Du meinst, was hier erwartet wird?"

„Ja."

„Oh, das ist schwierig. Ich habe keine Vorlieben."

„Das glaub ich nicht. *Jeder* hat Vorlieben. Ich werde sie schon noch herausfinden!"

„Ach so. Dann hast du ganz Unterschiedliches im Angebot, je nachdem, was gerade passt?"

„Ja. Ich bin immer so, wie es grad gebraucht wird. Ich kontrolliere alles."

„Oh, das sind aber große Worte…"

„…um die bin ich nie verlegen!"

„So sieht's aus."

Es ist einen Moment still. Sie schaut mich an. Sie wird unruhig und fragt dann: „Und, was soll ich jetzt tun?"

„Ach, nichts Spezielles. Ich schaue halt mal, wie es mit dir so ist."

„Willst du mich etwa *kennenlernen,* wie du vorhin gesagt hast?", fragt sie mich süffisant.

„Ja, genau", antworte ich nicht minder ironisch, „das tun Therapeuten doch immer gerne."

„Oh ja, sie sind immer lieb und strengen sich sehr an", kommt die spöttische Antwort.

„...was man von dir wohl nicht unbedingt behaupten kann!", antworte ich.

„Oh doch! Ich bemühe mich schon – auf *meine* Art!"

„Okay. Allerdings wohl für was anderes als das, wofür sich die Therapeuten so anstrengen."

„Das mag sein."

Wieder ist es still.

Dann sage ich: „Eigentlich verachtest du sie..."

„Ich weiß nicht." Sie überlegt. „Ich kann sie nicht so recht ernst nehmen."

„Warum?"

„Sie sind immer so bemüht. Immer soll es *gut* werden."

„Du willst nicht, dass es *gut* wird?"

„Ich weiß nicht. *Ich* vielleicht nicht. Jemand anders in Caro schon. Sogar sehr. Es ist ein Kind. Sie möchte so gerne, dass es *endlich* gut wird. Aber sie versteht nichts von der Welt! *Ich* habe das längst aufgegeben!"

„Du machst dich lieber lustig über die, die sich anstrengen..."

„Ach je, jetzt bist du gleich beleidigt! Darf man nicht mal ein bisschen seinen Spaß haben?"

„Doch, doch. Ich hab ja nichts dagegen!"

„Dann ist ja gut."

Es ist wieder still. Dann fragt sie:

„Hast du mich jetzt *kennengelernt*?"

„Du stellst Fragen! Ich habe nicht das Gefühl, dich zu kennen, falls du das meinst!"

„Oh, schade!", entgegnet sie, „sonst hättest du mir mich mal erklären können!"

„Ach so denkst du dir das: Ich strenge mich an, dich kennenzulernen, um dir zu erklären, was ich herausfinde, während du so deine Späßchen treibst..."

„Wäre doch nicht schlecht, oder?", meint sie verschmitzt.

„Ha ja, wenn der Wirt mitspielt...", sage ich, „ich könnte mir aber vorstellen, dass du dich da verrechnest…"

„Oh, das ist aber schade…", entgegnet sie, mich ironisch anlachend.

„Du nimmst wohl niemanden ernst?"

„Oh doch! Wie kommst du drauf? Ich bin sehr ernsthaft! Nur halt immer wieder anders, wie ein Chamäleon."

„Ach so. Da kann ich mich ja schon mal auf was gefasst machen!"

„Ja, das wäre wohl besser!"

Im Nachgespräch fühlt sich Caro unwohl. Es ist ihr peinlich, was geschehen ist. Sie fürchtet, von mir verurteilt zu werden. Gleichzeitig ist sie überrascht.

Sie kann kaum glauben, wie sie sich eben verhalten hat. „War das wirklich ich?", fragt sie sich.

„So kann man doch nicht sein!", urteilt sie selbstkritisch. „Nein, so geht das nicht! Das ist keine *Person* – oder zumindest keine, die ich jemals sein möchte!"

Ich frage: „Wieso denn? Wir haben es doch ganz lustig gehabt zusammen! Sie scheint zwar ein Schlitzohr zu sein, aber sie hat niemandem wehgetan. Es wäre doch tatsächlich spannend, sie 'kennenzulernen' – auch wenn sie sich darüber lustig macht."

Caro schaut mich zweifelnd an, ihr scheint nicht ganz geheuer zu sein, was da passiert ist.

Vorläufig kann sie die Erfahrung aber einfach mal so stehen lassen, wie sie nun mal war.

Auf meine Frage hin will Caro die *Person* „Zauberer" nennen, der Verwandlungskünstler.

Mich beeindrucken die enorme Wachsamkeit und Beweglichkeit von Zauberer. Blitzschnell versucht er herauszufinden, was hier gefragt ist, was er „liefern" soll. Doch seine Offenheit hat etwas Provokatives. Mein Bemühen, ihn zu verstehen, belustigt ihn, er nimmt mich gar nicht ernst. Aber um was geht es ihm? Warum macht er das so?

Samurai-Kämpfer

In unserer nächsten Sitzung lernen wir jemand Neues kennen. Caro sagt mir im Vorgespräch, sie habe eine neue *Person* in sich entdeckt: Es sei ein Mann und er heiße *Samurai-Kämpfer*. Am liebsten wolle er gleich selbst in Erscheinung treten, ob das in Ordnung sei? Ich bejahe und Caro stellt sich leicht links hinten in den Raum. Erst ist es still. Dann eröffnet *Samurai-Kämpfer* das Gespräch:

„Hallo", sagt er.

„Hallo", antworte ich.

„Ich brauche niemanden", fährt er fort, „ich habe mich zurückgezogen. Ich bin kompromisslos. Mir geht es um Wahrheit und Verbindlichkeit. Aber das sind Werte, die in der heutigen Zeit keine Bedeutung mehr haben. Deshalb bin ich weggegangen."

„Bist du enttäuscht von den Menschen?", frage ich.

„Nein, nicht enttäuscht. Ich weiß, dass sie so sind. Sie sind Kinder. Sie können nicht anders."

„Die Menschen sind Kinder?"

„Ja. Sie sind klein und bedürftig und rennen ihren kleinen Zielen hinterher. Sie haben keinen Blick für das Große und Wesentliche."

„Dir geht es aber genau *darum*."

„Ja. Ich komme aus einer anderen Zeit. Damals war es anders."

„Wie war es da?"

„Damals war ein Wort ein Wort. Es galt, was gesagt wurde. Ich war ein Krieger. Wir konnten uns absolut aufeinander verlassen."

„Hattet ihr Feinde?"

„Ja. Es gab räuberische Banden. Die wollten unseren Frieden stören und unser Gut rauben. Aber sie kamen nicht weit. Jeder von uns hatte einen Säbel. Wenn wir einen erwischten, machten wir kurzen Prozess mit ihm."

„Ihr brachtet ihn um?"

„Ja. So jemand hat nichts anderes verdient. Bei uns gab es klare Verhältnisse. Wer die Ordnung nicht respektierte, wurde aus der Gemeinschaft ausgeschlossen. Und wer die Gemeinschaft angriff, wurde getötet."

„Was war das für eine Ordnung?"

„Die Menschen respektierten sich. Die Alten hatten das Sagen, und sie führten weise. Die Kinder wurden von allen geliebt und beschützt. Den Schwachen und Kranken wurde geholfen."

„Das hört sich ja paradiesisch an."

„Ja, aus heutiger Sicht schon. Damals war das nur normal."

„Dann muss es schwer sein für dich heute."

„Es geht. Ich habe mich daran gewöhnt. Ich lebe alleine auf einem Berg, da stört mich niemand."

„Fehlen dir die Menschen nicht?"

„Nein. Ich habe es ja anfangs gesagt: Ich brauche niemanden."

Es ist eine Weile still. Dann frage ich: „Und wie ist es jetzt, wenn ich dich besuchen komme?"

„Es ist in Ordnung. Ich habe es erlaubt, sonst wäre es nicht geschehen."

„Freut es dich oder ist es dir eher lästig?"

„Weder noch. Ich brauche nichts von dir. Aber ich habe auch nichts dagegen, wenn du mich besuchst."

„Du hast also kein Anliegen für die Therapie?"

„Ich?", er lächelt, „Nein. In meiner Welt gibt es keine Therapie und ich brauche sie nicht. Da vorne –", er deutet diffus auf den Raum vor sich, „da gibt es Probleme. Darum kannst du dich kümmern. *Ich* habe keine Probleme. Ich weiß gar nicht, was das ist."

„Das sind klare Worte."

„Ja. Ich sagte dir schon, in meiner Welt gilt das Wort."

„Gut. Wollen wir unsere Begegnung hier beenden?"

„Ja."

„Schön. Dann bedanke ich mich für die Begegnung. Tschüss."

„Tschüss."

Im Nachgespräch sagt mir Caro, dass sie den *Samurai* schon sehr lange spüre. Er habe ihr schon in ihrer Kindheit geholfen, all die schrecklichen

Situationen durchzustehen, die sie erlebt habe. Es sei eben sehr wohltuend gewesen, durch ihn zu spüren, dass sie eigentlich niemanden brauche. Es mache sie auch stolz, dass sie so ein ruhiger und edler *Samurai* sei. Diese Werte, von denen er gesprochen habe, seien wirklich auch *ihre* Werte, das könne sie spüren. Am liebsten wäre ihr eine Welt wie die, von der der Samurai gesprochen habe.

Der Samurai-Kämpfer berichtet mir von einem „vergangenen Leben", als könnte er sich tatsächlich daran erinnern. Ich verstehe sein „Erinnern" eher wie einen Traum. Er erzählt mir symbolisch von einer Situation, die etwas über ihn deutlich macht.
Ich habe den Samurai-Kämpfer in dieser Begegnung unabhängig und entschlossen erlebt, so wie er es auch selbst über sich gesagt hat.
Allerdings bin ich etwas irritiert über sein plötzliches Erscheinen und die Art, wie er mir präsentiert wurde: Caro hat die Sitzung selbst in die Hand genommen. Sie hat mir den Samurai-Kämpfer „gezeigt". Wir befanden uns nicht in einem unbekannten Raum, in dem sie selbst überrascht ist von dem, was passiert. Samurai-Kämpfer hat mir in unserer ersten Begegnung gleich alles über sich erzählt. Ich musste mir nicht die Mühe machen, im Zusammensein erst langsam zu verstehen, wer er ist.
Auch wundert mich, dass Caro unsere letzte Sitzung mit keinem Wort erwähnt. Sie verhält sich so, als hätte es diese erste und eindrückliche Sitzung mit dem Zauberer gar nicht gegeben. Warum wohl?

Medizinfrau

Bei unserer nächsten Begegnung ist Caro schon an der Eingangstür ganz aufgelöst. Sie weint bei unserer Begrüßung. Sie sagt, sie wisse auch nicht, warum das so sei. Es würde ihr in letzter Zeit oft so gehen, dass sie weinen müsse und nicht wisse warum.
Caro hat Fotos mitgebracht von ihren frühen künstlerischen Arbeiten,

die sie mir gerne zeigen will. Die Kunstobjekte zeigen eingeschnürte, graue, zerlumpte Bündel, wie eingeschnürte Babys, sie sind entsetzlich anzusehen.

Mich schaudert es.

Dann sagt Caro, sie möchte heute zu der *Medizinfrau* gehen – sie spüre, dass es diese *Person* in ihr gebe. Ich bin einverstanden.

Sie wählt sich einen Platz links hinter dem Ausgangsplatz und setzt sich auf den Boden.

Die *Medizinfrau* erzählt, sie wohne weit weg von den Menschen in einem Zelt. Caro und ihr hungerndes Baby könnten gerne zu ihr kommen, sie würde ihnen helfen.

Sie nimmt ein Kissen und hält das „verlassene Baby" in ihrem Arm und wiegt es sachte. Sie spricht leise zu ihm. Sie sagt, dass es schön sei und viele Schätze in sich trage und dass es eine ganz besondere Kraft und Intuition besitze.

Ihr laufen Tränen übers Gesicht. Immer wieder schluchzt sie. Sie scheint gleichzeitig die *Medizinfrau* und das Baby zu sein.

Die *Medizinfrau* nimmt keinerlei Notiz von mir. Sie verhält sich so, als wäre ich nicht da.

So sage auch ich nichts und gewähre nur den Raum, in dem dies stattfindet.

Die *Medizinfrau* erwähnt dann noch den *Samurai*, den sie kenne. Sie sagt, der verfolge andere Ziele, aber sie seien sich freundlich gesinnt. Dann wird sie still. Eine friedliche Ruhe breitet sich aus. Nach einer Weile sagt sie, dass es jetzt genug sei.

Caro steht auf und setzt sich wieder auf den Ausgangsplatz.

Im Nachgespräch sagt Caro, dass diese Sitzung außerordentlich wichtig für sie war. Es wäre für sie sehr heilsam gewesen, die *Medizinfrau* zu spüren. Sie wisse jetzt um einen sicheren Ort in sich und könne immer dorthin gehen, wenn sie das brauche.

Ich sage, das sei gut.

Ich denke nach. Auch jetzt in dieser Sitzung hat sich wieder alles wahr und richtig angefühlt, und doch bin ich irritiert. Alles läuft so perfekt. Auch jetzt bewegt sich Caro wieder völlig unabhängig von mir. Sie will meine Führung nicht. Sie hat die Sitzungen vom Anfang bis zum Ende selbst in der Hand. Mich erstaunt auch, dass bisher in jeder Sitzung eine neue Person aufgetaucht ist. Und außer der ersten Sitzung mit Zauberer hat sie diese auch immer gleich mit Namen und ihren Aufgabenfeldern vorgestellt.

Ja, das ist interessant: Es gibt einen Unterschied zwischen der ersten Sitzung und den darauffolgenden. In der ersten Sitzung war tatsächlich überraschend, was passierte. Das konnte sie nicht geplant haben.

Erst in den darauffolgenden Sitzungen hat Caro die Führung übernommen. Und erst von da an hatte ich das seltsame Gefühl, dass alles „perfekt" verläuft. Bei Zauberer war ich verwirrt und habe nicht verstanden, um was es eigentlich geht, aber ich hatte nicht das Gefühl, dass Caro das Geschehen kontrolliert.

Ich frage mich, ob Caro nicht vielleicht in der ersten Sitzung „gelernt" hat, wie das mit den Alltagspersonen funktioniert und sie mir seither „Personen" liefert. Das ist eine interessante Hypothese. Ich bin gespannt auf die nächste Sitzung.

Zorra

Diesmal kommt Caro quirlig und aufgedreht wie ein Teenager daher. Schon bei der Begrüßung im Vorraum zeigt sie mir stolz ihre hochhackigen Cowboystiefel mit Lederbändchen. Im Vorgespräch erzählt sie mir dann recht unvermittelt von ihren starken sexuellen Fantasien. Sie gesteht mir, wie sie sich Sexszenen mit Rolf, aber auch mit anderen Männern ausmale und sich dabei klitoral befriedige. Ob sie mit mir darüber sprechen dürfe?

Ich antworte: „Ja, können wir gerne. Wenn du magst, können wir aber auch gleich zu *der Person* gehen, die das angeht!" Sichtbar gerne nimmt sie meinen Vorschlag entgegen und wählt einen Platz vorne rechts. Sie schiebt den Sessel dahin, schlägt die Beine neckisch übereinander und eröffnet flirtend und sich nur halb zu mir drehend das Gespräch:

„Hallo, mein Name ist *Zorra*."

„Oh, hallo *Zorra*", entgegne ich, ebenso flirtend, „schön dich kennenzulernen!"

„Danke, das freut mich. Normalerweise mögen mich vor allem die Männer gerne. Männer sind meine Spezialität! Ich biete ihnen alles. Von zart bis heftig, von einfühlsam bis deftig, ich habe alles im Angebot!"

„Uiuiui!", antworte ich, „wo bin ich denn hier gelandet? Hast du ein 'Studio'?"

„Ja, so kann man es nennen. Natürlich nicht im wortwörtlichen Sinne – ich mache eher, sagen wir es mal so, *Hausbesuche*. Die Männer sind ganz heiß auf mich", flüstert sie mir jetzt zu, „wenn einer mich mal erlebt hat, will er immer mehr davon! Ich mache nämlich süchtig!"

Genüsslich dreht sich *Zorra* quer in den Sessel, sie streckt ihre Beine über die eine Armlehne und dehnt sich, ihre Brüste und ihren schlanken Körper betonend, über die andere.

„Mache ich nicht eine gute Figur?", fragt sie mich provokant.

„Ja, das kann man so sagen!", antworte ich.

Nun drehe auch ich meinen Stuhl zur Seite und lege meine Füße genüsslich auf die dastehende Kommode. Mit einem Seufzer sage ich: „Mit dir kann man wohl viel erleben!"

„So ist es! Wie eine Spinne umgarne ich meine Opfer. Ich locke sie, sie fliegen ins Netz und dann steche ich zu!"

„Du stichst zu?"

„Ja, manchmal schon. Der arme Rolf musste schon mal ins Krankenhaus wegen mir. Wir waren im Liebesspiel, ich wurde ein bisschen gröber, und da habe ich ihm in den Rücken gebissen. Es ist dann ein bisschen fester geworden, als ich beabsichtigte, und wir mussten dann ins Krankenhaus zum Nähen – aber nur zwei Stiche."

„Hoppla! Das ist ja ein Ding!"

„Ja, er ist auch heute noch böse deswegen, aber das war wirklich keine Absicht!"

„Aber so richtig leid scheint es dir nicht zu tun."

„Nein – unter uns gesagt – das tut es mir nicht. Er hat es verdient. Er hat mir auch schon oft wehgetan mit seinem Schwanz. Er ist so gierig, er stößt einfach in mich rein und achtet nicht darauf, ob ich schon bereit bin oder nicht. Manchmal tut das aber weh! Jetzt hat es halt mal ihn getroffen. Das ist doch ausgleichende Gerechtigkeit, oder?"

„Naja, besonders liebevoll hört sich das nicht gerade an."

„Nein, hab ich auch nicht behauptet. Es geht um Sex, nicht um Liebe!"

„Und das hat nichts miteinander zu tun?"

„Nein, hat es nicht! Mit Sex kenn ich mich aus. Mit Liebe nicht."

„Und warum machst du das? Bereitet es dir Lust?"

„Nicht so sehr. Es geht nicht um *meine* Lust. Ich bin Dienstleisterin. Ich mache das, was die Männer wollen. Manchmal muss ich wie eine Detektivin herausfinden, was sie am liebsten mögen. Ganz 'zufällig' mache ich dann genau das. Da sind sie überwältigt! Sie bewundern mich! Das gefällt mir. Ich will ihre Zuwendung, ich will ihre Verehrung!"

„Und, gelingt das?"

„Ja, eigentlich schon. Zumindest erst mal. Langfristig wird es dann etwas schwieriger."

„Und wie ist es mit Rolf?"

„Oh, mit Rolf ist es einfach. Ihm gefällt alles. Wenn wir uns sehen, kann er es kaum erwarten, bis wir vögeln. Am liebsten würde er gleich schon im Hausflur über mich herfallen. Wenn er seinen Schwanz nur da reinstecken kann", sie zeigt auf ihre Vagina, „ist er zufrieden."

„Und macht das dich zufrieden?"

„Naja, wenn du so fragst…" Sie denkt nach. Dann sagt sie: „Doch, eigentlich schon. Ich will auf jeden Fall begehrt werden. Ich will, dass er sich nach mir verzehrt. Er soll mich auf Händen tragen!"

144

„Und dafür brauchst du Sex?"

„Ja, allerdings! Männer sind einfach! Gib ihnen Sex – und du kannst alles von ihnen haben!"

„Du hältst nicht gerade viel von ihnen!"

„Nein, wie sollte ich auch! Sie sind so schwanzgesteuert… "

„Du verachtest sie?"

„Naja, es geht. Vor allem nehme ich sie nicht ernst. Sie sind so durchschaubar, so leicht zu lenken. Zum Beispiel beim Orgasmus: Die Männer wollen die Frau zum Orgasmus bringen, das finden sie toll. Möglichst ekstatisch soll die Frau sein, dann sind *sie* der große Hecht! Es geht gar nicht um die Lust der Frau. Es geht um sie! *Sie* wollen der große Frauenheld sein!

Nun, das gebe ich ihnen. Ich bleibe dabei allerdings nicht immer ganz bei der Wahrheit, aber das macht ja nichts. Kennst du den Film ‚Harry und Sally'?"

„Ja."

„Da gibt es doch auch so eine Szene!"

„Meinst du die im Restaurant?! Oh ja, die ist berühmt!"

„Ja, genau! Ich mache es so ähnlich. Das ist nicht übertrieben. Die Männer fahren da wirklich darauf ab und fühlen sich dabei ganz großartig. Sie haben wirklich keine Ahnung!"

Und so geht es weiter, mehr als zwei Stunden…

Wieder zurück auf dem Ausgangsplatz, ist Caro zufrieden. Sie wirkt weder erstaunt über das, was sich ereignet hat, noch peinlich berührt. Stolz erzählt sie mir, dass *Zorra* ihr in ihrem Leben immer wieder begegnet sei. Sex sei in ihren Beziehungen immer sehr wichtig gewesen. Sie – also *Zorra* – genieße es, den Mann fast schwindlig zu machen vor Lust. Das verschaffe ihr Selbstbestätigung.

Auf meine Bemerkung hin, dass das eine recht wacklige Basis für eine Beziehung sei, entgegnet sie trocken: „Aber immerhin läuft überhaupt etwas!"

Ich bin etwas erschlagen nach dieser Sitzung. So was habe ich noch nicht erlebt. Caro war so aufgedreht, so extrem, so tabulos! Es war, als wolle sie ausloten, wie weit sie gehen kann. Gleichzeitig hat es aber auch Spaß gemacht. Wir haben viel gelacht und waren wie in einer Art Rausch.

Im Übrigen bin ich mit Zorra wieder einer neuen Person begegnet und wieder haben die vorangegangenen Sitzungen keine Rolle gespielt. Caro hat die Führung der Sitzung wieder komplett übernommen.

Caroline

In unserer nächsten Sitzung sagt mit Caro, sie spüre ein *Kind*. Sie heiße *Caroline* und sei zehn Jahre alt. Ohne einen weiteren Kommentar steht sie auf und setzt sich hinten rechts auf den Boden. Verstört schaut sie vor sich hin.

Nach einer Weile sagt sie: „Es geht um Ulrich, meinen Bruder…". Sie schweigt. Dann bricht es langsam und immer wieder stockend aus ihr heraus: „Ich habe ihn so geliebt! … Aber er hat mich gequält… Und dann hat er mich wieder auf den Schoß genommen und mich gestreichelt… Und dann hat er mich in den Keller gesperrt! … Er hat mir gesagt, ich dürfe erst wieder raufkommen, wenn ich alle Spinnen gegessen habe, die es da gebe! … Es war schrecklich, ich habe mich so geekelt! Ich hatte solche Angst… Dann hat er mir befohlen, ich müsse draußen Regenwürmer aufsammeln. Als ich sie ihm brachte, legte er sie mir auf ein Butterbrot und sagte mir, das müsse ich jetzt essen!" Sie schreit, sie weint, sie würgt, fast muss sie sich erbrechen. Ich stelle einen Plastikeimer neben sie. Schluchzend fährt sie fort: „Und dann wieder streichelte er mir über das Haar und sagte, dass er mich liebe wie sonst nichts auf der Welt … Ich habe das geglaubt! … Vielleicht stimmte es sogar… Aber es war nie sicher… Manchmal durfte ich ihm nicht nahekommen. Es war mir dann schon verboten, nur in der Nähe seines Zimmers zu sein… Ich habe mich aber trotzdem angeschlichen und mich ganz, ganz leise auf den Boden

146

gelegt und gelauscht, ob ich ihn nicht vielleicht sich bewegen höre…

Es ist verrückt, aber ich habe ihn geliebt! Er war der Einzige, der mir gegenüber überhaupt Gefühle zeigte…

Ich hatte einen Klassenkameraden, Hans, das war noch in der Grundschule, bei dem war es auch so schlimm.

Er hatte sieben Geschwister und war der Zweitälteste. Sein Vater hat ihn immer geschlagen und seine Mutter hat nur geschimpft. Manchmal war der ganz blau von den Schlägen.

Hans hat sich immer vor allen versteckt und manchmal haben wir uns auch zusammen versteckt. Das war gut. Wir haben uns dann ausgemalt, wie es wäre, wenn wir Geschwister wären und wir in einem Schloss wohnen würden und ganz tolle Eltern hätten, die sich liebevoll um uns kümmern würden…

Einmal, als es ganz schlimm war, bin ich – ich glaub, ich war da etwa neun oder zehn Jahre alt – zum Pfarrer unseres Dorfes gegangen. Ich hatte irgendwie gehört, dass der für alle da ist und einem hilft, wenn man in Not ist.

Eigentlich mochte ich ihn nicht besonders, ich hatte eher Angst vor ihm, aber ich dachte, vielleicht hilft er mir doch, er muss das doch tun. Ich bin dann an einem Nachmittag nach der Schule heimlich zum Pfarrhaus gegangen und habe da geklingelt.

Seine Haushälterin hat geöffnet und ihn dann gerufen. Er hat mich reingelassen und ich habe ihm von meinem Bruder erzählt, von dem, was er mit mir macht – also nicht alles, nur ein bisschen –, und dass ich mit ihm immer allein bin und dass meine Mutter nie da ist und mein Vater nichts von mir wissen will.

Er hat gar nicht richtig geantwortet. Er hat mir zwar zugehört, sagte aber dann, dass meine Eltern mich schon lieben würden, weil alle Eltern ihre Kinder lieben, und dass ich nun noch lernen müsse, meine Eltern und auch meinen Bruder zu lieben, auch wenn das manchmal nicht einfach sei, aber das wäre von unserem Herrgott so vorgesehen…

Ich weiß gar nicht, was er alles noch gesagt hat, aber ich wusste dann, dass er mir nicht helfen wird. Vielleicht hat er mir gar nicht geglaubt – oder er wollte sich die Hände nicht schmutzig machen.

Mein Vater war im Dorf ein respektierter Mann. Als Textilunternehmer gab er vielen Menschen Arbeit. Mit dem wollte er nicht in Konflikt geraten...

Ich war einfach alleine. Es gab wirklich niemanden. Nur Hans, aber der war ja auch ein Kind und dem ging es noch dreckiger als mir... Ich weiß nicht... Auf jeden Fall konnte er mir nicht helfen, er war ja selbst in Not. Wir waren die ungeliebten Kinder. Niemand wollte mit uns was zu tun haben. Ich fühlte mich schmutzig, wie aussätzig, als würden alle einen Bogen um mich machen...“

Ich bin erschüttert. Es ist so qualvoll, was Caroline erzählt. Mir sind bei ihrer Erzählung immer wieder Tränen in die Augen gestiegen. Ich konnte es nicht verhindern, es war mir auch egal. Sie darf sehen, dass es mich berührt. Mir kommt es, nach all dem, was ich höre, wie ein Wunder vor, dass Caro überlebt hat und weder Alkoholikerin noch Dauerpatientin in der Psychiatrie geworden ist.

Als Caro auf den Ausgangsplatz zurückkehrt, ist sie ganz aufgelöst. Sie hat ihr Trauma nochmals ganz unmittelbar durchlebt und gefühlt. Sie sagt, mit ihrer früheren Therapeutin, Frau Breuning, habe sie oft *darüber* gesprochen, aber sie wäre nie so *drin* gewesen wie jetzt. Frau Breuning habe immer gesagt, sie, Caro, müsse lernen, sich von diesen alten Gefühlen zu distanzieren.

Und obwohl es schrecklich war, alles wieder genauso zu fühlen wie damals, habe es doch gutgetan, es einfach mal so sein zu lassen. Sie habe es nicht abgeschwächt, wie sonst immer. Sonst würde sie ja die Menschen immer schonen, denn niemand wolle so genau wissen, wie es bei ihr damals wirklich war.

Diogenes und Clown

Auch in unserer nächsten Sitzung erwähnt Caro das, was letztes Mal passiert war, mit keinem Wort. Caro wählt für die *Direkte Begegnung* einen neunen Platz. Sie steht mittig im Raum, einen Meter hinter ihrem Sessel. Sie wirkt machtvoll, aber in sich gekehrt. Sie schweigt. Sie schaut auf den Boden. Es fühlt sich so an, als habe sie sich aus ihrem Leben völlig zurückgezogen.

Doch als ich sage, „Du hast aufgegeben…", verändert sich die Stimmung blitzartig. Frech und schlagfertig antwortet sie: „Was, ich, aufgegeben? Du müsstest mal deine Brille putzen, damit du mich besser siehst!" Die Stimmung ist komplett verändert. Von Aufgegeben-Haben ist jetzt tatsächlich nichts mehr zu spüren. Ich bitte Caro, sich auf einen Platz vorne links zu stellen. Es folgen noch zwei oder drei Späßchen, dann verstummt sie und schaut vor sich hin. Sie ist jetzt wieder still und ernst.

Ich sage Caro, sie solle wieder auf den mittigen Platz hinter ihrem Sessel wechseln. Die Stimmung ist düster. Auch ich schweige jetzt und teile nur diesen zurückgezogenen, stummen Raum. Caro wird unruhig. Es scheint ihr unangenehm zu sein.

Dann sagt sie, jetzt plötzlich wieder frech: „Hier ist es langweilig! Warum muss ich eigentlich immer hier rumstehen?" „Du musst gar nirgends rumstehen, mein lieber *Clown*", benenne ich sie eigenmächtig, „du kannst sitzen, stehen, liegen oder einen Handstand machen, ganz wie es dir beliebt!"

Sie lacht mich an, macht einen Purzelbaum und bleibt dann bewegungslos am Boden liegen.

Jetzt ist es wieder still und ernst, kein Wort fällt. Doch wieder wird sie unruhig, als könne sie in der Stille nicht verweilen.

Doch wo sie sich auch aufhält, sie kann sich nicht darauf einlassen. Sowohl beim *Clown* wie auch bei *Diogenes*, wie sie ihn später nennen wird, wechselt ihre Stimmung ins Gegenteil, sobald sie länger auf dem Platz bleibt.

Dieses Phänomen ist mir bei Caro immer wieder begegnet: Sie lässt sich auf keine ihrer Personen länger ein. Bisher tauchte in jeder Sitzung eine neue Person mit einem neuen Thema auf. Allerdings scheinen diese Personen nicht beliebig zu sein. Ich hatte immer das Gefühl, dass mir Caro etwas Wesentliches „zeigt", etwas, was es tatsächlich in ihr gibt. Am stärksten hatte ich diesen Eindruck bei der Sitzung mit Caroline, ihrem Kind. Dort ist ja wirklich ihr altes Trauma aufgebrochen, das sie nochmals durchlebt hat. Aber auch bei den anderen Sitzungen hatte ich immer das Gefühl: Es ist wahr, was geschieht – nur wird mir eben etwas „gezeigt". Es gibt also jemanden, der das dirigiert und lenkt. Aber wer ist das? Und warum macht er das? Ich beschließe, Caro im Nachgespräch von meinen Überlegungen zu berichten.

Jemand dirigiert alles

Zu meiner Überraschung ist Caro nicht überrascht. Ihr kommt dieser Gedanke, dass es jemanden in ihr geben muss, der das alles dirigiert und in gewisser Weise auch inszeniert, schlüssig vor. Sie spürt aber auch, dass alles, was sie „gezeigt" hat, wahr ist. Es gibt also eine Inszenierung mit wahren Inhalten. Jemand hat sozusagen ihr Leben in *Personen* „übersetzt" und es mir auf diese Weise präsentiert. Sie sagt: „Ich weiß doch, dass es bei dir um die *Personen* geht. Die habe ich dir geliefert. Ist das nicht nett von mir?"

„Oho", sage ich, „du bist ja ganz gewieft! Du hast mir die ganze Arbeit abgenommen und präsentierst mir, Sitzung um Sitzung, gleich dein ganzes 'Personal'!"

„So ungefähr. Dann kann man gleich den Problemherd einkreisen – der ist natürlich bei *Caroline* – und dann heilst du sie und dann ist alles gut! Ich meine, ich stell das jetzt ein bisschen vereinfacht dar, das ist schon klar", sagt sie schmunzelnd.

„So kann man es sagen", antworte ich, „aber so wird es nicht funktionieren. Der Weg wird anders verlaufen, er ist unbekannt und unvorherseh-bar. Wenn wir miteinander weiterarbeiten, wirst du es erleben. Im Moment ist mir aber am wichtigsten festzustellen, dass es da jemanden gibt, der das alles lenkt. Und mir scheint, diese *Person* führt auch jetzt gerade dieses Gespräch mit mir. Das ist doch spannend!"

Caro ist verwirrt. Sie kann mir plötzlich nicht mehr folgen. Sie scheint sich angegriffen zu fühlen. Sie sagt, sie habe doch nur ein bisschen Spaß gemacht mit der Heilung von *Caroline*. Es sei ihr natürlich schon klar, dass das nicht so einfach sei und dass ich das nicht einfach *tun* könne. Sie habe meine Arbeit damit nicht in Frage stellen wollen.

Wir sprechen noch eine ganze Weile. Caro schwankt innerlich. In manchen Momenten ist sie gekränkt, weil ich gesagt habe, dass das Ganze eine „Inszenierung" sei, und dann wieder versteht sie es und spürt selbst, dass sie mir all das *zeigen* wollte, wie ein lebendiges Museum, durch das sie mich führt. Aber es ist schwer zu fassen für sie. Es entgleitet ihr immer wieder. Wenn sie das ernst nimmt, was wir besprechen, stellt das ihr ganzes Selbstbild auf den Kopf. Und sie dachte doch, sich schon recht gut zu kennen!

Ich empfehle Caro, jetzt alles einfach mal so stehen zu lassen und sich für unsere nächste Sitzung nichts vorzunehmen. Ich sage, wir werden dann einfach sehen, was passiert. Sie wisse ja, sie *könne* gar nichts falsch machen, denn egal, was passiert oder auch nicht passiert, wir würden immer etwas über sie, über ihre *Personen* und vielleicht auch über ihr *Verborgenes Ich* erfahren.

Caro scheint so „verschmolzen" zu sein mit dem, was sie tut, dass es schwer ist für sie zu erkennen, dass sie überhaupt etwas tut. Beziehungsweise sie ist verschmolzen mit der „Person", die das tut. Sie fühlt sie nur als „ich". Und wenn ich ihr Tun zu benennen versuche, fühlt sie sich angegriffen. Sie kann sich noch gar nicht vorstellen, dass sie das genau so tun darf, wie sie es tut – und ich es nur mit ihr kennenlernen möchte.

Mich gibt es nicht

Bei unserem nächsten Treffen ist Caro immer noch ratlos, wie es jetzt weitergehen soll. Sie wirkt unsicher und nervös. Ich bitte sie, sich auf den Platz von *Zauberer* hinter den Stuhl zu stellen und sich überraschen zu lassen von dem, was passiert. Sie stellt sich hin, schaut mich an, verschränkt die Arme, schaut wieder weg. Sie dreht sich etwas nach links, dann nach rechts. Sie öffnet die Arme, faltet die Hände, dreht die Daumen, kratzt sich am Kopf, schaut mich an und dann wieder weg. Sie schaut zum Fenster, schaut vor sich auf den Teppich, dann trinkt sie einen Schluck Wasser aus dem Glas, das für sie bereitsteht.

Ich sage: „Dir ist nicht wohl…"

„Nein, ist es mir nicht! Ich weiß nicht, wieso ich jetzt wieder hier sein muss."

„Caro hat mir den Auftrag gegeben…"

„Ach, Caro!"

„Was ist mit Caro?"

„Sie ist ein Kind. Sie weiß nicht, was sie tut!"

„Ach so. Du aber weißt, was du tust?"

„Nein, so auch nicht."

Dann sind wir still. Immer wieder schaut sie unruhig umher, wie ein gefangenes Tier, das nach einem Fluchtweg sucht.

„Ich muss es aber auch nicht wissen!", ergänzt sie dann.

„Stimmt. Auch von mir aus nicht!"

„Doch, muss ich!", fährt sie mich an. „Du sagst, ich muss hier auf diesem Platz sein!"

„Du willst gehen? Du kannst dich auch wieder vorne auf den Sessel setzen. Du wirst dann nicht mehr direkt zu sehen sein. *Geben* wird es dich aber trotzdem."

„Nein, mich gibt es nicht! Es gibt die andern: *Caroline, Samurai, Medizinfrau, Clown* und wie sie alle heißen! Aber *mich* gibt es nicht!"

„Ach so, meinst du. Vielleicht ist es aber auch genau umgekehrt. Vielleicht gibt es alle andern gar nicht wirklich. Sie sind mehr wie Schauspieler, die eine Rolle spielen. Aber dich, dich gibt es wirklich. So wie du jetzt hier bist, spielst du keine Rolle."

Sie schweigt eine Weile, sie wirkt nachdenklich. Die Unruhe lässt etwas nach.

Dann sagt sie: „Ich mag es aber nicht, wenn du mich anschaust. Dann krieg ich mit, dass es mich gibt. Das will ich nicht!"

„Warum nicht?"

„Ich weiß nicht. Es ist so unsicher. Ich weiß nicht, wohin das führt."

„Ja, so ist das. Du hast keine Kontrolle. Aber interessant ist es schon!"

„Es geht. Ich weiß nicht, ob man das wirklich wissen muss."

„Nein, muss *man* nicht. Nur wer will. Das hier ist freiwillig."

„Gut zu wissen. Und was soll mir das bringen?"

„Du wirst dich kennenlernen. Das wird Caros Leben grundlegend verändern."

„Vielleicht wird dann aber alles schlechter!"

„Stimmt, das wissen wir nicht. Allerdings weiß ich, dass es sehr befriedigend ist, sich selbst zu kennen, selbst wenn das, was man spürt, nicht schön ist. Schicht für Schicht kann man sich tiefer kennenlernen. Ganz in der Tiefe ruht eine Quelle von purem Sein."

„Ich glaube nicht, dass das geht, dahin zu gelangen. Ich habe das schon vor langer Zeit aufgegeben."

„Ich nicht. Ich bin überzeugt davon, dass das geht. Und selbst wenn wir nicht zur Quelle finden, im Freilegen der Schichten spüren wir bereits, dass wir klarer, reiner werden."

„Und vielleicht bleiben wir auch im Sumpf stecken!"

„Das kann ich nicht ausschließen."

„Ja, prima. Das hört sich ja verlockend an… Und vielleicht finden wir ja dann heraus, dass ich ein schreckliches Monster bin!"

„Ja, vielleicht. Aber damit würde es nicht aufhören. Wenn dem so wäre, dann wärst du ein schreckliches Monster *geworden,* und wenn wir da noch weiter gehen, würden wir sehen, was noch davor war, was noch tiefer ist."

„Ich fürchte, dass ich ganz in der Tiefe schlecht bin und es da nichts Tieferes mehr gibt."

„Das kann ich mir nicht vorstellen, das habe ich noch nie bei jemandem erlebt."

„Vielleicht erlebst du es dann eben mit mir zum ersten Mal."

„Gut, wenn du so willst, ich kann das nicht ausschließen. Aber selbst wenn es so sein sollte, ich an deiner Stelle würde es vorziehen, um dieses Schlechte in mir zu wissen. Ich würde das dem Nicht-Wissen vorziehen, was ja die Alternative ist. Aber ich bin da wohl ungewöhnlich."

„Hm. Ich weiß nicht, ob ich so mutig bin. Mein Leben ist doch eigentlich ganz in Ordnung so."

„Wie gesagt, es ist freiwillig. Niemand verlangt von dir, dass du diesen Weg gehst."

„Aber ein bisschen neugierig bin ich doch."

„Überlege es dir. Es ist ein langer, steiniger Weg. Nicht viele Menschen wollen ihn gehen. Ich finde, er lohnt sich. Aber das kann nur jeder für sich selbst entscheiden."

„Okay, ich überlege es mir."

Schon am nächsten Tag bekomme ich eine Mail von Caro. Sie schreibt, für sie sei vollkommen klar, dass sie diesen Weg mit mir weitergehen wolle. Sie schreibt, sie könne gar nicht ernsthaft in Erwägung ziehen, den Prozess hier abzubrechen. Das wäre so, als hätte sie ein Leben lang nach etwas gesucht und es jetzt vor ihr stünde und sie sich umdrehen und weggehen würde. Nein, das gehe nicht.

Mit dieser Entscheidung tritt eine Wende ein in Caros Prozess: Sie lässt sich jetzt von mir führen, sie ist einverstanden, erst mal einfach nur beim Zauberer zu bleiben, auch wenn das manchmal unangenehm ist. Schlagartig tauchen jetzt keine neuen „Personen" mehr auf!

Caro beschäftigt sich Tag und Nacht mit ihrem Prozess. Fast ununterbrochen denkt sie über sich und ihre *Personen* nach. Sie darf mir, wie alle meine Klientinnen und Klienten, Mails zu ihrem Prozess schreiben. Diese Mails scheinen für sie zu einer Art Lebenselixier geworden zu sein. Ich bekomme jede Woche mehrere mehrseitige Mails. Manchmal schreibt sie mir sogar mehrere Mails täglich. Sie schreibt mir von *Zauberer*, von *Caroline* und oft auch von ihrer Beziehung zu Rolf, die inzwischen sehr schwierig geworden ist.

2. Therapeutisches Prozessjahr

Niemand kriegt mich

In den *Direkten Begegnungen* bleibe ich bei *Zauberer*. Manche Gefühle, die Caro bei ihren früheren „Personen" erlebte, spürt sie jetzt im *Zauberer*. Das verwirrt sie. Sie bemüht sich darum, nur die „richtigen" Gefühle zu haben. Ich sage, in ihrem Fall sei die genaue Unterscheidung der *Personen* nicht so wichtig. Sie solle einfach auf dem Platz von *Zauberer* bleiben, was immer sie in sich wahrnehme. Es wäre *meine* Aufgabe, die verschiedenen *Personen* zu erkennen und sie allenfalls von dem, was zu *Zauberer* gehört, abzugrenzen. Für sie spiele das im Moment aber keine Rolle.

Mir ist zwar nicht unwichtig, welche Person gerade anwesend ist. Bei Caro aber möchte ich, dass sie überhaupt erst lernt, in einem Zustand länger zu verweilen. Wenn sie sich dabei innerlich ständig über die Schulter schaut und prüft, ob sie jetzt „das richtige Gefühl" habe, erschwert das ihr Einlassen auf sich selbst.

In unseren weiteren Begegnungen verliert der *Zauberer* jede Scheu vor mir. Er spürt, dass ich ihn nicht verurteile, und so macht es ihm jetzt sogar Freude, sich mir zu zeigen. Er ist richtig stolz darauf, wie er Caros

„System" aufgebaut hat. Er sagt, er habe tatsächlich nicht mehr gewusst, dass es ihn gebe.

Halb spöttisch fügt er hinzu, er drücke mir seine Hochachtung aus, dass ich ihn überhaupt gefunden habe. Das habe vor mir noch niemand geschafft.

Sein besonderer Stolz aber sind seine *Vasallen*, wie er die früheren *Personen* jetzt nennt. Er schwelgt darin, mir von ihnen zu erzählen und mir aufzuzeigen, wie klug er sich durch sie in vielen Situationen verhält: Bei den Satsangs, den Treffen mit einem Erleuchteten, wo Caro manchmal hingehe, sei sie *Diogenes*: ruhig, distanziert, gelassen, mit nichts identifiziert, die innere Leere fühlend. Das mache Eindruck.

In einem Tantra-Seminar dagegen, berichtet *Zauberer*, sei sie *Zorra*. Sie schäkere, zeige sich sexy und sei aufgedreht und witzig. Jeder solle sehen, dass man mit ihr viel Spaß haben könne!

Bei dem Inneren-Kind-Seminar und anderen Selbsterfahrungsgruppen, die Caro besuche, berichtet *Zauberer* weiter, sei sie natürlich *Caroline*; das sei ja da sozusagen Programm. *Caroline* habe in den Übungen immer die heftigsten Gefühle. Sie würde dann laut weinen oder schreien, und meist kämen dann die Assistenten oder sogar der Gruppenleiter, um sie zu unterstützen. Das fände er gut. Zudem hätten ihr in den Pausen schon oft andere Teilnehmerinnen und Teilnehmer gesagt, sie wären neidisch auf Caros Fähigkeit, ihre Gefühle so ausdrücken zu können.

„Dann", sagt *Zauberer* weiter, „gibt es natürlich noch den *Clown*! Den setze ich ein, wenn es in der Klinik allzu dröge wird, in einer Konferenz oder so. Der macht dann ein Späßchen oder gähnt laut. Alle lachen dann und die Stimmung ist schlagartig aufgelockert! Ist das nicht genial?", fragt er rhetorisch, „habe ich nicht eine unschlagbare Truppe? Das soll mir mal einer nachmachen! Schau, jeder kriegt, was er will! Für jede Situation habe ich das Passende bereit! Und irgendwie ist alles sogar auch noch wahr! Das ist doch wirklich umwerfend. Ich finde, ich habe einen Orden verdient!"

„Ja, das ist wahr", antworte ich, „deine Lösung ist wirklich bemerkenswert!"

„Und das Beste daran ist", ergänzt *Zauberer*, „ich bin unabhängig! Niemand kriegt mich. Niemand kennt mich. Und niemand kann mich zu was zwingen. Ich kann tun und lassen, was ich will. Ist das nicht grandios? Früher war Caro abhängig. Früher war Caro in Not. Früher konnte Caro gequält werden. Heute ist das alles nicht mehr möglich. Wir hatten es in unserer Kindheit so beschissen, es gab wirklich niemanden, der sich um uns gekümmert hat. Und heute? Wir führen ein erfolgreiches Leben, um das uns viele Menschen beneiden!"

Zauberers Lösung basiert auf Kontrolle und Manipulation – er lenkt seine Figuren, wie es die Situation seiner Meinung nach erfordert. Dabei soll es auch noch lebendig, spontan und echt wirken. So hat er das auch in unseren Sitzungen gemacht. Puh, wie anstrengend!

Beziehungskrise
Caro erzählt mir von Rolf. Ihre Beziehung ist schwierig. Sie kommen zu einer Paarsitzung, aber Grundsätzliches ist schwer zu klären.
Auch Rolf nimmt jetzt Einzelsitzungen bei mir. Caro hat es ihm nahegelegt. Sie möchte einen reifen, entwickelten Mann haben!
Caro ist voller Vorwürfe. Sie sagt, Rolf liebe sie einfach nicht, sie könne das nicht weiter ertragen! Eigentlich sei er doch komplett beziehungsunfähig! Er wisse doch gar nicht, was Beziehung sei! Letztlich ginge es ihm wohl nur ums Vögeln. Das sei ihm das Wichtigste. Er wolle doch nur eine Bumsfrau haben, nichts anderes!
Einen Monat später erzählt mir Caro, sie habe Rolf gesagt, dass sie sich von ihm trennen wolle –oder zumindest mal eine Beziehungspause brauche. Sie sei nämlich bei ihrem letzten Treffen einmal mitten in der Nacht aufgewacht und habe sich gefragt, wieso sie sich das eigentlich noch wei-

ter antue. Sie sei da gar nicht wütend gewesen auf Rolf, aber sie habe gespürt, dass es so nicht weitergehen könne. Das habe sie ihm dann am nächsten Tag gesagt. Er sei gar nicht erstaunt gewesen, fast habe er sogar erleichtert gewirkt. Das habe sie dann aber schon wieder gekränkt. Er hätte doch um sie kämpfen können! Aber das habe er nicht gemacht. Auf jeden Fall habe sie ihm vorgeschlagen, sich eine Weile nicht mehr zu sehen und auch nicht zu telefonieren. Rolf sei einverstanden gewesen. Sie hätten jetzt einen Kontaktstopp für die nächsten sechs Monate vereinbart.

Mich überrascht diese Entwicklung nicht. Ich hatte nicht viel Hoffnung, dass diese Beziehung gut gehen kann. Caro hatte eine fast märchenhafte Erwartung an Rolf. Es war klar, dass das früher oder später in eine Enttäuschung münden musste.

Doch kaum hat Caro die Beziehung zu Rolf abgebrochen, leidet sie darunter. Sie vermisst ihn. Sie vermisst seine Zuwendung, seinen warmen Körper, die Telefonate, ihre Treffen.

Caros Verachtung ist wie weggeblasen, sie erinnert sich kaum noch daran. Vielmehr sehnt sie sich nach ihm und trauert den schönen Momenten ihrer Beziehung nach. Sie sagt, sie habe so einen starken Drang, ihn anzurufen und ihn zu fragen, wie es ihm gehe. Vielleicht vermisse er sie ja genauso schmerzlich wie sie ihn. Aber Caro diszipliniert sich. Sie hatten ausgemacht, keinen Kontakt aufzunehmen; daran will sie sich halten, auch wenn es ihr schwerfällt.

Ich sage, es könne ja auch sein, dass für Rolf die Trennung gar nicht schlimm sei. Doch das wischt Caro weg. Das will sie nicht hören. Lieber träumt sie ihren Traum von „glücklicher Beziehung" auch nach ihrer Trennung weiter. Das geht jetzt sogar noch besser als vorher, denn sie wird gerade nicht immer wieder neu enttäuscht und ernüchtert von ihm. Auch in unserer nächsten Sitzung geht es wieder um Rolf. Doch jetzt ist

Caro wütend. Sie erzählt mir, Rolf habe ihr einmal gestanden, ihre Mails von einer ganzen Woche nicht gelesen zu haben! Er habe sich dann aber entschuldigt und ihr versprochen, es am Wochenende nachzuholen und ihr dann auch gleich zu antworten. So habe sie das ganze Wochenende auf seine Antwort gewartet und mindestens stündlich ihre Mails kontrolliert. Aber es wäre nichts gekommen.

„Lauter leere Versprechen", sagt sie ungehalten zu mir, „nichts als leere Versprechungen! So war unsere ganze Beziehung! Immer habe ich gehofft, es komme mal was Richtiges von ihm, eine richtige Antwort, etwas, durch das ich ihn wirklich spüren kann! Aber da kam nie was. Ich habe immer nur gewartet!"

Ich sage: „Es wäre doch mal interessant, die Beziehung aus Sicht der verschiedenen *Personen* anzuschauen. Wahrscheinlich hat *Caroline* immer wieder auf Rolf gewartet und wahrscheinlich war *sie* immer wieder enttäuscht und traurig. Unzuverlässige Männer hast du ja schon ein Leben lang erlebt, angefangen bei einem Vater, der nie zu dir gestanden hat und einem Bruder, der dich von Minute zu Minute wechselnd geliebt und gequält hat." Caro nickt.

„Interessant wäre aber sicher genauso", fahre ich fort, „wie *Zauberer* zu dieser Beziehung steht. Schließlich ist er die mächtigste *Person*, die wir bisher von dir kennen. Seine Haltung zu Rolf ist entscheidend." Wieder nickt Caro.

„Hast du Lust, dich heute auf seinen Platz zu stellen und zu schauen, wie sich das Ganze von da aus anfühlt?"

„Ja, das find ich interessant", sagt Caro. Sie steht auf und stellt sich auf *Zauberers* Platz.

Er ist ungehalten und legt gleich los: „Was für ein Looser! Was für ein schwanzgesteuertes Arschloch! Und wie dick er ist! So viel Fett! Und seine Wohnung solltest du mal sehen! Alles dreckig! Meinst du, der wischt jemals den Hausflur? Überall Flusen und Dreck! Nie macht er das! Ich hab's mal gemacht, das war wohl das erste Mal seit Jahren... Und die

Küche! Immer steht dreckiges Geschirr rum! Er lässt es immer so lange liegen, bis kein frisches mehr da ist! Und der Esstisch, voller Krümel und Flecken... Ich erspar dir jetzt die weiteren Details!

Dieser Mann hat einfach keine Ahnung von gleichberechtigter Beziehung! Er ist ein verwöhntes Muttersöhnchen, ein Motherfucker! Er will gefüttert, gebadet und gevögelt werden, aber er selbst kriegt nichts auf die Reihe! Ein Kleinkind ist er, ein elender Feigling, ein Schlappschwanz! Wie gut, dass wir nicht mehr mit ihm zusammen sind, ich ertrag ihn nicht! Keinen einzigen Tag mehr!"

Zauberer ist völlig außer sich, die Worte brechen nur so aus ihm heraus, er schäumt vor Wut. Er kann es nicht fassen, wie lange Caro an dieser Beziehung festgehalten hat. Viel zu lange ist sie geblieben! Viel zu lange hat sie ihm Honig um den Bart geschmiert in der verzweifelten Hoffnung, dass sie vielleicht irgendwann mal von ihm geliebt werde! Was für ein Unsinn! So ein ignorantes Arschloch! So einer wie Rolf ist doch gar nicht in der Lage, Caro zu lieben! Caro hat jemand Besseren verdient!

Im Nachgespräch ist Caro zufrieden darüber, all das endlich mal so ungeschminkt gesagt zu haben. Sie sagt, es tue ihr gut, *Zauberers* Wut zu fühlen, sie spüre dann ihre Kraft, und dass *sie* es sei, die ihn nicht mehr wolle! Sie spüre: „Das ist *meine* Entscheidung! Ich bin kein Opfer! *Ich* will das so!" Das erleichtere sie.

Ich bin froh über die neue Entwicklung. Caro scheint mit der Trennung jetzt ganz gut klarzukommen. Ich spüre auch, dass ihr die Wut guttut. Sicher gäbe es zu dieser Beziehung noch viel zu sagen. Die Verurteilung von Rolf ist sicher noch keine reife Haltung von ihr, aber ich glaube, das braucht Zeit. Sie hat im Moment gar kein Interesse, auf ihren Teil der Geschichte zu schauen.

Der Eklat

Nur drei Wochen später kommt es zwischen Caro und mir zum Eklat. Das hat folgenden Hintergrund: Rolf hatte sich nur wenige Tage nach seiner Trennung von Caro in einem Workshop, den ich leitete, in eine andere Frau verliebt. Davon wusste ich. Caro wusste das aber nicht. Über Monate hinweg wusste sie nichts davon.

Während ich weg war und einen siebentägigen Workshop leitete, erfuhr nun Caro von einer Bekannten, dass Rolf schon seit einiger Zeit mit einer neuen Frau zusammen ist. Und auch, dass ich schon lange darum weiß. Caro flippte aus.

Ich hatte sie hintergangen! Ich habe zu Rolf gehalten und sie verraten! Ich habe sie gedemütigt! Ich habe sie beschämt!

Sie schrieb mir Mails, immer weitere Mails.

Als ich nach meiner Rückkehr mein Postfach öffnete, konnte ich es kaum glauben: 24 Mails von Caro! 24 Mails voller Wut, voller Enttäuschung, voller Hass. Nein, es ging jetzt nicht mehr um Rolf, es ging um *mich*! *Ich* habe sie enttäuscht! *Ich* habe sie verraten!

Mir wurde ganz flau beim Lesen. Was für eine Wut, was für ein Hass schlägt mir da entgegen! Was ist passiert? Ich bin geschockt.

Ich gebe mir Zeit. Ich habe noch ein paar freie Tage vor dem Arbeitsbeginn mit meinen Klientinnen und Klienten.

Ich schreibe Caro kurz, dass ich ihre Mails gelesen habe und gerne mit ihr persönlich darüber sprechen möchte. Ich biete ihr einen zusätzlichen Termin an, direkt zum Arbeitsbeginn kommende Woche. Nur eine Stunde später erhalte ich Antwort. Caro schreibt, sie habe zwar Angst davor, mich zu sehen, möchte aber trotzdem zu dem Extratermin kommen.

Als wir uns sehen, wirkt Caro unsicher. Sie sagt, sie habe Angst, dass ich sie rauswerfen könnte. Ich versichere ihr, dass es für mich nicht in Frage stehe, dass sie weiter zu mir kommen könne, wenn sie das möchte. Sie fragt mich, was sie denn jetzt tun solle. Sie habe mir ja alles geschrieben, was sie zu sagen habe.

Ich bitte sie, ihre Enttäuschung und ihre Vorwürfe noch mal direkt an mich zu richten und sie laut vor mir auszusprechen.

Caro sagt, das mache ihr Angst, sie wolle es aber trotzdem versuchen.

Anfangs spricht sie, dann weint sie, dann schreit sie, dann weint sie wieder. In immer neuen Wellen bricht es aus ihr heraus: Ihre Enttäuschung, ihr Gefühl, verraten worden zu sein, ihre Hoffnung und ihre Scham, sich heimlich doch noch an die Beziehung zu Rolf geklammert zu haben, ohne zu wissen, dass er längst weg ist.

Von mir fühlt sie sich verraten, weil ich ihr nichts von dieser neuen Frau von Rolf gesagt hatte. Sie sagt, das zeige, dass ich auf Rolfs Seite sei. Er müsse mir wichtiger sein als sie, sonst hätte ich es ihr ja gesagt. Das sei damit klar. Offensichtlich würde ich ihn mehr lieben als sie. Das sei jetzt damit bewiesen!Deswegen hasse sie mich jetzt! Sie wolle mich nie wieder nah an sich heranlassen! Sie könne mir nie wieder vertrauen! Das hätte ich mir selbst zuzuschreiben, sie könne ihre Gefühle nun mal nicht ändern! Ich höre nur zu und erwidere nichts.

Es fällt mir nicht leicht, das zu hören und auf mir sitzen zu lassen, ohne mich zu verteidigen. Ich spüre aber, dass Caro genau das braucht. Sie braucht, dass es nur um sie geht, nur um ihren Schmerz, nur um ihre Enttäuschung und ihr Gefühl von Verrat. Caro hat zu diesem Zeitpunkt keinen Raum, mich zu sehen. Sie könnte nicht nachvollziehen, dass ich wesentliche Gründe hatte, mich so zu verhalten.

Nach zwei langen Stunden ebben die Wellen langsam ab. Caro wird ruhiger. Sie sagt, es sei aber trotzdem noch lange nicht „gut". Sie werde mir das wohl nie verzeihen können.

Tatsächlich hält Caro ihren Vorwurf noch viele Monate, ja Jahre, aufrecht. Das Kissen, das auf dem Sessel der Klientinnen/Klienten liegt, pfeffert Caro auch noch Jahre später in die Ecke, weil es nach Rolf „stinkt".

In der Folgesitzung, nur zehn Tage später, ist Caro nüchtern und kühl. Sie sagt, sie könne noch immer nicht verstehen, wieso ich ihr das angetan habe. Sie meint, es wäre doch ein Leichtes für mich gewesen, ihr das einfach zu sagen. Ich hätte ihr ja sonst nichts über die Beziehung oder die Frau verraten müssen.

Ich sage, dass ich ihr nichts über die Menschen, die an meinen Workshops teilnehmen, erzählen wolle, auch dann nicht, wenn das, was geschehe, sie selbst betreffen würde. Rolf habe genauso ein Recht auf einen Schutzraum wie sie.

Caro kann das nicht verstehen. Sie *will* das auch gar nicht verstehen. Sie beharrt darauf, dass ich mich anders hätte verhalten müssen.

Auch in dieser Sitzung verzichte ich auf eine Direkte Begegnung mit Zauberer oder Caroline. Mir kommt unsere Beziehung dafür noch nicht stabil genug vor.

Caroline ist nicht vernünftig

Bei unserem nächsten Treffen, einen Monat später, sage ich Caro, dass ich davon ausgehe, dass *Caroline* diese heftigen Gefühle erlebt habe, die sie, Caro, diese letzten Wochen so erschüttert hätten. Ob sie bereit sei, heute zu *Caroline* zu gehen? Ja, sagt sie, sie sei bereit.

Caroline ist froh, den Raum zu bekommen und endlich nicht mehr „vernünftig" sein zu müssen. Sie weint und sagt: „Das war alles so schlimm! Ich habe solche Angst gehabt, dich zu verlieren! Es war furchtbar! Ich will mich nie wieder so alleine fühlen! Das ist überhaupt nicht auszuhalten!" Sie weint still. Nach einer Weile schaut sie plötzlich trotzig auf und sagt bestimmend: „Überhaupt sollst du nur ganz für mich alleine da sein! Ich will, dass du mir gehörst! Mir alleine! Du sollst keine anderen Klienten haben. Die stören mich! Endlich will ich mal jemanden nur für mich haben! Und auf jeden Fall darfst du Rolf keine Sitzungen mehr geben! Er ist böse, er hat das nicht verdient! Ich will das einfach nicht! Das musst du mir versprechen!" Herausfordernd schaut sie mich an.

Ich sage: „So wünscht du dir das. Das kann ich verstehen. Aber das will ich nicht. Rolf darf bei mir genauso Sitzungen nehmen wie du."

„Das geht aber nicht", sagt sie, „das ist für mich ganz furchtbar. Zudem hat meine frühere Therapeutin, Frau Breuning, gesagt, dass man das gar nicht darf. Sie sagte, man darf nicht einem Paar – oder einem getrennten Paar – Sitzungen geben. Deswegen darfst du jetzt mit Rolf nicht mehr arbeiten!"

„So sehe ich das nicht", sage ich. „Frau Breuning kann das gerne so machen, wenn sie das so für richtig hält, aber ich mache es anders. Rolf nimmt schon seit geraumer Zeit bei mir Sitzungen – und damals wolltest du das auch – und so muss er weiterhin kommen dürfen."

„Nein, ich will das nicht! … Du bist gemein! Das darf er nicht!"

Caroline schaut gekränkt vor sich hin. „Ich will, dass du nur mich alleine liebst! Die andern sollen nichts von dir kriegen. Ich möchte, dass du Tag und Nacht nur an mich denkst und nur für mich da bist. Ich möchte, dass ich das Wichtigste bin in deinem Leben!"

„Du *bist* mir wichtig", sage ich, „und wenn du hier bist, bin ich ganz und gar für dich da. Dann gibt es niemand anderen. Aber wenn du nicht hier bist, gibt es auch andere. Das ist schmerzlich für dich, das sehe ich, aber das ist so."

Ich bin froh, dass Caroline ihren Besitzanspruch an mich so klar ausspricht. So liegt es wenigstens klar auf dem Tisch: Sie will über mich verfügen, sie will mir vorschreiben, was ich tun darf und was nicht. Bis jetzt war das ja nur untergründig da. Caroline will, dass ich rund um die Uhr für sie da bin. Sie will mit mir nachholen, was sie von ihrer Mutter nicht bekommen hat. Das ist zwar verständlich, aber das kann nicht funktionieren. Eigentlich, denke ich, war es nur eine Frage der Zeit, bis dieser Crash passieren würde. Früher oder später musste er kommen. Carolines Forderung ist nicht zu erfüllen. Das muss ich ihr zumuten, diese Enttäuschung muss sie aushalten. Das Hauptproblem sehe ich allerdings gar nicht in Carolines Forderung – sie darf so fühlen. Das Problem liegt vielmehr darin, dass sich Caro vollständig mit Caroline identifiziert. Sie ist sozusagen Caroline und vergisst, dass es auch noch andere Personen und vor allem ein Verborgenes Ich gibt, die ganz anders fühlen.

Der Alltag läuft normal weiter.

Sie berichtet mir von der jährlichen Mitarbeiterkonferenz in der Klinik. Wie jedes Jahr lud der Klinikchef die Mitarbeiter ein, sich zu ihrer Befindlichkeit in der Klinik zu äußern. Die früheren Male, berichtet mir Caro, sei sie – das wäre wohl *Caroline* gewesen – immer sofort rausgeplatzt und hätte ihr Innerstes preisgegeben. Sie hätte sich ihren Kollegen regelrecht „zum Fraß" vorgeworfen. Diesmal habe sie es anders gemacht. Sie habe sich Zeit gelassen und erst mal den anderen zugehört. Ihr sei dann aufgefallen, wie wenig ihre Kolleginnen und Kollegen eigentlich von sich preisgeben. Und sie habe gespürt, dass sie dann auch gar keine Lust hat, sich so sehr zu exponieren. Als sie dann das Wort ergriffen habe, habe sie sehr viel ruhiger gesprochen als sonst. Sie habe benannt, wo sie Schwierigkeiten sehe, was sie in Zukunft anders machen möchte und womit sie zufrieden sei.

Caro sagt, sie habe gespürt, dass sie „erwachsener" gesprochen habe als in den Jahren zuvor. Sie sagt, es habe sie erstaunt, dass sie von ihren Kolleginnen und Kollegen mehr Respekt gefühlt habe als früher, obwohl sie sich diesmal weniger gezeigt habe.

Dann erzählt Caro, dass sie keine Lust mehr habe, abends ständig mit ihren Freundinnen und Bekannten zu telefonieren, wie sie das sonst immer getan habe. Die würden doch immer dasselbe erzählen und sie könne deren fortwährende Beziehungskonflikte mit Partner und Kindern nicht mehr hören.

Jetzt aber sei es plötzlich still. Sie komme von der Arbeit nach Hause und es sei still. Das sei so ungewohnt, eigentlich entspannend, aber auch fremd. Sie habe aber einfach keine Lust mehr auf Ablenkung. Kein TV, kein Buch, kein Film, keine Telefonate, noch nicht mal Musik.

Es sei einfach nur still und leer, sonst nichts. Irgendwie tot und doch am Leben. Es sei merkwürdig. Sie fühle sich wie eine leere Blechschachtel. Früher wären da all ihre inneren Figuren drin gewesen und wie in einem Märchenland habe alles lebendig gewirkt. Jetzt aber würde sie sehen, dass es nur Gespenster waren, die sie sich ausgedacht habe, um nicht zu spüren, wie einsam sie eigentlich sei.

Enttäuschte Liebe

In der *Direkten Begegnung* will ich diesmal zu *Zauberer* gehen. Mich interessiert, wie es ihm nach diesem Drama mit mir geht.

Er schaut mich an, ich schaue ihn an, nichts passiert. Keine Wut, keine Verachtung, keine Forderung an mich.

Nach einer Weile sage ich: „Es ist leer." „Ja", bestätigt *Zauberer*, „es ist leer." Dann schweigen wir wieder. Wir schauen uns ununterbrochen an. Irgendwann frage ich: „Ist dir langweilig?" „Ich weiß nicht, vielleicht schon", kommt die Antwort. Dann ist es wieder still. Und es bleibt still. Nichts passiert.

Nach anderthalb Stunden beende ich die *Direkte Begegnung*.

Wenige Tage danach erhalte ich von Caro eine Mail. Sie schreibt, das Wichtigste in ihrem Leben sei ich und die Therapie. Ihr sei eigentlich egal, nach welcher Methode ich arbeite. Sie würde auch „Kuchen backen" mit mir, wenn das meine Methode wäre. Die Hauptsache sei, dass ich ihre Therapeutin sei. Eigentlich wolle sie Verbindung, Beziehung, Nähe. Ob das nun im Rahmen von Psychotherapie, Kuchenbacken oder Voice Dialogue sei, sei ihr eigentlich egal. Sie wolle mit mir zusammen sein und nur darum gehe es ihr. Hier seien nun mal *Personen* gefragt, deswegen würde sie mir halt *Personen* liefern. Früher habe sie gedacht, es sollen möglichst verschiedene *Personen* sein, jetzt wisse sie, dass eigentlich nur *eine* gefragt sei. Und diese eine *Person* solle dann Stille und Leere fühlen. So sei es ja jetzt bei ihr. Sie versuche immer herauszufinden, was ich gut fände, und das wolle sie mir dann geben. Sie passe sich an alles an! Deswegen, schreibt sie weiter, wisse sie gar nicht, ob sie in unserer letzten Sitzung wirklich Stille und Leere *gefühlt* oder ob sie nur Stille und Leere *inszeniert* hätte, weil sie wisse, dass ich das gut fände. Vor lauter Anpassung wisse sie gar nicht mehr, wer sie eigentlich sei. Sie fühle sich wie ein Chamäleon, das ständig seine Farbe an die Umgebung anpasse und gar nicht wisse, was seine eigentliche Farbe sei. Das Wichtigste sei ihr einfach, dass ich sie mag.

In unserer nächsten Sitzung gesteht mir Caro, dass sie sich in mich verliebt habe. Sie sagt, sie würde den ganzen Tag und die halbe Nacht nur an mich denken. Sehnsüchtig würde sie meine Antworten auf ihre Mails abwarten. Gefühlt hundert Mal am Tag würde sie ihre Mails abrufen, um zu sehen, ob schon was von mir gekommen sei.

Allerdings sei sie auch gekränkt. Sie habe den Eindruck, dass ich ihre Liebe nicht in gleichem Maße erwidere. Ich hätte mir im letzten Monat einmal eine ganze Woche Zeit gelassen, ihr zu antworten, das fände sie zu lange. Sie habe das Gefühl, dass ich sie emotional verhungern lasse, so wie das Rolf auch schon getan habe. Ich würde ihr immer nur ein bisschen geben, von ihr aber käme viel mehr. Das sei doch ungerecht! Warum ihr das wohl immer wieder passiere?

Es ist mir nicht angenehm, dass sich Caro in mich verliebt hat. Sie verwechselt unsere therapeutische Beziehung mit einer Beziehung außerhalb dieses Kontextes.
Ich werde sie wieder enttäuschen müssen. Ich sehe keinen anderen Weg. Ich will aber, dass sie zumindest die Erfahrung macht, dass sie ihre Gefühle, wie immer sie nun mal sind, genauso haben darf. Natürlich darf sie sich in mich verlieben – sie findet sich ja nun mal einfach so vor. Wenn sie dazu

bereit ist, werde ich mich mit ihr – innerhalb des therapeutischen Rahmens – genauso darauf einlassen wie auf alles andere auch.

Ich sage, dass wir uns das gerne miteinander genauer anschauen könnten. Ihre Wahrnehmung sei schon richtig, dass ich ihre Gefühle nicht in gleichem Maß erwidere. Ich hätte mich nicht in sie verliebt und würde mich auch auf keine private Beziehung mit ihr einlassen wollen.
Caro nickt. Sie wirkt nicht überrascht.
Eher nehme ich sie kühl und distanziert wahr. Ich denke, sie hat mit dieser Antwort gerechnet. Ich sage weiter, wenn sie wolle, könnten wir aber ihr Verliebtsein genauso kennenlernen wie alles andere, was uns in ihr begegne.
Caro nickt zustimmend. Ich bitte sie auf den Platz von *Zauberer*.
„Hallo!", sage ich freundlich.
„Hallo", kommt es grummelnd zurück.
Ich sage: „Du bist beleidigt?"
„Allerdings bin ich beleidigt, so wie du mich behandelst!"
„Wie behandle ich dich?"
„Du lässt mich am ausgestreckten Arm verhungern!"
„Was meinst du damit?"
„Du antwortest mir nicht zeitnah auf meine Mails. Ich bin für dich nur irgendeine Klientin. Du aber bist für mich mein Ein und Alles!"
„Ja, du bist eine Klientin von mir und ich behandle dich wie eine Klientin."
„Siehst du?! Sag ich doch! Ich bin für dich einfach nur eine Klientin!"
„Du bist ein Mensch, und ich habe eine Aufgabe übernommen mit dir, und zu der stehe ich auch."
„Aber ich habe viel mehr Gefühle für dich!"
„Ja, so scheint's zu sein."
„Das ist doch nicht fair! Ich möchte, dass du für mich das Gleiche empfindest wie ich für dich!"

„Das tue ich aber nicht."

„Das finde ich scheiße! Nie liebt mich jemand! Immer sind sie nur *professionell* mit mir! Ich will einen Menschen, der mich liebt und haben will! Und zwar nicht, weil es sein Beruf ist, sondern weil er mich liebt!" Dieser Satz bricht förmlich aus *Zauberer* heraus, er schreit ihn fast, während er gleichzeitig auch weint.

Ich bin ergriffen. Auch mir treibt es Tränen in die Augen. Ich antworte leise: „Das kann ich verstehen." Und dann, nach einer Weile: „Das kann ich dir aber nicht geben."

„Ich weiß", antwortet *Zauberer*, jetzt auch leise, „niemand kann mir das geben."

„Auf jeden Fall ist es so, dass es im Moment niemanden gibt, der so für dich empfindet."

„Mich kann ja auch niemand aushalten, so wie ich bin."

„Naja, du bist schon heftig. Aber es gibt Menschen, die genau das auch mögen."

„Das glaube ich nicht. Noch nie wollte mich jemand wirklich. Meine Mutter nicht, mein Vater nicht und für Ulrich war ich nur ein Spielzeug."

„Ja, so war das. Du warst ein unerwünschtes Kind. Deine Mutter wollte deinen Vater mit dir erpressen, aber wirklich *gewollt* hat sie dich nie. Sie hat dich von Anfang an für ihre Zwecke eingesetzt, das ist furchtbar. Sie hat dich nicht geliebt und sich nicht über dich gefreut, wie das für jede Mutter eigentlich selbstverständlich wäre."

„Ja, das ist so."

„Und jetzt strengst du dich dein Leben lang an, dass dich irgendwann mal jemand lieben möge. Aber du wirst immer nur wieder neu enttäuscht. So war das mit Rolf und seinen Vorgängern und jetzt auch mit mir."

„Ja", antwortet sie leise.

„Eigentlich fühlst du diese Enttäuschung schon ein ganzes Leben lang."

„Ja."

Wir sind beide still.

Im Nachgespräch sagt Caro, dass sie ihr ganzes Leben damit beschäftigt war, dieses Gefühl des Nicht-gewollt-Seins nicht zu fühlen. All diese schillernden Figuren, denen wir begegneten, seien doch nur Ablenkung von dieser abgrundtiefen Enttäuschung. Die Ablenkung habe natürlich die ganze Zeit stattgefunden, nicht nur während unserer Sitzungen. Ihr ganzes Leben sei voll gewesen davon. Sie habe diese Enttäuschung einfach nie fühlen wollen, niemals wollte sie ihr begegnen!

Dann steigt in Caro eine Wut auf gegen Frau Breuning, ihre frühere Therapeutin. *Sie* hatte Caro immer wieder darin bestärkt, sich „dem Leben" zuzuwenden und ihr Leben aktiv zu gestalten. *Sie* legte ihr nahe, der Enttäuschung „kein Gewicht" zu geben und sich stattdessen dem Positiven zuzuwenden.

Heute fühlt sich Caro von ihr verraten. 30 Jahre hatte sie sich angestrengt, es so zu tun, wie ihr Frau Breuning gesagt hat! „Und, was hat das jetzt alles gebracht?!", empört sich Caro, „nichts, gar nichts! Ich habe mich nur unendlich angestrengt! Schon damals habe ich meine abgrundtiefe Enttäuschung gespürt! Deswegen wollte ich mir ja das Leben nehmen! Ich glaubte nicht daran, dass mein Leben jemals gut werden könnte!

Aber dann habe ich mich angestrengt, so wie Frau Breuning gesagt hatte. *Ein Leben lang* habe ich mich dafür angestrengt, dieses Gefühl wegzukriegen. Und was ist passiert? Nichts! Gar nichts! Es ist noch genauso da wie damals! Ich habe mich 30 Jahre meines Lebens vergeblich angestrengt! Ich habe 30 Jahre meines Lebens verschwendet!"

Die Hüpfburg

In unserer nächsten Sitzung fühlt sich *Zauberer* wieder leer. Es passiert nichts. *Zauberer* ist unruhig und fürchtet, dass ich mich langweile, wenn wieder nur „nichts" passiert. Ich versichere ihm, dass ich mich nicht langweile und es gut finde, genauso mit diesem „Nichts" da zu sein. Langsam fängt er an, diese – seine – Realität zu fühlen und zu akzeptieren. *Zauberer* spürt jetzt, dass er diese Leere nicht für mich produziert, wie Caro eine Weile vermutete, sondern dass sie einfach so in ihm ist.

Er sagt: „Es ist leer. Ich *fühle*, dass es leer ist. Aber das darf niemand wissen. Das ist mein Geheimnis. Normalerweise produziere ich Stimmungen, Gefühle oder sogar „*Personen*", nur damit man das nicht sieht: Es ist leer. Es passiert nichts. Das „dramatische Leben" von Caro ist eigentlich nur eine riesige, komplexe Reality-Show."

Zauberer kreiert den Begriff „Hüpfburg", wie sie auf Messen oder Spielparks aufgestellt werden. Man nimmt ein bisschen Plastik, bläst Luft rein und schon entsteht ein riesiges Gebilde, auf dem man sich bewegen und rumhüpfen kann. Das ist lustig, man amüsiert sich und es sieht richtig nach was aus. Und wenn das Fest vorbei ist, lässt man die Luft raus. Dann ist es wieder nur ein Stück Plastik, sonst nichts. Ohne reingeblasene Luft, ohne Anstrengung fällt alles in sich zusammen. Was eben noch schillerte und glänzte, schillert und glänzt nicht mehr. Es ist nur noch ein in sich zusammengefallenes Nichts.

So wie jetzt. Viel Lärm um Nichts.

Zauberer sagt, eigentlich tue es gut, das zu spüren. Soviel Anstrengung sei notwendig für diese Hüpfburg. Immer müsse er „reinblasen", damit die Hüpfburg funktioniere. Sobald er nachlasse, fange sie an, in sich zusammenzufallen. Was eben noch imposant ausgesehen habe, würde weich und wacklig werden. Nur wer genau hinschaue, würde sehen, was es wirklich sei: ein altes, hässliches Stück Plastik! Für nichts Reales zu gebrauchen! Glücklicherweise schaue aber nie jemand genauer hin, und so falle das gar nicht weiter auf. Dann aber bekommt *Zauberer* Angst.

Er fragt: „Was ist, wenn auch ich selbst gar nicht real bin? Löse ich mich jetzt auf? Was bleibt denn noch von mir, wenn ich keine Hüpfburg mehr mache?"

Zauberer spürt, dass ihm die Kontrolle entgleitet. Nicht, dass dramatische Gefühle im Anzug wären, nein, eher im Gegenteil. Es ist ruhig, es passiert scheinbar nicht viel. Aber Zauberer spürt, dass er selbst nicht mehr weiß, wie es jetzt weitergeht. Was wird passieren? Was wird sich ereignen? Was wird er noch an sich wahrnehmen? Das weiß er nicht. Und das macht ihm Angst.

Nach einer Weile der Stille sagt *Zauberer*: „Ich spüre keine Impulse. Keine Gefühle. Ich spüre gar nichts!" *Zauberers* schlimmste Befürchtungen scheinen sich zu bestätigen. Er sagt: „Siehst du, jetzt, wo ich aufgehört habe, etwas zu *machen*, bleibt einfach nichts mehr von mir übrig."

Ich sage, das wäre doch nicht schlimm. Wir könnten doch auch mit dem „Nichts" sein. Es würde doch nicht wehtun und wäre doch auch sonst nicht schlimm.

Zauberer ist misstrauisch. Er kann sich nicht vorstellen, dass das *jemals* anders wird. Aber er weiß auch nicht, was er sonst tun könnte.

Und so bleiben wir dabei. *Zauberer* steht und schweigt. Er schaut mich an. Stundenlang.

Ab und zu taucht ein Bild auf, mal von undurchdringlichem Nebel, mal von einer endlosen Wüste. Aber eigentlich geschieht nichts. Absoluter Stillstand.

Auch von mir kommt kein Impuls. Ich bin so leer wie *Zauberer* vor mir.

Nur in den Vor- und Nachgesprächen spreche ich mit Caro länger. Ich unterstütze sie darin, einfach nur mit diesem Zustand zu bleiben, egal, wie lange er dauert.

Zauberer kann es nicht fassen, dass ich nicht weggehe. Warum bleibe ich immer weiter da? Es passiert doch nichts! Da geht man doch!

Zauberer sagt: „Warum beendest du die Sitzung nicht? Es passiert doch immer nur nichts!"

„Der Meinung bin ich nicht", sage ich. „Aber du kannst die Sitzung ja selbst beenden, wenn du willst."

„Nein. Das will ich nicht."

„Das ist doch interessant!"

„Nein, das finde ich nicht interessant! Ich frag mich nur, warum du nicht gehst. Das tut doch kein normaler Mensch."

„Das mag sein. Vielleicht bin ich kein normaler Mensch."

„Ich versteh das nicht."

„Macht nichts. Vielleicht wirst du es irgendwann später verstehen."

„Und wie lang soll das jetzt noch so weitergehen?"

„Keine Ahnung. So lange es halt dauert."

„Und wenn es *immer* so bleibt?"

„Dann bleiben wir so lange, bis einer von uns nicht mehr kann. Ich kann aber sehr, sehr lange."

„Na prima. Ich glaub ich kann auch sehr lange."

Und so passiert weiter nichts.

Caro ist im Nachgespräch irritiert darüber, warum ihr die Sitzungen so wichtig sind. „Wie kann das denn sein?", fragt sie sich. „Wie kann mir etwas wichtig sein, wenn doch nichts passiert?"

In einer anderen Sitzung sagt *Zauberer* in einem Anfall von Unruhe: „Was könnte ich denn tun? Ich könnte wieder zur Hüpfburg gehen, ja, das würde gehen. Aber will ich das wirklich? Nein, eigentlich nicht. Das wäre nur wieder anstrengend. Und seit ich weiß, dass es eine Hüpfburg ist, ist es auch nicht mehr lustig. Nein, darauf habe ich keine Lust. Aber was sonst? Eine neue „*Person*" erfinden? Das ist auch ausgereizt. Ich würde es sofort erkennen, und dann würde es schon wieder keinen Sinn machen. Ach, ist das blöd! Es gibt nichts mehr! Keine Ablenkung funktioniert mehr!"

Im Nachgespräch sagt dann Caro: „Ich glaube, ich mache mir einfach nichts mehr vor. Es ist jetzt einfach so, wie es wirklich ist. Aber das ist nicht prickelnd! Das kann ich doch niemandem zeigen! Das versteht doch kein Mensch!"

„Ja", sage ich, „für die Menschen in deinem Alltag wäre das bestimmt befremdlich. Das würde niemand verstehen. Aber hier, so unter uns, ist es doch nicht so schlecht, oder?", antworte ich.

„Naja, es geht", sagt sie, „lieber wäre mir, wenn ich anders wäre. Aber ich gebe zu, es ist angenehm, mich *einmal* im Leben nicht anzustrengen. Ich bin einfach nur, wie ich bin. Auch wenn das todlangweilig ist."

3. Therapeutisches Prozessjahr

In Caros „äußerem Leben" tritt eine Beruhigung ein. Die Trennung von Rolf tritt allmählich in den Hintergrund.

In der Klinik wird Caros Arbeit vor allem von den Patientinnen und Patienten sehr geschätzt. Ihre kunsttherapeutischen Angebote, die diese frei wählen dürfen, sind nahezu immer ausgebucht. Auch bekommt sie viele Rückmeldungen von ihnen, die sich in ihrem Abschlussgespräch explizit bei ihr bedanken für ihre Begleitung und den einzigartigen Erfahrungsraum, den sie ihnen eröffnet.

Caro sagt, ihre Arbeit unterscheide sich deutlich vom Angebot vieler Kolleginnen und Kollegen: Bei ihr dürften Patientinnen und Patienten auch ein Bild „ganz in Schwarz" malen, wenn sie das Bedürfnis dazu haben. Sie ermuntere diese nicht, doch noch etwas Farbe hineinzubringen, um dem Bild eine „fröhlichere Wirkung" zu geben. Sonst wäre es die Grundhaltung in der Klinik, die Patientinnen und Patienten dazu anzuleiten, die Dinge positiv zu sehen. Es soll in ihnen nicht so dunkel sein, wie es ist. Trotz der vielen positiven Rückmeldungen fühlt sich Caro von ihren Kolleginnen und Kollegen kritisch beäugt. Sie sagt, vielleicht würden sie ihre Haltung ändern, wenn sie mehr verstehen würden, warum sie es so mache. Sie fragt ihren Chef, Herrn Ruhmann, ob sie in einer Teamkonferenz Raum haben dürfe, um ihren therapeutischen Ansatz ihren Kolleginnen und Kollegen mal näher zu erläutern. Er erlaubt es ihr. Doch das Interesse an einem fachlichen Dialog ist gering. Jeder scheint nur mit seinen eigenen Dingen beschäftigt zu sein. Auf einen Austausch über die verschiedenen therapeutischen Ansätze und ihre Wirkungsweisen hat offenbar niemand Lust.

Caro sagt mir, es wäre doch unglaublich, dass in einer psychosomatischen

Klinik niemand darüber sprechen wolle, welche therapeutische Haltung für die Patientinnen und Patienten wirklich heilsam sei! Niemand wolle sich damit auseinandersetzen, wie der „positive Zuspruch", der in der Klinik so selbstverständlich praktiziert werde, sich überhaupt auf die Patientin beziehungsweise den Patienten auswirke! Caro ist enttäuscht.

So also fühlt sich fühlen an

In der *Direkten Begegnung* wende ich mich weiter *Zauberer* zu. Er spürt jetzt feine Antennen, mit denen er ganz genau wahrnimmt, wie sein Gegenüber auf das, was er sagt, reagiert. So lernt er, was dieses mag, und liefert dann „zufällig" genau das. Als würde es gerade spontan so aus ihm herauskommen.

Mit Entsetzen stellt Caro fest, dass sie in der Therapie bei Frau Breuning genau so geworden ist, wie sich diese eine „gesunde Caro" vorgestellt hat. Und, sagt sie, so sei es anfangs auch bei mir gewesen: Sie habe versucht, mir die aufregendsten *Personen* zu liefern und meinen Vorstellungen von einem gelungenen Prozess maximal zu entsprechen.

Ganz langsam vertraut der *Zauberer* dem „Nichts". Er muss mir jetzt nicht mehr *glauben,* dass das Nichts okay ist, er *weiß* es. Und er weiß auch, dass das Nichts sowieso da ist, unabhängig davon, was ich, er oder sonst jemand darüber denkt.

In einer *Direkten Begegnung* sagt *Zauberer* plötzlich: „Ich fühle mich schwer."

Und nach einer Weile fügt er hinzu: „Es ist weder gut noch schlecht, dass ich mich so fühle, es *ist* nur so. Das ist meine Wahrnehmung in diesem Moment."

Im Nachgespräch sagt mir Caro, dass das sicher für viele Menschen banal klingen würde, aber für sie sei das alles andere als banal! Ein Leben lang habe sie sich dafür angestrengt, ein bestimmtes Bild von sich zu präsentieren. Sie – also *Zauberer* – habe Eindruck machen wollen, sie wollte lebendig, attraktiv, strahlend wirken. Wie sie sich dabei tatsächlich *fühlte,* habe aber nie eine Rolle gespielt. Und das Ganze wäre so automatisiert gewesen, dass sie gar nicht mehr gewusst habe, dass sie eigentlich gar nichts fühle. Gefühle wären ja Teil ihrer, also *Zauberers*, Inszenierung gewesen.

Caro sagt, in den vielen Selbsterfahrungsgruppen, die sie besucht habe, habe *Zauberer* sein Repertoire noch beträchtlich erweitert, denn da seien „intensive Gefühle" gefragt gewesen. Ihre „Gefühlsausbrüche" wären aber nie platte Selbstdarstellungen gewesen. Nein, eigentlich hätte das nie jemand durchschaut – noch nicht mal sie selbst! Die „Vasallen" des *Zauberers* hätten sich jeweils tatsächlich so gefühlt! Sie habe nur nie dazugesagt – und es tatsächlich damals auch noch gar nicht gewusst –, dass das, was sie zeige, noch einen „doppelten Boden" habe und sich darunter noch ein riesiges „Nichts" verbirgt.

Heute aber, mit diesem Gefühl des Schwerseins, sei das anders gewesen. Sie könne ja niemanden damit beeindrucken, dass sie sich „schwer" fühle. Sie habe sich aber so gefühlt! Sie habe es ganz genau gespürt! Für *Zauberer* sei das erschütternd gewesen. Weil er gar nicht mehr gewusst habe, wie sich *Fühlen* eigentlich anfühlt! Das wäre ihr erst heute in der *Direkten Begegnung* richtig klar geworden. *Zauberer* – und damit sie – habe das komplett vergessen!

Ich will mit dir weiterarbeiten

Wenn mir Caro im Vorgespräch von ihrem Alltag erzählt, wirkt sie oft wie ein quirliges, hyperaktives Kind. Ich vermute, dass dann eigentlich *Caroline* anwesend ist. Auch sonst scheint mir dieses *Kind* in Caros Alltag oft gegenwärtig. Ich will heute schauen, wie es ihr geht. Ich bitte Caro, sich auf den Platz von *Caroline* zu begeben.

Caroline ist sehr mitteilungsbedürftig. Sie will mir unbedingt ganz genau erzählen, was in ihrem Leben alles passiert. Sie sehnt sich so sehr nach einer Beziehung. Sie würde so gerne jemandem nah sein. Sie erzählt, in den Selbsterfahrungsgruppen, die sie mache, suche sie immer nach einer

„besten Freundin". Doch leider seien bisher keine dauerhaften Kontakte daraus entstanden. Darüber ist sie sehr traurig.

Dann erzählt sie mir von der Klinik, von einer Patientin, die mit Tonfiguren ihre ganze Familie modelliert habe, und von einem Kollegen, über den sie sich ärgere.

Ich höre nur zu. *Caroline* genießt meine Aufmerksamkeit. Sie will im Mittelpunkt stehen. Sie will meine unbedingte Zuwendung.

„Hier ist es gut", sagt *Caroline*. „Hier geht es um mich. Ich darf so viel erzählen, wie ich will, und du bist da. Aber immer bin ich hungrig! Immer muss ich auf dich warten!"

„Ja", antworte ich, „wir sehen uns nur einmal im Monat, das ist nicht viel."

„Sag ich doch! Eigentlich *liebe* ich dich nämlich! Du bist für mich das Wichtigste auf der Welt! Einen ganzen Monat warte ich nur auf den einen Tag, an dem ich zu dir kommen darf!"

„Oh, das ist aber nicht lustig", sage ich, „so lange zu warten…"

„Allerdings! Am liebsten wäre ich jeden Tag da! Erinnerst du dich noch an den Ferienworkshop, den du auf Korfu geleitet hast? Da bin ich doch zu spät gekommen, mein Flugzeug hatte Verspätung, und als ich dann in den Gruppenraum kam – du hast gerade eine Übung angeleitet –, bin ich auf dich losgestürzt, ich habe dich umarmt und mich auf deinen Schoß gesetzt! Du hast gelacht und mich in die Arme geschlossen! Ich war für dich wichtiger als alle andern! Das war toll! So möchte ich es immer!"

„Ja, ich erinnere mich. Das war schön. Das war ein inniger Moment."

„Ich habe aber immer Angst, dass ich dir zu viel bin. Kannst du mir mal sagen, dass ich genauso sein darf und dir das nicht zu viel ist? Ich möchte, dass ich auch unmäßig sein darf und du mich trotzdem liebst. Ich möchte einfach, dass du bei mir bleibst, egal, was passiert."

Ich sage: „Du darfst genau so sein, wie du bist. Du darfst auch unmäßig sein und du bist mir nicht zu viel. Ich gehe nicht weg, egal, was passiert!"

„Und was ist, wenn du in Ruhestand gehst? Kann ich bis an mein Lebensende zu dir kommen oder hörst du vorher auf?"

„Oh, darüber habe ich jetzt noch nicht nachgedacht. Lass mich mal rechnen… Ich bin jetzt 42, ich arbeite vielleicht bis 65 oder vielleicht auch 70, das macht also noch etwa 25 Jahre… Und wie alt bist du?"

„58."

„Okay, 58 und 25 macht 83… Und wie lange hast du vor zu leben?"

„Naja, 90 möchte ich schon werden, wenn nicht was Unvorhergesehenes passiert…"

„Naja, also, dann wird es schon ein bisschen knapp, das muss ich zugeben. Aber bis 83, das ist ja schon mal ein Wort!"

„Und bis dahin arbeitest du mit mir weiter?"

„Ja. Ich will mit dir weiterarbeiten, solange du das Bedürfnis danach hast."

„Gibst du mir das auch schriftlich?"

Ich lache, „klar!", sage ich. Ich nehme einen kleinen Klebezettel, der auf meinem Tischchen liegt, und schreibe darauf: „Ich will mit dir weiterarbeiten. Gabrielle" und gebe ihn ihr. Sorgsam packt sie ihn ein.

Erst zum Ende unseres gemeinsamen Weges gesteht mir Caro, dass sie diesen Zettel in ihrem Geldbeutel aufbewahrte und ihn viele Jahre jeden Tag mit sich herumtrug. Sie sagt, sie habe sich ihn auch immer wieder angeschaut und sich dabei bestätigt: „Doch, lies es! Sie will wirklich mit dir weiterarbeiten!" Das wäre für sie so unglaublich gewesen, dass sie sich das immer wieder von Neuem habe bestätigen müssen.

Zu Hause, erzählt mir *Caroline* jetzt, habe sie in ihrem Wohnzimmer einen kleinen „Altar" für mich errichtet. Sie habe ein Bild von mir gerahmt und es auf ein kleines Podest gestellt. Und sie habe eine Blumenkette und einige schöne Steine dazu gelegt, die sie von Reisen aus fernen Ländern mitgebracht hatte. Sie sagt, sie schaue sich mein Bild jeden Tag an und fühle sich dann geborgen und geliebt. Sie rede dann innerlich mit mir und versuche zu hören, was ich wohl zu ihr sagen würde. Die Mails, die sie mir weiterhin mehrfach wöchentlich schreibe, seien nur „die Spitze des Eisbergs".

Ja, ich fühle mich geschmeichelt, ich muss es zugeben. Das finde ich nicht toll von mir, aber es ist so. Gleichzeitig fürchte ich aber auch den Absturz, der ja kommen muss. Caroline idealisiert mich und sie missversteht unsere therapeutische Beziehung als Freundschaft.
Das eigentliche Problem liegt aber weiterhin darin, dass Caro sehr oft mit Caroline verschmolzen ist. Caro fühlt sich in ihrem Leben eigentlich als Caroline, sie hat ihren Ich-Fokus fast nur in Caroline. Zauberer kennt sie zwar, aber sie schaut – außerhalb der Sitzungen – nicht oft aus seinen Augen auf die Welt.

In einer anderen Sitzung – ich gehe wieder zu *Caroline* – weint sie vor Glück, dass jetzt endlich jemand da ist, den sie ganz und gar lieben darf. Jemand, der sie nicht loshaben will oder quält. Ja, mehr als das. Sie sagt, ich sei immer freundlich und ihr zugewandt, wann immer sie mich sieht. Das sei ganz und gar unfassbar für sie. Es sei so schön, dass sie das fast nicht aushalten könne! Doch so groß das Glück sei, so groß sei auch der Schmerz: Die Zeit bei mir sei immer so kurz. Die gemeinsamen Stunden seien so schnell wieder vorbei. Und dann, sagt sie, müsse sie wieder nach Hause gehen und „ewig" auf unser nächstes Treffen warten.
Das sei unerträglich.
Halbvorwurfsvoll fragt sie mich: „Warum kann ich eigentlich nicht *immer* bei dir sein? Warum schickst du mich nach ein paar Stunden immer wieder weg?"

Jetzt kommt sie, die Enttäuschung, denke ich. Das ist mir aber auch recht. Diese totale Ausrichtung von Caro/Caroline auf mich und die Therapie ist nicht gesund. Ich bin sicher, dass die Abhängigkeit von mir durch die Arbeit

mit Zauberer, der wohl wieder mehr in den Blick kommen wird, abnehmen
wird. Das wird ihr wieder mehr Boden und Eigenständigkeit geben.

4. Therapeutisches Prozessjahr

Einsam

Es geht Caro nicht gut. Sie wacht nachts oft auf und spürt ihre unendliche Einsamkeit. Manchmal weint sie lange, bevor sie irgendwann wieder einschläft. Sie spürt eine Einsamkeit, die sie ein ganzes Leben lang weggesperrt und von sich abgespalten hat.

Genau das wollte sie nie fühlen. Sie wollte nie wissen, wie alleine sie eigentlich ist, sie wollte nie wissen, wie verloren sie sich eigentlich fühlt, sie wollte nie wissen, wie hungrig sie eigentlich ist. Jetzt ist es da. Sie kann es gar nicht mehr *nicht* fühlen.

In der *Direkten Begegnung* macht mir *Zauberer* bittere Vorwürfe. Er sagt: „Früher war alles in Ordnung, alles hat funktioniert! Und jetzt kommst du und machst einfach ein Loch in die Hüpfburg, und sie fällt in sich zusammen wie ein geplatzter Luftballon! *Caroline* schreit mir die Ohren voll in ihrer Einsamkeit und ich habe ihr nichts mehr zu bieten. Ich steh vor einem Scherbenhaufen. Nichts mehr ist übrig von dieser „glücklichen und erfolgreichen Caro" von früher. Ich bin leer. Ich bin wie verbrannte Erde: schwarz, grau, hart. Auf mir wächst kein Hälmchen mehr. In mir ist es schlimmer als Wüste! Alles ist verbrannt. Es gibt kein Leben mehr in mir. Du hast mein Leben zerstört!"

Ich nehme das entgegen. Ich bleibe einfach da. Und irgendwann sage ich: „Ja, so ist es. So fühlst du es. Und vielleicht wird es nie anders werden. Du hast dir das alles ganz anders vorgestellt. Und trotzdem ist es jetzt so." *Zauberer* spürt, dass auch er alleine ist.

Aber im Unterschied zu *Caroline* will er das so. Er traut den Menschen nicht. Er weiß, dass die Menschen böse, hinterhältig und heimtückisch

180

sind. Er weiß, dass es gut ist, sie niemals nahekommen zu lassen.

Er sagt, er werde sich niemals wieder auf einen Menschen einlassen. Die Mutter und der Bruder wären genug gewesen. *Er will keine Beziehung!* Zu niemandem! Das ist wie ein Schwur. *Zauberer* sagt, *Caroline* könne noch lange heulen, sie wisse gar nicht, wonach sie schreie. *Er werde sich niemals auf eine Beziehung einlassen. Für ihn gibt es gar keine Menschen. Für ihn sind sie nur irgendwelche Figuren, weit in der Ferne. Er kann sie kaum sehen und sie interessieren ihn auch nicht. Zauberer will mit ihnen nichts zu tun haben – und er hat auch nichts mit ihnen zu tun. Das hat er erreicht. Allenfalls lässt er sein „Puppentheater" für sie tanzen, aber er selbst hat mit niemandem was zu tun. „Und das ist auch gut so", sagt er.*

Allerdings spürt *Zauberer*, dass jetzt, wo er seine Hüpfburg nicht mehr aktiviert, sein Leben langweilig geworden ist. Eigentlich passiert immer nur nichts, denn er selbst ist an nichts direkt beteiligt. Mit Caros äußerem Leben hat er nichts zu tun. Er spürt kein Interesse an irgendwas. Für ihn ist alles langweilig und öde. Es gibt keinen Impuls. Er spürt nicht das geringste Interesse. Nur mit mir zu reden ist gut. Er mag es, dass ich mich für ihn interessiere. Das bringt wenigstens ein bisschen Abwechslung. Und irgendwie tut es auch gut, unbeschönigt auszusprechen, wie es ist.

Im Nachgespräch sagt mir Caro, dass sie sich Sorgen mache um ihren Prozess. Sie sagt: „Was ist, wenn das immer so weitergeht? Was ist, wenn es nie gut werden wird in meinem Leben? Was ist, wenn ich nie eine echte Beziehung haben kann? Was ist, wenn ich nie Frieden in mir finde?"

Große Fragen, auf die auch ich keine Antworten habe.

Ich weiß nicht, wie Caros Weg weitergeht. Ich weiß nicht, ob sie jemals Frieden finden oder eine glückliche Beziehung leben können wird.

Was ich weiß, ist, dass ich bereit bin, mit ihr da zu bleiben. Ich bleibe mit ihr da, was immer sie fühlt, was immer ihr begegnet. Und ich weiß, dass dieser Zustand, den sie jetzt fühlt, nicht auf alle Zeiten so bleiben wird. Es wird

eine ganz kleine Veränderung geben. Und zwar einfach deswegen, weil es
immer eine ganz kleine Veränderung gibt.
Aber wird es eine Veränderung hin zu mehr Beziehung und Frieden sein?
Oder wird es womöglich noch dunkler werden? Das weiß ich nicht.

Herrscherin erscheint

Nach einem Monat sehen wir uns wieder, diese Sitzung ist bemerkenswert: Ich wende mich in der *Direkten Begegnung* wieder *Zauberer* zu. Er
fühlt sich öd, leer und impulslos, so, wie wir ihn schon einige Sitzungen
lang erlebt haben.

Doch plötzlich sagt er halblaut vor sich hin: „Ich will mit den ganzen
Menschen nichts zu tun haben! Das ist mir echt zu blöd! So viel Dumm-
heit, so viel Ignoranz! Ich wüsste nicht, was ich mit denen soll! Sie sind
mir lästig!"

Die Körpersprache verändert sich. Das Energiefeld weitet sich, *Zauberer*
richtet sich auf und schaut mir direkt in die Augen. Ich sehe ein mächti-
ges Gegenüber.

Hier ist keine Klage, kein Vorwurf, keine Beschuldigung. Ich sehe, hier
steht jemand ganz anderes vor mir.

Ich sage: „Oh, wer ist denn das? Geh doch bitte mal zwei Meter zurück.
Ja, so, das ist gut. Hallo!"

„Hallo!", kommt es mir entgegen. Wir schauen uns schweigend an. Dieser neue „Jemand" sagt: „Genug mit dem Kinderkram. Es reicht! *Ich* bin
jetzt da. Aber nimm dich in Acht, ich bin nicht so freundlich und harmlos wie die andern da vorne!"

„Schon in Ordnung. Schauen wir mal."

Caro nennt diesen Jemand „*Herrscherin*". Caro betont, sie wäre eine Frau.
Allerdings ist das, was von ihr wahrzunehmen ist, nicht besonders weib-
lich: Sie herrscht und bestimmt! Selbstbewusst steht sie mir gegenüber.
Sie spricht nicht viel. Sie lässt sich Zeit. Mich beeindruckt ihre Gelassen-

heit. *So ist mir* Zauberer *nie begegnet.* Herrscherin *sagt:* „Ich stehe über den Dingen. Mit den Menschen habe ich längst abgeschlossen. Sie sind es nicht wert, dass ich mich mit ihnen auseinandersetze."

Sie nimmt den Barhocker, der hinten im Raum steht, und stellt ihn auf ihren Platz. Sie setzt sich drauf und sagt: „Ich sitze auf einem Thron. Ich will es bequem haben. Mich ficht nichts an. Die Menschen sind für mich Ameisen. Sie kriechen am Boden rum und versuchen, irgendwas zu tun. Aber mir sind sie nur lästig. Kriecht mal eine an mir hoch, kitzelt es ein bisschen, und dann wische ich sie weg. Mehr nicht. Schon die Auseinandersetzung mit ihnen ist mir zu viel! Das lohnt sich nicht. Das haben sie nicht verdient."

Herrscherin lässt auch mich abblitzen. Sie interessiert sich nicht für mich. Ihr ist egal, dass ich da bin. Sie will mit niemandem was zu tun haben. Da gibt es keine Ausnahme.

Ich bin froh, dass Herrscherin aufgetaucht ist. Mich beeindruckt ihre Erscheinung; ihr Machtbewusstsein, ihre Überheblichkeit und ihr scheinbar unerschütterliches Selbstbewusstsein. Ich bin mir fast sicher, dass Herrscherin das Verborgene Ich von Caro ist. Bisher vermutete ich immer, es wäre Zauberer. Aber gerade habe ich keinerlei Zweifel daran, dass es nur Herrscherin sein kann.

Hass

Nächste Sitzung. Ich spüre in Caro eine unterschwellige Wut. Ich bitte sie auf *Herrscherins* Platz.

Ich frage: „Bist *du* wütend?"

„Ja!", sagt sie. Sie schaut mich direkt und fordernd an.

„Und warum?", frage ich weiter.

„Ihr seid alle so dumm! Ihr seid verlogen! Niemand von euch meint es wirklich ernst! Ihr wollt nur eure persönliche Befriedigung ausleben, sonst nichts! Ihr seid kleine Würmer und Ameisen ohne jegliches Gehirn! Ihr habt es gar nicht verdient, dass ich mich mit euch überhaupt beschäftige!"

Sie wird immer lauter. Es ist, als hätte sie schon ein Leben lang darauf gewartet, diese Sätze mal jemandem um die Ohren zu hauen.

„Eigentlich", sagt sie, „hasse ich die Menschen! Wut reicht nicht, es ist Hass! Ich will mich an ihnen rächen! Ja, das will ich! Sie haben nichts anderes verdient! Die Menschen sind böse, sie sind hinterhältig und sadistisch!"

Wie Wellen brechen Hass und Verachtung aus *Herrscherin* heraus. Dabei ziehen an ihrem inneren Auge verschiedene Menschen vorbei:

Mit Ekel sagt sie: „Rolf, was ist denn das für ein Looser! Was für ein arrogantes Arschloch, was für ein Nichtsnutz! Er hat nichts vom Leben verstanden und meint, er wäre halberleuchtet! Es geht ihm doch nur ums Ficken, etwas anderes hat ihn nie interessiert!"

Es geht weiter mit Holger, einem Kollegen aus der Klinik. Sie sagt: „Holger versteht nichts! Er kann nichts und er ist unendlich faul. Er sitzt nur die Zeit bei uns ab und will seine Kohle haben! Die Patienten interessieren ihn nicht. Ihn interessiert nur seine Arbeitszeit, die er so gering wie möglich halten will. Wenn er morgens in die Klinik kommt, du glaubst es nicht, holt er sich als Erstes einen Kaffee und liest in seinem Büro die Zeitung! Eine ganze Stunde! Ist das denn ein Verhalten?!

Und dann Herr Ruhmann, unser Klinikchef. Der hat keinen Pep im Arsch! Immer will er ausgleichen, immer will er Frieden stiften und irgendwie schauen, dass alle zufrieden sind. Hat er den Mut, mal was Kritisches anzusprechen? Hat er den Mut, unfähige Mitarbeiter vor die Tür zu setzen? Nein, nichts! Es wird immer nur geredet und geredet, aber passieren tut nichts!

Weißt du, wer bei uns in der Klinik das Heft in der Hand hat? Die Köchin! Ja, die Köchin, du glaubst es nicht! Vor ihr haben alle Angst! Sie brüllt herum, sie schnauzt jeden an, der ihr in die Quere kommt, und sie droht, alles hinzuschmeißen, wenn jemand mal wieder seine Kaffeetasse in einem der Zimmer hat stehen lassen!

Ist das nicht eine verrückte Welt? Habe ich nicht allen Grund, die Menschen zu verachten?! Sie sind eine misslungene Spezies! Ich kann es nicht anders sagen. Sie sind dumm, ignorant, selbstherrlich und verlogen. Nein, ich kann mich nicht dazu durchringen, sie zu mögen! Ich wüsste nicht, wie das gehen soll. *Ich* jedenfalls will mit ihnen nichts zu tun haben!"

Nach etwas mehr als einer Stunde ebbt der Ausbruch ab. Ich bitte Caro, sich wieder auf den Ausgangsplatz zu setzen. Caro sagt, das wäre heftig gewesen. Sie habe so etwas – ohne jeden äußeren Anlass – noch nie erlebt. Im Streit kenne sie das allerdings schon. Sie habe in ihren Beziehungen ja immer wieder ganz furchtbar Streit gehabt, bis hin zu Gewalttätigkeiten, davon habe sie mir ja schon erzählt. Aber jetzt, einfach nur so? Das sei für sie befremdlich. Caro sagt: „So möchte ich nicht sein! Und so bin ich doch eigentlich auch nicht, oder?"

Caro ist unwohl. Kann sie *Herrscherin* irgendwie loswerden? Da ist so viel Wut, so viel Hass, so viel Verachtung! Das geht doch nicht! Was kann sie denn tun, damit *Herrscherin* weggeht oder sich wenigstens verändert? Ich sage: „Das geht nicht. *Herrscherin ist* da und sie wird auch dableiben. Ihr Hass auf die Menschen hat dein Leben schon immer gefärbt. Das ist nicht neu. Neu ist, dass du jetzt darum weißt. Die einzige Wahl, die du wirklich hast, ist: hinschauen oder eben nicht hinschauen. Das kannst du wählen. Du kannst aber nicht wählen, ob es Herrscherin geben soll oder nicht, denn sie *ist* da!"

Caro schaut mich bange an, ihr scheint nicht wohl zu sein bei dem Gedanken.

Ich sage: „Aber weißt du, ich kann *Herrscherin* durchaus auch was abgewinnen. Sie hat doch auch Fähigkeiten. Hat sie nicht scharf auf den Punkt gebracht, was mit Rolf, Holger und Herrn Ruhmann los ist? Es stimmt doch alles! Ihre Aussagen sind zwar von Hass durchtränkt, aber trotzdem ist doch auch viel dran an dem, was sie sagt."

Das Ton-Dorf-Spiel

Im Vorgespräch einer Sitzung erzählt mir Caro freudig von dem jährlichen Mitarbeitergespräch, das Herr Ruhmann mit ihr geführt hat. Sie sagt, er habe ihr für ihren großen Einsatz in der Klinik gedankt und ihr Führungsqualitäten attestiert. Er habe gesehen, wie sie sich im Vorfeld zum Tag der offenen Tür in der Klinik um viele Details gekümmert habe und auch am Tag selbst die Besucherinnen und Besucher freundlich und kompetent über die Klinik informierte. Herr Ruhmann sagte weiter, er nehme sie in den klinikinternen Sitzungen reflektierter und besonnener wahr. Sie würde viel weniger kämpfen als früher, das sei ihm richtig aufgefallen. Ihre Stellungnahme zu bestimmten Themen und vor allem ihre Einschätzung der Patientinnen und Patienten würde er sehr schätzen. Sie seien präzise und würden etwas auf den Punkt bringen, was andere – wenn überhaupt – nur vage andeuten würden.

In einer anderen Sitzung erzählt mir Caro über das Ton-Dorf-Spiel, das sie über Jahre mit ihren Patientinnen und Patienten entwickelt hat. Ich frage, was ich mir denn darunter vorstellen könne. Sie erklärt, dass sie dafür auf einen großen Tisch mehrere Kilo gut knetbaren Ton für die Patientinnen und Patienten vorbereite. Diese würden dann die Aufgabe bekommen, aus diesem Ton ein Dorf zu gestalten. Es wäre höchst interessant, was dann passiere. Einige würden die Führung übernehmen und „Straßen" anlegen, andere würden einen Laden oder eine Schule bauen und wieder andere würden nur ihr eigenes Haus bauen wollen. Aber auch das sei interessant: Was für ein Haus bauen sie und wo im Dorf steht dieses Haus? Wird eine „Grenzhecke" oder gar eine „Mauer" um das Haus gebaut? Gibt es eine „Zufahrtsstraße"?

Sie selbst bleibe während der ganzen vorgegebenen Zeit von etwa eineinhalb Stunden außerhalb des Geschehens und beobachte nur das Verhalten der einzelnen Patientinnen und Patienten.

Nach einer Pause würden sie sich dann mit der ganzen Gruppe dieses Dorf und die einzelnen Häuser anschauen und darüber sprechen. Dabei wäre ihr wichtig, dass es nicht um schön oder nicht schön ginge – die Besprechung also keinen wertenden Charakter habe –, sondern dass das Einzigartige von dem, was eine Patientin, ein Patient geschaffen habe, hervorgehoben würde. Besonders aufschlussreich wäre natürlich auch immer, wie sich jemand in die „Planung" des Dorfes einbringe. Wer übernehme Führung, wer widerspreche und wer versuche, sich aus allem rauszuhalten. Viele Patientinnen und Patienten seien geradezu erschüttert, ihr eigenes Verhalten, mit dem sie in ihrem Leben draußen ringen, in diesem harmlos aussehenden Ton-Dorf-Spiel gespiegelt zu sehen.

Ich bin beeindruckt von dem, was mir Caro über ihre Arbeit erzählt. Ich habe davon so noch nie gehört. Ich kann gut nachvollziehen, dass dieses Ton-Dorf-Spiel für viele Patientinnen und Patienten äußerst erkenntnisreich ist. Spannend finde ich aber auch die Gleichzeitigkeit von Caros Aufblühen in ihrer Arbeit und dem Erkennen von Herrscherin. Caro spürt Herrscherins Hass, ihre Abwertung, ihre Verurteilung, ihre Ignoranz. Aber die konkreten Beziehungen zu ihren Kolleginnen und Kollegen, ihrem Chef und den Patentinnen und Patienten scheinen eher freundlicher und wärmer zu werden.
Es ist paradox: Caro spürt, sie hasst die Menschen. Und sie akzeptiert, dass das so ist. Gleichzeitig aber scheinen ihre Abwertung und Aggressivität in den unmittelbaren Kontakten nachzulassen.

Ameisen stellen keine Fragen

In der *Direkten Begegnung* fordere ich *Herrscherin* auf, sich nun auch direkt auf mich zu beziehen. Ich möchte, dass sie nicht nur über ihre Verachtung der anderen spricht, sondern auch spürt, wie sie sich genau jetzt, in ihrer Beziehung zu mir, wahrnimmt.
Herrscherin wehrt sich. Sie fühlt sich angegriffen. Sie hat gar nicht gemerkt, dass ich ihr nur eine Frage gestellt habe.

So wiederhole ich: „Was fühlst du denn *mir* gegenüber?"

Herrscherin ist irritiert. Sie hat darauf keine Antwort. Meine Frage kommt ihr abwegig vor. Sie sagt: „Wie kann man denn überhaupt so etwas fragen? Wie kommt überhaupt jemand dazu, *mir* eine Frage zu stellen? Das würde ja voraussetzen, dass es Menschen gibt und diese sogar Fragen stellen können!"

„Ja, allerdings", antworte ich lakonisch.

„Das ist doch völlig absurd!", sagt sie wie benommen. „Das sind doch alles Ameisen! Und Ameisen stellen keine Fragen. Unverschämt, dass hier jemand die Dreistigkeit hat, *mich* zu stören!"

Herrscherin ist tatsächlich verwirrt. Sie sagt, einerseits wäre sie fassungslos, dass überhaupt jemand eine Frage an sie stelle. Das fände sie unglaublich. Andererseits aber berühre sie, dass offensichtlich jemand bis zu ihr „vorgedrungen" sei! Das hätte sie niemals für möglich gehalten und das sei ihr bisher auch noch nie passiert. Das mache sie nachdenklich.

Weiter denkt sie laut: „Eigentlich finde ich es ja spannend, dass du dich für mich interessierst. Doch wenn ich mich nun auf dich einlassen würde, wäre das ja ein Zugeständnis an die Menschen. Ich würde damit zum Ausdruck bringen, dass ich anerkenne, dass es einen Menschen gibt. Und wenn ich *einen* Menschen anerkenne, kann ich nicht ausschließen, dass es nicht noch weitere Menschen gibt." Sie überlegt eine Weile, dann sagt sie: „Wo käme ich denn hin, wenn ich mich mit den Menschen einzeln abgeben würde? Bisher dachte ich immer, es sind einfach alles Arschlöcher. Das ist recht einfach. Wenn ich jetzt aber anfange, Unterschiede zu machen, wer weiß, wo mich das hinführt…"

Wieder schweigt sie. Dann: „Allerdings, das muss ich zugeben, du hast dich mir gegenüber bisher nicht unfair verhalten. Du hast mich weder angegriffen noch verurteilt. Aber wer weiß, was nicht ist, kann ja noch werden."

Herrscherin schaut ratlos vor sich hin. Obwohl sie jetzt schon seit einigen Sitzungen anwesend ist und auch immer mit mir gesprochen hat, hat sie *mich* bisher noch gar nicht wirklich wahrgenommen.

Sie sagt: „Irgendwas ist gerade anders. Ich habe das hier bisher immer als eine Art anonymen Raum verstanden, in den ich so reinspreche. Aber wenn du jetzt wirklich da bist und mir sogar antwortest, ist das ja was ganz anderes! Das ist so konkret und direkt! Eigentlich ist mir das viel zu nah! Viel lieber schimpfe ich über die Menschen da draußen. Die sind ja nicht da. Aber hier mit dir, im direkten Kontakt, bin ich doch vollkommen nackt. Da gibt es nur uns zwei, dich und mich. Ich kann mich an nichts festhalten. Das fühlt sich total unsicher an. Ich weiß ja dann gar nicht, wo das hinführt. Eigentlich kann ich das gar nicht aushalten!"

Das ist meine Rache

Dann plötzlich bricht es aus *Herrscherin* heraus: „Nein, ich will keine Beziehung! Niemals! Was für eine verrückte Idee! Völlig absurd! Mich auf jemanden konkret beziehen, nein, das will ich nicht! Das ist mir viel zu gefährlich! Die andern da vorne", sie deutet auf *Zauberer* und seine Vasallen, „können ja in Beziehung treten, das ist mir egal. Aber ich selbst, niemals! *Ich* will hier hinten nur die Fäden ziehen. *Ich* will mich an den Menschen rächen! Ich lasse sie auflaufen, ich setze mal hier und mal dort einen Stich. Aber ich selbst werde niemals direkt sichtbar! Am liebsten ist es mir, wenn die Menschen nur *Caroline* sehen, sie ist ja so schön unschuldig. Sie ist noch ein Kind und hatte es schwer. Die Menschen sollen sich um sie kümmern, ja genau, das sollen sie tun! Aber *mich* sollen sie niemals sehen! Ich rede doch noch nicht mal mit ihnen. Das ist meine Rache!"

Ich sage, dann wäre ja wahrscheinlich auch die Eskalation mit mir vor zwei Jahren wegen Rolf und seiner Freundin in diesem Kontext zu verstehen. *Herrscherin* sagt: „Ja, schon. *Ich* wollte, dass du dich um *Caroline* kümmerst. *Mir* ist dieser Balg lästig. Immer weint sie, immer will sie Nähe, immer ist sie in Not. Ich will sie loshaben! Ich kann dieses ständige Gejammer nicht mehr ertragen. Ich wollte, dass du die Verantwortung für sie übernimmst! Du bist ja schließlich die Therapeutin. Du solltest für *Caroline* 24 Stunden am Tag während 365 Tagen im Jahr erreichbar sein und dich um sie kümmern. Wie eine gute Mutter. Aber das hast du nicht gemacht."

„Nein. Das wollte ich nicht."

„Siehst du? Das hab ich doch gesagt. Das ist böse von dir! Du hättest dich ihr freundlich und geduldig zuwenden sollen, wann immer sie das braucht."

„Das sehe ich nicht als meine Aufgabe!"

„Aber ich! Ich finde, das *ist* deine Aufgabe! Auf jeden Fall wollte ich, dass du das tust."

„Ach so. So nach dem Motto: Ich soll mich um *Caroline* kümmern, währenddessen du dich an den Menschen rächst…"

„…naja, so ungefähr. Man muss es ja nicht so klar aussprechen."

„Das will ich aber! Caro beziehungsweise *Caroline* ist ja damals völlig ausgeflippt in all den Mails…"

„Ja! Ich musste dich bestrafen! Du hast nicht getan, was ich will. Und so habe ich *Caroline* auf dich losgelassen! Du solltest spüren, was du ihr angetan hast!"

„Aber ich hab ihr doch gar nichts angetan!"

„Doch, schon! Du hast uns nicht gesagt, dass Rolf eine neue Freundin hat! Das war wirklich schlimm. Ich meine, *ich* hätte ihn ja sowieso nicht gewollt, dieses Arschloch! Der hat Caro doch gar nicht verdient! Aber für *Caroline* war er schon wichtig. *Sie* hatte sich immer Hoffnungen gemacht. Sie hat gedacht, jetzt machen Rolf und Caro noch etwas Therapie, und dann wird er schon zu dem Märchenprinzen, von dem sie immer träumte. Er wird dann endlich merken, dass sie die schönste und tollste Frau auf der Welt ist und dass er sie schon immer haben wollte.

Caroline hat gedacht, dass sich auch Rolf vor Sehnsucht nach ihr verzehrt und er ungeduldig darauf wartet, bis die vereinbarte Auszeit vorbei ist und er sie dann mit seinem schwarzen Pferd in sein Schloss holt… Ja, tatsächlich, so ähnlich hat sie sich das wirklich vorgestellt."

„Das hat mit der Realität allerdings nicht viel zu tun."

„Nein, hat es nicht. Aber so ist sie eben, ein Kind."

„Dass sie in dieser Märchen-Illusion geblieben ist, hat aber mehr mit dir zu tun als mit mir."

„Wie meinst du das?"

„*Du* warst nicht da. *Du* hast deine Sichtweise nicht mit reingegeben. *Du* hast nicht deutlich gemacht, dass du diesen Mann gar nicht willst. Und du hast erlaubt, dass *Caroline* in Rolf diesen Prinzen sieht. Nur so konnte sie sich in dieser Fantasie verlieren."

„Ja, das stimmt. Ich wollte nicht da sein. Für mich ist ja nichts schiefgelaufen. Ich wollte sowieso, dass du die Verantwortung für *Caroline* übernimmst. Mir ist sie lästig, das habe ich schon gesagt. Und da du das dann nicht getan hast, musste ich dich bestrafen. Weil *mir* darf sich niemand widersetzen!

Meine Strafe war, dass du dich schuldig fühlen solltest. Du solltest denken, dass du einen schwerwiegenden Fehler gemacht hast. Ich wollte, dass du dich quälst und wegen ihr schlaflose Nächte hast! Schließlich habe auch ich – also genau genommen *Caroline* – schlaflose Nächte gehabt. Das solltest du büßen! Ja, ich habe dir die schreiende *Caroline* auf den Hals gehetzt. Du solltest sehen, was du angerichtet hast!"

„Hm. Das ist ja schon ganz schön heftig, was du da alles sagst. Aber weißt du denn auch, dass es euch gar nicht nachhaltig helfen würde, wenn ich versuchen würde, die Verantwortung für *Caroline* zu übernehmen?"

„Das kann schon sein, aber das ist mir egal! Darum geht es mir gar nicht. Vielleicht wollte ich dir ja nur beweisen, dass auch du uns nicht helfen kannst. Ich wollte, dass du an uns scheiterst wie alle andern auch. Ich wollte, dass du dich schlecht fühlst. Du solltest sehen, dass du mit deiner ,Super-Methode' genauso wenig ausrichten kannst wie alle andern vor dir. Das war meine Strafe. Du solltest scheitern. Ich wollte mit dem Finger auf dich zeigen und dir sagen: Siehst du? Auch du hast es nicht gebracht!

Auch du bist eine Niete! Ihr seid *alle* unfähig! Niemand auf der Welt kann an meiner Misere was ausrichten! Das ist mein Triumph! Dann weiß ich wieder, warum ich alle hasse!"

Ich antworte: „Aber jetzt mal ganz langsam: Du willst, dass ich mit dir scheitere?! Du willst, dass es keine Heilung für dich gibt?"

„Ja, ich glaub schon. Also, ich meine, das habe ich mir natürlich nicht vorher alles genau so überlegt. Es ist halt so gekommen. Aber wenn ich mir jetzt Gedanken darüber mache, kommt es mir schon schlüssig vor. Ich kann mir überhaupt nicht vorstellen, dass es wirkliche Heilung gibt. Mir tut es gut, wenn du dich hilflos fühlst, wenn du merkst, dass auch du es „nicht bringst". Das ist wenigstens ein bisschen befriedigend."

„Und was befriedigt dich daran?"

„Naja, also bei dir hat es ja nicht so gut geklappt. Aber normalerweise fühlen sich die Menschen – also die Therapeuten, Lehrer oder Erzieher – dann schuldig. Sie versuchen dann, ihren Fehler wiedergutzumachen, und strengen sich besonders an. Das gefällt mir. Sie sollen sich richtig anstrengen für mich. Dann bin ich wichtig. Davon ernähre ich mich. Und gleichzeitig räche ich mich an ihnen. Denn sie werden scheitern. Sie sollen sich viel Mühe geben und dann doch an mir scheitern. Das finde ich gut. So kann ich den Menschen zurückzahlen, was sie mir angetan haben."

„Hm. Ich verstehe. Dann bist du eigentlich ein bisschen enttäuscht, wie es mit mir gelaufen ist?"

„Naja, in gewisser Weise schon. Du hast einfach nicht richtig mitgespielt. Das war blöd. Ich wollte dich zwingen, aber du hast dich nicht zwingen lassen. Ich glaub noch nicht mal, dass du dich richtig schuldig gefühlt hast."

„Nein, schuldig nicht. Aber es war schon sehr unangenehm. Und ich hatte Sorge, dass das Band reißt. Caro hat sich ja nur noch in *Caroline* gefühlt. Ich befürchtete, dass sie in ihrer Not und Verzweiflung die Therapie abbricht. Das wollte ich nicht."

„Ja, diese Möglichkeit hätte es gegeben. Wenn ich es bis zum Äußersten getrieben hätte, hätte ich es so gemacht. Aber es gibt halt was, das auch *mich* anzieht an der Arbeit. Das wollte ich dann doch nicht verschenken."

„Ich bin froh. Es hätte mir sehr leidgetan, euch zu verlieren."

Im Nachgespräch ist Caro nachdenklich. Sie denkt an all die Menschen, die schon versucht haben, ihr zu helfen. Sie denkt dabei vor allem an die verschiedenen Schulen und Internate. Da gab es schon immer wieder Menschen, die sich mit viel Engagement für sie eingesetzt haben. Aber sie hatten keine Chance.

Die *Herrscherin* war schon damals etabliert und schon damals hatte sie ihr eigenes Spiel getrieben. Sie wollte aus den Schulen rausgeschmissen werden. Sie wollte, dass die Lehrerinnen und Lehrer, die Erzieherinnen und Erzieher an ihr verzweifelten. In besonderem Maße galt das für Frau Breuning. Auch die therapeutische Arbeit mit ihr sollte niemals wirklich erfolgreich sein. Nur so konnte sie Frau Breuning dazu bringen, sich 28 Jahre um sie zu kümmern!

Gerade kann Caro fühlen, wie unmöglich es war, ihr zu helfen. *Herrscherin* hat die, die ihr helfen wollten, verachtet. Gleichzeitig brauchte sie aber die Hilfe dringend! Caro war als Kind und auch später noch als Erwachsene in großer Not. Und doch konnte, schon als sie zehn oder elf Jahre alt war, keine Hilfe mehr richtig bei ihr ankommen.

Caro erscheint es jetzt fast wie ein Wunder, dass sie es trotzdem irgendwie geschafft hat, ihr Leben zu managen. Zumindest hat sie überlebt. Und sie hat ihren Sohn aufziehen können und sie hat eine therapeutische Ausbildung gemacht und eine Arbeit gefunden, die ihr überwiegend Freude macht. Das ist nicht wenig. Doch welcher Kraftaufwand war dafür notwendig! Und wie verdreht war das alles! Wenn *Herrscherin* nicht mit im Bild ist, kann man das doch alles gar nicht verstehen!

Caro ist aufgewühlt. Aber auch erleichtert. Irgendwie tut es gut, dass alles einfach mal raus ist. So ergibt ihr scheinbar widersinniges Verhalten plötzlich einen Sinn! Das tut gut.

5. Therapeutisches Prozessjahr

Das Leben aussitzen

Ich suche in den *Direkten Begegnungen* jetzt ausschließlich *Herrscherin* auf. *Ihr* Wille bestimmt schließlich Caros Leben.

In einer Sitzung weint *Herrscherin* vor lauter Erleichterung, mir nichts mehr vorspielen oder beweisen zu müssen. Das kennt sie so nicht. Immer wollte sie – indirekt durch *Caroline* und die Vasallen – irgendetwas bezwecken. Entweder jemanden beeindrucken, sich rächen oder zumindest die Aufmerksamkeit von jemandem auf sich ziehen. Jetzt einfach nur da zu sein – was für eine Entspannung, was für eine Erleichterung! Die Tränen wollen kein Ende nehmen.

In einer anderen Sitzung spürt *Herrscherin*, wie sie den Menschen ihren Willen aufzwingt: Entweder es läuft so, wie *sie* es will, oder sie schlägt dem anderen „den Kopf ab". Nur wenn der andere schuldbewusst angekrochen kommt und sich demütig entschuldigt, kann sie ihn kurzfristig „begnadigen". Aber auch das geht nur solange gut, bis sie sich erneut durch irgendwas verletzt fühlt. Dann wird der andere endgültig verstoßen!

Bisher hatte sie beziehungsweise Caro immer nur *ihre* Verletzung gespürt in diesen Situationen. Dass dabei auch von ihr eine starke Wut ausgeht und dass sie mit ihrem Verhalten versucht, andere zu kontrollieren, war ihr bisher gar nicht klar.

In einer weiteren Sitzung spürt *Herrscherin*, dass sie ihr Leben verpasst hat. Ihr Leben lang ist sie immer nur von einem „Tun" zu einem anderen „Tun" übergegangen. Richtig *gelebt* hat sie aber nie. *Herrscherin* fühlt, wie leer ihr Leben eigentlich ist. Es macht sie nicht satt. Sie fühlt sich alt und müde. Zu müde um zu leben.

Herrscherin ist frustriert. Eigentlich wollte sie das doch alles gar nicht wissen! Lieber möchte sie wieder das Chaos von früher zurück. Das sah wenigstens nach Leben aus! Aber jetzt, jetzt ist es wirklich eine Katastrophe.

194

Herrscherin ist böse auf mich. Ich bin schuld, dass ihr Leben jetzt so ist, wie es ist. Das ist zwar nur bedingt logisch, das gibt sie sogar zu, aber jemand muss ja schuld sein. Und ich bin nun mal gerade da.

Caro sagt im Vorgespräch, ihr Leben funktioniere, aber es mache ihr keine Freude.

Herrscherin ist in der *Direkten Begegnung* gelangweilt und gekränkt. Sowieso schon. Sie will mit dem Leben nichts zu tun haben. Und eigentlich, gesteht sie mir, will sie auch gar nicht therapiert werden. Sie ist böse und sie will böse sein. Sonst nichts. Sie hat nur etwas Sorge, dass ich sie rauswerfe, wenn sie mir das jetzt so direkt sagt.

In einer Sitzung erzählt mir Caro von der Klinik. Sie sagt, sie habe keine Lust mehr hinzugehen. Sie sei genervt von den Patientinnen und Patienten, die immer nur in ihrem eigenen Saft schmoren. Aber auch ihre Kolleginnen und Kollegen und die vielen mühsamen und endlosen Teamsitzungen strengen nur an. Das kotze sie an! Dieses unfruchtbare Gerede, diese ewigen Wiederholungen, diese Selbstgefälligkeiten und Beschönigungen. Am liebsten hätte sie alle angeschrien: „Was seid ihr so dumm! Was bläht ihr euch so auf! Ihr seid doch alles arrogante Schleimscheißer und tut, als wäre sinnvoll, was wir hier mit den Patienten machen! Das ist doch alles eine verlogene Scheiße! Die Patienten gehen doch genauso krank von hier wieder raus, wie sie reinkommen! Hört auf, euch was vorzumachen!" Nun, das wäre wohl *Herrscherin* in ihr gewesen. Sie habe aber geschwiegen. Und das wäre wohl auch besser gewesen so.

In ihrer Freizeit, sagt Caro, sei sie weiterhin sehr zurückgezogen. Sie habe einfach keine Lust mehr auf ihre früheren Aktivitäten. Oft langweile sie sich. Und manchmal spüre sie *Carolines* brennende Sehnsucht nach Kontakt und Nähe. Aber sie habe einfach keine Lust, ihre alten Freundinnen zu treffen und so zu tun, als wäre alles wie früher.

Die Situation belastet mich. Ich fühle eine Stagnation im Prozess, und ich fühle, dass ich nichts tun kann. Herrscherin will das so, sie hat es ja gesagt.

Will sie auch diesen Prozess scheitern lassen? Das wäre möglich. Sie sitzt am längeren Hebel, so viel ist klar. Ich kann mir nur meine Ohnmacht eingestehen und trotzdem weitermachen.

6. Therapeutisches Prozessjahr

Das Loch

Ich bleibe bei *Herrscherin*. Die Veränderungen sind minimal. Ihre Langeweile und ihre Unzufriedenheit sind konstant. Sie will so nicht sein, aber sie ist halt trotzdem so.

Herrscherin spürt, sie ist faul. Sie will sich um nichts kümmern. Weder um sich selbst noch um die schreiende *Caroline*. Das soll bitteschön ich machen. *Sie* hat keine Lust, sich einzusetzen. Sie will weder hinschauen noch Verantwortung übernehmen. Sie will nur vor sich hinvegetieren und mich dafür bestrafen, dass ihr das Leben keine Freude macht.

Herrscherin fühlt das Leben wie durch eine Glaswand. Sie ist mit nichts unmittelbar in Kontakt. Nichts geht sie wirklich was an. Das ist einerseits praktisch, denn dadurch tut nichts weh. Andererseits ist es aber eben auch langweilig. Nie passiert was. Sie sitzt die Zeit nur ab. Das ist hier bei mir so, aber eigentlich auch sonst. Es gibt keine Berührung. Alles funktioniert. Aber mit wirklichem Leben hat das nichts zu tun.

Immer häufiger stellt mir *Herrscherin* jetzt theoretische Fragen. Ich soll ihr erklären, wie sie selbst ist, welche Gefühle zu ihr gehören und welche zu den anderen, welche Funktion das *Verborgene Ich* hat und wie das ist mit den *Reaktionsschichten*. Welche da noch zu erwarten sind und ob die Quelle für sie überhaupt je erreichbar ist. Wir haben schon öfter darüber gesprochen, *Herrscherin* kennt meine Antworten. Aber sie mag es, wenn ich ihr Dinge erkläre. Sie mag meine Zuwendung, sie mag es, wenn sie mein Engagement spürt und ich ihr Mut machen will. Ja, ich soll mich für sie einsetzen, ja, ich soll mich für sie anstrengen. *Sie* will sich keine

Gedanken machen. Meine Antworten sind ja auch schnell wieder vergessen. So kann sie mich das nächste Mal wieder neu fragen. Sie will meine Geduld, meine Gutmütigkeit und meinen Eifer genießen. Das ist doch wie Nektar! Zuwendung pur! Das macht das Hiersein doch einigermaßen abwechslungsreich und angenehm.

Wenn ich das jetzt hier so aufschreibe, fällt mir auf, dass in diesen Situationen wohl eher Zauberer anwesend war. Er wird mir diese Fragen gestellt haben, die ihn nicht wirklich interessieren, mit denen er mich aber hofiert und beschäftigt hält.
Herrscherin wird nur indirekt anwesend gewesen sein. Sie wird gewollt haben, dass ich mich für sie anstrenge – und das hat sie auch hinbekommen. Zauberers Scheinfragen waren ihr Mittel zum Zweck.

Aber richtig satt macht es *Herrscherin* natürlich doch nicht.
Plötzlich spürt sie ein Loch. Ein riesiges Loch, wie einen Schlund!
Aber nein, das will sie nicht fühlen! Niemals will sie dieses Loch fühlen! Das ist unerträglich!
Ich soll das Loch füllen! Ja, ich *muss* das Loch füllen. Das ist doch meine Verantwortung!
Herrscherin ist böse auf mich. Ein Leben lang weicht sie diesem Loch aus und jetzt soll sie einfach nur damit *sein*? Das geht doch nicht!
Sie sagt, wenn ich das Loch füllen würde, wäre das doch der Beweis, dass ich sie liebe! Das wäre der Beweis! Wenn ich es aber nicht tue, werde eben deutlich, dass sie mir letztlich doch egal sei. Denn sonst würde ich es ja tun!
Ich erwidere, dass ich das weder tun könne noch tun wolle.
Herrscherin will, dass ich mich dann wenigstens schlecht fühlen solle. Das zumindest muss sein! Endlich ist jemand da, der sich schuldig fühlen *kann*. Jemand, der verantwortlich ist für ihre lebenslange Misere! Nie hat sich jemand schuldig gefühlt für das, was ihr angetan wurde! Ihre

Mutter nicht, ihr Vater nicht und schon gar nicht ihr Bruder! Das hat nie jemanden gekümmert!

Alle waren immer nur mit sich selbst beschäftigt. Alle haben nur sich selbst bemitleidet für ihr schweres Los. Was *ihr* angetan wurde, hat gar niemand bemerkt!

Herrscherin spürt ihren Hass. Jetzt soll ich dableiben und mitleiden und mitfühlen, wie schlecht es ihr geht, wie schlimm das alles ist. Sie will endlich mal mit ihrem Schmerz und ihrem Hass nicht allein sein! Das will sie! Bis an ihr Lebensende will sie nur noch das!

Diese Situation erinnert mich an jene mit Caroline. Auch jetzt wieder werde ich verantwortlich gemacht für den Schmerz, den sie fühlt. Auch jetzt wieder will sie mich bestrafen und unter Druck setzen. Der große Unterschied besteht allerdings darin, dass diesmal alles offen geschieht, Herrscherin steht zu dem, was sie tut. Sie sagt es mir offen ins Gesicht. Ich habe diesmal also kein Kind mehr vor mir, das vor Schmerz schreit, aber keine Ahnung hat, um was es eigentlich geht.

Zu *Herrscherin* sage ich, dass es gut sei, dass sie jetzt besser wisse, was sie tue und was sie wolle. Und ich hätte auch verstanden, dass sie mich durch ihr Schlechtgehen bestrafen wolle. Das dürfe sie auch genau so weiter tun.

7. Therapeutisches Prozessjahr

Ich darf lieben

Doch es kommt, wie ich es gehofft und trotz allem erwartet habe: *Herrscherins* Zustand vertieft sich.

Seltsam, obwohl ich eigentlich weiß, dass sich jeder Zustand, der wirklich angenommen wird, wandelt, bin ich trotzdem immer wieder neu überrascht davon. Es kommt mir doch jedes Mal neu wie ein Wunder vor.

Ich bin in der *Direkten Begegnung* wieder bei *Herrscherin*. Sie ist still, sie schaut mich an. Ich spüre, dass sie mich anders anschaut als sonst, wärmer, bezogener. Dann steigen ihr Tränen in die Augen.

Sie sagt, eigentlich liebe sie mich. Durch mich würde sie zum ersten Mal erfahren, was Liebe sei. Sie fühle wirklich *Liebe*. Das wäre ganz seltsam, das kenne sie so nicht.

Dann sagt sie, dass sie nie lieben durfte. Ulrich hat ihre Liebe immer wieder sadistisch bestraft und ihre Mutter hat sie einfach nicht erwidert. Jetzt will sie einfach nur *lieben dürfen!* Aber das ist *so* gefährlich!

Herrscherin weiß, dass ich sie nicht auf die gleiche Art liebe wie sie mich, aber sie spürt, dass ich sie mag. Und schon das ist für sie unglaublich! Sie liebt mich, und sie wird damit nicht abgewiesen, nicht weggeschickt, nicht gequält!

Das kennt sie nicht. Das ist wunderbar und zugleich so kostbar und zerbrechlich, dass sie es fast nicht aushält. Sie spürt diese Liebe wie Wellen, die durch sie hindurchströmen. Immer wieder erschauert sie davor. Tränen fließen.

Ich empfange ihre Liebe, ihren Schmerz, ihre Zartheit und bin einfach nur mit ihr da.

In einer späteren Sitzung erzählt Caro, dass es in der Klinik wieder besser geht. Sie ist berührt von einigen Patientinnen und Patienten, die sie begleitet. Sie sieht, wie viele von ihnen sich einsam fühlen und einfach nur damit angenommen werden möchten. Sie sagt, sie habe den Eindruck, dass es eigentlich immer nur um das Annehmen von dem, was ist, gehe. Sie erzählt, sie habe schon vor einiger Zeit in ihrem Kunstraum eine Sofaecke eingerichtet. Dort könnten sich Patientinnen und Patienten ausruhen, die keine Lust haben, etwas zu tun. Sie dränge diese nicht, tätig zu werden, denn das mache doch gar keinen Sinn. Wenn sie nichts tun *müssten*, dann würden sie von selbst irgendwann wieder etwas tun wollen. Das habe sie von mir gelernt.

Warum gehst du eigentlich nicht weg?

Caro erzählt, dass es in ihrem Leben einige positive Entwicklungen gebe. Sie habe sich ein bisschen mit einer Frau aus einem Workshop angefreundet, das sei sehr schön. Und sie schaue auch gerade etwas zuversichtlicher auf die Zeit, wenn sie in Rente gehe. Früher habe sie immer gedacht, wenn sie dann keine Aufgabe mehr habe, könne sie sich ja umbringen. Gerade aber sei das nicht mehr so. Sie spüre, dass sie vielleicht doch auch ohne Arbeit ihren Lebensabend noch ein bisschen genießen könne. Vielleicht ginge das zum ersten Mal überhaupt in ihrem Leben.

Was sie aber bedrücke und was sich trotz allem immer wieder sehr schmerzlich anfühle, sei ihre Einsamkeit. Manchmal werde sie von diesem Gefühl regelrecht überfallen.

Ich entschließe mich, nach langer Zeit in der *Direkten Begegnung* mal wieder *Caroline* aufzusuchen. Ich vermute, dass *sie* sich einsam fühlt.

Caroline ist beleidigt. Sie sagt, ich hätte schon viel früher nach ihr schauen sollen! Ich hätte mich immer nur mit der *Herrscherin* abgegeben, aber sie hätte ich vernachlässigt!

Caroline fühlt sich von mir, aber auch von allen anderen ungeliebt. Gleichzeitig ist sie aber auch stolz darauf, ein besonders schwieriger Fall zu sein. Damit ist sie wichtig, und das ist doch immerhin etwas. Sie sagt, sie male sich im Geheimen aus, wie sie von mir eine Medaille bekomme für die tragischste Klientin, die ich je begleitet hätte…

Dann fühlt sich *Caroline* leer. Sie beklagt sich darüber, dass ihr Leben so langweilig und einsam sei wie nie zuvor.

Ich sage, ich hätte sie zu früheren Zeiten auch nicht glücklicher erlebt. Eigentlich sei sie doch immer entweder wütend oder traurig.

Ja, das stimme schon, gibt sie zu. Aber sie wolle sich eben beklagen, und darum müsse sie das so sagen. So mache sie das immer. Wenn ihr jemand die Hand reiche, dann scheiße sie darauf! Das mache sie ganz automatisch so, sie habe sich noch nie Gedanken dazu gemacht. Sie sei halt wütend und lasse es dann an denen aus, die sich um sie kümmern. Und schließlich sei sie ja auch ein tragischer Fall und „tragische Fälle" dürften so was schon tun. Die würden ja gar nicht anders können.

„Ach so", sage ich amüsiert, „ist ja gut, dass du mich mal aufklärst, wie ‚tragische' Fälle so sind."

Mir wird klar, dass Caros Grundgefühl nach wie vor stark von Caroline geprägt ist. Ich glaube nach der heutigen Sitzung, dass es wichtig ist, auch Caroline immer wieder meine Aufmerksamkeit in einer Direkten Begegnung zu geben. Ich habe sie etwas vernachlässigt. Da muss ich ihr recht geben.

In der nächsten Sitzung gehe ich in der *Direkten Begegnung* wieder zu *Caroline*.

Sie nimmt das Kissen, das sie immer von zu Hause mitbringt, ganz eng zu sich. Sie zeigt mir, wie sie mit dem Daumen und zwei Fingern den Kissenbezug fein aneinander reiben kann und wie dabei ein ganz leises, zartes Geräusch entsteht. Sie sagt, sie finde das schön.

Dann erzählt sie, sie habe früher ein spezielles Tuch gehabt. Es habe eine sehr feine Struktur gehabt. Es habe, wenn sie ganz genau hinhörte, leise geraschelt, wenn sie es bewegte – ein bisschen ähnlich wie jetzt mit diesem Kissen. Dieses Tuch habe sie als Kind immer genommen, wenn sie sehr traurig war. Sie habe es zwischen den Fingern bewegt, die zarte Struktur ertastet und dieses leise Rascheln gehört. Das wäre schön gewesen. Das habe sie immer irgendwie getröstet.

Irgendwann sei ihr aber Ulrich auf die Schliche gekommen. Natürlich habe er es ihr dann weggenommen. Es habe ihm einfach immer Freude gemacht, sie leiden zu sehen. Er habe sehen wollen, wie sie weint und bettelt. Und er habe es genossen, die Macht zu haben, ihr das Ersehnte zu verweigern.

Caroline weint bitterlich. Sie hält das Kissen fest in ihren Armen. Ihre Finger betasten den Stoff. Sie sagt: „Es war alles so schrecklich damals. Ich fühle das alles immer noch."

In einer anderen Sitzung streckt mir *Caroline* triumphierend die Zunge raus und sagt: „Ätschi-Bätschi, ich bin nicht gestorben! Ich habe euch alle besiegt! Niemand kann mir helfen! Ätschi-Bätschi, das ist meine Strafe!" Stolz schaut sie mich an.

„Ja", sage ich, „das ist dir gelungen. Du hast den größten Horror überlebt. Und jetzt schaffst du es, dass dir niemand helfen kann!"

Sie nickt befriedigt. Ja, sie will, dass das so ist. Dann ist sie still. Nichts passiert. *Caroline* schaut mich an, ich schaue sie an.

„Warum gehst du eigentlich nicht weg?", fragt sie mich dann nach einer Weile.

„Warum sollte ich denn gehen?", frage ich erstaunt zurück.

„Naja, weil nichts passiert. Ich sage ja gar nichts."

„Ja, schon. Aber du kennst mich doch ganz gut. Ich geh doch nicht einfach, wenn nichts passiert."

„Ich kann das immer noch nicht glauben. Ich denke immer, es muss was passieren, sonst gehst du."

„Nein, so bin ich nicht."

Caroline beginnt zu weinen. Dann sagt sie: „Ich würde mir so sehr wünschen, dass es so ist, aber das kann ich einfach nicht glauben."

Wir sind an diesem Nachmittag noch lange still zusammen. Es gibt nichts zu sagen. *Caroline* ist ganz zart. Es kommt mir so vor, als wolle sie sich kaum bewegen, um diesen kostbaren Moment nicht zu verscheuchen.

Das Leben wird spannender

In einer anderen Sitzung erzählt mir Caro freudig von ihrem spannender werdenden Leben. Sie sagt, es würde sich schon was bewegen in ihrem Leben, es käme nur so schleichend, dass es gar nicht leicht zu erkennen sei.

Sie war mit Lena, der älteren Tochter von ihrer Nachbarin Judith, in ein Erlebnisbad gegangen und sie sind die wildesten Rutschen miteinander runtergefahren. Lena hatte so eine Freude, Caro ganz für sich alleine zu haben und mit ihr diese „Abenteuer" zu bestehen. Caro hat bei ihrer Rückkehr Judith vorgeschlagen, noch öfter mit Lena oder auch Mia, der kleineren Schwester, etwas zu unternehmen. Sie hätten so eine gute Zeit gehabt zusammen und das mache ihr Freude. Als Judith kurze Zeit später einen Workshop besuchen will, fragt sie Caro, ob sie nach den Kindern schauen und über Nacht dableiben könne. Caro sagt zu. Dann fragt sie Judith, ob sie mit den Kindern, wenn diese das wollten, auf der Dachterrasse übernachten dürfe. Judith ist einverstanden und die Kinder sind begeistert. Mia ist bald eingeschlafen, aber Lena bleibt wach. Sie schaut mit Caro in die schwarze Nacht, in diesen unendlichen Raum mit den unzähligen Sternen. Sie kuschelt sich ganz nah an Caro und sie schauen sich einzelne Sterne an. Caro zeigt ihr den großen Wagen und den Polarstern, um den sich das ganze Himmelszelt dreht. Lena staunt. Caro ist berührt, dieses kleine Menschenwesen so nah und vertrauensvoll bei sich zu spüren.

Caro erzählt weiter, dass sie eine kleine private Malgruppe initiiert hat. Sie treffe sich mit ein paar Frauen einmal im Monat an einem Samstag. Zuerst würden sie zusammen gemütlich frühstücken und dann an ihren Bildern arbeiten. Je nach Bedarf würden sie sich dann die entstehenden Bilder gemeinsam anschauen und sich gegenseitig Feedback dazu geben. Jetzt beim ersten Treffen seien fünf Frauen da gewesen. Es habe allen Spaß gemacht und sie wollen alle wieder kommen zum nächsten Treffen.

Im kommenden Jahr biete ich eine zweijährige Ausbildung zum therapeutischen Begleiter an.

Caro sagt mir, dass sie an der Ausbildung teilnehmen wolle. Am liebsten würde sie zusammen mit ihrer neuen Freundin Magdalena kommen, die inzwischen bei einer anderen Begleiterin auch ihre *Personen* erforsche. Sie sagt, so eine Ausbildung würde doch sicher die Freundschaft nochmals vertiefen. Sie könnten dann bei den Seminaren zusammen in einer Ferienwohnung wohnen und abends noch mal alles besprechen und verdauen, was tagsüber so passiert sei. Das wäre doch bestimmt sehr schön. Wenige Tage später halte ich ihre Anmeldung in den Händen und auch Magdalena meldet sich an.

In der nächsten Sitzung bitte ich Caro, sich auf *Herrscherins* Platz zu begeben. *Herrscherin* sagt, eigentlich sei ich die einzige Person, mit der sie wirklich etwas zu tun haben wolle. Sonst könne sie mit den Menschen nichts anfangen. Nur Magdalena würde sie auch noch wirklich mögen. Grundsätzlich aber fände sie die Menschen anstrengend und wenig anziehend. Eigentlich seien doch alle nur mit sich selbst beschäftigt. Die Begegnungen mit mir aber wären für sie nach wie vor wie ein Lebenselixier. Dann sagt sie, sie denke gerade an die Ausbildung, da wären ja auch noch andere Teilnehmerinnen und Teilnehmer. Sie merke, dass sie wenig Interesse an ihnen habe. Ob ich glaube, dass das ein Problem sei. Ich sage, das wisse ich noch nicht, das werde man dann sehen. Sie kenne die anderen ja auch noch gar nicht. So oder so aber gehe es einfach darum, mit dem zu sein, was eben dann da ist.

8. Therapeutisches Prozessjahr

Ich will Aufmerksamkeit

Es zeigt sich, es *ist* nicht einfach. Die Ausbildung wird für Caro zu einer großen Herausforderung.

Schon am zweiten Ausbildungswochenende gibt es einen Eklat, bei dem Caro fast abgereist wäre. Caro hatte, wie sie es in der Sitzung bei mir bereits angedeutet hatte, eine Ferienwohnung für sich und Magdalena gebucht. Und zwar für alle sechzehn Wochenenden, die die Ausbildung dauert. Magdalena entschloss sich dann aber kurzfristig, am zweiten Wochenende doch lieber mit ein paar anderen im Gruppenraum zu übernachten.

Caro ist wütend, Caro ist gekränkt. Der Streit eskaliert in der Gruppe:

Caro fühlt sich betrogen, Magdalena fühlt sich vereinnahmt. Magdalena sagt, dass sie diese Verbindlichkeit, die Caro fordert, nicht eingehen will. Caro ist tief getroffen. Sie dachte, Magdalena wäre ihre allerbeste Freundin. Sie fühlt eine innige Liebe zu ihr. Magdalena ist doch ihre auserwählte Freundin! Wie oft war sie schon bei ihr die letzten Monate und hat ihr geholfen, mit den Kindern, bei der Arbeit, im Haushalt – da kann sie doch jetzt nicht so kühl und distanziert sein!

Magdalena sagt, sie schätze Caro sehr wohl. Sie habe mit ihr immer über alles reden können, das sei gut gewesen. Es habe ihr gutgetan, jemanden zu haben, der Anteil nehme an ihrem anstrengenden Leben. Auch sei sie als alleinerziehende und berufstätige Mutter froh gewesen über die handfeste Hilfe, die ihr Caro immer wieder habe zukommen lassen. Trotz all dem sei Caro für sie aber nie eine *exklusive* Freundin gewesen. Das müsse sie jetzt einfach so sagen.

Die riesige Diskrepanz, welchen Stellenwert diese Freundschaft für die beiden jeweils hat, wird in aller Schärfe deutlich.

Caro fühlt sich getäuscht und verraten. Als sie nur zu zweit waren und als sie Magdalena geholfen hat, war sie gut genug. Aber jetzt, wo andere da sind, will sie von ihr plötzlich nichts mehr wissen. Sie ist jetzt nur noch eine unter vielen, mit der sie ab und zu plaudert.

Caro ist geschockt. Sie erlebt jetzt Magdalena so anders. Kann es sein, dass sie sich die ganze Zeit in ihr getäuscht hat?

Wenige Tage später hat Caro eine Sitzung bei mir. Sie fühlt sich noch immer sehr verletzt von Magdalena. Wir untersuchen, wie es zu dieser heftigen Verletzung und Enttäuschung kommen konnte. Caro erkennt, dass es für sie einen unausgesprochenen Deal gab: Sie gab Magdalena Unterstützung in allen möglichen praktischen Dingen, und Magdalena sollte ihr dafür das Gefühl geben, ihre beste Freundin zu sein. Solange niemand anders da war, hat das funktioniert. Jetzt aber in der Ausbildung ist das aufgeflogen. Magdalena hat sich nicht an ihren unausgesprochenen Deal gehalten.

Caro muss ihren Traum, eine „allerbeste Freundin" zu haben, begraben. Das ist sehr schmerzhaft.

Caro erinnert sich an ihre Kindheit. Ihre Mutter hatte doch da heimlich ihre „Freundinnen" mit Geschenken bestochen, damit diese den Nachmittag mit ihr verbrachten. Schon damals wurde sie getäuscht! Sie dachte damals, die anderen wären Freundinnen und wollten mit ihr spielen. Aber die wollten nur die Geschenke! Wie beschämend war das doch alles! Caro verbirgt ihr Gesicht in den Händen. Sie weint. Und jetzt wollte sie die „Freundschaft" mit Dienstleistungen bezahlen! „Ist das nicht verrückt?", schluchzt sie, „das kann doch nicht wahr sein!"

Als Caro wieder ruhiger ist, bitte ich sie auf *Herrscherins* Platz.

Herrscherin will von all dem nichts wissen. Sie will nicht zu den anderen Menschen hinschauen und sie will nicht sehen, was von ihnen zurückkommt. Sie liest die Zeichen nicht, die von anderen ausgehen. Lieber lebt sie in ihrer eigenen Welt, da wird sie nicht enttäuscht.

Herrscherin sagt: „Wenn *ich* hingeschaut hätte, hätte ich natürlich schon sehr viel früher erkannt, dass Magdalena die Beziehung nicht so wichtig ist. Das hat sich auch schon in vielen kleinen Dingen vorher gezeigt. Aber das wollte ich nicht wissen. Wenn man genauer hinschaut, wird man sowieso enttäuscht. Da schaue ich besser nicht hin. Dann hat *Caroline* wenigstens eine Zeit lang das Gefühl, dass es gut ist."

Herrscherin ist jetzt wütend. Sie sagt: „Ich will einfach, dass es so ist, wie ich es will! Magdalena soll mich zur besten Freundin haben wollen! Fertig aus, basta! Ich will nicht verhandeln! Ich will mich nicht verletzlich machen und ihr zeigen, dass sie für mich wichtig ist! Das ist furchtbar! Das ist für mich schlimmer als sterben!"

Später sagt *Herrscherin*: „Entweder läuft eine Beziehung nach meinen Regeln oder ich schlag dem andern den Kopf ab! Etwas anderes gibt es nicht! Magdalena hab ich jetzt den Kopf abgeschlagen! Sie hat nicht gemacht, was ich will. Dann ist das eben so, aber dann ist sie für mich tot. Von mir kriegt sie nichts mehr."

Auch am folgenden Ausbildungswochenende fordert Caro viel Aufmerksamkeit von mir. Sie unterbricht mich immer wieder mit „fachlichen" Zwischenfragen und ergänzt meine Erklärungen mit Kommentaren zu ihrem eigenen Prozess. Das ist anstrengend für mich und für die anderen Teilnehmerinnen und Teilnehmer wenig ergiebig. Ich bekomme den Eindruck, dass es Caro nicht in erster Linie um das Verstehen der Methode geht, sondern um meine Aufmerksamkeit.

Ich spreche Caro darauf an. Sie sagt, sie sei sich dessen nicht bewusst und wisse nicht, ob das stimme. Ich frage dann, ob sie bereit sei für ein kleines, „pfeffriges" Experiment. Sie solle immer dann, wenn sie den Impuls habe, mir eine Frage zu stellen, oder, wenn sie spüre, dass sie einen Hinweis zu ihrem eigenen Prozess geben wolle, stattdessen nur sagen: „Ich will Aufmerksamkeit!" Nichts weiter. Ich würde ihr dann meine pure Zuwendung geben, mich aber nicht inhaltlich mit ihrer Frage oder ihrem Kommentar auseinandersetzen. Caro ist einverstanden. Sie ist mutig. Sicher fünf Mal an diesem Tag sagt sie mitten in eine Erklärung oder Diskussion hinein: „Ich will Aufmerksamkeit!"

Diese Äußerungen lösen in der Gruppe immer wieder ein herzliches Lachen aus. Die Spannung, die sonst oft bei ihren Fragen entstand, ist vollkommen weg. Ich wende mich Caro dann zu, schaue sie freundlich an und sage: „Hallo Caro! Ja, ich sehe dich! Schön, dass du hier bist!" – und dann geht es weiter mit den Inhalten, die anstehen.

Doch am nächsten Tag bekomme ich die Quittung für mein Experiment: Caro ergreift mit finsterer Mine in der Morgenrunde als Erste das Wort und sagt, dass sie sich verarscht fühle von mir. Das „Experiment" gestern wäre nicht fair gewesen. Ich hätte sie in eine Falle gelockt.

Ich spüre Caros Wut, sicher ist es *Herrscherin*, die gerade mit mir spricht. Ich sage: „Hier meldet sich *Herrscherin*. Sie hat mir was zu sagen. Lass uns hier in die Mitte des Kreises gehen. Ihr anderen rückt etwas zurück und gebt auf eure *Kinder* acht, es kann gleich heftig werden!"

Die Teilnehmerinnen und Teilnehmer vergrößern den Kreis, Caro und ich stehen in der Mitte, wir haben etwa zwei Meter Abstand.

Ich sage: „Also, *Herrscherin*, ich bin da. Was hast du mir zu sagen?"

Herrscherin: „Ich bin wütend! Wütend auf dich!"

„Warum?"

„Du hast mich entblößt und du hast mich verarscht!"

„Wie habe ich dich entblößt?"

„Indem du mir gesagt hast, ich soll sagen, dass ich deine Aufmerksamkeit will!"

„Ist es nicht so?"

„Doch! Aber ich will das nicht so direkt sagen!"

„Du brachtest mich in Bedrängnis. Caro – ich weiß nicht, war es *Caroline*? – war penetrant mit ihren ständigen Einwürfen und Fragen. Und dabei ging es nie um die Sache. Das ging mir auf die Nerven. Ich wollte was tun!"

„Und das hast du dann auf meinem Rücken ausgetragen!"

„Ich habe deutlich gemacht, was eigentlich los ist."

„Das geht aber niemanden was an!"

„Doch!"

„Warum?"

„Weil es mich, und vielleicht auch andere hier, quält! Ich will euch etwas erklären, und du störst mich dabei!"

„Das interessiert mich nicht!"

„Schon gut, aber mich! Du hast dich für eine *Ausbildung* angemeldet! Es geht hier nicht nur um dich! Ich will euch etwas beibringen!"

„Das ist mir aber egal!"

„Mir aber nicht!"

„Ich will, dass du dich um mich kümmerst! Es soll nur um mich gehen!"

„Das geht aber nicht! Hier nicht! In der Einzelsitzung schon, aber nicht hier!"

Wir schreien uns an, wir beben, der Schweiß rinnt mir runter. Mein ganzer Körper zittert. So habe ich noch nie eine Klientin, einen Klienten, eine Teilnehmerin oder einen Teilnehmer angeschrien. Allerdings bin ich nicht wirklich böse. Ich kämpfe nur um meine Ausbildung. Ich will mir von *Herrscherin* nicht diktieren lassen, wie ich es zu machen habe. *Ich bin die Chefin hier, nicht sie.* Das Ganze dauert nicht lange, vielleicht fünf Minuten. Eine Explosion von Energie.

Dann plötzlich schaut mich *Herrscherin* ruhig an und streckt mir die Hand entgegen und sagt: „Frieden!"

Ich ergreife ihre Hand. „Frieden!"

Die Situation ist geklärt. Mehr war nicht nötig. Die Verhältnisse sind geklärt. Es ist meine Ausbildung, und ich bestimme, was wir hier tun. Sie ist Teilnehmerin, und ich entscheide, wie viel Aufmerksamkeit sie bekommt. Wenn sie sich nicht einfügen will, muss sie gehen. Das ist zwar so nicht ausgesprochen, aber es ist klar.

Wieder in der Einzelsitzung, besprechen wir das Ausbildungswochenende. Caro sagt, ihr sei klar geworden, dass sie mich eigentlich mit den anderen gar nicht teilen wolle. Sie wolle mich exklusiv für sich selbst haben. Die Gruppe dürfe nur sehen, dass sie mein „geliebtestes Kind" sei. Von den anderen wolle sie nur bewundert und beneidet werden. Sie wolle vor ihnen brillieren mit ihrem tiefen Prozess. Etwas anderes wolle sie nicht.

Ich sage, das sei schon etwas schwierig, denn darum gehe es in der Ausbildung nicht.

Caro sagt, das wisse sie natürlich auch. Sie wolle es mir nur sagen, weil sie es einfach so spüre. Sie hält inne. „Weißt du", sagt sie dann mit Tränen in den Augen, „ich war noch nie zu jemandem so ehrlich wie zu dir."

„Ja", sage ich, „das spüre ich. Ich danke dir dafür."

Die absolute Nulllinie

Auch in einer weiteren Einzelsitzung ist Caro mit der Ausbildungsgruppe beschäftigt. Sie sagt, dass ihr aufgefallen sei, dass sie sich immer dafür anstrenge, von den anderen *gewollt zu sein*. Mehr noch als das: Sie, die *Herrscherin*, wolle die anderen dazu zwingen, sie zu *wollen*! Sie spüre den Druck, den sie auf andere ausübe, so im Sinne von: Wehe, du *willst* mich nicht!

Aber eigentlich sei wenig Verbindung zu den anderen, da könne sie sich noch so anstrengen. Die anderen würden sie einfach nicht wollen. Caro geht die einzelnen Teilnehmer durch: Mit Magdalena ist es vorbei, die hat sie „umgebracht". Niels ist zwar freundlich, aber nur, weil er zu allen freundlich ist. Charlotte will mit ihr sein, das ist so, aber nur, weil sie nicht alleine sein will. Markus ist völlig auf Magdalena fixiert und hat sie, Caro, gar nie wirklich zur Kenntnis genommen. Katrin hat ihr Desinteresse an ihr schon deutlich kundgetan und Stefan ist mein Liebling und regt sich sowieso nur über ihre Kommentare auf. Es bleibt noch Rebecca, aber die war ja richtig böse zu ihr. Sie hat dafür gesorgt, dass sie in der regionalen Übungsgruppe, die sie gegründet hatte, nicht mitmachen durfte. Nein, kommt sie zu dem Schluss, in dieser Ausbildungsgruppe *will* sie wirklich niemand.

Ich frage, ob denn sie wirklich jemanden *wolle* aus der Gruppe. „Ja", sagt sie, „ich *wollte* Magdalena, und ich *will* dich. Sonst niemanden, das stimmt. Die andern interessieren mich nicht, aber darum geht es mir gar nicht. ICH WILL GEWOLLT WERDEN! Egal, ob ich die andern will oder nicht."

Bei diesem Satz bricht ein riesiger Schmerz über sie herein. Plötzlich spürt sie ihr lebenslanges Nicht-gewollt-Sein. Sie spürt, wie sie ihr ganzes Leben hindurch versucht hat, diesem Gefühl zu entkommen – und doch war es schon immer da: *Ich bin nicht gewollt!*

Ihre Mutter, die erste und wichtigste Person im Leben eines Menschen, hat sie nicht gewollt. Sie hat sie als Baby sogar verschenkt! Gibt es denn ein noch deutlicheres Bild für ihr Nicht-gewollt-Sein als dieses?! Ihrem Bruder war sie lästig, er hat sie benutzt, aber *gewollt* hat er sie nie. Ihr Vater hat sie schon vor ihrer Geburt abgelehnt. Er hat sich nie, auch nicht im Entferntesten, wie ein Vater zu ihr verhalten – obwohl er ja ganz nah war und in der Wohnung unter ihnen wohnte. Aber er wollte sie nicht. Vielleicht hat er für sie Unterhalt bezahlt, überlegt Caro, das wäre möglich, aber *gewollt* hat er sie nie!

In ihrem ganzen Leben gab es noch nie jemanden, der sie wirklich *gewollt* hat! Alle haben sie immer nur geduldet. Was für ein Grauen! Was für ein Schrecken!

Und sie hat sich so brennend danach gesehnt! Ein Leben lang hat sie sich dafür angestrengt, so zu werden, dass sie endlich *gewollt* wird! Aber es hat nie funktioniert.

Caro schreit fast vor Schmerz. Es ist schwer mitanzusehen. Allmählich wird sie ruhiger. Aber es ist noch nicht vorbei. Sie spürt jetzt eine tiefe Scham.

Niemand sollte merken, wie ungeliebt sie ist! Niemand sollte sehen, dass sie niemand *will!* Es ist ein Makel! Jeder würde sonst sofort sehen, dass sie falsch ist – denn nur das kann ja der Grund dafür sein, dass sie nicht *gewollt* ist!

Davon war sie immer fest überzeugt. Sonst wäre doch auch sie geliebt worden, wie alle anderen Kinder auch. So hat es ihr ihre Mutter auch immer wieder gesagt: „So wie du bist, kann man dich gar nicht lieben! Du bist böse und du bist frech! Schau dir die anderen Kinder an, die sind viel lieber! Wenn du so wärst wie die, würde ich dich auch lieben!" Aber das durfte niemand wissen.

Das war ihr Geheimnis. Es sollte wenigstens so *ausschauen*, als wäre alles normal! Sonst hätte es die, die vielleicht mal zufällig Zeit mit ihr verbrachten, auch noch verscheucht.

Ihr abgrundtiefes Alleinsein hat sie immer verborgen. Sie fühlt sich tief beschämt. Erst jetzt kann sie das fühlen.

Doch jetzt ist es raus. Irgendwie sei das auch erleichternd, sagt Caro. Schlimmer könne es jetzt auch nicht mehr werden. Das sei die absolute Nulllinie.

Die Stimme hat sich verändert

In der Klinik bekommt Caro von einem musikbegeisterten Kollegen ein interessantes Feedback: Er sagt, Caros Stimme habe sich verändert. Sie sei tiefer geworden und habe mehr Volumen. Früher habe sie immer einen leicht nasalen Ton gehabt und der wäre plötzlich verschwunden. Das sei sehr angenehm. Ob sie denn Gesangsunterricht nehme?

Nein, antwortet ihm Caro, Gesangsunterricht nehme sie nicht. Sie könne sich selbst nur besser wahrnehmen.

Ihr Kollege staunt. Als mir Caro von dieser kleinen Begebenheit erzählt, sagt sie, dass die Beobachtung ihres Kollegen vielleicht auch damit zu tun habe, dass sie sich gerade mehr Zeit lasse.

Ihr ganzes Leben sei sie immer *schnell* gewesen. Eigentlich habe sie immer nur *reagiert*. Sie habe gar nicht gewusst, dass es noch was anderes gebe als zu *reagieren*.

Jetzt aber spüre sie, dass sie zumindest manchmal eine Wahl habe. Sie spüre dann, sie könne reagieren, wie sie es ein Leben lang immer getan habe, oder – und das ist neu – sie könne innehalten. Wenn sie sich für Letzteres entscheide, werde sie langsam und gebe sich selbst Raum. Sie spüre dann hin, wie sie sich gerade fühle, und prüfe, ob und was sie wirklich sagen wolle.

Das habe sie jetzt schon öfter erlebt und das verändere was. Das klinge vielleicht nach wenig, aber für sie sei das viel.

Ich freue mich sehr über diese neue Bewegung von Caro. Was für eine körpersprachliche Wandlung! Sie war mir selbst noch gar nicht aufgefallen und doch kann ich nachvollziehen, was Caros Kollege sagte. Ihre Stimme ist voller geworden, wie schön! Ich vermute, dass das eine Folge davon ist, dass Herrscherin in Caros Leben präsenter ist. Sie gibt Caro diese Souveränität, die sich auch in ihrer Stimme zeigt.

Und sicher wird sich auch Herrscherin diesen neuen Raum nehmen, von dem Caro spricht.

9. Therapeutisches Prozessjahr

Der Traum

Wieder in der Ausbildung, erzählt Caro in der Morgenrunde einen Traum:

Sie geht mit einigen Menschen, die sie nicht näher kennt, auf einem steilen steinigen Weg einen Berg hoch. Es gibt viele dornige Sträucher und Äste, die den Weg versperren und das Vorwärtskommen mühsam machen. Als sie schließlich oben auf einer Almwiese ankommt, ist sie alleine. Es ist wunderschön da. Auf einer kleinen Erhöhung steht eine einsame Berghütte. Sie geht darauf zu. Als sie näherkommt, sieht sie, dass die Tür leicht geöffnet ist. Sie klopft leise und tritt ein. Die Hütte besteht nur aus einem Raum. Sie sieht ein knisterndes Kaminfeuer und davor ein Bett. Erst als sich ihre Augen an die Dunkelheit gewöhnt haben, erkennt sie, dass auf einem Ohrensessel hinter dem Bett ein alter Mann am Kamin sitzt. Plötzlich spürt sie eine große Müdigkeit. Der Mann gibt ihr ein Zeichen, sie solle sich hinlegen. Dankbar geht sie auf das Bett zu und legt sich hin. Der Mann berührt sie sanft an der Schulter. Sie fühlt, jetzt ist es gut. Ich darf loslassen. Mit einem tiefen Seufzer atmet sie aus und döst ein.

Als sie aus dem Traum aufwachte, sagt Caro, sei sie ganz verwirrt gewesen. Sie habe nicht mehr gewusst, wo sie sei. So weit weg sei sie gewesen. Ich spüre, dass dieser Traum sehr wichtig ist für Caros Prozess. Ich frage sie, ob sie einverstanden sei, dass wir uns dem Traum in der Gruppe weiter zuwenden. Sie bejaht und so gehen wir ihn Schritt für Schritt nochmals durch:

Caro spürt, dass sie eigentlich schon ihr ganzes Leben auf einem „steilen, dornigen Weg" ist. Ihr ganzes Leben strengt sie sich an vorwärtszukommen und immer sind die Umstände widrig. Immer wieder sind „Äste" und „Dornen" im Weg und immer ist es „steil" und anstrengend.

Und dann die Menschen. Irgendwie sind in ihrem Leben immer auch

Menschen, aber sie haben mit ihr nie wirklich etwas zu tun. So ist es auch im Traum. Sie gehen zwar hintereinander her, scheinbar auf den gleichen Berg, aber es gibt keine Verbindung zu ihnen. Als sie auf die Almwiese kommt, ist sie alleine. Sie weiß nicht, wo die anderen sind, aber das beschäftigt sie auch nicht. Sie ist alleine, so wie sie ein Leben lang alleine ist. Das ist aber in diesem Moment nicht schlimm. Sie lässt ihren Blick in die Ferne schweifen und da sieht sie eine Almhütte, die sie wie magisch anzieht. Sie steht mitten auf einer Wiese, umgeben von saftigem Gras. Freudig erregt geht sie darauf zu. Die leicht geöffnete Tür wirkt wie eine Einladung. Sie klopft, es ist still. Ist vielleicht gar niemand da? Vorsichtig geht sie hinein. Sie tritt in einen einfachen dunklen Raum mit einem lebendig prasselnden Feuer und einem behaglichen Bett davor. Erst dann erkennt sie den alten Mann mit dem langen, wilden Bart, der in seinem Ohrensessel am Kamin sitzt. Er schaut sie mit warmen, freundlichen Augen an und deutet mit der Hand auf das Bett, sie solle sich hinlegen. Es fühlt sich für Caro an, als habe er auf sie gewartet. Als habe er schon lange dort gesessen und gewusst, dass sie irgendwann kommen würde und dann sehr, sehr müde sein werde.

Erst als sie sich im Traum hinlegt, spürt sie *wie* müde sie eigentlich ist. Sie fühlt sich, als wären ihre Glieder aus Blei. Die Wärme vom offenen Feuer tut gut. Sie spürt ihren Körper, ihr Gewicht. Was für eine Wohltat, sich einfach hinlegen zu dürfen! Sie spürt: Es gibt nichts mehr zu tun, nichts mehr zu lernen, nichts mehr zu verstehen.

Beim Erzählen steigen Caro Tränen in die Augen. Sie ist sehr bewegt. Und gerade kann sie auch jetzt ihre Erschöpfung, ihre lebenslange Anstrengung spüren. Ihr ganzes Leben hat sie gekämpft und versucht, besser, erfolgreicher, bewusster und reifer zu sein, als sie ist! Sie mag nicht mehr. Es ist genug. Es ist jetzt einfach, wie es ist! Es ist Zeit, damit aufzuhören! Es ist Zeit, es einfach mal gut sein zu lassen! Ausruhen und nichts tun. Wärme und Loslassen. Entspannen.

Caro spürt, sie will sich nicht einmal mehr tiefer verstehen. Sie will nicht wissen, welche *Person* gerade so fühlt, wie sie fühlt. Ja, auch für die Arbeit bei mir hat sie sich immer angestrengt! Auch bei mir wollte sie gut sein und mich und andere beeindrucken! Sie hat keine Lust mehr dazu. Sie will auf dem Bett vor dem Kamin liegen und sich ausruhen! Sie will das knisternde Feuer hören und seine Wärme spüren! Sie will die Augen schließen und nichts mehr tun! Sie will nur noch die Hand auf der Schulter spüren, die ihr sagt: Alles ist gut. Du darfst jetzt loslassen. Du darfst ausruhen.

„Mein Gott", sagt Caro, „wie anstrengend war das alles! Wie furchtbar anstrengend diese Hüpfburg und alles andere…"

Der Panzer fällt ab

Caro ist an den Ausbildungswochenenden jetzt ruhiger, sie fordert weniger Aufmerksamkeit von mir. Allerdings, sagt sie, habe auch ihr Interesse an der therapeutischen Arbeit nachgelassen. Sie müsse weder die Theorie genau verstehen, noch möchte sie Klientinnen und Klienten durch langjährige Prozesse begleiten. Das sei nur wieder so anstrengend. Darauf habe sie im Moment eigentlich keine Lust.

Zu den anderen Teilnehmerinnen und Teilnehmern hat Caro weiterhin wenig Kontakt. Sie hat sich von ihnen zurückgezogen und mag sich nicht weiter mit ihnen auseinandersetzen. Sie sagt, sie sei ja sowieso alleine, das kenne sie schon ihr Leben lang. Sie könne das tragen.

Für mich fühlt sich diese Aussage zwar etwas beleidigt an, aber ich sage nichts. Ich spüre nicht, dass Caro motiviert ist, da genauer hinzuschauen. Zudem war der Traum ja eindeutig: Es geht für Caro jetzt ums Ausruhen und Loslassen. Klärung von Auseinandersetzungen mit anderen Menschen ist im Moment nicht ihr Thema.

In der Einzelsitzung sagt *Herrscherin* zu mir: „Es ist vollbracht. Ich fühle zwar keine Liebe zu den Menschen, aber es ist jetzt erst mal gut. Der Rest braucht Zeit. Ich brauche dich nicht mehr, um mein Leben zu bewältigen. Es ist nicht mehr nötig, dass du mir hilfst zu verstehen, was in meinem Leben passiert. Ich kann mich so annehmen, wie ich bin. Das ist gut. Und das ist auch genug. Mehr brauche ich nicht."

Caro sagt im Nachgespräch, sie fühle sich von einer riesigen Abhängigkeit erlöst. Sie spüre, dass ein Panzer von ihr abgefallen sei. Sie habe nichts getan, das sei einfach passiert. Sie fühle sich im Frieden mit sich selbst. Das sei schon sehr erstaunlich. Sie spüre sich in ihrem Einzelgängertum, aber das sei okay. Sie spüre, manchmal sei sie giftig, manchmal neidisch, dann wieder verständnisvoll und freundlich oder frech, aufmüpfig oder still. Mal sei sie aufmerksamkeitssüchtig, aber dann auch wieder ganz zufrieden mit sich selbst. Mal sei sie unsicher, verwirrt oder hilflos – aber das mache alles nichts!

Wie immer sie sei, es sei einfach nicht schlimm! Weil es für sie in Ordnung sei! Sie könne sich so nehmen, wie sie ist, und müsse weder der Welt noch sich selbst beweisen, dass sie anders sei. Das sei eine unbeschreibliche Erleichterung!

Caro sagt, sie habe mir ja vorhin gesagt, dass sie die Menschen nicht liebe. Vielleicht würde das ihr ganzes Leben so bleiben, das wisse sie nicht. Aber sie habe entdeckt, dass sie doch ein kleines bisschen Liebe spüren würde zu einem Menschen, und zwar zu sich selbst! Das würde sie sehr berühren, denn eigentlich habe sie sich immer abgelehnt. Sie habe sich nie so haben wollen, wie sie sei.

Aber auch das wäre einfach nur „passiert", sie wisse nicht wie. Eigentlich sei das doch unglaublich! Und diese Selbstliebe, die sie gerade ein bisschen spüren könne, sei doch sowieso der Boden für die Liebe, die sie vielleicht irgendwann auch mal zu jemand anderem empfinden könne. Sie fragt, ob ich das anders sähe?

Nein, sage ich, das tue ich nicht.

Weiter sagt Caro, sie könne jetzt spüren, dass sie *leben* wolle. Ihr Leben sei ja noch gar nicht vorbei! In elf Monaten würde sie pensioniert werden, und wenn es ihr gesundheitlich weiter so gut gehe, habe sie doch voraussichtlich noch viele Jahre vor sich, in denen sie einfach nur tun könne, was sie wolle! Das sei doch ein riesiges Geschenk!

Rückblick

In einer weiteren Sitzung betrachtet Caro mit mir all die Jahre, die sie mit meiner Begleitung verbracht hat, und den Weg, den wir in dieser Zeit zusammen gegangen sind. Sie spürt eine große Dankbarkeit. Vor allem für mein Dableiben. Sie sagt, egal, wie sie sich verhalten habe, egal, ob sie mich gerade heiß geliebt oder gehasst habe, ob sie entsetzlichen Schmerz durchlebt habe oder ob alles endlos öde, leer und langweilig gewesen sei, ich sei einfach immer dageblieben. Sie sagt, von mir habe sie sich zum allerersten Mal in ihrem Leben wirklich geliebt gefühlt. Mit mir habe sie erfahren dürfen, wie es sich anfühle, geliebt zu sein. Dafür werde sie mir ewig dankbar sein.

Caro sagt, sie fühle sich auch in ihrem Alltag jetzt oft leicht und unbeschwert. Sie habe sogar die Bekanntschaft mit zwei Männern aus einem Internetportal gemacht. Daraus würde zwar wohl nichts weiter werden, sie hätten ihr nicht gefallen, aber das sei nicht schlimm. Vielleicht würde es ja auch nie klappen mit einem Mann. Trotzdem sei das Leben für sie lebenswert.

Sie habe ihren Sohn Tom. Die Beziehung zu ihm würde sich immer mehr entspannen und vertiefen. Sie habe diese Freundinnen, mit denen sie sich an den Malsamstagen treffe und sie habe die Kinder Mia und Lena, die sie beide sehr lieben würden. Und vor allem, und das wäre das Wichtigste, sie könne jetzt alleine sein. Das sei sehr viel.

Sie wolle jetzt einfach Schritt für Schritt gehen und schauen, was ihr das Leben alles noch bringe. Und wenn sie in Rente gehe, werde ja noch mal ein ganz anderes Leben auf sie zukommen. Gerade finde sie das aber auch sehr spannend. Sie könne sich vorstellen, dass das noch mal richtig schön werden könne für sie.

Ich freue mich. Das alles fühlt sich sehr gut an. Speziell freue ich mich, dass sich die Gefühle von Abhängigkeit mir gegenüber lösen. Das ist doch sehr gesund!
Hier hätte der Prozess harmonisch zu Ende gehen können. Aber so ist es nicht. Es gibt noch einmal Ärger. Im Nachhinein denke ich, dass vielleicht genau dieser Konflikt nötig war, um die Ablösung schließlich zu vollziehen.

Neid

An einem Ausbildungswochenende wirft mir Caro vor, eine Frage von Stefan differenziert zu beantworten, während ich ihre Frage nur abgewürgt hätte. Schon wieder würde ich Stefan bevorzugen und er bekomme wieder viel mehr Aufmerksamkeit als sie. Das verletze sie und das wolle sie mir jetzt endlich mal sagen.

Ich frage, was genau sie denn *gefühlt* habe, während ich die Frage von Stefan beantwortete. Sie hält inne, Tränen steigen ihr in die Augen.

Sie sagt stockend: „Ich kann das kaum aushalten! Es ist ein brennender Schmerz, hier in meiner Brust!" Sie deutet auf ihr Herz. „Ich glaub, es ist eine Mischung aus Hass und Neid! Ich habe so einen Hass auf Stefan!" Sie blickt kurz zu ihm hin, wendet sich aber gleich wieder ab. „Er nimmt mir deine Liebe weg! Die Liebe, die ich so dringend brauche! Ich fühle mich von Neid zerfressen! Jedes Wort, das du an Stefan richtest, ist für mich wie ein Messer in meiner Brust, das du langsam umdrehst!" Caro schreit mir die letzten Worte ins Gesicht. Tränen laufen ihr über die Wangen. Pures Entsetzen spiegelt sich in ihrem Gesicht. Dann ist sie still.

Alle schweigen. Betroffenheit breitet sich aus. Jeder spürt, das ist die nackte Wahrheit. Das ist die unbeschönigte nackte Wahrheit.

Ich gehe!

Am Ende dieses Wochenendes geht es um Organisatorisches. Die Teilnehmerinnen und Teilnehmer besprechen die Zimmerverteilung der

Sommergruppe, die ohne meine Leitung stattfinden wird.

Es gibt Missverständnisse, Caro ist wütend. Plötzlich kippt etwas in ihr: Sie sagt: „Wieso soll ich da überhaupt hin? Wieso soll ich mir das denn überhaupt antun? Gabrielle ist nicht da, meine Beziehungen zu euch sind nicht toll und die therapeutische Arbeit mit den *Personen* und dem *Verborgenen Ich* will ich eigentlich auch nicht mehr lernen! Ich habe da doch nichts verloren! Ihr könnt ohne mich gehen! Ich werde nicht mitkommen!"

Schweigen im Raum. Niemand sagt etwas. Auch ich nicht. Die Gruppe nimmt ihre Aussage zur Kenntnis, ich nehme sie zur Kenntnis. Niemand kämpft darum, dass sie doch mitkommen möge.

Drei Wochen später, in der nächsten Einzelsitzung, sagt mir Caro, dass sie die Ausbildung abbrechen werde und auch die Therapie bei mir beenden wolle. Es sei jetzt genug und sie möchte hier einen Punkt machen. Sie wolle gehen. Sie habe keine Lust mehr auf Auseinandersetzungen. Für sie sei die Arbeit bei mir gut gewesen, aber sie fühle sich nicht dazu berufen, selbst mit Menschen auf diese Art zu arbeiten. Sie habe weder die Geduld noch die langfristige Einsatzbereitschaft dafür.

Caro sagt, auf mich sei sie nicht wütend, aber sie habe genug von mir. Ihr ganzes Erwachsenenleben sei sie in Therapie gewesen. Immer wäre jemand da gewesen, der sie begleitet habe, dem sie es aber auch habe recht machen wollen. Davon habe sie genug. Sie habe jetzt Lust, ihr Leben endlich allein in die Hand zu nehmen und dem zu folgen, was sie für richtig halte.

Natürlich werde sie auch Fehler machen, das könne gar nicht anders sein, aber dann mache sie eben Fehler. Das sei ja auch nicht weiter schlimm. Dann werde sie vielleicht etwas daraus lernen und das werde sie dann auch wieder weiterführen. So sei das jetzt auch mit dieser Entscheidung. Sie fühle, dass sie gehen wolle, und deswegen mache sie das jetzt so. Meine Meinung dazu sei für sie daher gar nicht relevant. Es reiche doch, dass *sie* es so fühle.

Das hört sich abgegrenzt und kühl an. Es spiegelt das Vertrauensverhältnis nicht wider, das wir über all die Jahre hatten. Aber vielleicht stimmt das genau so für sie, denke ich. Vielleicht würde sie einen „warmen Abschied" gar nicht aushalten.

Ihre Entscheidung aber, dass sie die Therapie beendet und auch die Ausbildung verlässt, finde ich richtig. Mit der Ausbildungsgruppe ist zwar einiges ungeklärt, aber ich spüre nicht, dass sie das jetzt noch klären will.

So sage ich Caro, dass ich ihre Entscheidung respektiere und dass ich es gut finde, dass sie dem folgt, was sie spürt. Und dass ich ihr alles Gute wünsche auf ihrem weiteren Weg.

Caro bedankt sich. Sie sagt, sie möchte mich noch mal in sechs Monaten sehen in einer Sitzung, ob das gehe? Sie wolle mit mir dann hinschauen, wie es ihr in ihrem Leben ohne mich ergehe.

Die Jahre danach

Seither habe ich Caro noch drei Mal gesehen. Das erste Mal nach sechs Monaten, dann noch zwei Mal im Abstand von jeweils etwa einem Jahr. Bis heute bekomme ich alle paar Monate eine Mail von ihr, in der sie mir von ihrem Leben erzählt.

So erfahre ich:

Caro hatte einen guten Abschluss ihrer Arbeitszeit in der Klinik. Es gab eine Dankesrede von Herrn Ruhmann und eine kleine Feier mit Sekt und einem Snack. Caro hat zur großen Verblüffung aller für jeden aus dem Team ein kleines individuelles Büchlein gestaltet mit Fotos, die sie über die Jahre von ihnen gemacht, und Zitaten, die sie von ihnen gesammelt hatte.

Caro sagt, das wäre gut gewesen, aber sie wäre jetzt auch sehr froh, da nicht mehr hingehen zu müssen. Es wäre schon auch anstrengend gewesen da, und vieles an der Art und Weise, wie mit Patientinnen und Patienten umgegangen werde, gefalle ihr nicht. Es sei eine große Erleichterung, dem nicht mehr täglich ausgesetzt zu sein.

Auf die Teilnehmerinnen und Teilnehmer der Ausbildungsgruppe ist Caro immer noch wütend. Sie findet, sie sei von ihnen ungerecht behandelt worden. Als ich nachfrage und wissen will, was genau sie denn meine, sagt sie, sie wolle sich damit nicht beschäftigen. Sie sei da weggegangen, und das sei gut gewesen. Mehr wolle sie darüber nicht sagen.

Große Freude bereitet ihr die Anfrage von einer Fachhochschule für Kunsttherapie, das von ihr entwickelte therapeutische Ton-Dorf-Spiel den Studierenden vorzustellen. Sie hat einen Vortrag mit einer Power-Point-Präsentation darüber gehalten und leitet jetzt während eines Semesters eine wöchentliche Übungsgruppe dazu.

Caro ist viel auf Reisen. Gerade ist sie von einer dreiwöchigen Chinareise zurückgekehrt. Sie schickt mir einige Bilder davon. Und demnächst nimmt sie an einer geführten Wandergruppe in die Cinque Terre teil.

Caro sagt, grundsätzlich gehe es ihr sehr gut. Ihr Leben wäre erstaunlich leicht und einfach geworden. Sie würde endlich das tun, was sie wirklich wolle – und das, ohne diese ewige Anstrengung dahinter, damit noch irgendwas zusätzlich bewirken zu wollen. Sie lebe „eins zu eins", und das sei gut so. Sie spüre weiterhin, dass eine große Last von ihr abgefallen sei. Sie wisse immer noch nicht, wie das passiert sei, aber sie sei sehr froh darum. Manchmal frage sie sich allerdings, wieso sie diese Last nicht schon viel früher abgelegt habe. Aber, ergänzt sie dann, sie wisse ja, dass es früher einfach nicht ging.

Sie sagt: „Ich konnte mich einfach nicht nicht-anstrengen. Ich war ja so verknotet in mir. Ich habe halt die Zeit gebraucht und bin meinen Weg gegangen. Und zwar so, wie ich ihn gehen konnte. Schneller ging es nun mal einfach nicht."

Und weiter erzählt sie: „Und ja, Männer gibt es auch noch. Aber es gibt nicht wirklich was Neues zu berichten. Ich habe zwar noch ein paar Dates gehabt und mit einem habe ich mich auch mehrmals getroffen, aber es ist nie was Ernstes daraus geworden.

Mit Tom, meinem Sohn, habe ich übrigens einen sehr schönen Kontakt! Wir sprechen öfter auch von früher. Das ist allerdings nicht immer leicht für mich. Er hat mir zum Beispiel gesagt, dass ich ihm seinen Vater weggenommen habe. Und tatsächlich habe ich dem Vater ja damals den Umgang mit ihm verboten. Heute sehe ich ein, dass das für Tom nicht gut war. Aber damals konnte ich das nicht sehen. Mich berührt aber vor allem, dass Tom heute so offen mit mir spricht. Das ist neu, und das empfinde ich als sehr kostbar!"

Zwei Jahre nach dem Ende der Therapie schreibt mir Caro eine Mail, die ich hier gerne zitieren möchte.

Liebe Gabrielle,
die letzten Tage hab ich noch mal darüber nachgedacht, was denn Deine „Therapie", unser gemeinsamer Weg, bei mir bewirkt hat, dass ich heute so problemfrei, leicht und befreit leben kann? Und ich habe meine Antwort gefunden, die ich Dir zur Verfügung stellen möchte:
Als ich zu Dir kam, war ich von mir völlig entfremdet! Ich hatte immer den Eindruck, mit mir ist etwas nicht in Ordnung. Ich hatte die allergrößte Angst vor mir selbst! Und ich hatte die Befürchtung, da gibt es etwas in mir gaaanz Schreckliches, wenn das herauskommt, ist alles vorbei. Ich war mir selbst mein größter Feind.
Auf unserem Weg bin ich erst Dir und dann mir existenziell, essenziell total begegnet. Es ist, so kann ich heute sagen, als sei ich ganz auf dem Grund meiner Seele gelandet. Das hat bewirkt, dass ich jetzt, wie es so schön in der Psychosprache heißt: bei mir angekommen bin. Das sagt sich so leicht, aber das ist wesentlich, weil ich dadurch in einem ständigen inneren Kontakt, einer inneren Zwiesprache mit mir sein kann. Was mir damals unvorstellbar war! Das ist schwer beschreibbar (Du kennst das wahrscheinlich), aber es ist für mich heute immer noch wie ein Wunder, wie diese Veränderung mein gesamtes Leben, mein lebendiges Verhalten in der Welt verändert hat. Dieses in mir Seiende, dieses mich

selbst Wahrnehmende, dieses mir Vertrauende, dieses sogar dem Leben Vertrauende ist ein besonderes Lebensgefühl. Es ist halt so komisch, wenn ich jemandem begegne oder telefoniere und gefragt werde, wie's mir geht, kann ich nur sagen: 'Es geht mir gut, sehr gut, ich tu, was ich will. Mehr gibt's nicht!' Ich bin oft in der Stille, gehe schwimmen, spazieren, male, lese, gehe auf Reisen und lasse den Rest auf mich zukommen. Irgendwie ergibt sich immer was…

Das schreibe ich Dir, weil ich einerseits dankbar bin und Dir andererseits diese Rückmeldung geben möchte, was letztlich wirklich am Ende eines solchen langen Weges übrig bleibt und trägt! Wichtig erscheint mir, dass die Klientin (Caro) eine Handlungsmöglichkeit bekommen hat, um mit sich selbst und allem, was das normale Leben ihr eingebrockt hat, klarzukommen. Eigentlich ist es dann egal, ob das die Herrscherin oder eine andere Person ist?

Dieser romantischen Liebesvorstellung und Beziehungsfähigkeit, der ich immer hinterhergehechelt bin, stehe ich heute ganz anders gegenüber. Ich erlebe Liebe in mir, wenn ich echte, ehrliche Augenblicke mit Menschen wahrnehmen kann, mich so zeigen und sagen kann, was gerade **ist**. Das gelingt mir immer besser, weil ich nichts mehr zu verlieren habe. Das ist nicht nur Liebes- und Beziehungsfähigkeit, sondern aufrichtig. In diesen Momenten verschwindet jeder komische Zwischenraum, das ist echte Freiheit. So war mir das nie bewusst.

Ich grüße Dich in Dankbarkeit für die Lebensfähigkeit, die ich mit Dir erobert habe (für meine Rentenrestlebenszeit!)

Caro

Essentials 2

Die Inszenierung

Caros *Personen* sind in der ersten langen Phase des therapeutischen Prozesses ganz auf ihr Gegenüber ausgerichtet. Caro nimmt damit viel Anstrengung auf sich, um einen bestimmten Eindruck zu erzeugen. Sie will mich beeindrucken, sie will eine gute Klientin sein und sie liefert mir das, was ich – ihrer Meinung nach – dafür brauche: möglichst unterschiedliche *Personen*. Sie geht klug vor: Sie zeigt mir Aspekte von sich, die es tatsächlich so gibt. Das macht ihre „Vorstellung" glaubhaft. Ich sehe nicht eine Schauspielerin, die sich bemüht, verschiedene Rollen zu spielen, sondern ich sehe wirklich *Samurai, Medizinfrau, Zorra, Caroline, Clown* und *Diogenes* vor mir.

Das, was mich misstrauisch machte, waren nicht in erster Linie die Begegnungen selbst, sondern ihre schnelle Abfolge. Ich spürte, dass Caro die Sitzungen unter Kontrolle halten wollte. Sie konnte es sich nicht leisten, einfach zu schauen, was jeweils passiert. Auch auf diese Weise hätten sich ja *Personen* gezeigt, aber sie hätte nicht gewusst, wer da zum Vorschein kommt. Sie hätte das Geschehen nicht steuern können. Das war ihr zu gefährlich, sie musste die Kontrolle behalten.

Mir fiel das recht schnell auf, weil es ungewöhnlich war, was sie machte. Ich wollte Caro aber nicht sofort darauf aufmerksam machen, weil ich gespannt war, was sie damit bezwecken wollte. Ich wollte schauen, wo uns das hinführt, wenn ich ihr folge. Und das war ja wirklich interessant, wie sich ihre Inszenierung zuspitzte und schließlich wie ein Kartenhaus in sich zusammenfiel.

Es stellt sich die Frage: *Wen* meinen wir denn mit „Caro"? *Wer* will mich beeindrucken? *Wer* will eine gute Klientin sein?

Letztlich denke ich, dass bereits hier, in dieser frühen Phase des Prozesses, sich der noch geheime Wille des *Verborgenen Ich* indirekt zeigte. *Herrscherin* will „gewollt sein". Um das zu erreichen, bieten mir die „Vasallen" das an, was *Herrscherin* (damals noch in Gestalt von *Zauberer)* meint, mir dafür bieten zu müssen.

Hätte ich Caro gleich zu Beginn darauf angesprochen, dass das doch alles eine Inszenierung sei, hätte sie es wohl abgestritten; sie hätte sich angegriffen gefühlt. Vielleicht hätte sie darauf bestanden, dass doch alles genau so wahr ist – was ja auch stimmte –, und sie hätte sich von mir unverstanden gefühlt. Vielleicht hätte sie versucht, ihre Vorstellung noch dezidierter auf meine vermeintlichen Erwartungen abzustimmen. Das alles wollte ich vermeiden.

Aber sind nun *Zorra, Samurai-Kämpfer* und all die anderen wirklich *Personen*? Sind es konstante Persönlichkeitsanteile, die sich wiederkehrend aufsuchen und *vertiefen* lassen?

Letztlich weiß ich es nicht, denn ich habe es nicht versucht. Es war mir nicht wichtig, weil ich spürte, dass es zu Caros Heilungsprozess wenig beitragen würde. Mich interessierte in dieser ersten Phase vielmehr: Warum macht das „Caro" so? Was möchte sie mit ihrer „Vorstellung" erreichen? Warum strengt sie sich so an?

In den späteren Sitzungen mit *Zauberer* wurde deutlich: Caro wollte mich beeindrucken, sie wollte meine Aufmerksamkeit, sie wollte meine freundliche Zuwendung. Letztlich wollte sie wohl, dass ich sie liebe. Dass ihr das auch ohne Anstrengung und ohne weitere Inszenierung zuteilwerden könnte, hat sie in ihrem Leben nie erfahren.

Caro weiß zu diesem Zeitpunkt aber noch gar nicht, was sie tut. Es „passiert" ihr einfach so, und gerade deswegen sagt es viel über sie aus. Es passiert ihr bei mir das, was ihr auch sonst in ihren Begegnungen passiert – nur merkt es dort niemand. Niemand merkt, dass er es bei einer Begegnung mit Caro mit einem Vasallen von *Zauberer* zu tun hat und er sich in einer „Vorstellung", die gerade speziell für sie oder ihn kreiert wird, befindet.

Das ungeliebte Kind

Caro war ein ungeliebtes Kind. Niemand wollte sie. Das ist die schwer traumatisierende Grundsituation ihres Lebens. Wie reagierte sie darauf? Wie versuchte sie, den unglaublichen Schmerz, den das verursachte, zu mildern?

Caro hat erfahren: So, wie sie ist, wird sie nicht geliebt. Aber vielleicht, wenn sie anders wäre? Wir sahen in ihrem Prozess, dass sie sich für Beziehungen anstrengte. Sie versuchte, die unausgesprochenen Erwartungen ihres Gegenübers zu lesen und zu bedienen. Sie muss also in ihrer Kindheit die Erfahrung gemacht haben, dass, wenn sie sich bemüht, so zu sein, wie ihr Gegenüber es will, sie zumindest ein bisschen Aufmerksamkeit und Wohlwollen bekommt. Wenig ist besser als nichts!

Zauberers Lösung

Zauberer hat im Laufe von Caros Leben diese „Lösung" ausgebaut und perfektioniert. Er hat Aspekte von Caro in Stellung gebracht, Vasallen kreiert und Inszenierung an Inszenierung gereiht – ohne dass Caro überhaupt selbst wusste, wie ihr geschieht. Wie kann ich als Begleiterin in meiner Arbeit mit diesem Phänomen sinnvoll umgehen?

Ich war in den *Direkten Begegnungen* immer wieder ähnlich wie die Vasallen. Bei *Samurai* war ich still und hoheitsvoll, bei *Medizinfrau* war ich anteilnehmend und mitfühlend und bei *Zorra* war ich frech und übermütig. Ich bin mit jeder ihrer Bewegungen mitgegangen. Ich überließ Caro die Führung, die sie haben wollte. Ich war selbst gespannt, wo uns das hinführen würde. Ich hatte zwar eine Ahnung, *dass* das „jemand" so macht – aber ich wusste weder, *wer* das tut noch *warum* der das so macht. Ich ließ ihr einfach Zeit und vermutete, dass sie irgendwann schon selbst dessen müde werden würde.

Nach etwa einem Jahr war das dann auch soweit: *Zauberer* war bereit, mir unmittelbar zu begegnen, ohne Plan, ohne Vorstellung, ohne Idee, was er in dieser Situation jetzt tun will.

Das brauchte viel Mut. Ohne die schützende Inszenierung, ohne die Vasallen, die *Zauberer* kontrollierte, fühlte er sich „nackt" und verletzlich. Er fühlte sich mir ausgeliefert, und in gewisser Weise war er das auch. Er war darauf angewiesen, dass die Leere, die auf die Inszenierungen folgte, nicht kritisch betrachtet oder abgewertet wurde. An dieser Stelle hätte er es für mich nicht mehr anders machen können. Er spürte einfach, so *bin* ich. Das machte die Situation so brisant für ihn.

Caroline ist keine Handpuppe

Von all den *Personen*, die mir *Zauberer* „gezeigt" hat, nimmt *Caroline*, das *Kind*, eine besondere Position ein. Sie wird zwar auch für die Inszenierung eingesetzt, hat aber trotzdem ein substanzielles Eigenleben. Sie ist nicht nur eine „Handpuppe" von *Zauberer*. *Caroline* ist deutlich eine eigene *Person*.

In der ersten Sitzung, in der mir *Caroline* „vorgestellt" wird, zeigt sie mir den entsetzlichen Schmerz, den sie in ihrer Kindheit erlebt hat. Ich empfinde das durchaus als real. Es ist zwar auch eine Inszenierung – *Zauberer* glaubt, dass ich bestimmt genau das sehen will –, aber trotzdem ist es wahr. Ich kann ihren Schmerz unmittelbar fühlen. Ich glaube, es hat Caro gutgetan, sich so zu zeigen, wie sie es damals tat. Es war heilsam, dass dieser alte Schmerz ungebremst und in gewisser Weise unkommentiert da sein konnte.

Aber es gab einen doppelten Boden.

Langfristig hätte allein mein Mitgefühl mit *Caroline* Caro nicht geholfen. *Caroline* wurde ja benutzt – erst von *Zauberer*, letztlich aber von *Herrscherin*.

Eine wirkliche Befriedung wäre für Caro niemals möglich gewesen, ohne dass erst *Zauberer* und dann *Herrscherin* in Erscheinung getreten wären. Erst durch ihr Erscheinen wurde die Manipulation, die sie über *Caroline* ausübten, verständlich. Und dieses Verständnis war wiederum notwendig, um das zu verstehen, was der Manipulation zugrunde lag: der

Wille der *Herrscherin*. Sie wollte die Menschen zwingen, sie wollte sich an ihnen rächen, letztendlich aber wollte sie von ihnen gewollt und geliebt sein.

Identifikation mit dem Kind

Eine große Schwierigkeit in Caros Prozess war ihre starke Identifikation mit *Caroline*. Eigentlich stellte sich das als das zentrale Problem heraus. Caro hatte ihren *Ich-Fokus* vor allem in *Caroline*. Sie schaute in erster Linie aus *ihren* Augen in die Welt. Das machte sie übermäßig verletzlich, bedürftig und kindlich in ihren Reaktionsweisen.

Caros grundlegende Haltung zum Leben war zwar schon Jahre und Jahrzehnte von *Herrscherin* bestimmt, aber das nahm Caro nicht wahr. Sie spürte weder *Herrscherins* Aggressivität noch ihre Abgrenzung, ihren Hass oder ihren Rachedurst. Caro spürte stattdessen *Caroline*, das unschuldige, verletzliche und verletzte Kind.

Diese einseitige Selbstwahrnehmung machte eine befriedigende Beziehung, nach der sie sich so sehr sehnte, unmöglich.

Allerdings ist Caro mit dieser *Personen*-Konstellation kein Sonderfall. Die allermeisten Menschen sind mit ihren *Alltagspersonen* des *Vorderen Raums* identifiziert. Und die allermeisten Menschen spüren ihr *Verborgenes Ich* nicht, also *ihre Herrscherin, ihren Vernebler, ihren Eremiten* und wie sie alle heißen. Sie spüren ihre Abgrenzung nicht, ihren Rückzug, ihre unterschwellige Wut. Die meisten Menschen fühlen sich jeweils als die eine oder andere *Person,* ihr *Ich-Fokus* hat sich im *Vorderen Raum* chronisch festgesetzt. Sie spüren nicht, dass es noch eine ganz andere Realität gibt – eine Realität, die jede ihrer Beziehungen, die ihre ganze Sicht auf die Welt massiver prägt als alles, was sie sonst von sich wissen.

Keine substanzielle Konfliktklärung ohne das Verborgene Ich

Das Nicht-Wissen um das *Verborgene Ich* macht jede Konfliktklärung sehr schwierig. Im angespannten Zustand, wie das jeder Konflikt mit sich bringt, verbirgt und verteidigt sich das *Verborgene Ich* bis aufs Äußerste. Wir sind dann so sehr mit Angriff oder Verteidigung beschäftigt, dass wir nicht spüren können, was grundlegend wirksam ist.

So war das auch in der ersten großen Eskalation mit Caro. Auch da war das, was passierte, zum Zeitpunkt des Geschehens nicht ansprechbar. Caro wusste nicht, dass *Herrscherin* mir *Caroline* „auf den Hals hetzt", wie *Herrscherin* es Jahre später formulierte.

Hätte ich das damals selbst so benannt, wäre Caro zutiefst verletzt gewesen, sie hätte sich unverstanden gefühlt und vielleicht hätte sie die Therapie sogar abgebrochen.

Caro fühlte sich damals als *Caroline*, als *Kind*, das von mir verlassen und verraten worden war! Und ihr Schmerz war nur die angemessene Reaktion darauf. Von *Zauberer* war nichts zu sehen und *Herrscherin* war sowieso noch gar nicht im Blick.

Der Hass von *Herrscherin*, ihre blinde Vernichtungswut waren für mich aber sehr wohl zu spüren. Doch das spürte Caro nicht. Sie spürte nur *ihren* Schmerz – und das war der Schmerz von *Caroline*.

Mir blieb zu diesem Zeitpunkt nichts anderes übrig, als auf eine Klärung des Konfliktes zu verzichten. Ich gab ihrem Schmerz und ihren Vorwürfen Raum. Mehr brauchte sie nicht. Eine wirkliche Auseinandersetzung mit mir hat sie damals nicht gewollt. Es reichte ihr, all ihre Vorwürfe und Beschuldigungen unwidersprochen ausdrücken zu dürfen.

Ich hoffte – und dem war ja dann auch so –, dass dieser Verzicht die Situation ausreichend entspannen würde, dass wir danach mit der Forschungsarbeit weitermachen konnten. Ich wusste: Erst wenn das *Verborgene Ich* für Caro spürbar sein würde, würde der Boden dafür da sein, diesen Konflikt wirklich zu verstehen.

Der nicht stattfindende Machtkampf

Jeder frühere Versuch der Klärung hätte zwangsläufig zu einem Machtkampf geführt. Caro hätte jede Verantwortung für den Konflikt von sich gewiesen und mich beschuldigt, sie nicht zu verstehen. Dem wäre nicht zu entkommen gewesen. *Herrscherin*, in ihrem Versteck, hätte den Konflikt wie einen besonderen Leckerbissen genossen, in dem sie sich mal wieder beweisen konnte, wie hinterhältig, böse und heimtückisch die Menschen sind. Einschließlich ihrer bis dahin heißgeliebten und verehrten Begleiterin! Es wäre mal wieder klar gewesen: Auf *niemanden* ist Verlass! Ihr Misstrauen ist also auch mir gegenüber absolut berechtigt!

Meine Wut, meine Verteidigung, meine Schuldgefühle wären *Herrscherins* Triumph gewesen, darauf hatte sie es angelegt. Selbstgerecht hätte sie sich mal wieder in ihrer Verachtung der Menschen bestätigt gefühlt.

In gewisser Weise habe ich mit meinem Verhalten *Herrscherin* einen Strich durch die Rechnung gemacht. Ich habe ihre Erwartung, dass ich sie angreifen oder mich zumindest verteidigen würde, nicht erfüllt. Das mag sie ein bisschen irritiert haben. Ich habe ihrem Bild, wie die Menschen sind, nicht entsprochen. Aber das war kein Problem für sie, denn ich hatte *sie* ja in Ruhe gelassen. Ich habe noch nicht mal angedeutet, dass ich „jemanden" ahne, der sich an mir rächen will. Aber das anzusprechen wäre zu dem Zeitpunkt nicht möglich gewesen. Es gab *Herrscherin* nicht – das war die offizielle Lesart damals. Darum ging es ihr. *Sie* wollte um keinen Preis ins Blickfeld geraten. Denn das, was sie tat, war streng geheim. Erst Jahre später, als genügend Vertrauen gewachsen war, konnte es sich *Herrscherin* leisten, auf sich selbst zu schauen. Sie *wusste* dann, dass ich sie nicht kritisieren, beschuldigen oder angreifen würde.

Das Misstrauen des Verborgenen Ich

Grundsätzlich misstraut jedes *Verborgene Ich* – sonst hätte es sich nicht verborgen. Der Weg, bis ein *Verborgenes Ich* bereit ist, sich in seinem Misstrauen zu zeigen, ist oft lang. Er kann bis zu mehreren Jahren dauern. Jede Art von Druck, jeder Überzeugungsversuch, der Begleiterin, dem Begleiter doch zu vertrauen, würde sein Misstrauen nur noch vergrößern. Meiner Erfahrung nach ist dieser Prozess nicht zu beschleunigen.

Ein *Verborgenes Ich* kann sich nicht dafür *entscheiden*, jemandem zu vertrauen. Entweder es vertraut jemandem oder nicht. Grundsätzlich aber eben nicht. Ich habe es noch nie anders erlebt. Zu Beginn eines therapeutischen Prozesses begegne ich zwar verschiedenen *Personen* des *Vorderen Raums* – vom machtvollen *Verborgenen Ich* ist aber meist weit und breit nichts zu sehen. Zwar kann ich bei bestimmten Verhaltensweisen, wie beispielsweise dem Eklat mit Caro, auf ein *Verborgenes Ich* schließen, direkt begegnen kann ich ihm aber trotzdem nicht. Es würde nicht zulassen, dass ich direkt mit ihm spreche. Stattdessen wird mir, wie geschehen, *Caroline* vorgesetzt. So ist der Moment, wo mir ein *Verborgenes Ich* in einer *Direkten Begegnung* mit seinem Misstrauen, seiner Abgrenzung oder seiner Wut begegnet, paradoxerweise ein Akt des Vertrauens. Es erlaubt mir da, es zu sehen. Das würde es einem „Feind" niemals erlauben. Allerdings gibt es auch Prozesse, wie der von Anna und auch Niels, wo das *Verborgene Ich* nahezu von der ersten Sitzung an zu sehen ist. In beiden Fällen ist sich das *Verborgene Ich* in seiner Abgrenzung so sicher – es ist sich so sicher, *niemals* berührt zu werden –, dass es sich noch nicht mal die Mühe macht, sich vor der Begleiterin, dem Begleiter zu verstecken. Ich könne mich an ihm gerne abarbeiten, wie das Niels *Verborgens Ich* treffend und gnadenlos in seinem Nichts-Wollen ausdrückte.

Berufsrisiko

In Caros Prozess dauerte es vier Jahre, bis sich *Herrscherin* zeigte. Erst jetzt konnte sie es sich erlauben, erst jetzt war genügend Vertrauen da, dass ich sie unmittelbar und ohne jede Maskierung sehen durfte.

Jetzt erst durfte ich ihre Wut, ihren Hass, ihren Rachedurst unmittelbar sehen. Jetzt erst sagte mir *Herrscherin* glatt ins Gesicht, dass sie mich damals in der Eskalation wegen Rolf und seiner neuen Freundin bestrafen *wollte*. Sie *wollte* mir wehtun. Ich sollte von Schuldgefühlen gepeinigt sein und Schmerzen erleiden. Das wäre für sie zumindest ein winziger Ausgleich für all die Ungerechtigkeit gewesen, die *sie* hatte aushalten müssen.

Nun, Caro *hat* viel Ungerechtigkeit und Schmerz aushalten müssen als Kind, so viel ist wahr. Nur wird das durch die Bestrafung, die *Herrscherin* mir und anderen zukommen lässt, nicht besser. Vielleicht gibt es ihr zwar einen kleinen Moment der Genugtuung, aber der hält nicht an. Langfristig macht es sie nicht satt. Niemals kann sie dadurch ein grundlegend zufriedenes Lebensgefühl erlangen.

Doch all das konnte erst Thema werden, als *Herrscherin* auch für Caro unmittelbar zu spüren war. Erst jetzt konnte ich mit ihr über diese Dinge sprechen. Vorher hatte Caro überhaupt keine Wahrnehmung von diesem verborgenen Willen.

Ich bin froh, dass ich damals die Kraft hatte zu warten.

Doch auch meine Geduld ist keine Garantie. Manchmal muss ich aushalten, dass eine Klientin, ein Klient die Therapie an einer Stelle wie dieser abbricht. Ich muss aushalten, dass die Zurücknahme oder die Relativierung eines Vorwurfs, wie es Caro schließlich getan hat, nie geschieht. Vielleicht werde ich in einem Prozess dem *Verborgenen Ich* nie direkt gegenübertreten können.

Und vielleicht wird das *Verborgene Ich* die Verantwortung nie übernehmen, für das, was es tut. Das gehört sozusagen zu meinem Berufsrisiko.

Paarkonflikte

So eine Situation, wie ich sie mit Caro erlebt habe, ist übrigens sehr oft in Paarkonflikten zu beobachten. (In Niels' Prozess werden wir das miterleben.) Meist sind da allerdings beide Partner mit einer ihrer *Personen* aus dem *Vorderen Raum* identifiziert. Beide fühlen Schmerz, Bedrängung oder Hilflosigkeit. Und bei beiden gibt es noch eine ganz andere Realität, eine, die sie aber selbst nicht fühlen.

Diese andere Realität – das *Verborgene Ich* – nimmt die Partnerin, der Partner dafür umso deutlicher wahr. Sie spüren dessen Abgrenzung, Rückzug, Wut, Rache, Beherrschen-Wollen, Vernichten-Wollen, Manipulieren-Wollen – was auch immer. Aber das ist nicht ansprechbar.

Die oder der andere spürt es einfach nicht – selbst dann, wenn sie oder er guten Willens ist. Erschwerend kommt hinzu, dass die Partnerin, der Partner wohl nur in den seltensten Fällen wirklich interessiert und zugewandt fragt: „Gibt es da vielleicht jemanden, der eine Wut in sich trägt und am liebsten alles kurz und klein schlagen würde?"

Nein, so ist es meist nicht.

Wir hören stattdessen Vorwürfe, Anschuldigungen, Beleidigungen. „Schon wieder bist du so aggressiv! Wie kannst du mir das nur antun! Spürst du denn nicht, wie verletzend du bist!"

Es ist allerdings sehr schwierig, aufgrund einer solchen Aussage bei sich nachzuforschen, wer da gerade anwesend ist und wie sich dieser jemand anfühlt.

So enden leider viele Konflikte in einem Hick-Hack, der nur Spuren der Verwüstung und eine tiefe Resignation hinterlässt. Beide Partner machen dann wieder die zermürbende Erfahrung, dass eine wirkliche Klärung des Konfliktes einfach nicht möglich ist.

Zu seinem *Verborgenen Ich* zu stehen, ist selten angenehm, denn dann können wir unsere „weiße Weste" nicht anbehalten. Nicht umsonst verleugnen wir es und bleiben lieber das unschuldige Opfer. Nur, das kann nicht glücklich machen.

Paradoxerweise öffnet sich gerade da ein zutiefst heilsamer Raum, wo wir uns zu unserer Schuld, zu unserem Tätersein – und damit zu unserem *Verborgenen Ich* – bekennen.

Caroline als Druckmittel

Caros Prozess zeigt deutlich auf, dass der Versuch, einer Klientin nur dadurch zu helfen, dass das *Kind* gehört und verstanden wird, langfristig nicht ausreichen kann. Gehört und verstanden zu werden ist zwar für das *Kind* erst einmal entlastend, doch die Not wird nur kurzfristig gelindert. *Herrscherin* wollte ja, dass es *Caroline* schlecht ging. *Caroline* wurde von *Herrscherin* als Druckmittel und Racheinstrument missbraucht. An einem Nachlassen von *Carolines* Schmerz war *Herrscherin* gar nicht gelegen!

Das hört sich hart an und das ist auch hart. *Herrscherin* lebte ihren Rachedurst über *Carolines* Not aus. *Carolines* Not war nicht gespielt, sie *war* in großer Not, aber das kümmerte *Herrscherin* nicht. Sie hatte kein Mitgefühl, sie fühlte keinerlei Verbindung oder gar Loyalität zu *Caroline*. Eher war sie wütend auf den „schreienden Balg".

Herrscherin wollte, dass jeder, der Caro zu helfen versuchte, scheiterte. Sie ernährte sich von der Mühe, die sich jemand mit ihr machte. Die Anstrengung und Sorge der anderen waren für sie ein Lebenselixier – und das Schuldgefühl von jemandem, der ihr wieder nicht helfen konnte, ein besonderer Leckerbissen.

Herrscherin hat auf diese Weise jede Hilfe torpediert. Ohne dass sie selbst ins Blickfeld kam, ohne dass Caro *Herrscherin* spürte, war Caro tatsächlich nicht zu helfen.

Herrscherin aber verbarg sich und tat erst einmal alles dafür, dass genau das nicht geschah. Es war zu dieser Zeit jenseits ihrer Vorstellungsmöglichkeit, dass jemand auch ihr, *Herrscherin*, helfen wollte. Das hielt sie nicht für möglich.

Sie war sich absolut sicher, dass die ganze Welt nur aus Feinden bestand. Zudem hatte sie mit dem Leben sowieso schon abgeschlossen. Sie wartete nur noch auf das Ende.

Die Resignation aufweichen

Diese Resignation lasse ich in meiner Arbeit nicht auf sich beruhen. Ich stelle mich ihr entgegen und sage durch meine bloße Anwesenheit: „Ich bin da. Es ist noch nicht vorbei. Es lohnt sich hinzuschauen. Wie immer du bist, ich will es wissen. Ich verurteile dich nicht."

Es wäre nicht hilfreich, diese Sätze tatsächlich auszusprechen. *Herrscherin* könnte sie nicht glauben. *Herrscherin* muss sie *erfahren*, sie muss sie *fühlen*. Sie muss mich wieder und wieder prüfen. Jahrelang. Sie schaut mir auf die Finger. Jeder Satz, jede Handlung wird geprüft. Sie schaut, ob ich mich durch *Zorra* verunsichern lasse. Sie schaut, ob ich den Schmerz von *Caroline* aushalten kann. Sie schaut, ob ich böse werde, wenn die Tricks von *Zauberer* sichtbar werden. Sie schaut, ob ich ungeduldig werde, wenn gar nichts passiert.

Ganz langsam, über Jahre, in denen ihre negative Erwartung immer wieder enttäuscht wird, weicht sich ihre Resignation ein kleines bisschen auf.

Der Wächter

Lange Zeit dachte ich, *Zauberer* wäre bereits das *Verborgene Ich* von Caro. Der ganze Prozess schien mir auf ihn zuzulaufen. Im Nachhinein weiß ich: Er war nur die „Vorhut" des *Verborgenen Ich*, das sich schließlich in *Herrscherin* zeigte. Er war gewissermaßen der Wächter vor ihren Gemächern. Sie hatte ihn vorgeschickt, um mich weiteren Prüfungen zu unterziehen. Mit *Zauberer* wollte sie die Beziehung zu mir testen. Sie wollte wissen: Was mache ich, wenn sie mich nicht mehr beliefert? Was mache ich, wenn sie keine „brave Klientin" mehr ist?

Das musste sie wissen, bevor sie sich mir als *Herrscherin* zeigen konnte. Denn nur wenn sich die Beziehung zu mir als absolut vertrauenswürdig und tragfähig erweisen sollte, würde sie sich mir unmittelbar zeigen.

Natürlich hat Caro das nicht alles wissentlich so geplant, wie ich das jetzt hier beschreibe. Vielmehr ist es ihr einfach so „passiert". Und doch meine ich, dass der Verlauf ihres Prozesses diesen Rückschluss zulässt. Ich bin überzeugt davon, *Herrscherin* würde dem so zustimmen.

Alte traumatischen Erfahrungen relativieren sich nicht

Als ich *Herrscherin* zum ersten Mal begegne, ist sie in *Trance* (vgl. S. 37). Sie sieht mich nicht wirklich, sie sieht die ganze Welt und die Menschen nicht wirklich. Sie sieht alles nur durch die Brille ihrer Vergangenheit. Ihre Sicht ist verzerrt. Sie sieht nicht die Wirklichkeit, sie ist aber überzeugt davon, die Wirklichkeit zu sehen. Das meine ich mit *Trance*.

Diese verzerrte Sicht hat *Herrscherin* über Jahrzehnte aufrechterhalten. Sie hat sich nicht relativiert durch Erfahrungen, die sie später, nach ihrer Kindheit, machte. Warum eigentlich nicht?

Herrscherin hat sich sehr früh, noch in der Kindheit, in eine selbst gewählte Isolation begeben. Sie hat sich aus jedem direkten Kontakt zurückgezogen.

Sie kam daher mit der äußeren Realität gar nicht mehr in Berührung. Mit den Menschen „draußen" waren nur noch die „Vasallen" von *Zauberer* und *Caroline* in direktem Kontakt. *Herrscherin* aber war weg – und ihr Bild von dem, wie die Menschen und die Welt sind, blieb konstant. Es veränderte sich daher auch in späteren Zeiten nicht, selbst wenn Caro positive Erfahrungen mit Menschen machte.

Trotz ihres Wegseins haben aber der tief liegende Hass und die untergründige Wut von *Herrscherin* eine große Wirkung in Caros Leben. Das spürte Caro aber nicht. Sie spürte nicht, wie sie ihre Beziehung zu Rolf, Magdalena und anderen unterschwellig vergiftete mit ihrem Hass und ihrer Verachtung.

Caro spürte nur, was Rolf oder Magdalena *ihr* antaten – und das war dann wieder der Beweis für *Herrscherin*, dass die Menschen heute noch genauso schlecht und hinterhältig sind wie damals in der Kindheit.

Der Teufelskreis schloss sich. *Herrscherin* fühlte sich bestätigt in ihrer alten Sicht. Sie hatte nicht den geringsten Grund, an ihrer Wahrnehmung zu zweifeln.

Eine tiefgreifende Bewegung war daher nur möglich, wenn *Herrscherin* eine Wahrnehmung für sich selbst bekam.

Dafür brauchte sie ein Gegenüber. Ein Gegenüber, das sie ernst nehmen konnte und sie nicht verurteilte. Diese Prüfung musste ich als Begleiterin bestehen. Ich musste aushalten, dass *Herrscherin* mir nicht traute. Ich musste aushalten, dass mich *Herrscherin* an der Nase herumführte.

Und dann musste ich der Wucht standhalten, als sie mir dann tatsächlich entgegentrat.

Der direkte Machtkampf mit Herrscherin

In der Ausbildung quälte mich Caro mit ihrer manipulativen Art, Aufmerksamkeit auf sich zu ziehen. Das war für mich schwer zu ertragen, zumal es in der Ausbildung ja nicht nur um sie ging.

Caros Prozess war zu dieser Zeit so weit fortgeschritten, dass eine unmittelbare Auseinandersetzung möglich war. Wir schrien uns an – und dann war es gut.

Herrscherin akzeptierte, dass ich die Ausbildung leitete und entschied, was wir da tun. Das befriedete die Situation sofort. Wie unvergleichlich viel mühsamer, komplizierter und verworrener war die frühere Auseinandersetzung, als *Herrscherin* noch nicht direkt erreichbar war.

Doch *Herrscherin* war nicht nur in *dieser* Situation anwesend, sie war zu dieser Zeit grundlegend viel präsenter in Caros Leben.

Auch Caros Entscheidung, sowohl die Ausbildung abzubrechen, als auch die Therapie zu beenden, wird *Herrscherin* gefallen haben. Ich glaube, *Herrscherin* wollte nie wirklich eine Ausbildung bei mir machen. Die langwierige Begleitung von Menschen in komplexen Prozessen hat sie nie groß interessiert. Somit war ihre diesbezügliche Entscheidung einfach folgerichtig.

Man kann sich fragen, ob es denn richtig war, gleichzeitig auch noch die Therapie zu beenden.

Ich kann mir schon vorstellen, dass da auch Wut, Trotz und ein Mich-bestrafen-Wollen mit im Spiel waren. Ich habe mich ja ihrem Willen nicht gebeugt, und das wird bei *Herrscherin* normalerweise mit „Kopf ab" geahndet. Bei mir hat sie aber nur eine milde Form angewandt und so war es nur ein etwas ruppiger Abschied.

Ihre Entscheidung, die Therapie bei mir zu beenden, beruhte nicht auf Bestrafung. Caro war einfach müde von dem langen Prozess und die Zeit war reif dafür, ihren Weg jetzt alleine weiterzugehen. Das zeigen auch die späteren Begegnungen und Mails. Sie zeigte sich immer sehr zufrieden darüber, ihr Leben heute so unabhängig und selbstbestimmt zu leben.

Herrscherin bestimmt heute Caros Leben

Die Begegnungen, die ich mit Caro noch nach dem Therapieende hatte, zeigen mir, dass Caros Leben heute zentral von *Herrscherin* bestimmt ist: *Herrscherin* will reisen, *sie* will exotische Länder entdecken und *sie* hat auch das Standing, vor Professoren und Studenten über über das von ihr entwickelte therapeutische Ton-Dorf-Spiel zu referieren.

Caro ist heute grundsätzlich zufrieden mit ihrem Leben. Sie fühlt: Das ist mein Leben, ich tue das, was ich will. Das kann nur jemand sagen, der sein Verborgenes Ich spürt und sein Leben danach ausrichtet. Wenn das Verborgene Ich – oder eher das Eigentliche Ich, denn „verborgen" ist es ja nicht mehr – die Eckpfeiler unseres Lebens setzt, befriedigt uns das zutiefst. Wir fühlen uns am rechten Platz und – selbst dann, wenn es zeitenweise anstrengend sein mag – tun wir in unserem Leben das, was wir eigentlich tun wollen. Das ist erfüllend und macht uns satt.

Ich will damit nicht sagen, dass Caro an ihrer Quelle angekommen ist und alle *Reaktionsschichten* von Herrscherin „erlöst" sind. Das glaube ich nicht. Aber sie hat einen Ort in sich gefunden, wo sie alleine gut mit sich und den Menschen zurechtkommt. Das ist viel. Sie hat aufgehört, einem Traum nachzujagen, den sie von *Herrscherin* aus gar nicht will.

Noch immer ist mir Caros Traum mit dem Bett vor dem Kamin in der Alphütte sehr präsent. Ich glaube, die Traumaussage ist sehr weitreichend. Mein Gefühl ist, dass es für Caro noch weiter darum geht, ihr Leben zu genießen, zur Ruhe zu kommen und sich dem Frieden hinzugeben, den sie in sich gefunden hat.

Die Alltagspersonen gehen im Verborgenen Ich auf

Caro schreibt in ihrer Mail, dass für sie ihre verschiedenen *Personen* heute gar nicht mehr so wichtig sind, ja, sie fallen ihr in ihrer Unterschiedlichkeit kaum mehr auf. Warum ist das wohl so?

Die Spaltung, die zwischen dem *Vorderen Raum*, dem Raum der *Alltagspersonen,* und dem *Hinteren Raum,* dem Raum des *Verborgenen Ich,* bestand, löste sich größtenteils auf. Früher waren das gewissermaßen zwei verschiedene Welten, die sich zum Teil sogar gegenseitig bekämpften. *Caroline* hatte mir ja häufiger Vorwürfe gemacht, dass dadurch, dass *Herrscherin* mehr Raum bekommt, ihr Leben immer langweiliger und einsamer wird. Das ist heute nicht mehr so. *Caroline* ist nicht mehr abgespalten von *Herrscherin*. Sie ist, bildlich gesprochen, ein Ast des Baumes, der *Herrscherin*, des *Verborgenen Ich*. Der Baum „fühlt", wenn es einem Ast nicht gut geht, und wird ihn mehr zum Licht wachsen lassen. Es ist kein gegenseitiger Kampf mehr, es ist ein Miteinander, ohne dass sich *Herrscherin* oder die anderen darum bemühen. Es ist für sie natürlich, so zu sein. Caro *fühlt* sich heute wie ein einziger großer Baum, *Herrscherin* als Stamm und Wurzel und *Caroline*, *Zauberer* und all die anderen *Personen* als seine Äste, Zweige, Blätter und Blüten.

Die Spannung löst sich auf, der „Spalt", der Riss schließt sich, wenn das *Verborgene Ich* wieder direkt am Leben teilnimmt.

Interessanterweise fühlen sich die *Personen* des *Vorderen Raums* dadurch nicht bedrängt; im Gegenteil, sie beruhigen sich, weil sie eine Verantwortung abgeben können, von der sie eigentlich schon immer überfordert waren.

Sowohl die *Alltagspersonen* als auch das *Verborgene Ich* finden also durch den Prozess des In-sich-Ankommens zu dem ihnen angemessenen Platz. Das *Verborgene Ich* übernimmt die grundsätzliche Verantwortung, es steuert unser „Lebensschiff" und die *Personen* haben darauf ihren Platz und ihre Aufgabe. Für diese Aufgaben sind sie jeweils prädestiniert, denn es entspricht ihrem Wesen, genau so zu sein.

Bei ruhiger See dürfen „die Kinder spielen", „die Künstler malen" und „die Verträumten sinnen". Es ist die Zeit für Entfaltung. Wenn aber Sturm aufkommt, wenn das Schiff sich in schwerer See bewähren muss, müssen die Kleinen und Schwächeren an einen sicheren Ort gebracht werden und die Kapitänin oder der Kapitän steuert das Schiff mit der ihr oder ihm eigenen Weitsicht und Kompetenz, bis diese belastende Zeit wieder vorbei ist. Niemand wird gegen diese natürliche Ordnung etwas einzuwenden haben, denn es fühlt sich für alle gesund und richtig an.

Manipulation wird zum lästigen Umweg

Durch die direkte Teilnahme am Leben wird das *Verborgene Ich* auf die Manipulation der *Personen* immer mehr verzichten wollen. Die Manipulation wird dann plötzlich zum lästigen Umweg. Wieso über andere agieren, wo es doch auch direkt möglich ist? Die Notlösung, die früher erforderlich war, wird nicht mehr gebraucht.

Das ist für die *Personen* sehr entlastend. Es war nicht schön, sich verbiegen oder für etwas herhalten zu müssen, was ihnen selbst gar nicht entsprach.

So werden die *Personen* und das *Verborgene Ich* in diesem Prozess zu *einem* in sich verbundenen Organismus, der zwar unterschiedliche Ausdrucksmöglichkeiten hat – je nach Situation und *Person*, die gerade anwesend ist –, den wir aber doch grundsätzlich als *ein Ganzes* erleben. Doch das ist nur eine „gesundheitsbringende Nebenwirkung", um die wir uns nie aktiv bemühen müssen. Zu keinem Zeitpunkt hat Caro versucht „eins-zu-werden". Ganz im Gegenteil. Sie hat sich gerade auf ihre Verschiedenartigkeit eingelassen, sie hat ihre *Personen* einzeln kennen- und allmählich besser verstehen gelernt. Und dieses Kennenlernen hat dann noch eine neue Dimension bekommen, als das *Verborgene Ich* in Erscheinung trat. Da erst hat sich gezeigt, auf welchem Boden ihre *Personen* eigentlich stehen. Das Gefühl von Einssein hat sich zu diesem Zeitpunkt aber noch lange nicht eingestellt.

Caroline war ja oft in großer Not, weil sie unter der abgegrenzten Haltung von *Herrscherin* litt und sie sich einsam fühlte. Diese Spaltung war für Caro über lange Zeit sehr schmerzhaft zu spüren. Die Lösung lag dann aber nicht in einem Kompromiss. *Herrscherin* und *Caroline* mussten nicht lernen, „aufeinander zuzugehen" oder von ihren Forderungen Abstriche zu machen. Das wäre auch nicht gegangen.

Die Lösung liegt darin, dass *Herrscherin* zu sich selbst findet und sie dadurch wieder am Leben teilnehmen *will*. Sie durchbricht damit ihre Isolation und *Caroline* bekommt überhaupt erst den Raum, sich im Leben wirklich ausbreiten zu können. Doch dieses Zusammenfinden, dass Caro sich selbst zunehmend als *einen* natürlichen Organismus empfindet, steht am Ende eines langen Prozesses, nicht an dessen Anfang.

Die Selbstverurteilung hört auf

Als Caro anfangs zu mir kommt, ist die Unterscheidung der *Personen* absolut hilfreich, ja, sie ist sogar notwendig dafür, dass Caro sich selbst überhaupt differenziert wahrnehmen kann. Hätten wir die verschiedenen *Personen* und ihr *Verborgenes Ich* nicht voneinander unterschieden, hätte Caro niemals erkennen können, wie sie eigentlich ist. Erst durch diese Erfahrung wurde ihr selbst die Logik ihres Verhaltens verständlich. Erst dadurch wurde erkennbar – auch wenn es destruktiv war –, dass es einen Sinn ergab, was sie tat. Das war für Caro sehr erleichternd. Mit diesem Selbst-*Verständnis* ließ ihre Selbst-*Verurteilung* immer weiter nach, bis diese sich zum Ende des Prozesses hin auflöste. Caro kann sich heute annehmen, wie sie ist.

Doch über eine lange Wegstrecke fiel diese Aufgabe allein mir als Begleiterin zu: freundlich anerkennen, was ist. Anerkennen, wie eine *Person* oder ihr *Verborgenes Ich* ist. Sie nicht verurteilen. Was immer sie tut, wie immer sie sich verhält, sie nicht verurteilen.

Mir ist das nicht schwergefallen. Ich bin immer davon ausgegangen, dass es einen gewichtigen Grund gibt, warum Caro so ist, wie sie ist. Denn das ist meine langjährige Erfahrung im Begleiten von Menschen. Immer hat sich – wenn mir denn die Zeit dafür gegeben wurde –schließlich gezeigt, dass es triftige Gründe gibt, warum sich jemand genau so verhält, wie er es tut.

Dieses neu gewonnene Selbstverständnis hat Caro tief befriedigt. Sie spürte:

„Ach so ist das. Deswegen bin ich so. Deswegen verhalte ich mich so. Ich bin ja gar nicht verrückt! Dann ist ja gut!"

Das ist eine enorme Entlastung. Und das selbst da, wo sich eine Reaktionshaltung noch gar nicht weiter vertieft hat. Denn das, was wir verstehen, verurteilen wir nicht. Unsere Selbstverurteilung hört einfach auf, wenn wir uns selbst wirklich verstehen.

Niels

„An mir kannst du dir gerne die Zähne ausbeißen."
(Vorstopper)

1. Therapeutisches Prozessjahr

Sich unlebendig fühlen

Ich kenne Niels aus verschiedenen Tantra-Workshops und Trainings, die ich geleitet und an denen er teilgenommen hatte.

Niels ist Anfang 50 und evangelischer Pfarrer in einer kleinen Gemeinde in der Mitte Deutschlands. Bereits sein Vater war Gemeindepfarrer – das sei aber nicht der Grund, warum er Pfarrer geworden sei, sagt er. Er ist der Älteste von drei Brüdern.

Das große Trauma seines Lebens sei, dass seine Mutter starb, als er sechs Jahre alt war. Bald danach habe sein Vater aber eine neue Frau geheiratet, erzählt Niels, die sich um ihn und seine Brüder gekümmert habe. Sie sei eine sehr liebenswerte Frau gewesen und habe ihn wie eine Mutter umsorgt.

Niels hat zwei eigene Kinder, Sereina und Pascal. Von seiner ersten Frau, Regina, der Mutter seiner beiden Kinder, hat er sich nach sechs Jahren getrennt. Er hatte sich damals – für sich selbst völlig überraschend – in eine andere Frau heftig verliebt. Daraufhin verließ er Regina, und auch seine Kinder sah er nur noch selten.

Die neue Frau, Elena, hatte er kurz nach der Scheidung geheiratet. Als Hausmann betreute er nun ihre beiden kleinen Mädchen, die damals vier und fünf Jahre alt waren. Aber so feurig diese neue Liebe war, so katastrophal war sie auch. Elena liebte und hasste ihn zugleich. Es gab immer wieder unerträglichen Streit.

Irgendwann musste sich Niels eingestehen, dass diese Liebe für ihn nicht zu leben war. Er spürte, er würde krank werden, wenn er so weitermachte. So trennte er sich in einem sehr schmerzhaften Prozess nach drei Jahren wieder von Elena.

Jetzt ist Niels mit Kerstin zusammen. Sie ist eine Frau, die er sehr schätzt und mit der er alt werden möchte, wie er mir sagt. Sie wohne zwar nicht mit ihm im Pfarrhaus der Gemeinde, aber sie würden sich regelmäßig besuchen. Und seit einem Jahr wohne auch noch Pascal, sein achtzehn-jähriger Sohn, bei ihm. Seine Ex-Frau, Regina, sei mit ihm nicht mehr zurechtgekommen, und so habe er ihn zu sich genommen.

Aber auch er habe Mühe, Pascal auszuhalten. Schon vor einiger Zeit habe er sich der Welt verschlossen. Er schlafe oft bis mittags und sitze dann den ganzen Tag vor seinem Computer. Freunde habe er keine, die Schule habe er abgebrochen und eine Ausbildung wolle er nicht machen. Er wolle Pascal gerne helfen, gleichzeitig aber könne er ihn auch kaum mehr ertragen.

Niels sagt, er möchte eine Therapie bei mir machen, weil er sich in seinem Leben so unlebendig fühle. In den Tantra-Workshops sei das zwar anders, aber sobald er wieder zu Hause sei, fühle er sich, als würde er gar nicht wirklich am Leben teilnehmen. Ständig fühle er sich unter Druck, aber den mache er sich vor allem selbst! Und er habe Angst, eine Art Lebensangst, die er sich nicht erklären könne.

Zudem habe er ein Essproblem. Manchmal *müsse* er einfach zum Kühlschrank gehen und sich vollstopfen, obwohl er wisse, dass es ihm nicht guttue. Er könne sich nicht dagegen wehren, der Drang sei übermächtig.

Niels sagt, er würde sich diese Themen gerne näher bei mir anschauen. Vielleicht seien ja für seine Gefühle und sein Verhalten auch verschiedene *Personen* verantwortlich, das würde ihn interessieren. Und natürlich würde er sich auch wünschen, dass sich etwas ändere.

Niels sagt, er sei jetzt 51 Jahre alt und habe das Gefühl, noch gar nicht wirklich gelebt zu haben. Er hoffe, dass er nicht mit diesem Gefühl sterben müsse.

Ich sage, dass ich gerne mit ihm hinschauen werde, dass wir dafür aber, wenn es denn gelingt, bestimmt einige Zeit brauchen würden, also mehrere Jahre. Niels schreckt das nicht, er hat nicht erwartet, dass das schnell gehen kann.

Da er eine weite Anfahrt hat, vereinbaren wir, dass wir uns monatlich, an zwei aufeinanderfolgenden Tagen, zu jeweils einer Sitzung treffen.

Kommandeur und Tiger

In unserer ersten Sitzung finde ich bei Niels eine *Person*, die er *Kommandeur* nennt. Sie steht hinten rechts im Raum. Der *Kommandeur* wirkt mächtig und kontrollierend. Er sagt, er wolle, dass es Niels gut mache. Er schaut auf den leeren Stuhl von Niels, als säße dort ein unmündiges *Kind*, das man dirigieren muss, ein *Kind*, das ständig alles falsch macht.

Der *Kommandeur* selbst fühlt nichts. Er weiß gar nicht, was das ist. Er findet, das sei auch nicht nötig.

Am Folgetag begegne ich *Tiger*, er steht vorne links. Er lächelt mich an, er ist charmant, aber auch verlegen. Er gesteht mir, dass er Frauen liebt. Er findet Frauen schön, er findet sie interessant, er ist gern mit ihnen zusammen.

Er sagt, er stelle sich gerne vor, wie es wäre, mit einer Frau, mit der er gerade zu tun habe, Sex zu haben. Doch bleibe es leider immer nur bei der Vorstellung. So wie er dürfe man nun mal nicht sein. Immer würde er von irgendwem zurückgehalten, da könne er nichts tun. Das wäre sehr schade.

Im Nachgespräch sagt mir Niels, dass er *Tiger* in seinem Leben oft fühlen könne. Sein Gefühl, eingesperrt zu sein, habe viel mit ihm zu tun. Eigentlich sei er ein lebensfroher Mensch, aber er dürfe das nicht leben. Dabei sei gar nicht klar – er hält inne –, von wem das Verbot komme. Oder doch? Wahrscheinlich komme es vom *Kommandeur*! *Kommandeur* wolle doch, dass er lieb und brav sei! *Tiger* aber wolle sich vergnügen, er wolle Spaß haben, er wolle mit Frauen flirten, aber das gehe eben nicht beides zusammen. Das würde ihn so niederdrücken. Er könne niemandem in sich gerecht werden. Er strenge sich immer nur an und wisse gar nicht recht warum.

In einer anderen Sitzung erzählt mir Niels, dass er sich mit seinem Pfarramt unwohl fühle. Er sei da so exponiert in seinem Dorf und jeder würde beobachten, was er tue. Schon mit Pascal sei das schwierig. Die Leute würden ja mitbekommen, dass er nicht arbeite oder zur Schule gehe.

Aber es gehe nicht nur um Pascal. Neulich wäre beispielsweise Sonnwendfest gewesen und da sei er als Pfarrer vom Dorf natürlich hingegangen. Er habe sich dann mit einer Frau sehr nett unterhalten. Er kenne sie nur lose, sie sei verheiratet und habe zwei Kinder. Sie sei aber alleine da gewesen und sie wären richtig gut ins Gespräch gekommen. Er habe gespürt, dass es zwischen ihnen eine erotische Anziehung gebe. Von ihr seien deutliche Signale gekommen. Einmal habe sie ihn sogar flüchtig an der Hand berührt. Er habe *Tiger* in sich gespürt und sich vorgestellt, wie es wäre, mit ihr zu schlafen. Das wäre eine sehr schöne Vorstellung gewesen. Aber so etwas dürfe natürlich nicht sein, und das würde er auch nie tun. Aber trotzdem, die Gedanken seien halt dagewesen, da könne er sich nicht dagegen wehren.

Der Schwarm

Ich frage, ob er denn innerlich in einen Konflikt mit Kerstin gerate, wenn er in einer solchen Situation sei.

Niels schaut mich erstaunt an. „Kerstin?", fragt er, „nein, an sie denke ich eigentlich gar nicht. Das ist irgendwie was anderes. Das hat mit ihr doch nichts zu tun! Das sind doch nur Gedanken, das ist doch nur ein Spiel. Mit ihr aber ist es ernst."

In der *Direkten Begegnung* wird er noch deutlicher.

Tiger sagt: „*Ich* kenne Kerstin nicht, sie beschäftigt mich nicht. Ich denke eigentlich nie an sie. Mir geht es um *die Frauen*. Wie ein Schwarm fühlen sie sich an, sie fliegen so um mich herum. Das ist ein schönes Gefühl. Kerstin gibt es da nicht. Sie ist nicht Teil des Schwarms und um sie geht es für mich nicht. Normalerweise denke ich einfach nicht an sie. Hättest du nicht gefragt, wäre mir gar nicht aufgefallen, dass sie nicht vorkommt."

Tiger sagt, es sei gar nicht so leicht, mit „dem Schwarm" gut umzugehen, *darum* würde er sich kümmern. Jede Frau müsse sich geschätzt und gesehen fühlen. Es wäre wichtig, dass sie merke, dass er sie mag. Aber es dürfe nicht zu viel sein. Es müsse immer unverbindlich bleiben, sonst würde es schwierig. Es würden dann Ansprüche kommen, und das sei unbedingt schon im Vorfeld zu vermeiden. *Tiger* sagt, das würde sich jetzt so abenteuerlich anhören, aber eigentlich sei das, was er tue, absolut harmlos. Es würde ja gar nie wirklich etwas passieren. Zudem seien es die Frauen, die auf ihn zukommen. Er würde die Kontakte eigentlich nur freundlich erwidern, so wie jetzt am Sonnwendfest. Man könne ihm nichts vorwerfen. Auch da habe er nur ein bisschen geredet, ein bisschen zugehört und ein paar Fantasien gehabt. Sonst nichts. Natürlich hätte er gerne *mehr*. Aber das gehe eben nicht. Schon gar nicht auf dem Dorf.

Im Nachgespräch erzählt mir Niels vom letzten Tantra-Workshop, den er besucht hat. Er sagt, er habe da eine intensive Begegnung mit einer Frau gehabt. Sie hätten nach einer Übung abends noch zusammen gelegen und es sei sehr erotisch gewesen. Sie hätten sich innig geküsst, aber nicht miteinander geschlafen. Seither habe er keinen Kontakt mehr mit ihr. Sie hätten zwar ihre Telefonnummern ausgetauscht, aber er habe sie nicht angerufen – und er wisse auch nicht, ob er das überhaupt wolle. Er habe den Eindruck, *Tiger* wolle das gar nicht. Oder vielleicht wolle er es nur jetzt nicht, damit es nicht zu verbindlich wird. Oder ist es *Kommandeur*, der das nicht will? Niels ist verwirrt. Auf jeden Fall spüre er, dass er im Moment den Kontakt zu ihr nicht vertiefen wolle. Vielleicht wolle er ja einfach nur ein weiteres Bienchen für seinen Schwarm. Und dafür brauche er erst mal Abstand.

Niels ist nicht sonderlich wohl mit seiner neuen Erkenntnis. Er freut sich zwar über seinen Schwarm, ihm gefällt das Bild. Und er spürt, dass er die Frauen wirklich liebt. Aber er hat auch das Gefühl, dass man so nicht sein darf. Schon gar nicht als Pfarrer. Und auch nicht als jemand, der in einer verbindlichen Beziehung mit einer Frau lebt. Damit will er sich nicht auseinandersetzen. Er erzählt Kerstin einfach nichts davon. Oder nur in einer Art Schonversion. Von der Frau im Workshop erzählt er ihr beispielsweise nichts. Niels sagt, er möchte Kerstin nicht unnötig verletzen. Das würde ihr nur wehtun und sie würde sich unnötig Sorgen machen, das wolle er nicht. Seine Verbindung zu ihr stünde ja nicht in Frage, und deshalb sei es für sie nicht wichtig, das zu wissen.

Ich sage, Kerstin hätte da wohl eine andere Meinung dazu. Niels sagt, das könne gut sein, vielleicht würde er ihr ja auch noch davon erzählen, das wisse er noch nicht.

Am Folgetag gehe ich in der *Direkten Begegnung* zum *Kommandeur*. Er sagt, er spüre, dass er arrogant und überheblich sei. Er wolle sich die Finger nicht schmutzig machen. Er wolle makellos erscheinen.

„Eigentlich", sagt er, „bin ich absolut zurückgezogen. Aber draußen gibt es eine Bühne, da tun wir so, als gäbe es ein Leben. Ich habe da den *Lieben Niels* installiert. Der ist immer freundlich und hilfsbereit. Aber eigentlich ist er nur eine Handpuppe. Er hat kein Eigenleben. Das reicht den Menschen schon! Der *Liebe Niels* tut freundlich, aber es ist nichts dahinter. Er ist nur Schein. Aber das fällt niemandem auf!"

Kommandeur spürt seine Verachtung. Er nimmt die Menschen gar nicht ernst. Für ihn sind sie nur Würmer, die auf dem Boden kriechen. Ihm sind sie keine Gegenüber. Er hat sich vom Leben abgewandt. Er hat sich von den Menschen abgewandt. Er will nichts. Man soll ihn in Ruhe lassen. Aber das darf man nicht sehen. Das würde auffallen, das gäbe Ärger. Die Menschen wären enttäuscht und manche würden sich vielleicht sogar Sorgen machen. Das will er nicht. Deswegen der Schein. Deswegen die Handpuppe. Der *Kommandeur* spürt, wie anstrengend das alles ist. Er darf sich nie entspannen, er darf nie loslassen. Er muss immer so tun, als ob. Es darf nie gesehen werden, wie es wirklich ist. Sein Nein zum Leben ist ein Geheimnis. Das geht niemanden was an. Das Bild vom normalen *Lieben Niels* muss um jeden Preis aufrechterhalten werden.

König

In einer Sitzung erzählt mir Niels, dass er mit der Frau aus dem Workshop nun doch Kontakt aufgenommen habe. Sie hätten sich letztes Wochenende gesehen. Es sei sehr schön gewesen, aber Kerstin sei danach ausgeflippt. Er habe ihr davon erzählt und sie habe geschrien und getobt. Sie habe gefordert, dass er jeglichen Kontakt zu ihr sofort einstellen müsse. Der Ausbruch wäre schlimm gewesen. Er habe versucht, sie zu beruhigen, aber das sei kaum gegangen. Sie habe ihm vorgeworfen, ihre Grenzen verletzt zu haben. Aber eigentlich hätten sie noch gar nie über Grenzen gesprochen.

Auf dem *Kommandeur*-Platz spürt Niels, dass er sich auf niemanden einlassen will. Er will seine Ruhe haben. Er will keine Auseinandersetzung. Kerstin soll ihn in Ruhe lassen. Er will von ihr nicht unter Druck gesetzt werden. Tiefer einlassen will er sich sowieso nicht. Nicht auf Kerstin, nicht auf die Frau aus dem Workshop und auch sonst auf niemanden.

Auf dem Ausgangsplatz ist Niels verzweifelt. Er fühlt sich zerrissen. Er mag sich nicht mehr verleugnen und verbiegen. Aber wenn er macht, was er will, gibt es Ärger und vielleicht verliert er dann Kerstin. Das will er auch nicht.

Ich frage Niels, ob er denn wisse, wer in ihm mit Kerstin zusammen sein wolle. Jemand müsse das ja sein. Es wäre ja wohl weder *Tiger* noch *Kommandeur* – sonst hätte sich das auf ihren Plätzen zeigen müssen. Oder spüre er das anders?

Niels bestätigt, dass er auch vermute, dass es weder *Kommandeur* noch *Tiger* sei. Auf *Tigers* Platz käme Kerstin eigentlich nie vor – es sei denn, *ich* frage nach ihr – und im *Kommandeur* spüre er geradezu eine Abwehr Kerstin gegenüber. Er fühle sich da von ihr unter Druck gesetzt und wolle ihr entkommen. Trotzdem spürt Niels, dass er mit Kerstin sein will. Er weiß nur nicht, von welcher *Person* das ausgeht.

Ich bitte Niels, sich auf einen neuen Platz, hinten mittig, hinzustellen.

Niels wirkt hier ausgedehnt und mächtig. Er schaut mich freundlich an. Ich spüre eine von ihm ausgehende Wärme.

Ich sage: „Es ist angenehm mit dir, ich fühle mich willkommen, wenn ich dich anschaue."

„Ja", sagt er, „ich mag die Menschen. Sie liegen mir am Herzen."

„Das ist schön. Ich kann das spüren. Es kommt mir vor, als wolltest du gar nicht für dich selbst etwas."

„Ja, ich brauche eigentlich nichts. Ich will gerne für die Menschen da sein. Ich höre ihnen zu, ich nehme Anteil an ihren Leben. Ich kann ihre Not sehen und ich kann ihren Schmerz sehen. Das berührt mich. Speziell die Menschen am Rande der Gesellschaft haben es mir angetan. Sie sind mir besonders wichtig, ich weiß nicht warum."

„An wen denkst du da?"

„Eigentlich ist mein Gefühl grundsätzlicher Natur. Wenn ich einen Obdachlosen sehe, denke ich immer, mein Leben hätte nur ein klein bisschen anders laufen müssen und *ich* wäre an seiner Stelle. Äußerlich sieht das zwar nicht so aus, aber innerlich fühle ich mich so. Ich kann dir das gar nicht genau erklären.

Gerade denke ich an einen Mann in meiner Gemeinde, der auch eine Weile obdachlos war. Er hat als junger Mann einen Geldtransporter überfallen und, ich glaub, es gab noch irgendwelche Drogengeschichten. Er war jedenfalls im Gefängnis und lebt jetzt von Hartz IV. Er ist vielleicht fünfzig oder sechzig Jahre alt – das ist immer schwer zu schätzen bei diesen Menschen. Ich sah ihn immer nur allein. Er saß immer auf der gleichen Bank, gleich um die Ecke bei unserem Edeka-Laden. Irgendwann fasste ich mir ein Herz und sprach ihn an. Er war recht zugänglich, ich hatte das Gefühl, dass er gerne mit mir spricht. Er hat mir von seinem Sohn erzählt, als dieser noch klein war. Die Mutter habe dann aber den Kontakt zu ihm abgebrochen. Heute sei sein Sohn erwachsen, aber er wisse noch nicht einmal, wo er wohne.

Ich kann mit diesem Mann mitfühlen, er berührt mich. Ich denke immer, es hätte nur einer kleinen veränderten Weichenstellung bedurft und *wir* lebten wie sie."

Die neue *Person* von Niels rührt mich. Ich kann seine Liebe spüren, seine unvoreingenommene Zuwendung. Ich spüre, wie er auf Menschen zugehen kann, ohne irgendwelche Erwartungen zu haben. Er kann mit ihnen sein, ohne sie belehren oder „retten" zu müssen. Dann frage ich die neue *Person* – Niels steht immer noch hinten im Raum – nach Kerstin. Die Antwort kommt prompt. Er sagt: „Ich liebe Kerstin! Kerstin ist die Frau meines Lebens! Mit ihr will ich sein! Mit ihr möchte ich alt werden!"

„Oh", sage ich, „das ist ja spannend! Das hört sich ja mal ganz anders an! Weißt du, dass es *Personen* in Niels gibt, die ganz anders fühlen?"

„Ja", sagt er, „das macht mir auch Sorgen. Ich möchte mit Kerstin sein. Was die andern da tun, ist absolut gefährlich. Ich möchte das nicht! Ich brauche keine Geschichten mit irgendwelchen anderen Frauen, sie sind mir nicht wichtig. Aber in einer Situation wie jetzt am Wochenende werde ich nicht gefragt! Oder vielleicht ist es noch anders: Ich bin einfach nicht da. *Tiger* oder wer auch immer übernimmt und ich kann nichts machen. Nur am Schluss noch die Scherben zusammenkehren, wenn wir wieder bei Kerstin sind. Sie tut mir so leid! Es ist schrecklich!"

„Spürst du auch *Kommandeur*?", frage ich.

„Ja", sagt er, „den spüre ich auch. Er ist fast noch schlimmer! Er ist wütend. Er lehnt Kerstin ab. Er fühlt sich von ihr kontrolliert und er will sie weghaben.

Aber weißt du, wenn es nach *Kommandeur* ginge, könnte ich mich überhaupt auf niemanden mehr einlassen! *Er* will niemanden und *er* braucht auch niemanden! Aber so können wir doch nicht leben! Wir sind doch keine Einsiedler, da werden wir nicht glücklich!"

Wir schweigen. Nach einer Weile sagt er leise, wie zu sich selbst: „*Ich* jedenfalls möchte Kerstin nicht verlieren. Ich liebe sie, und ich spüre das Potenzial, das unsere Beziehung hat. Sie ist ehrlich, sie ist mutig und sie ist intelligent. Das mag ich. Ich bin in großer Sorge, wie das mit uns werden wird. Ich kann die andern nicht verändern. Mich zerreißt das fast. Es passt alles nicht zusammen. Auch der *Junge* in Niels liebt sie sehr, das kann ich spüren. Er fühlt sich bei ihr aufgehoben, er fühlt sich bei ihr sicher. Das möchte ich ihm nicht nehmen. Er hat schon genügend Verluste erlitten."

Niels ist jetzt still. Er hat Tränen in den Augen und schaut vor sich auf den Boden. Ich spüre seine Verzweiflung.

Nach einer Weile beende ich die *Direkte Begegnung*.

Im Nachgespräch frage ich Niels, wie er diese *Person* nennen will. Er sagt, sie soll *König* heißen. Dem stimme ich gerne zu. Er fühlt sich auf diesem Platz wirklich wie ein liebevoller – wenn auch machtloser – *König* an.

Ich bin beeindruckt. Der König strahlte eine Wärme und eine Güte aus, das ist sehr berührend. Die Menschen sind ihm wichtig, er will ihnen helfen, und sei es nur durch Zuhören. Ich wundere mich ein bisschen, warum mir diese Person nicht früher aufgefallen ist. Schon immer habe ich Niels als sehr freundlich und warmherzig wahrgenommen, aber ich habe mir noch nie Gedanken darüber gemacht, von welcher Person das wohl kommt. Der König ist in Niels so allgegenwärtig und unauffällig zugleich, dass er leicht übersehen wird.

Und eine Frage, die wir uns gestellt haben, ist tatsächlich gelöst. Wir wissen jetzt, dass König und wahrscheinlich auch der Junge Kerstin lieben. Aber sie sind ohnmächtig. Wird das die Beziehung entscheiden? Muss sie deswegen scheitern?

2. Therapeutisches Prozessjahr

Niels sagt Nein

Niels erzählt mir wieder von einem Tantra-Seminar, an dem er teilgenommen hat. Er ist stolz. Er sagt, er habe ganz anders, als er es sonst immer in seinem Leben tue, zu jemandem mal klar Nein gesagt. Eine Teilnehmerin habe ihn nämlich um Hilfe gebeten. Sie habe ihm irgendwas erzählen wollen von einer Geschichte mit einem anderen Mann und ihre Probleme mit ihm, und da habe er einfach Nein gesagt. Er habe keine Lust gehabt zuzuhören. Und er habe sich von ihr irgendwie manipuliert gefühlt, so, als wolle sie ihn in was reinziehen, mit dem er aber nichts zu tun habe. Oder vielleicht habe sie sich ihm auch annähern wollen. Er habe aber auf jeden Fall gespürt, dass er das nicht wolle. Das sei für ihn sonst nie eine Frage gewesen. Es sei immer nur selbstverständlich gewesen, dass er helfe, wenn jemand etwas von ihm wolle. Jetzt habe er sich zum ersten Mal ernst genommen in seinem Nicht-Wollen. Er habe bei sich gedacht: Wir sind in einem Workshop, es gibt den Gruppenleiter und es gibt Assistenten. Die Frau kann sich an das Team wenden, wenn sie Hilfe braucht. Ich bin nur ein normaler Teilnehmer hier und ich will das gerade nicht.

Ich bitte Niels, sich für die *Direkte Begegnung* auf den Platz von *Kommandeur* zu begeben.

Er geht hin, schaut mich an und sagt: „Ich spüre mein Nein. Ich sage Nein zu allem. Ich stelle mich tot."

Er schweigt eine Weile. Dann sagt er: „Eigentlich ist es noch anders. Ich *bin* tot. Nur scheinbar gibt es ein Leben. Ich will nicht da sein. Ich habe mich längst ausgeschaltet. Ich warte nur, bis dieses Scheinleben zu Ende ist. Für mich ist das Leben eine Qual."

Ich sage: „Ist es auch unangenehm, jetzt hier zu sein?"

„Es geht", sagt *Kommandeur*, „direkt weh tut es nicht. Aber es bringt nichts. Es ist so sinnlos, wie alles andere auch. Wieso soll ich Therapie machen? Ich werde mich niemals ändern, das weiß ich schon jetzt. Es lohnt sich nicht, sich mit mir auseinanderzusetzen. Gegen mich kommt sowieso niemand an."

„Du kannst dir wohl gar nicht vorstellen, dass jemand auf deiner Seite ist?", frage ich.

„Was heißt schon auf meiner Seite! Ich habe ja gar keine Position! Ich will nur in Ruhe gelassen werden. Ich will einfach, dass alles so weitergeht, und irgendwann werde ich dann tot sein. In gewisser Weise bin ich es ja jetzt schon. Da ist nichts zu machen! Du kannst dir deine Mühe sparen. Es hat keinen Sinn. Ich habe mich längst aufgegeben."

„Das sind ja heftige Worte…"

„Ich sage nur, wie es ist. Lass mich in Ruhe! Das ist alles, was ich zu sagen hab."

„Immerhin kommt ihr zu den Sitzungen. Irgendjemand scheint da zumindest noch nicht aufgegeben zu haben."

„Ach ja. Irgendjemand hat immer Hoffnung. Du weißt ja, die Hoffnung stirbt zuletzt."

„Du jedenfalls hast keine."

„Nein. Ich bin tot. Und Tote auferstehen normalerweise nicht."

„Das sehe ich anders."

„Meinetwegen. Das ändert aber nichts an meiner Meinung."

„Muss es auch nicht. Wir werden sehen. Wenn Niels weiterhin kommt, haben wir zumindest eine Chance."

„Das glaub ich nicht. Wenn er unbedingt kommen will, soll er halt kommen. Ich werde mich aber nicht ändern."

„Schon gut, musst du auch nicht. Ich werde dir niemals sagen, dass du anders sein musst."

„Gut. Würde ich aber sowieso nicht machen."

Im Nachgespräch ist Niels verzweifelt. Bedrückt schaut er auf den Boden. Er sagt: „Ich glaube, ich bin ein hoffnungsloser Fall. Du weißt ja, ich finde deine Arbeit sehr gut, aber gegen *Kommandeur* komme ich nicht an, egal, wie sehr ich mich anstrenge. Er will einfach nichts. Seine Abwehr ist so stark, da ist nichts zu machen. Er hat einfach absolut aufgegeben. Das habe ich auf seinem Platz ganz klar gespürt. Da hilft mir leider auch die große Geduld nicht, die du als Begleiterin hast. Ich habe das Gefühl, bei mir geht es einfach nicht. Ich weiß nicht, ob ich nicht besser aufhören sollte mit den Sitzungen."

„Nun", sage ich, „du machst natürlich, was du willst. Aber ich bin nicht hoffnungslos. Diese Sitzung jetzt mit *Kommandeur* war sehr gut! Der *Kommandeur* hat sich so klar gezeigt wie noch nie zuvor! Das ist zwar heftig, was er gesagt hat, aber er hat überhaupt gesprochen! Er hat es genau so gesagt, wie er es fühlt. Das ist doch stark! Du weißt ja, es geht nicht darum, dass *Kommandeur* Hoffnung bekommen soll, sondern darum, dass er sich in seiner Hoffnungslosigkeit wahrnimmt. Und das hat er getan. Das ist das Fundament, dass er fühlt, wie er ist. Nur darauf kann man bauen."

„Aber irgendwie soll sich diese Hoffnungslosigkeit doch schon aufweichen, oder? Wenn *Kommandeur* gar keine Hoffnung hat, kann es doch auch nicht weitergehen!"

„Doch, schon. Ich suche ja keine *lineare Lösung* (vgl. S. 33) im Sinne von Ursache- und Wirkung, da hättest du recht. Da gäbe es tatsächlich keine Lösung, denn wir können nichts *tun*, damit *Kommandeur* sich verändert. Aber wenn *Kommandeur* ganz so sein darf, wie er ist, wenn er *vollkommen* hoffnungslos sein darf – und das auf ewige Zeit! –, dann wird er sich entspannen, er wird sich beruhigen.

Und dann passiert das Unglaubliche: In dieser Beruhigung entspannt er sich und sinkt damit tiefer. Er spürt sich tiefer, er spürt noch mehr, wie er eigentlich ist. Vielleicht ist er in einer tieferen Schicht traurig, wütend oder verzweifelt – was auch immer! Aber er wird eine Schicht näher bei sich selbst, bei der Quelle, sein. Das ist auch eine Art der Veränderung – aber eigentlich mehr eine Wandlung hin zu sich selbst. Die können wir nicht willentlich *machen*, sie kann nur geschehen."

Niels schaut noch immer vor sich hin. Nach einer Weile sagt er: „Das hört sich schon gut an, was du sagst, irgendwie auch glaubwürdig. Aber trotzdem kann ich mir nicht vorstellen, dass das auch für mich gilt. Die Haltung von *Kommandeur* fühlt sich für mich so endgültig an. So in Stein gemeißelt. Ich kann einfach nicht glauben, dass daraus irgendwann noch mal was anderes wird."

„Schau, eigentlich ist die Veränderung schon jetzt im Gange. Wir müssen dafür noch nicht mal in die Zukunft schauen. Du hast in dem Workshop zu der Frau Nein gesagt. Das ist dir sozusagen ‚passiert'. Du hattest dir das weder vorgenommen, noch war es eine Aufgabe, die du brav erledigt hast. Du hast einfach gespürt, du willst das jetzt nicht, und hast entsprechend gehandelt. Offensichtlich warst du nicht mit dem *Lieben Niels* identifiziert, sonst hättest du das so nicht tun können. Dass das so passiert ist, sagt was aus. Du hast dich als der, der du eigentlich bist, zugemutet. Das ist für dich alles andere als selbstverständlich!

Das ist jetzt nur ein kleines Beispiel, aber es sagt trotzdem etwas Wichtiges aus: Es ist etwas in Bewegung! Auf der Symptomatik-Ebene – also der sichtbaren Ebene an der Oberfläche – ist bereits abzulesen, dass eine schier unmerkliche Veränderung vonstattengeht."

Es sieht nicht so aus, als hätte ich Niels überzeugt. Er wirkt nach wie vor niedergeschlagen.

Ich kann Niels' Bedenken verstehen. Diese Art der Wandlung ist einfach nicht vorstellbar. Sie kommt mir ja auch selbst immer wieder wie ein Wunder vor. Er spürt einfach Kommandeur, und der ist, wie er ist. Niels kann sich nicht vorstellen, dass sich Kommandeurs Haltung jemals verändern könnte. Und dagegen kommt er nicht an, das hat er schon ein Leben lang probiert. Was also bleibt ihm noch? Verzweiflung, Ratlosigkeit. Das ist es, was er fühlt.

Ein seltsamer Traum

In unserer nächsten Sitzung will mir Niels einen Traum erzählen, der ganz schön krass sei, wie er ankündigt.

„Ich habe geträumt, ich bin unter der Dusche und plötzlich tropft aus dem Duschkopf Blut! Und dann tropft aus der Duschkabinenwand Blut! Und es tropft Blut aus der Decke! Überall war Blut! Und ich habe mich gefühlt, wie wenn ich jemand umgebracht hätte. Ich hatte aber keine Schuldgefühle. Ich war wütend!

Ich kann mich nicht erinnern, was vorher im Traum passiert ist. Ich war einfach nur in dieser Dusche und überall war dieses Blut. Es war nicht mein Blut, das war klar, das wusste ich irgendwie. Ich war ja auch nicht verletzt. Nein, das Blut kam von jemand anderem. Und zwar von dem, den ich umgebracht habe! Seltsam, oder? Und das Seltsamste ist, dass ich mich gar nicht schlecht gefühlt habe. Eher im Gegenteil, ich habe mich richtig gut gefühlt! Es war, als habe ich etwas getan, das endlich mal habe getan werden müssen! Das hat mich im Traum befriedigt.

Dann bin ich aufgewacht. Noch im Aufwachen habe ich meine Wut gespürt. Und meine Befriedigung. Das hat mich dann aber, als ich richtig wach war, schon sehr befremdet."

Ich stelle mir vor, wie ich unter einer Dusche stehe, aus der Blut tropft! Und sehe, dass aus der Wand Blut quillt! Mir graust es. Was für ein furchtbares Bild!

Niels geht es aber offensichtlich ganz anders. Ihn graust es nicht, er wirkt auch jetzt eher aufgebracht als schockiert. Ich versuche, mich auf seine Energie einzuschwingen.

Kühl frage ich: „Hast du ein Gefühl dafür, *wen* du da umgebracht haben könntest?"

Niels schüttelt den Kopf. „Nein, das habe ich nicht. Das habe ich mich natürlich auch schon gefragt. Ich kenne niemanden, auf den ich eine solche Wut hätte. Das ist ja das Seltsame. Die Wut, die ich spüre, ist so unspezifisch, eher wie ein Grundgefühl, das sich gar nicht gegen eine bestimmte Person richtet."

„Und wie hat denn diese Dusche ausgesehen? War das bei dir im Pfarrhaus?"

„Nein, die war es nicht. Ich dusche zu Hause im Bad, im Traum aber war es eine abgetrennte Stehdusche. Die Kacheln im Traum waren beige, ein bisschen hässlich, ein bisschen altmodisch. Und der Duschkopf war aus Metall. Das gab es früher, ich erinnere mich noch, heute gibt es das kaum mehr."

„Kommt dir diese Dusche irgendwie bekannt vor? Kennst du eine Dusche, die so ähnlich aussieht?"

„Also zu Hause, wo ich aufgewachsen bin – das war ja auch ein Pfarrhaus –, da gab es so eine Dusche. Die Kacheln waren da auch beige, also eigentlich beige-braun meliert, wie Marmor, kennst du das?" Ich nicke. „Das war im Traum so ähnlich. Und sie war auch an drei Seiten von Wänden umgeben, und dann gab es da noch so einen weißen Plastikvorhang, der sich immer reinwölbte, wenn man warm duschte, und der an einem kleben blieb. Das allerdings war im Traum nicht so, ich glaube, da gab es keinen Vorhang. Aber die alte Armatur und das Beige der Kacheln, das war im Traum ganz ähnlich. Eigentlich fühlt es sich schon so an wie die Dusche da, ja, das stimmt. Das war mir noch gar nicht aufgefallen."

„Dann hat dein Traum also vermutlich mit deiner Herkunftsfamilie zu tun. Das wäre naheliegend, bei dem Szenario."

Niels nickt zustimmend. „Aber trotzdem habe ich noch kein Gefühl dafür, wen ich umgebracht haben könnte. Kannst du dir vorstellen, dass dieses Gefühl, jemanden umgebracht zu haben, nur ein Symbol ist für eine grundsätzliche Wut, die es in mir wohl irgendwo gibt?"

„Das weiß ich noch nicht. Das könnte schon auch sein. Das müssen wir prüfen.

Erzähle mir doch mal mehr von deiner Herkunftsfamilie, vielleicht wird es dann deutlicher. Du hast noch nie viel davon gesprochen."

Niels' Kindheit

Niels erzählt: „Mein Vater war Gemeindepfarrer und ich bin im Pfarrhaus einer mittelgroßen Gemeinde aufgewachsen. Ich habe zwei jüngere Brüder. Meine Mutter, das weißt du ja, ist bei der Geburt meines jüngsten Bruders gestorben, da war ich sechs Jahre alt. Ich kann mich noch gut an die Beerdigung erinnern. Alle haben damals entsetzlich geweint, nur ich nicht. Trotzig habe ich am Grab gestanden und keine einzige Träne geweint. Als meine Tante ihre Hand tröstend auf meine Schulter legen

259

wollte, habe ich sie abgeschüttelt. Ich wollte diese Zuwendung nicht. Ich war wütend, nicht traurig! Ich habe den Tod einfach nicht akzeptiert! Ich habe nicht akzeptiert, dass meine Mutter gestorben ist! Ich habe mich innerlich ganz hart gemacht. Wenn ich geweint hätte, hätte ich ja den Tod akzeptiert. Das wollte ich nicht. Vielleicht war das ja der Anfang vom *Kommandeur*. Ich war wie versteinert. Niemand durfte mich berühren damals, auch mein Vater nicht. Ganz alleine habe ich dagestanden und auf den Sarg geschaut, der langsam ins Grab versenkt wurde. Noch heute kann ich die Wut von damals fühlen. Eigentlich richtet sie sich gegen meinen Vater! Ich habe immer das Gefühl gehabt, dass er eigentlich schuld ist am Tod meiner Mutter.

Als Kind habe ich einmal eine Bemerkung meines Onkels zu seiner Frau gehört. Er hat nicht gesehen, dass ich im Flur gleich nebenan war. Er sagte, mein Vater hätte meine Mutter ja ganz schön „rangenommen".

Schon damals habe ich verstanden, dass er damit Sex meinte. Ja, deswegen ist sie gestorben! Das habe ich damals gedacht. Hätte er sie nicht so „rangenommen", hätten sie keinen Sex gehabt, dann wäre sie auch nicht schwanger geworden und bei der Geburt gestorben. So war das! Mein Vater war schuld! So fühlte ich das damals. Und in gewisser Weise fühle ich das noch heute so.

Aber als Kind durfte ich das natürlich nicht sagen. Niemand dachte so. Und sagen durfte man so was schon gar nicht. Nur mein Onkel hinter vorgehaltener Hand, aber das hatte ich ja nur zufällig mitbekommen.

Eigentlich wurde mein Vater von allen bemitleidet. Er hatte es ja so schwer… Er hatte seine Frau verloren und musste nun zwei kleine Kinder und einen frischgeborenen Säugling versorgen…

Gerade merke ich, ich bin noch heute wütend! Ich kann das nicht anders als zynisch sagen."

Niels schaut mich trotzig an. „Es ist wirklich so", sagt er, „ich bin noch heute wütend auf meinen Vater. Nüchtern überlegt, ist das natürlich absurd. Natürlich hat mein Vater meine Mutter nicht wirklich umgebracht, aber trotzdem fühle ich das so! Ich kann das nicht verhindern. Ich bin wütend auf meinen Vater und „gefühlt" ist er schuld. *Er hat mir meine Mutter weggenommen! Er* hat mein Leben zerstört!"

Niels ist immer lauter geworden. Die letzten Worte hat er fast geschrien. Jetzt verbirgt er sein Gesicht in den Händen. Seine Schultern beben. Er weint lautlos.

Nach einer Weile fährt er fort: „Mein Vater hat mir das Liebste genommen. Ich könnte ihn wirklich umbringen, ich könnte ihm ein Messer in den Bauch rammen! Ja, das könnte ich, so, dass das Blut nur so spritzt! Das wäre gut! Habe ich das nicht in meinem nächtlichen Traum getan? Das ist doch das Blut meines Vaters, den ich umgebracht habe! Gerade fühlt es sich so an! Und, du glaubst es nicht, es fühlt sich *gut* an! Endlich, endlich habe ich es *getan*! Ein Leben lang schon wollte ich das tun!"

Stolz schaut mich jetzt Niels an. Wer das wohl ist in ihm? Vom *Lieben Niels* ist jedenfalls weit und breit nichts zu sehen.

„Und weißt du, was ich am befremdlichsten finde?", fragt er.

„Nein", antworte ich.

„Ich habe keine Schuldgefühle! Das müsste man doch haben, oder? Aber ich habe sie nicht! Vielmehr fühle ich: Jetzt sind wir quitt! Er hat meine Mutter umgebracht, und ich habe ihn umgebracht. So ist es gerecht! Seltsam, oder? Aber so fühle ich das.

Schon als Kind habe ich gedacht, es wäre mir viel lieber gewesen, wenn mein Vater gestorben wäre statt meiner Mutter. Ich habe ihn noch nie so recht gemocht. Er ist irgendwie grob, es gefiel mir nie, wie er eine Frau anfasste. Bei meiner Mutter kann ich mich zwar nicht erinnern, aber bei meiner Stiefmutter. Mein Vater war immer irgendwie gierig und schleimig. Ich habe mich vor ihm geekelt. Ich wollte von ihm nicht angefasst werden. Als Jugendlicher habe ich mal ein Pornoheft bei ihm gefunden. Das war für mich die Bestätigung, dass er ein gieriges Sexmonster ist. Das Heftchen habe ich zwar genau studiert, aber meinen Vater habe ich dafür verurteilt."

„Kannst du dich noch an die Zeit mit deiner Mutter erinnern?", frage ich.
„Ja, schon", antwortet Niels. „Ich habe nur schöne Erinnerungen an sie.
Ob ich mir das im Nachhinein nur so verkläre, weiß ich natürlich nicht.
Aber ich glaube schon, dass sie eine sehr liebevolle Frau war. Das sagen
alle, die sie gekannt haben. Für mich ist diese Zeit wie ein Traum. Alles
war gut, alles war richtig. Sie hat mich geliebt, ich habe sie geliebt. Aber
darüber habe ich mir damals gar keine Gedanken gemacht. Es war einfach selbstverständlich so. Bis zu ihrem Tod war ich wie in einer wunderschönen, heilen Blase. Aus der bin ich dann ganz furchtbar herausgeris-
sen worden. Vielleicht habe ich mich von da an abgewandt. Ich meine,
vom Leben abgewandt, so wie wir es jetzt beim *Kommandeur* erleben.
Irgendwie passt es dazu."
„Das kann ich mir gut vorstellen", sage ich.
„Aber natürlich ging mein Leben trotzdem weiter. Erst mal wurden wir
zu Verwandten gebracht, dann hatte mein Vater eine Haushälterin und
wir waren wieder bei ihm. Nach nur etwa einem Jahr hat er dann seine
zweite Frau kennengelernt, die er auch bald geheiratet hat. Sie war sehr
lieb zu uns, ich mochte sie. Sie hatte nie eigene Kinder und war zu uns
wie eine Mutter. Aber natürlich konnte sie meine Mutter trotzdem nicht
ersetzen. Ich war einfach verschlossen. Niemand konnte mehr zu mir
durchdringen. Ich bin aber trotzdem froh, dass es sie gab und dass sie
sich um uns kümmerte.
„Eigentlich", sagt Niels, „kann ich gerade ganz gut verstehen, warum ich
so geworden bin, wie ich bin. Ich habe damals mein ganzes Vertrauen in
Beziehungen verloren. Seitdem weiß ich, dass eine Beziehung nie sicher
ist, dass sie immer und jederzeit wegbrechen kann, ganz egal, wie sehr
man jemanden liebt. Und dieser Verlust ist so schlimm, dass man ihn
eigentlich gar nicht überleben kann. Deshalb habe ich mich damals so
verschlossen. Und deshalb bin ich heute noch so. Ich habe wohl damals
den unbewussten Entschluss gefasst, mich nie wieder auf jemanden tief
einzulassen. Wahrscheinlich ist das bis heute so, auch wenn mir das un-

angenehm ist und ich eigentlich was anderes möchte. Vielleicht ist das ja der Grund, warum meine Beziehungen immer wieder scheitern."

Niels ist erschöpft. Es hat ihn sichtlich angestrengt, sich mit seiner Geschichte so zu konfrontieren. Ich verstehe jetzt, warum er bisher so wenig darüber erzählt hat. Es wühlt ihn sehr auf. Die alten Gefühle kommen wieder hoch, und er spürt einen Schmerz, den er schon ein Leben lang nicht fühlen will. Das ist zwar alles lange her, aber das ändert nichts daran. Gerade weil er dieses frühe Trauma nie wirklich verdauen konnte, gerade weil er den Schmerz über den frühen Verlust seiner Mutter noch nie richtig zulassen konnte, schwelt er dauerhaft im Untergrund. Immerzu muss er sich betäuben oder ablenken, um ihn nicht zu fühlen.

Ich verzichte heute auf eine *Direkte Begegnung*. Ich glaube, es reicht.

Ich empfehle Niels, sich noch ein bisschen in die Natur zu begeben und das nachschwingen zu lassen, was eben war.

Regina

Als wir uns am nächsten Tag sehen, frage ich Niels, wie es ihm mit der gestrigen Sitzung ergangen sei. Und ob er zu dem, was er da gesagt habe, noch etwas hinzufügen möchte.

„Ja, schon", sagt er. „Zum einen ist da natürlich noch der Traum, der mich beschäftigt. Eigentlich erklärt er so vieles. Meine Wut, meine lebenslange Distanz zu meinem Vater, mein Gefühl von Ungerechtigkeit. Ja, ich hatte schon immer das Gefühl, das Leben ist ungerecht. Nur im Traum nicht. Da war es gut. Ich hatte das Gefühl, endlich ist es gerecht. Endlich ist die Schuld meines Vaters ausgeglichen. Ich habe mich an ihm gerächt, und das muss sein. Ich war dann gestern noch auf der Anhöhe, gleich hier, hinterm Haus. Das ist ja wunderschön, diese Sicht, die man da hat!"

„Ja, der Schönberg. Der ist toll! Da bin ich auch gerne – auch wenn man sich die Aussicht etwas erarbeiten muss mit dem langen Aufstieg."

„Ja, schon, aber es ging gut gestern. Ich war voller Energie, und es hat mir gutgetan, mich noch etwas zu bewegen. Als ich also da oben war, auf dieser Bank, auf der man so halb liegen kann, sind mir meine Beziehungen durch den Kopf gegangen. Ich habe mich gefragt, wie weit sie vielleicht alle von dieser frühen, traumatischen Erfahrung mit meiner Mutter geprägt sind. Ich konnte ja bisher nie bei einer Frau ganz ankommen, mich ganz auf sie einlassen. Entweder wollte ich sie nicht, wie bei meiner ersten Frau Regina und vielleicht auch bei Kerstin, oder sie wollte mich nicht, wie bei Elena. Vielleicht kann ich mich aber auch gar nicht wirklich einlassen, weil ich, ohne es zu wissen, in einer Partnerin immer nur meine Mutter suche – und somit die Frau vor mir gar nicht sehe. Da kann ich doch nur enttäuscht werden! Was meinst du? Könnte das so sein?"

„Das könnte schon sein. Aber ich weiß nicht viel von deinen früheren Beziehungen. Du hast bisher wenig von ihnen gesprochen."

„Ja, ich rede nicht so gerne darüber. Es sind leider keine Geschichten mit Happy End. Ich schäme mich dafür, dass ich das nicht besser hinbekommen habe."

„Ach je. Wer bekommt das denn schon gut hin?! Das ist doch eher die Ausnahme als der Normalfall! Das wird dir auch nicht verborgen geblieben sein."

„Ja, klar. Aber ich finde es traurig und irgendwie enttäuschend. Ich würde dir aber trotzdem gerne davon erzählen. Gerade beschäftigt mich das alles sehr."

„Gerne."

„Gut. Regina, die Mutter meiner Kinder, war meine erste Frau. Sie war immer sehr ernsthaft und pflichtbewusst. Ich habe sie im Studium kennengelernt. Ich war noch sehr unerfahren zu der Zeit. Eigentlich hatten wir es ganz gut. Es war meine erste längere Beziehung, und obwohl ich nie total in sie verliebt war, dachte ich, dass wir doch ganz gut zueinanderpassen. Als sie dann nach unserem Studium heiraten wollte, war ich einverstanden, und kurz danach war sie auch schon schwanger mit Sereina. Ich freute mich sehr auf das Baby.

Regina war beruflich eigentlich viel ehrgeiziger als ich. Und so habe ich mich viel um Sereina und später auch um Pascal gekümmert. Wir haben uns eine Pfarrstelle geteilt, und immer, wenn einer von uns gearbeitet hat, hat der andere die Kinder versorgt. Das war gut.

Wenn ich mit den Kindern auf dem Spielplatz war, war ich oft der einzige Mann dort. Immer waren sonst nur die Mütter mit ihren Kindern da. Damals hat sich ja noch kaum ein Mann um kleine Kinder gekümmert. Das ist heute ja ganz anders.

Als Pfarrer habe ich mich neben Regina immer etwas minderwertig gefühlt. Einige im Dorf haben vor allem *sie* als Pfarrerin gesehen, da sie viele Veranstaltungen, Seniorennachmittage oder kirchliche Familienausflüge organisierte. Neben ihr fühlte ich mich oft wie ein Pfarrer zweiter Klasse. Das hat mich immer gekränkt, aber ich konnte das nicht ändern. Damit habe ich mich aber arrangiert. Es war mir nicht so wichtig, den Status zu haben. Schlimmer war, dass ich mich zunehmend unlebendig fühlte in dieser Beziehung. Ich bekam zunehmend das Gefühl, wir lebten nur noch nebeneinander, und gar nicht mehr wirklich miteinander. Für Regina waren die Kinder und unsere Gemeinde das Wichtigste. Um uns als Paar ging es für sie eigentlich nie. Das fand ich sehr schmerzlich. Ich wusste aber nicht, wie ich das hätte verändern können."

Elena

Niels schaut vor sich hin, als fiele es ihm schwer weiterzusprechen. Er fährt dann aber fort: „Und dann ist etwas passiert, was eigentlich niemals hätte passieren dürfen. Bei einer Veranstaltung habe ich eine Frau getroffen, Elena, eine hoch attraktive Frau. Ich war wie vom Schlag getroffen. Sie hat mich magisch angezogen, sie war so wild, so abenteuerlich, so erotisch – so ganz das Gegenteil von Regina! Ich war wie gebannt. Ich konnte mich nicht wehren. Meine Vernunft hat ausgesetzt, Tag und Nacht habe ich nur noch an sie gedacht…

Meine Familie, mein Beruf, meine Beziehung – mein ganzes Leben kam mir plötzlich nur noch schal und leer vor. Ich habe eine Leidenschaft gefühlt, ein Begehren, eine Anziehung, wie ich es bislang nicht kannte! Elena war für mich das Symbol für Liebe, Lust und Leidenschaft! Plötzlich habe ich gespürt: Es gibt noch ein Leben vor dem Tod! Es ist noch nicht alles vorbei!

Erst haben wir uns heimlich getroffen. Das war wunderbar und schrecklich zugleich. Ich war in einem entsetzlichen Dilemma! Ich zermarterte mir den Kopf mit der Frage, ob ich dieser Liebe folgen soll. Ist es besser, der Frau meines Lebens – so fühlte ich das damals – zu folgen und damit meine Familie zu zerstören? Oder ist es besser, zu bleiben, mich innerlich zu knebeln, leblos vor mich hinzuvegetieren – und im Geheimen von einer anderen Frau zu träumen? Es war furchtbar!

Ich habe dann aber gespürt: Wenn ich jetzt meinen Gefühlen nicht nachgehe, werde ich mich ein Leben lang dafür grämen. Ich werde mir ein Leben lang vorwerfen, mich der Konvention gebeugt zu haben und dem Ruf der Liebe nicht gefolgt zu sein. Mir kam Elena wie ein Engel vor, der mich aus meinem selbstgebauten Gefängnis befreit!

Und so habe ich diesen Schritt getan, den eigentlich niemand verstehen konnte. Meine Freunde, mein Dekan, meine Kollegen, ich habe mit vielen gesprochen, und alle haben mir davon abgeraten. Aber ich habe es trotzdem getan. Ich habe Regina und meine Kinder verlassen und bin zu Elena gezogen.

Die Pfarrstelle habe ich natürlich auch aufgeben müssen.

Als Hausmann habe ich dann die beiden Mädchen von Elena – sie sind drei Jahre älter als meine eigenen Kinder – betreut und den Haushalt geführt. Elena hat gearbeitet. Von Regina habe ich mich baldmöglichst scheiden lassen. Dann habe ich Elena geheiratet.

Doch leider ist es auch mit Elena nicht gut gegangen. Elena war unberechenbar. Mal hatten wir uns wild geliebt und es war wunderschön, mal hat sie mich plötzlich aus dem Nichts heraus angegriffen und mir wegen irgendeiner Kleinigkeit heftige Vorwürfe gemacht! Sie konnte vernichtend sein! Manchmal habe ich noch nicht mal den Auslöser verstanden.

Anfangs war ich richtig geschockt, ich kannte das so nicht. Ich konnte mir ihre plötzlichen Stimmungswechsel nicht erklären. Manchmal war dann nach kurzer Zeit alles wieder gut – und was eben war, war nur noch wie ein kurzer, heftiger Albtraum. Aber dann passierte es wieder. Und wieder. Es hat mich fast zerrissen. Noch nie in meinem Leben hatte ich eine so intensive, eine so innige Liebe gefühlt wie zu dieser Frau. Und noch nie zuvor hatte ich so wundervollen Sex. Es war nicht einfach nur geil, es war mehr als das. Unser Zusammensein hatte einen Zauber... Das ist schwer zu beschreiben.

Aber dann war immer wieder plötzlich alles weg. Es war unerträglich! Sie war dann wie ein anderer Mensch. Und dieser andere Mensch hasste mich, er verachtete mich. Das hat mich fast wahnsinnig gemacht! Sie kannte kein Mittelmaß, keine Normalität. Sie bewegte sich immer nur in den Extremen. Aber das habe ich damals so noch nicht erkannt.

Irgendwann konnte ich dieses Hin und Her nicht mehr aushalten. Ich habe gespürt: Wenn ich noch länger so weitermache, werde ich krank. Das war für mich die Grenze.

Es war schwer, mir mein erneutes Scheitern einzugestehen, aber es ging nicht mehr anders. Ich musste weg. Und wieder musste ich auch die Kinder verlassen! Ich habe sie sehr geliebt. Ich musste wieder eine Familie zerstören. Das war schlimm.

Das Ganze ist jetzt fünfeinhalb Jahre her. Es kommt mir allerdings viel kürzer vor. Noch heute denke ich immer wieder an Elena. Eigentlich würde ich sie gerne mal wiedersehen. Aber ich weiß, dass das nicht gut wäre. Das würde nur die alten Wunden wieder aufbrechen lassen. Diese Beziehung ist für mich nicht lebbar. Ich muss die Finger davonlassen.

Für Kerstin ist Elena übrigens ein rotes Tuch – obwohl ich ja nie auch nur ein Wort mit ihr gesprochen habe, seitdem ich mit Kerstin zusammen bin.

Durch Elena ist für mich jedenfalls deutlich geworden, dass das mit der Liebe nicht geht. Zumindest nicht für mich. Vielleicht habe ich in meinem Leben nur zwei Mal wirklich geliebt, einmal meine Mutter und dann Elena. Beide Male hat es zu einer Katastrophe geführt. Aber da, wo es ruhig und verlässlich ist, wie bei Regina oder Kerstin, verliere ich mit der Zeit das Interesse. Das ist schrecklich. Ich bin in einem unlösbaren Dilemma.“

Kann Kommandeur lieben?

„Puh, was für eine Geschichte“, sage ich, „das ist ja schon heftig! Vielen Dank dir, mir das alles so offen zu erzählen! Ich frage mich natürlich, *wer* in dir Elena so geliebt hat. War das der *Junge* oder der *Tiger*? Oder gar *Kommandeur*? Es scheint mir alles nicht so ganz zu passen. Hast du eine Idee?“

„Nein, ich bin auch verwirrt. Ich weiß nur, dass alles so war. Ich weiß nicht, ob *Kommandeur* überhaupt lieben kann, vielleicht stand er nur „nicht im Weg“. Aber vielleicht hat *Tiger* endlich mal lieben dürfen oder doch der *Junge*? Oder kann es sein, dass es noch eine ganz andere *Person* ist, eine, die wir noch gar nicht kennen?“

„Ich weiß es nicht. Das kommt mir unwahrscheinlich vor. Letztlich passiert natürlich immer das, was das *Verborgene Ich* will. Bei dir wäre das vermutlich *Kommandeur*. Aber ob er diese Liebe selbst wollte oder ob er dir nur noch mal ‚zeigen wollte‘, was passiert, wenn du dich auf eine Frau einlässt, kann ich nicht sagen. Vielleicht war Elena verrückt genug, dass er bei ihr keine Angst hatte. Er wusste, dass die Beziehung sowieso nicht halten würde… Aber was weiß ich, das kommt mir jetzt zu konstruiert vor. Wir verstehen es einfach noch nicht.“

„Meinst du denn, dass meine Beziehung zu Kerstin überhaupt eine Chance hat? *Kommandeur* will sie doch nicht!“

„Hm, schwer zu sagen. Wir schauen uns ja die grundsätzlichen *Reaktionsschichten* an. Von den Schichten aus, die wir bis jetzt kennen, will er sie nicht, das stimmt. Aber von da aus will er überhaupt niemanden. Auch Elena hat er in unseren Sitzungen nie erwähnt.
Allerdings weiß ich nicht, ob das in seiner Tiefe anders ist. Ich glaube, mit-

telfristig wird einfach deutlich werden, ob sich *Kommandeur* auf Kerstin einlassen will oder eben nicht. Vielleicht wird aber auch deutlich, dass du dich von *Kommandeur* aus gar nicht binden willst. Vielleicht willst du – will er – immer wieder wechselnde Partnerinnen, das ist ja möglich. Und auch das kann ein interessantes und erfülltes Leben sein!"

Niels nickt zögerlich. Es scheint ihm nicht wohl zu sein bei dem Gedanken. Wir sprechen noch weiter über Beziehungen und, was es braucht, um eine gesunde Beziehung leben zu können. Niels sagt, er wisse einfach nicht, ob er wirklich mit Kerstin sein wolle. Es fühle sich für ihn je nach Situation einfach ganz unterschiedlich an. Das würde er ihr natürlich so nicht sagen, aber vielleicht spüre sie trotzdem etwas. Das wäre sicher schwierig für sie, aber er könne das nicht ändern.

In der nächsten Sitzung erzählt mir Niels, dass er sich auf eine Stelle als Seelsorger in einem Krankenhaus beworben hat. Er hat schon Antwort erhalten und darf sich in einer Woche vorstellen. Wenig später schreibt er mir begeistert, dass er die Stelle tatsächlich bekommen hat. In drei Monaten wird er seine Pfarrstelle abgeben können und in die Stadt ziehen! Er wird in einer ganz normalen Wohnung wohnen können, eine, die er sich selbst aussucht! Da wird es anonym sein! Niemand wird ihn auf der Straße kennen! Niemand wird beobachten, wer bei ihm rein und raus geht! Was für eine Wohltat!

Besser ich mach mich tot

In unserer nächsten Sitzung frage ich Niels, ob er wieder bereit sei für eine *Direkte Begegnung*. Das sei ja immer noch mal was anderes, als wenn wir sonst über Themen sprechen würden.

Niels nickt und fragt: „Mit *Kommandeur*?"

„Ja."

„Okay."

„Gut. Es interessiert mich, was *er* zu all dem, was in deinem Leben gerade passiert, zu sagen hat."

„Ja. Allerdings ist er ja meist nicht so auskunftsfreudig, wie wir wissen."

„Schon recht. Ich weiß."

So ist es dann auch.

Kommandeur ist, wie ich ihn schon öfter erlebt hatte: abgegrenzt, kalt, tot. Er will von allem nichts wissen. Er sagt, er habe mit Niels' Leben nichts zu tun. Das gehe ihn nichts an. Weder die neue Stelle noch die Stadt interessiere ihn. Er will in Ruhe gelassen werden.

Es passt mir nicht, dass sich *Kommandeur* einfach wieder aus allem raushält. Ich möchte, dass er zumindest zu dem Thema „Frauen", das uns ja in der letzten Sitzung lange beschäftigt hat, Stellung nimmt. So probiere ich einfach mal was aus und frage ihn direkt nach Elena.

„Interessiert mich nicht!", sagt er fast barsch. „Ich habe mit Frauen nichts zu tun! Ich habe mit überhaupt niemandem was zu tun! Wenn man nicht lebt, braucht man sich über Beziehungen keine Gedanken zu machen!"

Dann schweigt er. Auch ich schweige.

Ich lasse ihn jetzt in Ruhe. Ich fühle eine große Leere. Das ist einfach seine Realität. Von ihm kommt kein Impuls. Ich spüre ein stummes Nein, ich spüre seine Verweigerung. Das gilt für die Sitzung, aber es gilt auch für sein ganzes Leben.

Niels bestätigt es im Nachgespräch. *Kommandeur* harrt aus. Er wartet. Nichts passiert. Auf das Leben einlassen will er sich nicht. Ich, als Begleiterin, kann nichts tun. Ich kann das nur annehmen und ausharren. Und natürlich kann auch Niels selbst nicht wirklich was tun. So ist das eben. Das *Verborgene Ich* sitzt am längeren Hebel. Alle anderen sind ohnmächtig.

Auch am Folgetag gehe ich wieder zu *Kommandeur*. Stumm und verschlossen schaut er mich an. Ich richte mich auf weiteres langes Warten ein.

Doch plötzlich, völlig aus dem Nichts, schreit er mich an: „Ich bin wütend! Ich könnte töten! Aber eigentlich bin ich auch geil! Ich will der Frau die Kleider vom Leib reißen, sie zu Boden werfen und sie ficken! Beziehung will ich nicht! Ich will sie nur ficken und dann stehen lassen! Ich will sie bestrafen!"

Provozierend schaut er mir direkt in die Augen. So, als warte er auf Bestrafung oder Verurteilung.

„So also ist das!", sage ich, „Gut, dass das mal raus ist!"

„Aber so darf man doch nicht sein!", schreit er, immer noch wütend.

„Deswegen mach ich mich besser tot!"

Wir schweigen beide.

Niels will auf den Ausgangsplatz zurück. Er hält es nicht mehr aus auf dem Platz von *Kommandeur*. Er sagt, er müsse das jetzt erst mal verarbeiten.

Niels ist erschüttert. Was war denn das? Was ist denn da aus ihm rausgebrochen? Das kann doch gar nicht sein! Und doch, es war so.

Niels sagt, er habe die Sätze erst nur diffus in sich gespürt und sie nicht sagen wollen. Aber dann seien sie immer stärker geworden und plötzlich habe er den Mund aufgemacht und sie seien einfach aus ihm rausgekommen! Er habe selbst gar nicht genau gewusst, was er sagen werde. Er habe nur geahnt, dass es irgendwie schlimm sein werde, was er sage.

Niels sagt, er könne die Sätze auch jetzt noch in sich spüren. Er wisse, dass sie wahr seien. Das sei schlimm. Trotzdem sei er froh, sie ausgesprochen zu haben. Es sei gut, sie nicht mehr geheim halten zu müssen. Und so vollkommen überrascht wäre er auch nicht. Er habe es zwar so klar nicht gewusst, aber eine diffuse Ahnung habe er schon vorher gehabt. Eigentlich wisse er, dass es in ihm viel Wut und Hass gebe, auch wenn er das meist nicht spüre. Aber jetzt, wenn das so klar auf dem Tisch liege, sei es schon noch mal was anderes.

Niels ist still. Betroffen schaut er vor sich hin. Nach einer Weile schließt er die Augen. Dann verbirgt er sein Gesicht in den Händen. Er will so nicht gesehen werden. Seine Schultern beben. Ich glaube, er weint. Aber es dringt kein Laut nach außen.

Als er ruhiger wird, frage ich, was in ihm vorgehe.

Er schaut mich an, seine Augen sind tränengefüllt. Er sagt: „Ich habe mit Selbstverurteilung zu kämpfen. Das ist nicht leicht. So kann man doch einfach nicht sein. So möchte ich nicht sein! Ich fühle mich hilflos. Am liebsten möchte ich weg sein und nichts mehr spüren. Irgendwie Zeitung lesen, einen Film gucken oder mich besaufen. Irgendwas, um mich nicht mehr zu spüren. Ich halte das grad fast nicht aus."

„Was hältst du denn kaum aus?", frage ich.

„Das, was ich über Frauen gesagt habe! Ich finde das furchtbar! Ich kann das nicht ertragen! Es kann doch nicht sein, dass ich Frauen einfach nur benutzen will! Benutzen und wegwerfen, wie ein gebrauchtes Taschentuch! Ich habe meine Wut gespürt! Ich wollte die Frauen richtig sitzenlassen! Es war mir gerade recht, wenn es ihnen wehtut. Unglaublich, ich, der *sanftmütige Frauenversteher!*"

„Ja, das ist schon heftig", sage ich. „Und trotzdem ist es gut, dass du es spürst! Das ist ja bestimmt nicht erst seit heute so. Heute aber spürst du, dass es so in dir ist! Das ist der große Unterschied! Verurteile dich nicht! Das alles hat ja seine Geschichte. Sei milde mit dir! Nur so kann tief greifende Heilung geschehen."

„Ja, ich weiß, aber das ist schwer. Glaubst du, dass ich die Frauen missbraucht habe? Das ist für mich wirklich schwer zu ertragen. Ich habe immer gedacht, ich liebe sie!"

„Ich glaube, beides ist wahr. Wir haben eben eine *Reaktionsschicht* von *Kommandeur* gesehen. Die ist zwar gewichtig und sicher *wird* sie in deine Beziehungen hineingewirkt haben. Aber es ist eben auch nicht das Einzige, was es in dir gibt. Es gibt ja auch noch den *König*, er *kann* lieben, und wohl auch der *Junge*. Und *Tiger*, den kann ich nicht recht einschätzen. Aber irgendwie scheint auch er die Frauen zu lieben – auch wenn er sich vielleicht nicht tiefer auf sie einlassen will."

„Es tut mir gut, dass du das sagst. Ich hatte Angst, dass *alles,* was ich mit Frauen bisher hatte, nur Bestrafung ist. Dann könnte ich mich ja wirklich nur noch als Eremit zurückziehen. Dann wäre es doch besser, mit niemandem mehr in näherem Kontakt zu sein. Das ist doch niemandem zuzumuten! Zumal ich es ja noch nicht mal *verändern* kann!"

„So ist es. Du kannst nur damit sein. Das braucht Mut. Das braucht sogar großen Mut. Es einfach da sein lassen und nichts damit tun. Das sieht nach nichts aus, aber das ist alles andere als nichts! Und du wirst sehen, langfristig *wird* es sich wandeln. Aber das braucht eben seine Zeit."

Niels nickt. Dann sagt er: „Ich bin am Ende. Eigentlich kann ich nicht mehr, auch wenn die Zeit noch nicht um ist. Am liebsten würde ich jetzt rausgehen und in der Natur mit mir alleine sein."

„Ja, dann mach das ", stimme ich ihm zu. Wir beenden die Sitzung.

Ich will sie ficken!

Als ich Niels nach zwei Monaten wiedersehe, sagt er, es wäre viel passiert seit unserem letzten Treffen. Er wohne jetzt in der Stadt in einem kleinen 3-Zimmer-Penthouse, direkt oberhalb vom Marktplatz in der Fußgängerzone. Er habe Glück gehabt, so eine schöne Wohnung zu finden, die zudem auch noch in der Nähe des Krankenhauses sei, wo er arbeite. Das würde er sehr genießen. Von der Gemeinde sei er nun offiziell verabschiedet worden. Er habe noch einen Abschiedsgottesdienst gehalten und darauf viel positive Resonanz bekommen. Sein Dekan habe sich öffentlich bei ihm bedankt und ihn gesegnet. Das sei sehr schön gewesen. Es habe ihm dann doch auch leidgetan zu gehen. Er wäre doch vielen Menschen nahe gewesen und hätte manche über viele Jahre begleitet. Trotzdem habe er aber immer gewusst, dass seine Entscheidung, jetzt zu gehen, richtig sei.

Im Krankenhaus arbeite er erst seit dieser Woche. Alles wäre noch unbekannt, und er wisse noch nicht genau, was seine Aufgaben seien. Auch habe er zwei nette Kollegen, eine evangelische Pfarrerin und einen katholischen Priester, das sei sehr angenehm. Er habe diese Woche schon einige Patientenbesuche gemacht, aber da fühle er sich noch unsicher. Manche Patienten hätten gar nicht mit ihm sprechen wollen, da müsse er sich wohl noch dran gewöhnen. Manchmal würde er auch von den Ärzten zu jemandem geschickt, da sei es dann einfacher – und natürlich, wenn jemand selbst nach einem Gespräch frage.

„Und", sagt Niels weiter, „als wäre das alles nicht schon aufregend genug, habe ich letztes Wochenende auch noch an einem Inneren-Personen-Seminar von Veeta Wittemann teilgenommen! Das war richtig interessant! Davon will ich gleich noch mehr erzählen.

Am meisten aber beschäftigt mich im Moment eine Frau, die da auch teilgenommen hat: Iris. Ich finde sie unglaublich anziehend und vielleicht habe ich mich ein bisschen in sie verliebt! Auf jeden Fall habe ich mich dabei erwischt, dass ich während einer Erklärung von Veeta zu Iris schaute und plötzlich die Worte in mir spürte: *Ich will dir die Kleider vom Leib reißen und dich vögeln! Ich will dich ficken! Und zwar jetzt, sofort!* Ich habe mir natürlich nichts anmerken lassen… Ich habe so getan, als höre ich interessiert zu…

Und dann habe ich genau gespürt, wie ich dabei bin, mich innerlich tot zu machen! Ich habe richtig zuschauen können, wie ich meine Gefühle abwürge, bis nichts mehr da ist! Noch nie zuvor habe ich das so genau mitgekriegt!

Ich habe mich dann auch gar nicht dagegen gewehrt, ich wusste: Ich hab' sowieso keine Chance. Zudem hatte ich auch deine Worte noch im Ohr, dass grundlegende Veränderung immer ohne Anstrengung geschieht und sie nie mit Gewalt durchzusetzen ist."

„Ja, so seh' ich das."

„Nun, es ist dann so gekommen, wie es bei mir immer ist: *Kommandeur* – oder wer immer das war – ist weggegangen und der *Liebe Niels* hat übernommen. Ich habe zwar mal in einer Pause ein bisschen mit Iris geredet, aber sonst ist nichts passiert. Ich war wieder so richtig schön harmlos, wie man das halt so von mir kennt. Vom *Ficken* und *Kleider-vom-Leib-Reißen* war nichts mehr zu spüren. Ich habe mir so richtig den ganzen Saft abgedreht.

Dieses Ficken-Wollen hört sich schon nach Kommandeur an. Allerdings spüre ich den Bestrafungsaspekt jetzt nicht. Niels war nicht wütend auf die Frau, so wie er es mir erzählt. Er hat sie begehrt, sexuell begehrt – aber das ist ja was anderes.

Ich frage mich, ob dieses Wollen nicht auch vom Tiger kommen könnte. Tiger stellt sich doch immer vor, wie es wäre, mit einer Frau zu schlafen. Könnten diese Gefühle denn nicht auch von ihm sein?

Ich will heute in der Direkten Begegnung mal zu ihm gehen. Ich will schauen, wie es sich bei ihm anfühlt. Ich war schon lange nicht mehr da.

Tiger wird der Hahn zugedreht

Ich bitte Niels, sich auf den Platz von *Tiger* zu begeben. Kaum steht er da, strahlt er mich an. *Tiger* scheint sich zu freuen, mich zu sehen. Er sagt, es gehe ihm gut. Er fände es toll, in der Stadt zu wohnen und endlich „unbeaufsichtigt" zu sein. Ich frage, ob er beabsichtige, die Frauen aus seinem Schwarm nach Hause einzuladen. „Nein", sagt er, „nicht doch! So schnell, so nah, das geht ja nicht! Das gibt Ärger! Ich will flirten, ich will spielen, aber es soll nicht ernst werden."

„Lächelst du die anderen Frauen auch so an, wie du es gerade mit mir tust?", frage ich ihn.

„Oh, das ist mir gar nicht aufgefallen", antwortet er verlegen, „hm, ja, wahrscheinlich schon…"

„Es ist schön, von dir so angeschaut zu werden. Du wirkst zart, fast schüchtern und angenehm unaufdringlich."

„Das ist gut. So soll es sein. Aber es ist mir peinlich, wenn du das jetzt so direkt ansprichst."

„Ich finde das spannend. So können wir dich doch am besten kennenlernen!"

„Naja, eigentlich mag ich da nicht so genau hinschauen. Es ist besser, wenn ich nicht so genau mitbekomme, was ich tue."

„Findest du?“

„Irgendwie schon. Sonst hat man plötzlich Verantwortung für alles, was man tut. Das möchte ich eigentlich nicht.“

„Du meinst, du hast keine Verantwortung dafür, nur weil du nicht hinschaust, was du tust? Das glaube ich nicht.“

„Naja, eigentlich schon nicht, aber auch das möchte ich nicht so gern wissen. Es ist besser, alles nicht so genau mitzubekommen, dann hat man weniger Probleme.“

„Da bin ich mir allerdings nicht so sicher.“

„Nun ja, kann sein. Aber ich denk nicht gern darüber nach.“

„Ist ja in Ordnung. Müssen wir auch nicht tun.“

Wir schweigen einen Moment. Dann sagt er:

„Ich weiß nicht, jetzt geht es weg.“

„Was geht weg?“, frage ich.

„Das Gefühl, mein Zugewandtsein, die Heiterkeit. Jetzt ist es leer, irgendwie leblos. Mir geht die Luft aus, ich weiß nicht warum. Es ist, wie wenn mir jemand den Hahn zudreht. Ich kann nichts machen.“

„Ja, ich kann das auch spüren. Etwas wird gerade anders, ganz anders.“

„Ich bin gar nicht mehr da.“

„Okay. Dann komm zurück auf den Ausgangsplatz. Lass uns von da aus besprechen, was grad passiert ist.“

Niels setzt sich und sagt, dass er genau das gut kenne. Das passiere ihm oft. Er rede mit einer Frau, es gebe eine erotische Schwingung und dann, plötzlich, kollabiere er irgendwie. Plötzlich sei alle Erotik weg und er fühle sich nur noch dumpf und leer.

Er wisse nicht, warum das so sei. Am besten könne er *Tiger* spüren, wenn äußerlich gar nichts passiere, aber alles im Raum stünde. Dann spüre er das Potenzial der Begegnung, er spüre alles, was sein könnte – aber dann passiere eben doch nichts.

Das habe er auch schon mehrfach so geträumt. Er träume immer wieder, dass er mit einer Frau in einer erotischen Begegnung sei, und gerade dann, wenn er sie ausziehen, küssen oder mit ihr schlafen wolle, komme etwas dazwischen. Entweder würden sie von jemandem gestört oder es käme ihm plötzlich in den Sinn, dass er noch ganz dringend etwas erledigen müsse – auf jeden Fall breche die Situation ab. Das sei immer wieder so.

Ich sage, er habe doch im Seminar die Worte in sich gespürt: *Ich will sie ficken!* Ob er sich vorstellen könne, dass sie von *Tiger* kommen könnten, wenn er sich denn so sein lassen würde, wie er eigentlich ist.

„Ich weiß es nicht", antwortet Niels, „ich konnte das auf seinem Platz eben nicht spüren. Ich weiß aber, dass es das in mir gibt. Ich kann es nur keiner meiner *Personen* zuordnen."

„Ich meine, die andere Möglichkeit ist, dass die Aussage vom *Kommandeur* kommt. Letztes Mal hatte er ja gesagt, dass er Frauen benutzen und wegwerfen will. War das mit Iris jetzt ähnlich wie da?"

„Das kann ich nicht sagen. Ich habe das Ficken-Wollen schon gespürt, aber beim *Kommandeur* war es ja verbunden mit dem Bestrafen-Wollen. Das habe ich so nicht wahrgenommen mit Iris. Ich habe nur eine heftige, animalische Energie gespürt, etwas Skrupelloses. Aber das war dann schnell wieder weg. Ich habe es mir natürlich verboten."

„Ich finde das, was du erzählst, kommt *Kommandeur* näher als *Tiger*. Wir wissen zwar nicht, was passiert wäre, wenn du dir den Saft nicht abgedreht hättest. Vielleicht hätte sich eine Wut oder ein Bestrafen-Wollen noch gezeigt.

Deine Reaktion, dich *tot* zu machen, kam sehr schnell, fast wie ein Reflex. Das passt zu Kommandeur. Entweder hat er *Tiger* den Hahn abgedreht oder sich selbst."

„Das ist so. Das ging schnell. Im Mich-tot-Machen bin ich gut. Erstaunlich ist ja eher, dass die Worte zuvor überhaupt bis in mein Bewusstsein drangen."

„Stimmt. Hauptsache, du hast sie gespürt. Von wem sie kommen, wird sich schon noch zeigen."

Der sechsjährige Junge

Am nächsten Tag sagt mir Niels, dass er mir noch was vom Seminar mit Veeta erzählen möchte. Er sei da nämlich noch einer neuen *Person* begegnet, dem *Jungen*. Sie hätten zu dem Seminar ein Foto aus ihrer Kindheit mitnehmen sollen, und er habe eins genommen, auf dem er sechs Jahre alt sei – die Jahreszahl hätte seine Mutter mit Bleistift auf die Rückseite des Fotos geschrieben. Es müsse also noch vor ihrem Tod gewesen sein. Er lächle auf diesem Foto. Er schaue glücklich, verträumt und vertrauensselig aus.

Veeta hätte ihm dann vor der ganzen Gruppe eine Sitzung gegeben. Sie seien zu dem *Jungen* gegangen und das wäre erst unglaublich schön und berührend gewesen. Er habe sich wach und lebendig gefühlt, voller Abenteuerlust – aber auch sehr zart. Das habe ihm aber nichts ausgemacht. Er habe in dieser Zeit einen fünf Jahre älteren Freund gehabt, der ihm immer beigestanden und ihm geholfen habe, wenn sie beispielsweise auf einen Baum geklettert seien oder sonst etwas Schwieriges unternommen hätten.

Dann aber habe ihn Veeta auf den Tod seiner Mutter angesprochen und er habe heftig weinen müssen.

Das habe ihn total erwischt. Die Tränen seien nur so aus ihm rausgeflossen, er habe sich gar nicht wehren können. Aber das sei auch gut gewesen. Diese Tränen seien ja alt und er habe sie ein Leben lang zurückgehalten. Jetzt hätten sie mal Raum gehabt, er habe sie zulassen können, und das habe ihm gutgetan.

Ich kann den Jungen spüren, während Niels spricht. Er wirkt ganz zart und jung. Ich habe ihn bisher nicht gesehen, er ist mir nie aufgefallen, wenn Niels da war. Aber es gibt ihn zweifellos. Auch im Seminar ist er ja erst durch das Betrachten des Fotos spürbar geworden. Der Junge scheint, zumindest in der Sitzungssituation, nicht leicht hervorzutreten – und vielleicht war auch einfach die Zeit dafür noch nicht reif.

Iris

An unserem nächsten Treffen erzählt mir Niels, dass er Iris aus dem Seminar eine Mail geschrieben habe. Er habe ihr geschrieben, dass er Lust auf sie habe und sie gerne sehen möchte. Sie habe geantwortet und sich über seine Kontaktaufnahme sehr gefreut. Nach ein bisschen Hin und Her hätten sie sich dann, vor etwa zwei Wochen, in einem Hotel getroffen. Das wäre wunderschön und auch sehr lustvoll gewesen. Er hätte kaum geschlafen in dieser Nacht. Sex hätten sie zwar nicht gehabt, aber es sei trotzdem sehr erotisch gewesen. Für ihn habe es so gestimmt. Er spüre, dass er sie unbedingt wiedertreffen wolle. Er habe sich so lebendig gefühlt, das sei toll gewesen. Bei Kerstin sei er sexuell oft gebremst, er wisse nicht warum. Kerstin sei eigentlich eine leidenschaftliche Frau, aber bei ihr sei es einfach anders.

Ich frage, ob Kerstin denn von seiner Begegnung mit Iris wisse. Nein, sagt Niels, er müsse noch mit ihr reden. Es sei schwierig. Er fühle sich von ihr kontrolliert und beengt. Sie werde damit sicher nicht einverstanden sein. Er wisse auch nicht, was er machen soll und wo das alles hinführe.

Ich frage, ob er denn ein Gefühl für *Kommandeur* habe, ob er wisse, wie *er* fühle in dem Ganzen. Niels schüttelt den Kopf und schaut auf den Boden. Ich bitte Niels, sich auf seinen Platz zu stellen.

Er stellt sich hin. Kalt und hart schaut er mich an. Er sagt: „Ich lasse mich auf niemanden ein. Niemals. Kerstin ist nicht meine Wahl. *Ich* habe mich nicht für sie entschieden. Vielleicht entscheide ich mich auch nie für jemanden, das weiß ich nicht. Aber Iris find ich geil. Ob daraus eine Beziehung wird, weiß ich nicht. Darum geht es mir aber auch nicht. Mit Kerstin steht Beziehungsarbeit an. Das ist mir unangenehm. Ich will nicht mit ihr sprechen."

Zurück auf dem Ausgangsplatz, wirkt Niels gequält.

Nach einer Weile sagt er: „Ich spüre, dass das wahr ist, was wir gerade beim *Kommandeur* erlebt haben, aber das ist nicht alles von mir. Kerstin ist mir schon wirklich wichtig, ich will sie nicht einfach sitzen lassen. Ich spüre aber auch eine starke Anziehung zu Iris, und die will ich nicht wegdrücken. Es war einfach sehr schön mit ihr und irgendwie wahrhaftig. Diese Nacht, die wir zusammen verbrachten, hatte eine tiefe, seelenhafte Qualität. Es ging nicht einfach nur um Sex."

Ich schaue Niels an und schweige.

Dann fährt er fort: „Am liebsten würde ich mit vielen Frauen eine solche erotische Begegnung haben. Blöd ist nur, dass die Frauen dann immer gleich eine Beziehung wollen. So ist es jetzt auch mit Iris. Sie hat mir schon gesagt, dass ich mich entscheiden müsse, wenn wir uns weiterhin sehen. Sie wolle nicht meine „Nebenfrau" sein!

Dabei will ich doch weder Hauptfrau noch Nebenfrau! Ich will erotische Begegnungen, das ist alles! Und der *Junge* will Sicherheit. Es ist doch zum Verrücktwerden. Ich glaube das, was ich will, gibt es nicht. Oder vielleicht weiß ich auch noch gar nicht, was ich wirklich will. Ich bin verwirrt. Irgendwie ist alles furchtbar und wunderschön zugleich."

Bei unserem nächsten Treffen berichtet mir Niels, dass er mit Kerstin gesprochen habe. Es sei ein sehr gutes Gespräch gewesen. Sie hätten sogar darüber gesprochen, ob es nicht besser wäre, sich zu trennen. Aber sie hätten sich dann doch beide klar zu ihrer Beziehung bekannt. Er sei sehr erleichtert, dass es so gut verlaufen sei.

„Und was heißt das jetzt in Bezug auf Iris?", frage ich.

„Das weiß ich auch nicht", sagt Niels, „das muss ich auf mich zukommen lassen. Bei diesem Gespräch jetzt ist es nur um Kerstin und mich gegangen."

„Wie, nur um Kerstin und dich! Darum ging es doch gerade – oder nicht?"

„Doch, schon, aber dafür habe ich keine Lösung. Ich war einfach erst mal froh, dass wir überhaupt miteinander reden konnten und wieder einen Zugang zueinander gefunden haben."

Ich bin entsetzt. Das ist schon krass, was er da tut! Ich habe aber das Gefühl, dass er das selbst gar nicht richtig spürt. Er merkt gar nicht, wie er Iris ausblendet, wenn er mit Kerstin zusammen ist. Und umgekehrt. Oder es scheint ihm unwesentlich.

Da muss es eine tiefe Spaltung in ihm geben, die er aber wohl gar nicht spürt. Und dadurch hat er noch nicht mal ein Problem mit dem, was er macht.

Doch worum geht es ihm eigentlich? Will er sich an Kerstin rächen? Will er ihr Schmerz zufügen? Und um was geht es ihm mit Iris?

Ich werde nicht recht schlau aus dem Ganzen. Und es ist nicht leicht für mich, Niels so zu lassen. Aber es ist nicht an mir zu richten. Es ist sein Leben und er lebt es so, wie er das will. Mein Auftrag ist nur, ihm zu helfen, sich selbst mehr zu fühlen, sich selbst besser zu verstehen.

Entscheidungen stehen an (1)

Bei unserer nächsten Sitzung sagt mir Niels, dass er sich entschlossen habe, am Basisjahr der Inneren-Personen-Arbeit bei Veeta Wittemann teilzunehmen. Und vielleicht werde er danach noch das Professional-Training bei Artho Wittemann machen.

Niels sagt – er schaut mich dabei etwas verlegen an –, er könne sich vorstellen, dass das für mich nicht einfach sei. Er wisse ja um die Spannungen zwischen Artho und mir.

Ihn interessiere die Fortbildung aber sehr, und sie würde halt nur von den Wittemanns angeboten. Vielleicht könne er sie beruflich nutzen. Im Krankenhaus würde er ja viele Gespräche mit Patienten und ihren Angehörigen führen.

Sicher würde ihm da eine therapeutische Fortbildung zugutekommen. Die *Personen* seien ja auch da anwesend. In kühnen Träumen überlege er sich manchmal sogar, parallel zu seiner Arbeit im Krankenhaus eine therapeutische Praxis aufzubauen. Aber das sei Zukunftsmusik und er wisse nicht, ob er das als Beamter überhaupt dürfe. Das müsse er noch klären, wenn es näher rücken sollte.

Ich bin tatsächlich in Aufruhr. Es schmerzt mich, dass Niels zu den Witte-
manns gehen will. Ich habe zu dieser Zeit den Bruch mit Artho Wittemann,
der sieben Jahre mein therapeutischer Begleiter und Lehrer war, noch lange
nicht verwunden. Durch Niels werde ich jetzt wieder damit konfrontiert.
Ich frage mich, ob das denn sinnvoll ist, dass Niels bei mir noch weitere Sit-
zungen nimmt, wenn er doch bei den Wittemanns die Ausbildung macht.
Er könnte ja auch bei ihnen Sitzungen nehmen.
Ich möchte Niels aber nicht rauswerfen. Er muss sich frei entscheiden dür-
fen, was er tun will. Der Prozess bei mir ist allerdings auch gerade recht
unbequem. Er spitzt sich zu und da mag er nicht gerne hinschauen. Bei
den Wittemanns ist es für ihn sicher erst mal angenehmer. Zudem ist da
auch Iris. Sicher nimmt auch sie am Basisjahr teil. Das ist doch alles sehr
attraktiv für Niels!
Ich werde zurücktreten müssen. Ich werde Niels ziehen lassen müssen. Ich
will ihn gehen lassen, ohne dass er von mir dafür verurteilt wird. Das neh-
me ich mir fest vor.

Ich sage Niels, dass seine Entscheidung für mich nicht einfach sei, aber
das brauche ihn nicht zu kümmern. Das sei nicht sein Problem. Ich frage
noch, ob er denn nicht die Sitzungen auch bei den Wittemanns nehmen
wolle. Nein, sagt er, er wolle erst mal bei mir bleiben. Aber er wisse natürlich auch nicht, wie es sich entwickle, wenn er dann im Training sei.

3. Therapeutisches Prozessjahr

Entscheidungen stehen an (2)
Niels war am ersten Wochenend-Workshop des Basisjahrs. Iris war auch
dabei.
Zu Kerstin hat er gesagt, dass er während des Seminars keinen Kontakt
mit ihr haben wolle und er sich dann nach dem Wochenende bei ihr melden werde.

Niels sagt, er habe für die Zeit des Seminars ein Hotelzimmer für sich und Iris gebucht und sie hätten wieder eine sehr innige Nacht miteinander verbracht.

Beim Frühstück habe Iris ihn allerdings gefragt, warum er ihr eigentlich nie von Kerstin erzähle. Er sei doch mit ihr zusammen, aber er verhalte sich, als gäbe es sie gar nicht.

Niels sagt, er habe ihr wahrheitsgemäß geantwortet, dass er eigentlich nie an Kerstin denke, wenn er mit ihr sei. Wenn sie da sei, würde er nur an sie denken. Kerstin wäre dann für ihn ganz weit weg. Er müsse sich fast anstrengen, an sie zu denken.

Niels fragt mich, ob ich glaube, dass das eine Form von Rache sei. Allerdings wartet er meine Antwort gar nicht ab. Er will sie wohl doch lieber nicht wissen.

Er erzählt weiter, dass er Kerstin in ein schönes Hotel nach Erfurt eingeladen habe. Eine Ausstellung da habe sie sehr interessiert. Sie wäre noch nie in Erfurt gewesen, obwohl es doch eine sehr schöne Stadt sei.

Inzwischen habe er ihr übrigens gesagt, dass Iris im Basisjahr sei, mit der er sich etwas angefreundet habe. Für Kerstin sei das aber schwierig. Erst habe sie sich gefreut auf Erfurt, dann aber habe sie viel geweint. Niels sagt, sie habe einfach große Angst, dass er sie verlasse. Sie könne mit der Situation nicht umgehen. Es habe ihn berührt, ihren Schmerz und ihre Not zu sehen. Auch er habe dann weinen müssen. Das sei doch verrückt! Dabei sei *er* doch das Schwein!

Später aber sei Kerstin dann sehr wütend geworden und habe ihn unter Druck gesetzt. Sie habe ihm gesagt, dass er keinen Kontakt mehr zu Iris haben soll. Sonst könne sie das nicht aushalten. Niels sagt, das bedränge ihn alles sehr. Er könne die Situation fast nicht aushalten. Er habe das Gefühl, es zerreiße ihn fast. Das Schlimmste aber sei, dass er einfach nicht wisse, was er tun solle. Er könne sich weder vorstellen, auf den Kontakt zu Iris zu verzichten, noch wolle er sich von Kerstin trennen. Es sei furchtbar. Was immer er tue, es komme ihm falsch vor.

Der Junge liebt Kerstin

In der *Direkten Begegnung* möchte ich diesmal mit dem sechsjährigen *Jungen* sprechen. Ich vermute, dass vor allem *er* in Not ist.

Kaum ist Niels auf seinem Platz, muss er sehr weinen. Der *Junge* sagt, er liebe Kerstin und könne kaum ertragen, was geschehe. Er habe große Angst, sie zu verlieren. Er könne überhaupt nicht verstehen, warum Niels diese Beziehung infrage stelle!

Der *Junge* ist verstört. Er will mit Kerstin sein! Bei ihr ist es doch sicher und gut! Er kann nicht begreifen, warum Niels nicht einfach mit ihr ist. Er sagt, er brauche doch gar keine anderen Frauen!

Ich sage dem *Jungen*, dass das für ihn schwer zu verstehen sei. Ich erkläre ihm, dass es in Niels noch andere *Personen* gebe, die ganz anders fühlen würden als er. Speziell dem *Kommandeur* würde es nicht gut gehen mit Kerstin. Er fühle sich von ihr manipuliert und kontrolliert, und darum wäre alles so schwierig.

„Das verstehe ich nicht", sagt der *Junge*. „Ich liebe doch Kerstin. Reicht das denn nicht?!"

„Hm, für dich schon", sage ich, „für dich reicht das vollkommen! Es ist sehr schön, dass du Kerstin liebst. Für *Kommandeur* aber ist es sehr schwer, Kerstin zu lieben. Ich weiß noch nicht mal, ob er überhaupt lieben kann."

„Das ist aber seltsam", sagt der *Junge*, „für mich ist das ganz selbstverständlich! Ich weiß noch nicht mal, wie das gehen sollte, Kerstin *nicht* zu lieben!"

„Ja", sage ich, „so ist das. Aber *Kommandeur* ist anders, ganz anders!"

Es gibt also Personen, die Kerstin lieben: König und der Junge. Ich kann die Liebe des Jungen ganz unmittelbar fühlen. Sie ist ganz frisch und unverdorben. Es ist schön, sie so pur zu sehen.

Natürlich weiß Niels theoretisch um die anderen Personen, aber wenn er den Ich-Fokus im Jungen hat, hat er dafür kein Verständnis.

Genauso ist es allerdings auch, wenn sein Ich-Fokus im Kommandeur ist. Auch er fühlt nur sich.

Aber so ist das nun mal mit den Personen: Jede Person hat ihre eigene Perspektive, ihre eigene Sichtweise und ihre eigenen Gefühle. Das ist ihnen nicht vorzuwerfen, genau das macht sie ja aus.

Eskalation

In unserer nächsten Sitzung, einen Monat später, erzählt mir Niels von einer dramatischen Situation mit Kerstin. Kaum sei er wieder zu Hause gewesen, sei ein Streit mit Kerstin eskaliert. Fuchsteufelswild, schreiend und weinend habe sie seine Wohnung verlassen und sei mitten in der Nacht mit quietschenden Reifen davongefahren. Er habe Angst gehabt, dass sie sich was antue, und habe die ganze Umgebung nach ihr abgesucht. Schließlich habe er sie dann tatsächlich gefunden. Sie habe an einem Waldrand auf einer Bank gesessen, wo sie schon oft spazieren gegangen wären. Sie habe am ganzen Körper gezittert, sie habe geweint und gestammelt, sie sei völlig außer sich gewesen. Er habe sie dann in ihre Wohnung gebracht und sich um sie gekümmert. Er habe *König* gespürt. *Der* habe übernommen und der könne das gut. Er sei ganz ruhig geworden und habe genau gewusst, was zu tun sei. Irgendwann habe sich Kerstin dann beruhigt. Im Morgengrauen sei er dann zu sich nach Hause gefahren. Er habe das Gefühl gehabt, sie sei jetzt stabil genug und es wäre besser für sie, wenn er sie jetzt alleine lasse. Sonst würde sie sich nur wieder an ihn klammern, und das gehe nicht. Er sei ja nicht nur der Helfer, sondern auch der Übeltäter.

Wir sprechen über die verschiedenen *Personen* von Kerstin.

Niels sagt: „Weißt du, irgendwie fühle ich mich von Kerstin *gezwungen*, mich um sie zu kümmern. Ich glaube, es gibt ein hilfloses *Mädchen* in ihr, und das ist tatsächlich so in Not, dass ich mich einfach nicht abwenden *kann*. So wie jetzt in dieser Nacht. Es war nur noch dieses *Mädchen* da, und das war richtig im Schock. Es war gefährlich und ich hatte Angst um sie. Aber das *Mädchen* ist nicht alles von Kerstin! Kerstin ist überhaupt keine schwache Person! Im Gegenteil, eigentlich hat sie eine unglaubliche Power! Aber davon war in dieser Nacht nichts mehr zu sehen. Sie war nur noch dieses schreiende *Kind*, das am ganzen Körper zittert. Da habe ich mich einfach um sie kümmern *müssen*!"

„Ja", sage ich, „ich glaube es war gut, dass du das gemacht hast. Du musst sehen, eine Trennung – und auch schon nur die Gefahr einer Trennung – ist für das *Kind* eine Katastrophe. Für das *Kind* fühlt es sich an wie sterben.

So ist es ja auch mit Kindern: Wenn ein kleines Kind verlassen wird, stirbt es, falls sich niemand anderes um es kümmert. Ein Kind *kann* alleine nicht überleben. Und genau so ist es auch mit dem *Kind* in uns: Eine Trennung fühlt sich für das *Kind* lebensbedrohlich an.

Aber in Kerstin gibt es ja nicht nur das *Kind*, wie du gerade selbst sagtest. Es gibt noch andere *Personen* und vor allem gibt es noch ein *Verborgenes Ich*. Ihr *Verborgenes Ich* muss aber die Erfahrung gemacht haben, dass es klüger ist, bei einer Auseinandersetzung nicht direkt in Erscheinung zu treten. Lieber sollst du dich um das panische *Kind* in ihr kümmern! Da musst du dich beugen, da musst du 'lieb' sein. Vielleicht ist das der Wille ihres *Vorborgenen Ich*! Und wir müssen ja zugeben, es hat funktioniert! Du hast dich tatsächlich um sie gekümmert! Du warst sehr lieb und zugewandt."

„Bah, das ist ja fatal, wenn das so ist! Und wie sollen wir aus diesem Wirrwarr je wieder rauskommen?!"

„Langsam, langsam! Ich weiß ja auch nicht, ob es wirklich so ist, wie ich sage. Ich kenne Kerstin ja nicht wirklich. Das, was ich hier sage, ist nur eine Vermutung. Und ich sage auch nicht, dass Kerstin das absichtlich so macht. Ich müsste mit ihr wahrscheinlich jahrelang arbeiten, um herauszufinden, wie genau sie es macht und warum.

Das Einzige, was ich weiß, ist, dass sie nicht von ihrem *Verborgenen Ich* aus Stellung nimmt, zu dem, was du tust. Das würde sich ganz anders anfühlen. Es wäre machtvoll und abgegrenzt. Es wäre eindeutig und konfrontierend. Aber so ist sie nicht. Sie agiert stattdessen über die Not ihres *Kindes*. Das ist allerdings sehr oft so. Das *Kind* ist nun mal in Not und das *Verborgene Ich* ist nun mal verborgen. Ich kenne kaum einen Menschen, der in so einer Situation wie dieser tatsächlich aus seinem *Verborgenen Ich* heraus angemessen agieren könnte."

„Ja, so sehe ich das auch. In gewisser Weise ist ja Kerstin gar nicht so anders wie ich. Im *Vorderen Raum* zwar schon – ich glaube nicht, dass ich Menschen mit der Not meines *Kindes* unter Druck setze –, aber vom *Hinteren Raum* her ist es ähnlich. Ich zeige mich auch nicht mit meinem *Verborgenen Ich*. Ich glaube, ich schicke dann den *Lieben Niels* vor, der alles versteht und zu allem Ja sagt. Aber das stimmt ja auch nicht wirklich."

„So ist es. Man weiß bei dir nicht wirklich, woran man ist. Der *Liebe Niels* verspricht Dinge, die er dann nicht hält, und manchmal lässt er in einem Gespräch auch gewichtige Dinge einfach weg. So wie neulich bei der Aussprache mit Kerstin, von der du mir erzählt hast und bei der du – also wahrscheinlich der *Liebe Niels* – das ganze Thema ‚Iris' überhaupt nicht angesprochen hast."

„Hm, ja, so ist es wohl. Es ist mir nicht angenehm, wenn du das so ansprichst, aber ich glaube, es ist wahr. Was kann ich denn jetzt tun?"

„Nicht viel. Hinschauen, spüren, wie es ist. Merken, was du tust. Das sieht nach nichts aus, aber es ist nicht nichts. Es wird sich mit der Zeit etwas wandeln, du wirst sehen. Das geht gar nicht anders."

„Ich weiß nicht, ich halte das nicht aus!", sagt Niels verzweifelt. „Das ergibt für mich zwar alles Sinn, aber es hilft mir nicht wirklich weiter! Was soll ich denn tun, wenn sich meine verschiedenen *Personen* und das *Verborgene Ich* nicht vereinen lassen? Ich bin total zerrissen! Ich ertrage das einfach nicht mehr!"

Ich nicke. Ich spüre seine Verzweiflung. Ich schaue ihn nur an.

Er fährt fort: „Ich bin so froh, *Kommandeur* in mir endlich zu spüren! Ich

will ihn nicht mehr übergehen! Das wäre sonst so, als hätte ich Frühlings-
luft geschnuppert und würde mich dann doch wieder ins Eis zurückziehen! Das will ich nicht mehr!

Weißt du, früher war es einfacher. Da habe ich mich nicht so zerrissen
gefühlt, weil ich *Kommandeur* einfach nicht gespürt habe. Jetzt spüre ich
ihn, aber das bringt mich in furchtbare Schwierigkeiten!"

„Du kannst nichts anderes tun, als dem zu folgen, was du in dir spürst.
Es gibt kein objektives „Richtig" oder „Falsch" – es gibt nur *deinen* Weg.
Und selbst wenn du Fehler machen solltest, vielleicht brauchst du sie genau dafür, um das zu erkennen, was du dann eben erkennst – und somit
sind Fehler eben nicht vermeidbar."

Niels ist still. Er wirkt in sich versunken.

Nach einer Weile schaut er mich an und sagt:

„Wenn ich einfach so in mich hinein spüre und mir erlaube, dass alles
genau so sein darf, wie es ist, dann möchte ich mich von Kerstin trennen.
Es ist zwar schrecklich, das so auszusprechen, aber so fühlt es sich in
mir an. Vielleicht ist das der größte Fehler meines Lebens, aber so fühle
ich tatsächlich. Und das hat jetzt noch nicht mal in erster Linie mit Iris
zu tun. Was mit ihr wird oder nicht wird, ist für mich völlig offen. Aber
unabhängig davon spüre ich, dass ich mit Kerstin nicht mehr zusammen
sein will. Irgendwie fühlt es sich an wie: Ich *kann* nicht mehr. Wenn ich
mir treu sein will, *kann* ich nicht mehr bei Kerstin bleiben! Ich muss von
ihr weg! Puh, es tut gut, das einfach mal so zu sagen! Ich kann grad richtig
durchatmen!"

„Ja. So hast du das noch nie gesagt. Spürst du das zum ersten Mal so?"

„Ich weiß es nicht. Ich glaube, es ist schon länger so, aber ich *wollte* es einfach nicht spüren. Ich wollte die Konsequenz davon nicht tragen."

„Heißt das, dass du dich von ihr trennen willst?"

„Schau, wenn du mich jetzt so fragst, bin ich schon wieder unsicher.
Kerstin ist ja eigentlich eine interessante Frau, und mit ihr wollte ich alt
werden! Es ist echt zum Verrücktwerden mit mir! Wahrscheinlich will

sich *Kommandeur* trennen und die anderen nicht. Und je nachdem, wo gerade mein *Ich-Fokus* ist, spüre ich es so oder anders!"

„So sieht es aus."

„Aber wenn doch *Kommandeur* mein *Verborgenes Ich* ist – das ist er doch, oder? –, dann wird es doch darauf hinauslaufen, was *er* will – oder nicht?"

„Ja, schon. Aber mir kommt das alles noch so wacklig vor. Ich habe das Gefühl, dass du im Moment noch keine tragfähige Entscheidung fällen kannst. Wahrscheinlich hat *Kommandeur* eben gesprochen und zum ersten Mal gesagt, dass er sich trennen will. Aber schon zwei Minuten später hast du diese Aussage wieder infrage gestellt.

Ich glaube, du solltest dir für diese gewichtige Entscheidung noch etwas mehr Zeit lassen. Ich bin überzeugt, du wirst es mit der Zeit deutlicher fühlen."

„Nein! Ich kann nicht mehr! Und auch Kerstin kann nicht mehr! Ich will ihr und mir mein Rumeiern nicht weiter zumuten. Ich will mich von ihr trennen. Ich spüre es so."

„Dann ist das eben so. Dann musst du das tun."

Abschied

In unserer nächsten Sitzung sagt mir Niels, dass er bei Artho Wittemann eine Sitzung genommen habe und dass er sie sehr spannend fand. Er sagt, sie hätten mit ganz anderen *Personen* gearbeitet als denen, die er von unserer Arbeit her kenne. Bei Artho wäre es um einen *Vorstopper* gegangen – der würde immer ankündigen, gleich zu kommen, komme dann aber doch nicht. Und sie seien auch bei einem *General W.* gewesen, „W" für Widerstand. Da wäre einfach nur purer Widerstand gewesen, sonst nichts. Das wäre wirklich sehr interessant gewesen. Er habe gespürt, dass alles so stimme – auch wenn er jetzt noch nicht wisse, wie das zu dem passe, was er bei mir erlebt habe.

Niels sagt weiter, dass er nach der Sitzung mit Artho gespürt habe, dass er die Arbeit bei mir beenden müsse. Er habe sie zwar immer sehr gut

gefunden und auch das Gefühl gehabt, dass es wahr sei, was wir herausfinden, aber irgendwie ziehe es ihn jetzt zu Artho.

Er habe sich entschieden, nach dem Basisjahr auch noch die daran an-
schließende Innere-Personen-Ausbildung bei Artho zu machen. Er spüre
jetzt, dass es ihn belasten würde, wenn er bei mir weiter Einzelsitzungen
nähme. Das würde ihn in Spannung versetzen, und davon habe er in seinem Leben eigentlich schon genug. Er wolle sich jetzt lieber ganz auf die
Innere-Personen-Arbeit bei den Wittemanns konzentrieren. Niels sagt,
es tue ihm leid, von mir wegzugehen, aber er wolle sich selbst treu bleiben.

*Ich muss ein paar Mal tief durchatmen. Jetzt ist es also soweit, ich habe es
geahnt. Ich frage mich, ob Niels auch deshalb geht, weil die letzte Sitzung so
unangenehm für ihn war. Hat er sich denn überhaupt getrennt von Kerstin? Er hat nichts dazu gesagt. Und ich wollte ihn in dieser Situation nicht
danach fragen. Allerdings kann ich mir nicht vorstellen, dass seine Entscheidung, zu den Wittmanns zu gehen, zentral damit zu tun hat. Wir hatten
uns letztes Mal im Guten voneinander verabschiedet. Ich hatte nicht den
Eindruck, dass er mir gegenüber irritiert ist. Aber vielleicht wird es ihm bei
mir zu brisant? Oder ist Artho Wittemann der bessere Begleiter? Ich weiß
es nicht. Wie dem auch sei.*

*Ich spüre, dass es Niels wegzieht. Er ist von den Wittemanns angezogen, er
will dahin. Das ist schmerzhaft für mich, aber nicht zu ändern. Ich muss
ihn loslassen.*

*Dass Niels mir gegenüber nicht „lieb" ist, freut mich allerdings. Er hat klar
gesagt, was er will, und so spüre ich ihn auch. Das ist gut.*

Ich sage zu Niels, dass ich die Spannung nachvollziehen könne, die er
zwischen den Wittemanns und mir spüre. Gleichzeitig würde ich ihn aber
auch an einem heiklen Punkt in seinem therapeutischen Prozess erleben.
Ich wisse nicht, wie sich ein Wechsel der Begleiterin beziehungsweise des

290

Begleiters darauf auswirken würde. Sicher werde es aber irgendwie gehen. Das Wichtigste sei, dass er dem folge, was er in sich spüre, denn das sei schließlich sein Kompass.

Dann sage ich noch, dass mir persönlich sein Wechsel zu den Wittemanns schon etwas zu schaffen mache und ich gerne mit ihm weitergearbeitet hätte. Aber darum müsse er sich nicht kümmern. Es sei ganz normal, dass Klienten eine Therapie aus unterschiedlichsten Gründen abbrechen, das würde einfach dazugehören. Ich käme damit schon klar.

Niels sagt, er sei froh, dass ich nicht gekränkt sei oder ihm Vorwürfe mache. Davor habe er etwas Angst gehabt.

Er fühle jetzt eine richtige Aufbruchsstimmung in sich und freue sich auf das neue Abenteuer! Der Abschied von mir tue ihm zwar schon auch etwas weh, aber der sei für ihn einfach notwendig. „Und, wer weiß", fügt er noch hinzu, „vielleicht komme ich ja eines Tages wieder. Wenn ich das dann noch darf."

„Ja, du kannst gerne wiederkommen", sage ich. „Du weißt ja, wie du mich erreichst." - Wir umarmen und verabschieden uns herzlich.

4. Therapeutisches Prozessjahr

In diesem Jahr höre ich nichts von Niels.

5. Therapeutisches Prozessjahr

Wie passt das alles zusammen?

Dann schreibt mir Niels eine Mail. Er fragt, ob er wieder Sitzungen bei mir nehmen dürfe. Die Zeit bei den Wittemanns sei für ihn gut gewesen, aber im Moment wäre unklar, ob Arthos Ausbildung überhaupt weitergehe, und er habe keine Lust, weiter auf eine Antwort von ihm zu warten. In meinem Mailing habe er gelesen, dass auch ich jetzt eine Ausbildung zum Therapeutischen Begleiter anbiete, und daran würde er gerne teil-

nehmen. Entsprechend würde er dann auch die Einzelsitzungen wieder bei mir nehmen wollen. Ob ich mir das vorstellen könne?
Ich bejahe.

In der ersten Sitzung nach der Pause erzählt mir Niels von seinem Prozess, den er in der Zwischenzeit durchlebt hat. Er erzählt, er habe bei Artho eine *Person* in sich gefunden, die er *Wanja* genannt hätte und die sehr zurückgezogen sei. Eigentlich wolle sie nur auf der warmen Ofenbank liegen und nichts tun. Dann gäbe es noch *Vorstopper*, mit dem hätten sie hauptsächlich gearbeitet. Und dann gäbe es noch einen *Piloten*, aber vielleicht sei der auch nur eine tiefere Schicht von *Vorstopper*, das wäre nicht ganz klar geworden. Jedenfalls habe sich auch der *Pilot* aus jedem direkten Kontakt mit den Menschen zurückgezogen. Er schaue sich alles aus einer großen Distanz an, eben aus der Flugperspektive. Und dann sei noch eine Art negative Vaterfigur aufgetaucht, die kritisch auf ihn herabschaue. Erst habe sich diese tatsächlich wie sein Vater angefühlt, der ihn nicht habe lieben können. In einer tieferen Schicht aber sei daraus ein *Despot* geworden, der geradezu ein vernichtendes Urteil über ihn habe.

Niels zeigt mir ein Blatt Papier, auf dem er alle *Personen* aufgemalt hat, die er bei mir, bei Artho und bei Veeta gefunden hat. Es sind viele. Niels fragt mich, ob das so wohl richtig sei? Er sei irgendwie verwirrt.

Ich frage: „Hat Artho in irgendeiner Weise Bezug genommen auf die Arbeit, die wir miteinander gemacht haben?"

„Nein, er hat nie danach gefragt."

„Und bist du bei ihm *Personen* von dir begegnet, die du schon von der Arbeit mit mir kanntest und die ihr dann nur anders benannt habt?"

„Das habe ich mir auch überlegt, aber so einfach ist es nicht. Aspekte davon habe ich schon wiedergefunden – ich bin ja schließlich derselbe. Aber irgendwie hat sie Artho anders den *Personen* zugeordnet. Ich weiß auch nicht, es ist irgendwie schwierig."

„Hm. Und für mich ist es schwer, ein Gefühl für *Personen* zu haben, die ich nicht selbst erlebt habe. Speziell dann, wenn es da Überschneidungen gibt, ist das natürlich kompliziert. Aber sag doch mal, gibt es denn etwas, was dir *klar* ist in diesem ganzen Durcheinander? Vielleicht gibt uns das einen roten Faden."

„Ja, das ist gut", sagt Niels. „Den *Jungen*, den ich bei Veeta entdeckt habe, den habe ich ja auch bei dir erlebt, soweit ist es noch einfach. *Tiger* ist bei Artho nie aufgetaucht. Das ist seltsam, oder? War aber so. Trotzdem spüre ich, dass es ihn gibt. Dann gibt es den bösen Vater, den *Despoten*, das ist für mich auch klar. Und dann gibt es *König*. Auch ihm bin ich bei Artho nie begegnet. Trotzdem weiß ich, dass es ihn gibt. Das merke ich in meiner Arbeit im Krankenhaus deutlich. Und dann natürlich noch den *Lieben Niels*. Zwar hat auch Artho ihn nie in einer *Direkten Begegnung* aufgesucht, aber wir haben über ihn gesprochen und ihn auch so benannt."

„Gut. Das kann ich alles nachvollziehen. Und was ist unklar?"

„Bei dir habe ich immer gedacht, *Kommandeur* sei mein *Verborgenes Ich*. So haben wir es doch besprochen. Bei Artho aber war das anders. Dort sind Elemente, die wir im *Kommandeur* erlebt haben, in verschiedenen anderen *Personen* aufgetaucht: in *Wanja*, *Vorstopper*, *Pilot* und beim *General W.*, wobei für mich unklar ist, ob es *General W.* überhaupt gibt. Wir waren nur ein einziges Mal da. Danach ist er nie wieder aufgetaucht. Bei Artho hatte ich grundsätzlich eher das Gefühl, dass *Vorstopper* mein *Verborgenes Ich* ist. Auf jeden Fall haben wir mit ihm am meisten gearbeitet. Ach je! Irgendwie ist das alles ein Chaos."

„Hm, ja, das kann man schon so sagen", antworte ich. „Ich denke, wir sollten im Moment noch offenlassen, wer dein *Verborgenes Ich* ist. Das wird dann einfach die weitere Arbeit zeigen.

Grundsätzlich habe ich den Eindruck, dass Artho einen neuen Zustand eher als neue *Person* definiert, während ich den neuen Zustand eher als eine Vertiefung der gleichen *Person* – oder des *Verborgenen Ich* – verstehe."

„Ja, so kommt es mir auch vor."

„Und bist du der Wut irgendwo begegnet bei Artho? Du hast noch gar nichts davon erzählt."

„Nein", sagt Niels, „sie ist mir nicht mehr begegnet. In *Wanja* habe ich nur den Rückzug und die Distanz wahrgenommen und in *Vorstopper* diese immerwährende Ankündigung, gleich zu kommen, es dann aber doch nie zu tun. Das habe ich mehrfach deutlich gespürt. Hinter diesen Haltungen könnte natürlich Wut stecken. Aber unmittelbar erlebt habe ich sie nicht mehr."

„Seltsam. In unseren Sitzungen war sie doch mehr als einmal da. Sie wird sich wohl nicht einfach in Luft aufgelöst haben. Aber vielleicht war die Zeit bei Artho dafür zu kurz. Und fühlt sich denn der Rückzug von *Kommandeur* ähnlich an wie der von *Wanja*?"

„Irgendwie schon und irgendwie auch nicht", sagt Niels. „In *Kommandeur* fühlte sich der Rückzug kerniger an. *Kommandeur* war irgendwie *trotzig* zurückgezogen, das war bei *Wanja* nicht so. Bei ihm ist es eher ein *verschlafener* Rückzug. Bei beiden gleich aber war das Gefühl, dass es sich niemals verändern wird."

„Nun", sage ich, „das Gefühl, dass es sich niemals ändern wird, hat eigentlich jede *Person* und jedes *Verborgene Ich*. Das ist nicht das Entscheidende. Aber so, wie du es beschreibst, fühlt sich für dich der Rückzug von *Wanja* und *Kommandeur* schon unterschiedlich an. Und wie unterscheiden sich *Wanja* und *Vorstopper*?"

„*Wanja* hat nichts mit dem Leben draußen zu tun. Das interessiert ihn alles gar nicht. *Vorstopper* tut zwar auch nicht wirklich was, aber er tut so, als würde er gleich was tun."

„Okay, das verstehe ich. Dann schläft also *Wanja* auf seiner Ofenbank, während *Vorstopper* mit deinem äußeren Leben beschäftigt ist, auch wenn er nichts wirklich tut.

Bei beiden ist eine grundsätzliche Verweigerung des Lebens zu spüren, die wir auch bei *Kommandeur* gefunden haben. Sie war da nur weniger getarnt. Vielleicht gehört dann die Wut doch zu *Vorstopper*. Es wäre doch möglich, dass sie sich in einer tieferen Schicht von ihm noch zeigt.

Gerade frage ich mich, ob nicht *Wanja, Vorstopper, Pilot, General W.* und *Kommandeur* nicht alle dein *Verborgenes Ich* sind. Ihre Unterschiedlichkeit würde dann nur auf unterschiedlichen *Reaktionsschichten* beruhen. Hältst du das für möglich?"

„Ich weiß es nicht. Ich sagte dir ja, es ist schwierig. Ich habe mich natürlich auch schon gefragt, wie das alles zusammenpasst, aber ich finde einfach keine schlüssige Antwort."

„Seltsam, oder?", sage ich, „dass zwei Begleiter nicht genau die gleichen *Personen* finden bei ein und demselben Klienten. Eigentlich müsste es doch so sein, wenn beide der Wahrheit verpflichtet sind und beide den sich ereignenden Phänomenen folgen!"

„Ja. Vielleicht spielt ja dann doch auch die Persönlichkeit des Begleiters beziehungsweise der Begleiterin eine Rolle. Obwohl, so anders waren die *Personen* bei Artho auch wieder nicht.

Ich meine, die Zustände, die ich bei Artho erlebt habe, hätte ich auch bei dir erleben können und umgekehrt. Die *Personen* waren nur anders definiert."

„Ja, das ist ja so verwirrend. Nun gut. Wir müssen jetzt einfach pragmatisch damit umgehen, so, wie es ist."

„Weißt du, ich habe es mir ja auch selbst zuzuschreiben, dass es so ist. *Ich* habe mich ja entschieden, zu Artho zu gehen und dann wieder zu dir zurückzukommen. Dass das ein paar Turbulenzen und einige Verwirrung mit sich bringt, ist jetzt nicht so erstaunlich."

„Das ist auch wieder wahr. Es wäre nur schön gewesen, wenn alles so prima zueinander gepasst hätte und wir aller Welt sagen könnten: ‚Schaut her, es gibt *Personen* und man kann sie in sich aufsuchen. Unabhängig davon, wer der Begleiter ist, man findet immer die identischen *Personen*, man findet das identische *Verborgene Ich*.' Aber so ist das leider nicht. Das hast du uns nun mit deinem ‚Experiment' bewiesen."

Niels lacht. „Ja, tut mir leid, das hat wohl nicht geklappt!"

„Aber wie dem auch sei", sage ich, „wir machen jetzt einfach mal weiter. Wir werden sehen, was sich zeigt. Und alles Weitere wird sich daraus ergeben. Mehr kann ich jetzt dazu auch nicht sagen."

Niels nickt erleichtert. „Ja, das ist gut. Ich habe mir über das Ganze schon so den Kopf zerbrochen und kam einfach nicht weiter."

„Gut. Dann lass uns einfach mal mit einer *Direkten Begegnung* weitermachen. Wie nimmst du dich denn jetzt wahr?" Niels hält inne.

„Ich spüre meinen Rückzug", sagt er. „Ich spüre, ich möchte mit dem allem nichts zu tun haben. Das ist unangenehm für mich und kompliziert."

„Und hast du ein Gefühl dafür, welche *Person* in dir so fühlen könnte?"

„Ja, ich glaube das ist *Wanja*. Am liebsten möchte ich mich einfach nur auf die Ofenbank legen und mich um nichts kümmern. Die andern sollen das regeln, wenn es Probleme gibt. Mich geht das nichts an."

„Okay", sage ich, „das verstehe ich. Dann lass uns zu *Wanja* gehen. Wo hat er seinen Platz?"

„Gleich", sagt Niels, „gleich können wir dahin gehen. Vorher will ich dir aber erzählen, was sonst noch in meinem Leben passiert ist, ich habe nämlich geheiratet!"

„Was?", sage ich, „du hast geheiratet? Da bin ich jetzt wirklich baff. Und *wen* hast du denn geheiratet?"

Niels lacht. „Kerstin! Kerstin natürlich! Wen denn sonst? Aber dir fehlt natürlich ein Stück der Geschichte."

„Allerdings!"

„Es war so: Ich habe mich, nachdem ich von dir weggegangen bin, tatsächlich von Kerstin getrennt. Erst war ich erleichtert. Ich fühlte mich frei und ungebunden, und das war gut. Aber es ging nicht lange, und dann fing ich an, sie zu vermissen.

Ich habe mit Artho darüber gesprochen, und er meinte, nach all dem, was ich mir ihr gegenüber schon geleistet habe, müsse ich ihr jetzt schon wirklich was bieten, wenn ich sie zurückhaben wolle. Das überzeugte mich. Ich überlegte und kam zu dem Schluss, dass ich ihr einen Heiratsantrag machen will. Ich dachte, das ist doch das Einzige, was ich tun kann, damit sie merkt, dass ich es wirklich ernst meine. Das habe ich dann getan. Sie hat ihn angenommen, und so haben wir letztes Jahr geheiratet. Wir wohnen jetzt zusammen auf dem Land in einer schönen 4-Zimmer-Wohnung mit einem kleinen Garten."

„Hui", sage ich, „das ist aber mutig! Und was ist mit Iris? Habt ihr noch Kontakt?"

„Eigentlich kaum. Es war seltsam. Kaum hätte ich sie haben können, kaum war ich nicht mehr gebunden, war der Zauber weg. Ich kann dir das nicht erklären. Sie kam mir plötzlich anstrengend und kompliziert vor, und ich dachte, dass Kerstin eigentlich viel besser zu mir passt."

„Hast du denn das Gefühl, dass du dich von deinem *Verborgenen Ich* aus – wie immer wir es jetzt nennen – für Kerstin entschieden hast?"

„Das weiß ich nicht. Ich spürte nur, dass ich wieder mit ihr sein will, und dann habe ich das eben so gemacht. Ob das von einer meiner *Personen* oder vom *Verborgenen Ich* ausging, weiß ich nicht."

„Das kommt mir ja schon recht abenteuerlich vor", sage ich. „Aber gut, dann ist das jetzt so. Dann hoffe ich, dass alles gut geht und du im weiteren Verlauf des Prozesses spürst, dass du wirklich mit Kerstin sein willst."

„Ja, danke. Das hoffe ich auch! Seltsam, dass ich nicht sagen kann, wer in mir diese Entscheidung getroffen hat, oder?"

„Naja, so seltsam finde ich das eigentlich nicht. Solange du dein *Verborgenes Ich* nicht klar spürst, weißt du einfach nicht, wie es in deiner Tiefe aussieht. Gerade wenn man jemanden heiratet, wäre das natürlich schon ganz gut zu wissen. Andererseits, wer weiß das schon?! Die meisten Menschen heiraten, ohne ihr *Verborgenes Ich* zu kennen, und trotzdem geht es oft erstaunlich gut. Vielleicht ist das ja auch bei dir so. Das Leben wird es zeigen."

„Ja, man wird sehen. Im Moment fühlt es sich jedenfalls nicht verkehrt an."

„Das ist gut."

Ich grüble. Ich verstehe das nicht. Warum hat sich in den Sitzungen bei mir gezeigt, dass sich Niels von Kerstin trennen will, und jetzt hat er sie doch geheiratet? Was ist denn mit dem Nein von Kommandeur? Das kann doch nicht einfach weg sein!

Ich frage mich, ob ich Niels, ohne es zu wollen, in irgendeiner Weise beeinflusst habe, sich von Kerstin zu trennen – und womöglich Artho ihn beeinflusst hat, sie zu heiraten. Das wäre ja fatal!

Allerdings sagt Niels nichts, was darauf hindeuten würde. Er sagt nicht, dass etwas falsch war an dem, was wir herausgefunden haben. Im Gegenteil, er hat sogar gesagt, dass er die Trennung von Kerstin gebraucht habe, um wirklich zu ihr zu finden. Aber falls seine Entscheidung nicht von seinem Verborgenen Ich kommen sollte, wäre es nach meinem Verständnis nur eine Frage der Zeit, bis er sich dann doch wieder von ihr trennt – denn auf diesen Willen kommt es letztlich an. Mir ist nicht wohl bei der Sache.

Ich seufze innerlich. Mir fehlt einfach ein Stück des therapeutischen Prozesses. Aus dem, was ich mit Niels früher erlebt habe, kann ich mir diesen Schritt nicht erklären.

Wanja

Ich schaue zu Niels. „Und", frage ich, „bist du immer noch bereit, zu *Wanja* zu gehen? Oder hast du das Gefühl, dass jetzt jemand anderes da ist?"

„Nein, das glaube ich nicht. Wir können gerne zu *Wanja* gehen, ich glaube, das passt immer noch gut."

„Gut", sage ich, „dann begib dich doch bitte auf seinen Platz."

Niels stellt sich rechts hinten hin, er schaut auf den Boden. Die Arme hat er verschränkt. Das Gefühl der Zurückgezogenheit verstärkt sich. Dann sagt er: „Von mir kommt nichts. Vorne bemüht sich zwar der *Liebe Niels*, aber bei mir versandet alles. Ich will nur auf der Ofenbank liegen und in Ruhe gelassen werden."

Ich frage: „Hat denn der *Liebe Niels* mit dir was zu tun?"

„Ja, schon", antwortet er, „es ist gut, wenn man sieht, dass sich Niels bemüht. Dann strengen sich auch die andern an. Das ist gut. Dann könnt ihr euch da vorne abarbeiten und ich habe hier hinten meine Ruhe."

„Ach so machst du das! Aber wofür brauchst du den *Lieben Niels*? Ich könnte dich doch auch gleich auf der Ofenbank liegen sehen!"

„Nein, das wäre nicht so gut. Man soll mich nicht sehen. Vielleicht würdest du dich ärgern. Zudem finde ich gut, wenn du dich für mich anstrengst. Ich möchte, dass du dich um mich bemühst!"

„Hm. Das ist ja ein Ding. Du willst da hinten schlafen, aber ich soll mich um dich bemühen. Dann magst du meine Zuwendung?"

„Kann schon sein. Ich habe mir darüber noch nie Gedanken gemacht."

Er schweigt. Es ist still. Nichts passiert.

Nach einer Weile sage ich: „Eigentlich ist es leer."

„Ja", sagt er, „aber das will ich nicht spüren. Ich muss mich eingraben. Ich muss mir Gewicht aufpacken. Es darf kein Glühen nach außen dringen. Essen ist gut. Mit Essen kann man sich zustopfen. Das gibt Gewicht und man fühlt nichts mehr. Das ist gut."

Er schaut ins Leere. Wir schweigen eine ganze Stunde.

Dann beende ich die Sitzung.

Im Nachgespräch sagt Niels, dass er *Wanja* so ähnlich auch bei Artho erlebt habe. Von ihm komme einfach nichts. Aber es sei nicht unangenehm, sich da aufzuhalten. Er sei nur sehr schläfrig da. Auch jetzt, wenn er nicht gestanden hätte, wäre er vielleicht sogar eingeschlafen.

Auch als ich Niels einen Monat später wiedersehe, spüre ich seine Zurückgezogenheit. Ich beschließe, sie vorerst einfach mal *Wanja* zuzuordnen.

Wieder schweigt *Wanja* in der *Direkten Begegnung* nahezu ausschließlich. Er sagt nur, dass Niels' Leben nichts mit ihm zu tun habe, dass das nicht *sein* Leben sei. Und dass ihm das Leben keine Freude mache. Er warte nur. Niels' Leben sei ein einziges Sollen und Müssen. Damit habe er nichts zu tun. Er habe sich einfach von allem zurückgezogen und warte nur auf seiner Ofenbank, bis irgendwann mal alles vorbei sei.

In einer anderen Sitzung spürt *Wanja*, dass er beleidigt ist. Er spürt einen Vorwurf. Er weiß aber nicht gegen wen und warum. Er spürt nur sein Beleidigtsein.

Wanja sagt, er würde schon gerne wissen, wer er ist und warum alles so ist, wie es ist, aber er wolle die Kontrolle nicht aufgeben. Er sagt, er spüre zwar, dass es so nicht gehe, es aber anders zu machen eben auch nicht gehe. Er ist frustriert. Er fühlt sich in einem Patt. Wie soll sich daran jemals etwas ändern?

Mit Niels' Alltag scheinen die Sitzungen wenig zu tun zu haben. Wenn mir Niels im Vorgespräch von seinem Leben erzählt, tut er es schleppend, als müsse er gegen einen Widerstand kämpfen. Ich frage nach.

„Weißt du", sagt Niels, „eigentlich mag ich gar nicht erzählen. Aber das geht doch nicht! Ich kann dich doch nicht einen Monat lang nicht sehen, zwei Stunden stumm auf *Wanjas* Platz stehen und danach ohne einen weiteren Kommentar wieder gehen! Es ist doch schon krass genug, dass ich auf *Wanjas* Platz nahezu nur schweige."

„Du bist halt krass", antworte ich, „da können wir jetzt auch nichts dran drehen. Wenn du einfach nur schweigen willst, also auch im Vorgespräch, ich habe nichts dagegen!"

„Nein, das will ich nicht. Das ist mir dann doch zu viel. Ich möchte dir schon sagen, was in meinem Leben passiert, auch wenn es mich anstrengt. *Wanja* ist ja auch nicht der Einzige in mir – auch wenn er dominant ist. Ich glaube, die andern möchten schon mit dir reden."

„Dann ist gut, ich will dich nicht davon abhalten. Ich möchte nur nicht, dass du es *für mich* tust."

„Nein, so ist es nicht. Ich kann dir halt nur nicht so flüssig erzählen, weil ich – also Wanja – eben so bin. Wenn ich bei dir bin, kommt es mir vor, als wäre mein Leben fremdbestimmt, als hätte es gar nicht wirklich was mit mir zu tun. Und dann ist es eben auch befremdend, davon zu erzählen."

„Erlebst du das zu Hause auch so?"

300

„Nein, eigentlich nicht. Da ist es eher umgekehrt. Da fühlt es sich eher befremdlich an, was wir hier tun. Meist aber denke ich da gar nicht dran. Und es passiert ja auch wirklich nicht viel. Also, verstehe mich jetzt nicht falsch, ich weiß schon, was wir hier tun! Aber zu Hause ist das für mich weit weg, wie eine andere Welt."

„So kommt es mir auch vor. Das sind für dich zwei Welten, die wenig oder nichts miteinander zu tun haben. In deinem Alltag spürst du deine Zurückgezogenheit nicht, und hier spürst du das, was du sonst dein Leben nennst, nicht!"

„Ja, so ist das wohl."

„Du weißt, das hat mit deinem *Ich-Fokus* zu tun: Wenn dein *Ich-Fokus* im *Lieben Niels* oder einer anderen *Person* des *Vorderen Raumes* ist, bist du nicht zurückgezogen. Wenn aber dein *Ich-Fokus* in *Wanja* ist, hat das, was du im *Vorderen Raum* erlebst, keine Bedeutung. Und das scheint sogar schon hier im Vorgespräch so zu sein. Darum fällt es dir so schwer, von deinem Alltag zu berichten. Für *Wanja* hat er eben keine Bedeutung. *Er* will darüber nicht sprechen."

„Ja. Für mich sind das zwei Welten. Nur wenn ich mich mal wieder mit Essen vollstopfe, denke ich an *Wanja*. Ich weiß dann, dass er sich wahrscheinlich grad mal wieder betäuben will. Aber das ist nur ein theoretisches Wissen. Unmittelbar spüre ich das nicht."

Der Rückzug, dieses Nicht-am-Leben-Teilnehmen, erinnert mich doch sehr an Kommandeur. Statt sich tot zu fühlen, schläft Wanja einfach. Ansonsten aber gibt es viele Ähnlichkeiten mit dem, was ich bei Kommandeur erlebt habe.

Der strohfressende Löwe

In einer späteren Sitzung erzählt mir Niels von einem Tantra-Seminar, an dem er teilgenommen und sich wieder so frei und lustvoll gefühlt habe.

Er sagt, er wäre so unbeschwert gewesen wie schon lange nicht mehr. Das habe ihm gutgetan. Er würde sich wünschen, das auch in seinem Alltag mehr leben zu können.

Ich sage, das höre sich nach *Tiger* an. Ob er denn Lust habe, ihn mal wieder aufzusuchen?

Niels bejaht.

Er stellt sich auf *Tigers* Platz. Eine warme, freundliche Stimmung breitet sich aus. Er lächelt mich an und es sprudelt nur so aus ihm heraus: „Hier fühle ich mich leicht und verspielt, das ist schön! Am Wochenende bin ich um die Frauen herumgeschwänzelt, das hat Spaß gemacht! Es gab einige richtig schöne Frauen da. Mit einer habe ich intensiver getanzt – das war toll! Aber natürlich ist nichts Ernstes passiert. Ich habe nur geschaut und so meine Fantasien gehabt… Aber auch das ist ja schon sehr schön!"

Ich sage: „Naja, für mich hört sich das eher nach einer Hauskatze als nach einem Tiger an."

Tiger blickt zu Boden. Die Stimmung ändert sich schlagartig. Er schweigt. Ich habe ihn offensichtlich getroffen. Ich bin erschrocken, das habe ich nicht erwartet. Ich wollte ihn nicht verletzen. Aber raus ist raus, das kann ich jetzt auch nicht mehr ändern.

Nach einer Weile sagt er: „Das hättest du nicht sagen dürfen. Ich möchte wild sein, das weißt du. Aber es geht halt nicht. Okay, ich bin zahm. Okay, ich spiele nur herum. Aber es kränkt mich, wenn du sagst, ich wäre eine Hauskatze. Ich möchte schon ein Tiger sein und keine Hauskatze. Auch wenn ich mich vielleicht wie eine Hauskatze verhalte. Ich möchte, dass du mich als Tiger siehst!"

Ich schaue ihn an. Ich sehe seinen Schmerz. Ich sage: „Es tut mir leid, dass ich dich verletzt habe. Das war nicht meine Absicht."

„Schon gut", sagt er. Dann ist er still.

Er wirkt jetzt sehr ernst. Dann sagt er: „Eigentlich bin ich ein strohfressender Löwe. Ich habe mich meiner Potenz beraubt. Ich habe mich aus dem Spiel genommen. Aber anders geht es eben nicht."

Auch im Nachgespräch ist Niels noch betroffen. Er spürt, wie er sich in seinem Leben knebelt, wie er als *Tiger*, aber auch insgesamt nicht ins Leben kommt. Es fühlt sich für ihn aussichtslos an. Er weint.

Wanja will den Prozess beschleunigen

Neue Sitzung. Niels erzählt mir im Vorgespräch von seiner Arbeit im Krankenhaus und von seiner Beziehung zu Kerstin. Er wirkt wieder angestrengt. So, als wäre er mir einen Bericht schuldig, den er jetzt brav abliefert.

Ich frage ihn, ob er beim Erzählen eine Anstrengung spüren würde.

Er hält inne, spürt nach und nickt. „Ja", sagt er, „wenn ich spreche, fühle ich mich, als wate ich durch einen Sumpf und müsse mühsam jeden Schritt vor den andern setzen. Jede Bewegung, jedes Wort ist Widerstand. Das ist anstrengend. Für mich ist das aber so normal, dass ich das gar nicht bemerke. So ist nun mal das Leben, daran habe ich mich längst gewöhnt. Ich weiß gar nicht, dass es auch anders sein könnte. Also für mich. Für andere vielleicht schon."

„Das hört sich nach *Wanja* an", sage ich. „Gehst du mal auf seinen Platz?"

Niels stellt sich hin. Dann sagt er: „Ja, das ist so! Ich bin der Widerstand. Ich behindere und lähme alles. Ich hänge mich wie ein schweres Gewicht an alles dran und mache es dadurch schwer und mühsam."

Ich bin misstrauisch. Das ging mir jetzt ein bisschen schnell. Will er mich grad abspeisen oder was ist los? Seine Aussagen sind so glatt.

Ich frage: „Fühlst du wirklich, was du sagst? Das kommt mir fast *zu* passend vor."

„Naja", sagt *Wanja*, „so ganz genau kann ich es nicht fühlen, aber es muss doch so sein! Gerade habe ich nicht groß nachgespürt, ich spüre doch sowieso immer nur nichts! Damit kann ich doch nicht schon wieder kommen. Ich habe gedacht, wenn ich das jetzt so zu mir nehme, mache ich endlich mal mit und kann das Ganze etwas beschleunigen.“

„Das ist ja nett von dir“, sage ich und muss lachen, „aber so geht es nicht. Dein Versuch, den Prozess zu beschleunigen, funktioniert leider nicht. Eigentlich ist es gerade andersherum. Wenn du ihn zu beschleunigen versuchst, verlangsamst du ihn. Es führt kein Weg daran vorbei, dass du wahrnimmst, wie du dich unmittelbar fühlst. Druck oder auch das Richtige-sagen-Wollen ist nicht hilfreich. Deine Aussagen haben dann keinen Boden.“

„Hm“, sagt *Wanja* nachdenklich, „eigentlich schiebe ich immer das, was da ist, weg. Es kommt mir unpassend vor. Und stattdessen schaue ich, was der andere wohl hören möchte. Aber wahrscheinlich auch das nur, weil ich meine Ruhe haben will. Ich kenne das nicht, mich auf das einzulassen, was da ist. Das kommt mir unbequem vor, irgendwie unangenehm und unsicher. Ich weiß ja dann gar nicht, was das ist. Und ich kann mir auch nicht vorstellen, dass das irgendwie brauchbar sein könnte. Bestimmt ist es nur langweilig und unbedeutend. Ich kann mir nicht vorstellen, dass dabei etwas Relevantes herauskommt.“

„Ich verstehe“, sage ich, „aber es ist gerade andersherum! Du kannst es ja mal ausprobieren.“

„Hm, okay.“ *Wanja* ist still. Er schließt seine Augen. Ich fühle, dass er in sich hineinhorcht. Dann sagt er: „Ich kann nicht mehr. Da ist Resignation. Ich will auch nicht mehr. Es ist leer, und ich kann nichts tun, damit es nicht leer ist. Ich kann es nur überdecken, aber drunter ist es trotzdem so. Ich *fühle* also: Es ist leer und ich habe aufgegeben. Das will ich aber nicht fühlen. Ich will mich davon ablenken und lieber Dinge sagen, von denen ich *denke*, dass ich sie fühle.“

„Hm“, sage ich zustimmend.

Lange ist es still. Dann sagt er: „Ich bin nur noch ein Denkmal. Meine Aktivität ist das Mich-tot-Machen.“

„Hm“, antworte ich wieder zustimmend.

Er schweigt. Dann sagt er: „Nein, so ist es nicht. Eigentlich *bin* ich tot.

Ich versuche, das zu verbergen, aber eigentlich *bin* ich tot. Ich kann es spüren. Ich kann nichts dagegen tun, es ist so."

Im Nachgespräch ist Niels niedergeschlagen. Er sagt, er habe den Eindruck, bei ihm gehe es einfach nicht. Bei ihm zeige sich nichts.

Ich sage, das sähe ich anders. Gerade habe er doch einen wichtigen Schritt gemacht. Diese Sitzung wäre sehr gut gewesen. Er habe *gespürt*, dass er ein Denkmal sei, er habe *gespürt*, dass er tot sei! Diesmal habe er eben nicht das gesagt, was er *denkt*, sondern er sei seiner unmittelbaren Wahrnehmung gefolgt. Das sähe für ihn vielleicht nach wenig aus, aber das sei keinesfalls wenig! Diese neue Ebene der Wahrnehmung könne sein Leben grundlegend verändern! Das könne er sich wahrscheinlich gar nicht vorstellen.

Niels schaut mich skeptisch an. Nein, das kann er sich wirklich nicht vorstellen. Trotzdem wirkt er erleichtert, dass ich zuversichtlich bin.

Ich habe nun doch das Gefühl, dass Wanja und Kommandeur sich eigentlich entsprechen. Auch Kommandeur fühlte sich tot, auch er nahm nicht am Leben teil. Vermutlich sind also Wanja und Kommandeur das Verborgene Ich.

Als ich Niels einen Monat später wiedersehe, sagt *Wanja* in der *Direkten Begegnung*: „Ich bin da. *Das* kann ich fühlen, sonst nichts. Ich trete mit niemandem in Beziehung und ich nehme nicht am Leben teil. Aber ich bin da. Ich weiß nichts über mich. Aber es ist gut zu spüren, dass ich da bin. Das gibt mir Boden."

Ein Monat später. Niels sagt, dass er sich wieder so schwer fühle und ihm alles anstrengend vorkomme in seinem Leben. Ich bitte ihn auf *Wanjas* Platz.

Wanja sagt: „Ich bin taub. Ich kann mich eigentlich nicht fühlen, und ich will es auch gar nicht."

„Ja, so ist es", sage ich. „Und doch musst du eine minimale Fühlung von dir haben, sonst könntest du mir nicht sagen, dass du so bist."

Er ist still. Er schaut mir unverwandt in die Augen, ich schaue zurück. Dann sagt er: „Jetzt fühle ich eine stumme Wut und eine Anklage in mir. Aber auch das will ich nicht fühlen."

„Mm." Ich nicke. Schweigend schauen wir uns weiter an. Er bleibt vollkommen regungslos. Nach einer halben Stunde starren Schauens sagt er: „Jetzt kann ich wieder die Taubheit fühlen."

„Mm", sage ich wieder. „Fühlst du die auch in deinem Alltag?"

Er überlegt. „Nein", sagt er dann, „eigentlich nicht. Im Alltag habe ich keinerlei Wahrnehmung von mir. Ich bin da wie im Tiefschlaf. Ich kriege weder mich selbst mit noch das, was um mich herum passiert."

„Das ist ganz schön krass, was du da sagst!"

„Ja, schon. Aber ich glaub, es ist so. Ich wundere mich selbst, dass mein Leben trotzdem irgendwie funktioniert – obwohl ich eigentlich die ganze Zeit nur schlafe. Aber das scheint gar niemand mitzukriegen!"

Ich freue mich, dass Wanja sich tatsächlich allmählich wahrnehmen kann. Lange Zeit hatte ich das Gefühl, dass Niels gar nicht weiß, nach was er schauen kann, um mehr Orientierung zu bekommen. Gerade habe ich das Gefühl, dass er „einen Zipfel" seiner eigentlichen Realität spürt.

Der Bischof schummelt

Als Niels in die nächste Sitzung kommt, erzählt er mir von einem Brief des Bischofs, den alle Pfarrer zugeschickt bekommen haben. Er sagt, der Brief klinge eigentlich freundlich und wolle Mut machen, aber er spüre, dass etwas daran nicht stimme. Der Bischof sei irgendwie schleimig. Da, wo es wirklich heikel wäre, Stellung zu beziehen, würde er ausweichen. Er tue so, als wäre es nicht wichtig, genau dazu etwas zu sagen.

Auf *Wanjas* Platz sagt er: „Gerade schaue ich hin. Eigentlich spüre ich ganz genau, was wahr ist und wo jemand schummelt! Der Bischof schummelt! Ich traue ihm nicht. Er *wirkt* gut, aber ich vertraue ihm nicht. Er will gut dastehen, er will toll sein. Aber da, wo es ums Eingemachte geht, weicht er aus. Ich finde vieles so verlogen in dieser Kirche!"

Ich schaue ihn an, er schaut zurück. Streng und aufrecht steht er da. Dann fährt er fort: „Ich glaube, wir Pfarrer sollten nicht predigen, wir sollten mit den Menschen in einen Dialog treten! Es geht doch um die unmittelbare, lebendige Wahrheit! Die Menschen brauchen nicht unser altes, abgestandenes Wissen! So zumindest sehe ich *meine* Aufgabe!

Wenn ich im Krankenhaus bin bei einem sterbenden Menschen oder auch wenn ich Angehörige begleite, die gerade einen schweren Verlust erlitten haben – eigentlich geht es nie darum, etwas zu *sagen*! Vielmehr geht es ums Zuhören, ums *Da*-Sein. Ich kann niemandem den Schmerz nehmen, und das wäre auch gar nicht angemessen. Oder bei einem sterbenden Menschen, ich weiß doch auch nicht, was nach dem Tod kommt. Ich finde es nicht richtig, so zu tun, als wüsste ich es. Aber ich kann *da* sein, und das hat tatsächlich eine Wirkung.

Oft geht es in diesen letzten Momenten um Schuld, um das, was ein Mensch bedauert, so gemacht zu haben in seinem Leben. Ich habe da nicht zu urteilen, und das ist auch völlig unnötig. Manche Sterbende haben das Bedürfnis, mit jemandem nochmals – oder vielleicht auch das erste Mal – ganz offen sprechen zu können. Sie möchten sagen, was sie fühlen, was sie denken. Ich höre einfach zu. Ich finde, das ist doch unsere eigentliche Aufgabe als Pfarrer!"

Ich bin beeindruckt, was für eine Rede! Das ist ja grad mal so aus ihm herausgebrochen. Ist hier gerade mal jemand aufgewacht? So habe ich *Wanja* – und auch Niels – noch nie gehört. Ich frage mich, ob er vielleicht jetzt auch bereit ist, zu seinem sonstigen Leben Stellung zu beziehen.

Ich frage: „Und was ist mit deinem persönlichen Leben, was ist mit Kerstin, was ist mit den anderen Frauen? Wie ist deine Haltung dazu?"

Wanja sagt: „Ich habe Ja zu Kerstin gesagt. Ich habe sie gewählt. Sie ist *meine* Frau, und ich finde sie großartig.

Ich bin froh, mit ihr zusammen zu sein, und ich möchte mit ihr meinen Weg gehen. Die anderen Frauen interessieren mich nicht. Sie sind nur eine Spielerei."

Ich wundere mich. Fühlt er, was er sagt? Oder möchte er nur so fühlen? Das ging alles plötzlich so schnell. Oder habe ich etwas nicht mitgekriegt? Ich frage mich, wie tragfähig dieser neue Ort ist. Wird Niels auch morgen und übermorgen noch Zugang zu ihm haben? Und was sagt Tiger dazu? Steht das, was Wanja sagte, in Spannung zu ihm?

Tiger weiß, dass die Liebe einem immer genommen werden kann

In unserer Nachmittagssitzung möchte ich in der *Direkten Begegnung* zu *Tiger* gehen. Ich möchte sehen, wie *er* sich fühlt und wie *er* sich auf das bezieht, was *Wanja* am Morgen sagte.

Tiger sagt: „Eigentlich suche ich die Verschmelzung. Gleichzeitig fürchte ich mich aber auch davor. Mit meiner Mutter war ich verschmolzen, das war wunderbar. Es war ganz einfach und natürlich. Aber das habe ich damals gar nicht gemerkt, es war zu selbstverständlich. Ich habe sie geliebt und sie hat mich geliebt. Ich habe nie darüber nachgedacht.

Vielmehr dachte ich an meine Spiele und an meine Abenteuer mit meinem Freund. An meine Mutter dachte ich nicht. Ich war mir sicher, dass sie da ist und dableiben wird. Ich kam gar nicht auf die Idee, dass es auch anders kommen könnte. Diese Zeit war vollkommen unbeschwert für mich. Aber dann kam der Schock. Sie war ja hochschwanger mit meinem jüngsten Bruder und ist dann für die Geburt ins Krankenhaus gefahren worden. Bis dahin war alles noch normal. Sie hat sich von mir verabschiedet und mir gesagt, dass sie bald wiederkommt. Aber sie kam nicht mehr zurück! Sie kam einfach nie mehr zurück! Sie ging ganz normal weg und kam nie mehr wieder!

Und dann haben sie mir gesagt, dass sie bei der Geburt gestorben ist. Das habe ich nicht geglaubt. Ich *wollte* es einfach nicht glauben, auch wenn ich natürlich schon wusste, dass es wahr ist. Weißt du, dieses Unvermutete war einfach zu schrecklich! Ich war total unvorbereitet, ich war absolut naiv! Ich wusste gar nicht, dass man sterben kann bei einer Geburt! Ich dachte einfach, sie kommt nach ein paar Tagen wieder und dann ist noch das kleine Baby dabei. So hat es mir meine Mutter erklärt, bevor sie gegangen ist. Aber dann war alles anders…", Tränen steigen in seine Augen „es war so schlimm…" Er weint. Seine Schultern beben, die Tränen laufen runter, er verbirgt sein Gesicht in den Händen.

Ich schaue auf den Boden und ziehe mich etwas zurück. Ich möchte ihm nicht zu nahetreten in diesem intimen Moment. Ich sehe diesen sechsjährigen Jungen vor mir. Was hat er für einen Schock erlebt! Wie hat ihn dieses traumatische Erlebnis geprägt für sein ganzes Leben! Einen kurzen Moment denke ich, wie Niels wohl wäre, wenn seine Mutter damals nicht gestorben wäre. Was wäre dann wohl aus Niels geworden? Aber ich schiebe den Gedanken schnell beiseite, es ist müßig, darüber nachzudenken. Niels hat als Sechsjähriger seine Mutter verloren und muss damit leben. Ein anderes Schicksal hat er nicht.
Tiger und der Junge scheinen an dieser Stelle fast eins zu werden. Habe ich überhaupt noch Tiger vor mir? Er fühlt sich sehr kindlich an gerade.

Nach einer Weile, er ist jetzt wieder ruhiger, spricht er weiter. „Und von da an habe ich einfach nicht mehr an die Liebe geglaubt. Zumindest nicht, dass sie bestehen bleibt. Ich wusste, sie kann einem immer und jederzeit wieder genommen werden. Darum habe ich lieber mehrere Frauen. Das ist besser. Dann bin ich nicht so abhängig. So schlimm wie mit meiner Mutter kann es nicht mehr werden."

Jetzt also doch wieder Tiger! Sein Ich-Fokus wechselt offensichtlich gerade hin und her zwischen dem Jungen und Tiger.

Niels sieht ganz weich aus, er kämpft gerade nicht. Es kommt mir vor, wie wenn die Tränen eine Last, die ihn immer bedrückt hat, weggeschwemmt hätten.

Dann sagt er: „Eigentlich *liebe* ich die Frauen wirklich! Das nehme ich mir nicht vor, das *ist* einfach so. Ich kann mich eher nicht dagegen wehren, dass es so ist! Ich mag sie einfach und bin gern mit ihnen zusammen. Nur diese eine Beziehung, die Beziehung zu meiner Mutter, bleibt von allen anderen unberührt. Ich habe sie mir bewahrt. Diesen einen Platz darf niemals eine andere Frau einnehmen, er gehört meiner Mutter!"

Wieder steigen ihm Tränen in die Augen. Ich spüre seine Kraft, ich spüre seine Liebe. Und ich spüre seine tiefe Überzeugung, keine Frau je so lieben zu können, wie er seine Mutter geliebt hat. Das ist seine Wahrheit.

Und sie passt so sehr zu dem Leben, das er führt!

Niels wirkt aufgeweicht und erschöpft. Das war viel heute. Wir sind beide still. Seine Worte schwingen nach.

Nach einer Weile bitte ich ihn, auf den Ausgangsplatz zurückzukehren.

Niels sagt, so habe er sich noch nie erlebt. Er habe sich so klar gefühlt, so eindeutig. Und er habe alles genau so gefühlt, wie er es gesagt habe. Dieser Zusammenhang von „seinen Frauen" und seiner Mutter sei ihm vorher nicht klar gewesen. Das habe ihn beeindruckt, das so zu spüren. Das erkläre vieles. Und obwohl es heftig gewesen sei, habe es auch gutgetan, den Schmerz über den Verlust seiner Mutter nochmals so pur zu erleben. Er habe gespürt, dass er jetzt die Kraft dazu habe. Als Kind wäre er dazu einfach nicht in der Lage gewesen. Und obwohl es ihn jetzt schon sehr mitgenommen habe – er spüre es noch in seinem ganzen Körper –, fühle er, dass diese alte Wunde langsam heilen könne. Endlich habe dieser Schmerz unmittelbar Ausdruck gefunden.

Niels sagt, er sei jetzt erschöpft, aber auch satt. Mehr brauche er eigentlich nicht.

Es sei zwar jetzt nicht alles gelöst in ihm, vor allem wisse er noch nicht, wie er die unterschiedlichen Bedürfnisse von *Tiger* und *Wanja* in sich vereine, aber trotzdem fühle er sich insgesamt zufrieden und klar. Das sei sehr gut.

Ich sage, das höre sich ja wie ein Abschlussstatement an. Ob er denn aufhören wolle?

Niels sagt, er sei schon müde von dem Ganzen. Es sei alles immer so anstrengend und zäh, und er sei jetzt froh, endlich an einem klaren Punkt angekommen zu sein. Er habe vorher zwar nicht darüber nachgedacht, aber vielleicht wäre es ja tatsächlich ein guter Zeitpunkt um aufzuhören. Oder zumindest eine Pause zu machen. Was ich denn dazu meine, ob das denn für mich okay wäre.

Ich bin erstaunt. Niels greift meine Aussage, die ich eigentlich mehr als Scherz gemeint habe, konkret auf, um den Prozess zu beenden. Ich sage, dass es nicht um mich gehe. Wenn er tatsächlich das Gefühl habe, dass es ihm reiche, solle er aufhören. Mir komme es zwar etwas abrupt vor und ich wisse nicht, wie sich diese beiden intensiven Sitzungen in seinem Alltag auswirken würden, grundsätzlich aber sei für den Prozess entscheidend, ob er noch die Kraft und das Interesse dafür habe.

Niels sagt, dass ihn sein Prozess schon weiter interessiere, aber dass er auch müde sei. Gerade habe er das Gefühl, es sei etwas Wichtiges passiert und er habe einiges verstanden. Eigentlich würde er das gerne einfach mal so stehen lassen.

Ich spüre, dass Niels an der Stelle nicht mehr weitergehen will, und so lasse ich ihn. Ich sage, wir würden uns ja noch in der Ausbildung sehen, die bald anfange. Er werde sicher spüren, falls es sich für ihn nochmals ändern sollte.

Mir ist ein bisschen schwer ums Herz. Ich freue mich zwar über die beiden Sitzungen mit Wanja und Tiger/Junge, die waren wirklich eindrücklich, aber warum will er weg? Eigentlich würde es doch erst jetzt richtig losgehen. Die Zeit, bevor er etwas spürte, war zwar wichtig und unumgänglich, aber wirklich spannend wird es doch da, wo er anfängt, etwas zu spüren! Aber

dafür hat er offensichtlich keine Kraft mehr. Vielleicht macht es ihm auch
Angst. Stimmt, das habe ich ihn gar nicht gefragt. Das hätte ich tun sollen.
So oder so war aber seine Aussage körpersprachlich eindeutig: Er will weg.
Und dem habe ich zu folgen.

Als wir uns umarmen und verabschieden, wirkt Niels freudig und leicht, so als wäre ihm gerade eine schwere Last genommen worden.

6. Therapeutisches Prozessjahr

Ich habe mich aus Niels' Leben abgeseilt

Ein halbes Jahr später fragt mich Niels an einem Ausbildungswochenende, ob er wieder Einzelsitzungen bei mir nehmen könne. Er habe das Gefühl, diese seien wieder fällig.
Ich bejahe und wir vereinbaren neue Termine.
In der Sitzung erzählt mir Niels, dass er spüre, dass er sich noch immer nicht von seiner Tiefe aus in sein Leben einbringe. Das möchte er sich mit mir anschauen. Zum Beispiel sei er bei dem Tantra-Sommerfest gewesen. Die Teilnehmerinnen und Teilnehmer hätten in diesem Rahmen die Möglichkeit gehabt, kleine Leitungssequenzen zu übernehmen. Er habe dann dort Bibliodrama angeboten, das sei eine Art therapeutisches Theaterspiel über ausgewählte Geschichten der Bibel. Er habe früher mal eine Ausbildung dazu gemacht. Das sei natürlich ein ungewöhnliches Angebot für so einen Ort, aber trotzdem seien neun Teilnehmerinnen und Teilnehmer da gewesen. Aber leider sei es ihm nicht gut gegangen dabei. Er habe sich sehr angestrengt, aber das Spiel sei nicht ins Fließen gekommen. Eigentlich habe er die Geschichte von Rut aus dem Alten Testament spielen wollen, und zwar die Szene, wo sie in tiefer Hingabe zu ihrer Schwiegermutter sagt: „Wo du hingehst, da will ich auch hingehen, wo du bleibst, da bleibe ich auch." Diese Worte würden ihn sehr berühren. Aber er sei dann in der Vorgeschichte, die etwas kompliziert sei, hängen-

geblieben. Das sei frustrierend gewesen. Er habe dann auf „Überleben" geschaltet und nur noch versucht, es irgendwie durchzuziehen.

Niels wirkt auch jetzt angestrengt und bemüht. Ich frage ihn, ob er denn noch ein Gefühl habe für *Wanja*. Er überlegt und sagt, er könne es mir nicht sagen, er wisse es nicht.

Ich bitte ihn auf *Wanjas* Platz. *Wanja* sagt: „Ich habe mich aus Niels' Leben abgeseilt. Mich interessiert das nicht. Auch Bibliodrama interessiert mich nicht. Ich war nicht dabei."

Ich bitte Niels wieder auf den Ausgangsplatz. Ich sage, *Wanja* ist also nicht da. Wer sonst ist da? Irgendjemand muss es ja sein! Wer tut denn das, was du so tust in deinem Leben?

An mir kannst du dir gerne die Zähne ausbeißen

Niels sagt, zum einen wäre das sicher der *Liebe Niels*. Der bemühe sich ja immer. Aber vielleicht wäre da auch noch *Vorstopper*. Der kündige ja immer an und liefere dann nicht. Im Bibliodrama wäre es doch auch so gewesen. Er habe groß angekündigt, es gebe Bibliodrama, aber dann habe er es nicht wirklich genommen. Er wäre nicht wirklich *da* gewesen – sonst wäre es bestimmt anders verlaufen.

Ich sage, dass sich das interessant anhöre. Dann wolle ich gerne mal mit *Vorstopper* sprechen. Ich frage, wo er denn seinen Platz habe.

Niels steht auf und stellt sich zentral hinter den Sessel. Stumm und verschlossen schaut er mich an.

„Hallo", begrüße ich ihn.

„Hallo", kommt es tonlos zurück.

Er hat seine Arme verschränkt. Er wirkt wie ein Bollwerk. Ich spüre: Von ihm wird nichts kommen. Nach einer Weile sagt er: „An mir kannst du dir gerne die Zähne ausbeißen. Ich will nichts."

Dann schweigt er eineinhalb Stunden komplett. Er schaut mir dabei die ganze Zeit direkt in die Augen. Ich schaue zurück.

Dann beende ich die Sitzung.

Im Nachgespräch sagt Niels, *Vorstopper* wäre anders da gewesen, als er ihn bei Artho erlebt habe. Er habe ihn jetzt mächtiger und entschlossener wahrgenommen. Er habe das Gefühl gehabt, er sei wie ein riesiger Fels, der niemals auch nur einen Millimeter von seinem stummen Nein abrücken würde. Das habe ihn beeindruckt, es mache ihn aber auch etwas mutlos. Er könne sich nicht vorstellen, dass sich daran jemals etwas verändern könnte.

Das also ist Vorstopper! So hatte ich ihn mir tatsächlich nicht vorgestellt! Sein Nein war unmittelbar und direkt, sozusagen knallhart.
Wahrscheinlich hat sich heute bereits eine tiefere Schicht von Vorstopper gezeigt. Hinter einer Ankündigung, die nicht eingehalten wird, steht ja auch ein Nein. Es hat sich heute gleich so gezeigt – die „Ankündigung" wurde also weggelassen.
Doch warum fühlt Niels jetzt das Nein von Vorstopper und nicht mehr das von Wanja? Auch Wanja ist verschlossen und hat ein Nein zum Leben. Ich verstehe immer noch nicht, wie die zwei zusammenhängen.
In mir hallt noch Vorstoppers einziger Satz nach: „An mir kannst du dir gerne die Zähne ausbeißen!" Was für eine Aussage! Wie abgebrüht kommt denn das daher!
Besonders neu kommt mir diese Haltung allerdings nicht vor. Erlebe ich sie nicht schon die ganze Zeit? Ich habe mich immer wieder sehr um Niels bemüht. Er hat zwar „mitgemacht", aber es hat sich immer angefühlt, als wäre er auch mit einem Schritt draußen. Halb war er da, halb war er weg. Ich habe mir an ihm bereits die Zähne ausgebissen! Ja, es war anstrengend! Oft schien es mir, als seien mir seine Sitzungen wichtiger als ihm selbst. Ist das schon die ganze Zeit Vorstopper? Das wäre interessant. Dann hätte ich also endlich die Person vor mir, die das zu verantworten hat!

Niels erzählt mir in der nächsten Sitzung, dass er im Krankenhaus durchgesetzt hat, dass seine Kollegin, sein Kollege und er durch die Woche keine nächtlichen Bereitschaftsdienste mehr leisten müssen. Bisher wäre es so gewesen, dass immer einer von ihnen auch mitten in der Nacht habe gerufen und ins Krankenhaus bestellt werden können. Er sagt, das wäre jetzt nur noch am Wochenende so, und da wäre es auch in Ordnung. Aber das *jede* Nacht zu tun, wäre mit dieser Stellenbesetzung eigentlich nicht zu leisten.

Niels freut sich, dass ihm das gelungen ist. Das war nicht einfach. Trotzdem fühlt er sich aber insgesamt in seinem Leben resigniert. Er weiß nicht warum. Sein therapeutischer Prozess und seine verschiedenen *Personen* haben ihn nicht weiter beschäftigt. Er hat sich auch nicht überlegt, in welchem Bezug *Vorstopper* zu *Wanja* steht.

Ich spüre Niels' Desinteresse, seine Passivität. Ich muss mir eingestehen, dass ich verärgert bin. Oh, aufgepasst! Ich bin in Gefahr, blind zu reagieren. Das soll nicht sein. Natürlich darf Niels passiv und desinteressiert sein! Der Klient darf in diesem therapeutischen Rahmen ja alles, und das auch auf unbestimmte Zeit!
Ich will ihn also weder drängen noch ihm meinen Unmut zeigen. Stattdessen muss ich mich wieder darauf besinnen, ihm ähnlich zu werden! Ich muss ihm ähnlich werden in seinem Desinteresse und seiner Passivität. Da geht es lang!

Ich bitte Niels auf *Vorstoppers* Platz. Er schaut mich unverwandt an. Er schweigt.
In diese Stille hinein sagt er Sätze wie:
„Ich habe das Leben aufgegeben."
Stille.
„Ich habe mich aufgegeben."
Stille.
„Ich bin bedrückt."
Stille.

315

„Ich bin traurig. Das darf aber niemand sehen."
Stille.
„Ich muss die Form um jeden Preis wahren."
Stille.
„Eigentlich würde ich mich gerne hinlegen, aber das geht nicht. Das wäre wie aufgeben."
Stille.
„Mein Aufgegeben-Haben darf niemand sehen. Das ist absolut geheim! Darum bleibe ich stehen, auch wenn ich sehr müde bin und eigentlich nicht mehr kann."
Stille.
Ich empfange seine Worte. Sie berühren mich. Ich schaue ihn an. Ich spüre, alles ist wahr. Mein Ärger ist verflogen.
Nach eineinhalb Stunden bitte ich ihn wieder auf den Ausgangsplatz.
Niels sagt, er fühle sich, wie wenn die Hauptschlagader seines Lebens nicht funktioniere. Sie wäre blockiert und deswegen sei alles, was er tue, mit einer unglaublichen Anstrengung verbunden.
Er erzählt, er sei dabei, für die kleine Heilpraktikerprüfung zu lernen, aber er habe größte Mühe, die Lerninhalte aufzunehmen. Er spüre eine totale Verweigerung in sich. Er würde sich beim Lernen immer wieder ablenken und immer noch schnell was anderes tun – das könne er nicht lassen. So sei er unglaublich angestrengt und komme nicht vom Fleck. Das sei aber nicht nur beim Lernen so, eigentlich spüre er es die ganze Zeit. Jeder Tag komme ihm vor wie eine Last, die er zu schleppen habe.

Ich trage mein Auto die Treppen hinunter

Am darauffolgenden Ausbildungswochenende erzählt Niels einen Traum: „Ich habe geträumt, ich fahre in meinem roten Auto – ich fahre das kleinste Auto von Audi – es hat allerdings 300 PS", sagt er und schmunzelt, „auf der Autobahn. Ich sitze bequem in meinem ergonomischen Ledersitz. Ich fahre wie gewohnt zügig und die Landschaft zieht an mir vorbei. Ich bekomme sie gar nicht richtig mit. Mein Auto hat seitlich und hinten abgedunkelte Scheiben, das ist angenehm, so fühle ich mich von allem abgeschirmt. Doch dann, völlig unerwartet, endet hinter einer Kurve die Autobahn und alle drei Fahrspuren sind mit Betonpfeilern und Signallatten blockiert. Ich mache eine Vollbremsung und komme gerade noch rechtzeitig zum Stehen. Ich steige aus und sehe, dass eine Treppe von der Autobahn runter auf eine Feldstraße führt. Ich nehme dann mein Auto auf den Arm – es ist zwar schwer, aber ich schaffe es – und trage es Stufe um Stufe die Treppe hinunter.

Dann wache ich auf. Ich war völlig erschöpft nach dem Traum, so, als hätte ich wirklich gerade mein Auto getragen."

Niels ist einverstanden, dass wir uns auf seinen Traum näher einlassen. Nachdem Niels ihn nochmals in allen Einzelheiten erläutert hat, sage ich den Teilnehmerinnen und Teilnehmern, sie sollen den Traum wie ein Theaterstück spielen und dabei fortwährend ihre Gefühle und Gedanken aussprechen.

Die Teilnehmer spielen: Jeder sitzt in seinem Sportauto und fährt flott auf der Autobahn. Es ist angenehm, es ist cool, es ist bequem. Sie sind schneller als die anderen, sie fühlen sich ihnen überlegen. Locker überholen sie den einen oder anderen. Jemand sagt, er fühle sich wie in einem Rausch. Er fühle sich besser als die anderen, die „normalen" Menschen. Jemand sagt, er bekomme die Welt draußen gar nicht mit, aber das sei angenehm und komfortabel, denn so belästige einen auch niemand. Jemand sagt, es sei angenehm, man sei allein und doch irgendwie auch nicht allein. Denn es seien Menschen da, aber man habe nichts mit ihnen zu tun. Immer sei ein Abstand da und man würde sich nur aus der Ferne kurz wahrnehmen.

Und dann, plötzlich, nach der Kurve diese Absperrung! Nein, da ist kein Stau, da ist eine Sperre! Ein Stau wäre ja noch normal. Aber hier ist die Autobahn mit Betonpfeilern und Latten plötzlich und ohne jede Vorwarnung abgesperrt!

Die Teilnehmer spielen, wie sie es gerade noch schaffen, ihr Auto rechtzeitig zum Stillstand zu bringen. Sie halten an, steigen aus, betrachten die Absperrung und sehen dann seitlich besagte Treppe. Sie ist nicht groß, sie ist nicht breit, nur grad so, dass man eben runtergehen kann. Links und rechts davon ist Böschung. Jemand schaut nochmals nach, nein, es gibt keine Umfahrung, es gibt keinen anderen Weg. Unter Aufwendung aller Kraft nehmen sie dann ihr schnelles rotes Auto auf den Arm und steigen mühsam Stufe um Stufe die Treppe hinunter. Jemand stöhnt, jemand flucht. Jemand schimpft auf die Autobahnbetreiber. Alle sind jetzt sehr langsam.

Niels ist erschüttert. Erst jetzt kommt der Traum wirklich in ihm an. Er sagt: „Eigentlich spiegelt dieser Traum mein Leben wider. Meist bin ich in der Komfortzone. Ich bin in meinem abgedunkelten Auto auf der Autobahn. Ich weiß zwar nicht, wohin ich fahre und was ich überhaupt tue, aber es ist bequem und niemand stört mich. Ich bin umgeben von Menschen, aber jeder ist in seinem Auto. Wir berühren uns nicht, ich habe nichts wirklich mit ihnen zu tun. Das ist mir recht so. Ich bin wie in einer Art Trance. Ich meine zwar, ich bin wach, aber ich bekomme nichts wirklich mit.

So geht es mir doch in meinem richtigen Leben auch! Ich bin zwar wach, aber ich bin nicht wirklich da. Ich bin in einer Art Dämmerzustand, ohne dass mir das richtig bewusst ist. Ich lebe so vor mich hin, aber ich habe gar kein wirkliches Bewusstsein von mir selbst.

Dann aber kommt diese Blockade. Ich muss anhalten. Und dann strenge ich mich an! Ich strenge mich immer so an! Seltsam, einerseits dämmere ich im Halbschlaf vor mich hin und andererseits strenge ich mich furchtbar an! Man würde meinen, das geht nicht zusammen, aber es geht! Mein Leben ist der lebendige Beweis dafür! Ich habe mich richtig ausgebremst! Im Traum wundere ich mich auch gar nicht über das plötzliche Ende der Autobahn und die Treppe. Es ist ganz normal für mich, dass es schwierig ist und ich mich anstrengen muss.

Aber eigentlich ist es doch andersrum gedacht: Eigentlich sollte doch das Auto *mich* tragen und nicht *ich* das Auto! Aber bei mir ist es eben so rum. Mir kommt es gerade vor, als würde ich schon die ganze Zeit mein Auto tragen! Mein Leben ist so anstrengend. Und dabei weiß ich noch nicht mal, wohin ich überhaupt fahre! Und niemand sieht, dass die halbe Zeit *ich* das Auto trage!"

Die Teilnehmer lachen. Niels spricht so inbrünstig, und alle fühlen, wie er „sein Auto" grad die Treppe runterträgt. Doch Niels hat Tränen in den Augen. Aufbrausend sagt er: „Ihr lacht, aber für mich ist das das Leben! Ich *trage* mein Auto die Treppen runter!"

Alle sind still. Plötzlich ist Niels' Not unmittelbar zu spüren. Betroffenheit ist jetzt im Raum.

Nur nicht sein wie mein Vater!

Zwei Wochen später sehe ich Niels in der Einzelsitzung. Er sagt, das Ausbildungswochenende wäre sehr wichtig für ihn gewesen. Aber es sei hart für ihn zu sehen, was er ein Leben lang tue. Diese fortwährende Anstrengung sei ihm seither allgegenwärtig. Eigentlich wisse er gar nicht, wie sich ein Leben anfühlen würde, ohne sich ständig anzustrengen. Beim Lernen für die Heilpraktikerprüfung sei die Anstrengung für ihn am deutlichsten zu spüren, aber es ginge nicht nur darum. Er spüre sie auch, wenn er seinen Papierkram erledigen müsse oder wenn es im Haushalt Dinge zu tun gäbe. Er habe einfach keine Lust dazu und würde sich am liebsten drücken. Nur mit großer Anstrengung würde es ihm dann gelingen, doch noch das eine oder andere zu tun.

Dann erzählt er mir von einem Streit mit Kerstin letzte Woche. Sie hat ihm vorgeworfen, dass er beim Sex zu wenig aktiv sei. Er würde sich immer nur bedienen lassen und selbst wenig beitragen. Niels sagt, er habe nichts dazu gesagt und sich nur innerlich zurückgezogen. Das habe sie aber noch wütender gemacht.

Ich bitte Niels auf *Vorstoppers* Platz.

Mit verschränkten Armen steht er vor mir da. Nach einer Weile sagt er: „Ich mag keinen Sex! Eigentlich verabscheue ich ihn!"

Fast bohrend schaut er mich an. Dann bricht es laut aus ihm heraus: „Ich verabscheue meinen gierigen Vater! Mit seiner Gier hat er meine Mutter getötet!" Es stehen ihm die Tränen in den Augen. Er schaut auf den Boden. Nach einer Weile sagt er, mehr wie zu sich selbst: „So wollte ich nie sein. So wollte ich nie werden! Deswegen habe ich mich selbst kastriert! Ich habe mich dem windelweichen Milieu der Kirche angepasst. Ich habe meinen Willen betäubt, ich habe mein Urteil vernebelt, ich habe meine Intelligenz versteckt. Ich habe meine Wildheit geknebelt, ich habe meine Lust getötet, ich habe mich meiner Potenz beraubt."

Dann schaut er mich wieder an, sein Blick ist jetzt weich, fast mitfühlend. Er sagt: „Ich weiß jetzt, warum ich mich tot gemacht habe. Das ist gut. Ich spüre, dass es wahr ist. Ich habe mich geknebelt. Ich habe meinen ganzen Willen dafür eingesetzt, niemals so zu werden wie mein Vater. Das ist mir zwar gelungen, aber es hat mich mein Leben gekostet. Der Preis, den ich dafür zahle, ist enorm." Er ist wieder still.

Dann sagt er: „Ich bin tot, aber das will ich nicht spüren. Ich will dieser Realität etwas entgegensetzen. Ich akzeptiere sie einfach nicht. So wie damals bei meiner Mutter. Auch da habe ich das so gemacht. Ich habe einfach nicht akzeptiert, dass sie tot ist. Und ich habe alle verachtet, die das akzeptierten. Und jetzt verleugne ich mich selbst. Ich verleugne, dass ich tot bin. Ich tue einfach so, als ob es nicht so wäre. Ich mache mich scheinlebendig, aber es stimmt nicht. In Wirklichkeit bin ich tot."

Als Niels auf den Ausgangsplatz zurückkehrt, ist er bedrückt. Er sagt, er verstehe zwar immer besser, warum sein Leben so sei, wie es ist, aber es sei trotzdem schlimm. Er wisse jetzt, warum er nie genauer hinschauen wollte. Es sei nicht schön, was er sehe. Und das Schlimme sei ja, dass er, selbst wenn er das jetzt alles sehe und verstehe, er es trotzdem nicht ändern könne. Das sei hart.

„Ja", sage ich, „das ist so." Was soll ich sonst dazu sagen? Er hat ja recht.

Dünnschiss

Als ich Niels in unserer nächsten Sitzung wiedersehe, frage ich ihn, ob ihn sein Prozess noch weiter beschäftigt habe. Er sagt, er habe eigentlich nicht darüber nachgedacht. Für ihn wären in diesen Wochen andere Dinge im Vordergrund gestanden.

Ich bitte Niels auf *Vorstoppers* Platz. Er verschränkt die Arme, schaut mich an und sagt dann: „Ich möchte gerne stark, freudig und erfolgreich sein!"

Was für eine befremdliche Äußerung!
Ich bin in Aufruhr. Ich muss tief durchatmen. Schon wieder ärgere ich mich.
Ich sehe, dass sich Niels nicht spürt und dass er nicht spürt, dass er sich nicht spürt. Er sagt, wie er sein möchte, aber nicht, wie er ist. Nach all den Jahren, die wir nun schon miteinander arbeiten, empfinde ich diese Aussage als Affront.
Niels will sich einfach nicht mit sich auseinandersetzen! Er will Vorstopper nicht fühlen! Er will nicht fühlen, was er sagt und was er tut! Er will seinen Alltag unbehelligt leben und eigentlich in Ruhe gelassen werden! Er verhält sich so, als hätten die Sitzungen mit seinem Leben draußen nichts zu tun.
Ich kann das gerade nur schwer aushalten. Ich schließe für einen Moment die Augen. Ich vergegenwärtige mir noch mal, dass er genau so sein darf – ja, er darf sich nicht für seinen Prozess interessieren und er darf nach jeder Sitzung alles wieder vergessen haben.
Langsam bekomme ich wieder mehr Raum, ich bin erleichtert.

Ich öffne meine Augen, meine Empörung ist abgeebbt. Ich beschließe, Niels nichts von dem zu sagen, was mich gerade so aufgewühlt hat.
So frage ich ihn nur: „Und, *bist* du es?"
Jetzt schweigt Niels. Ich sehe, dass es jetzt in ihm arbeitet. Spürt er gerade selbst, was er tut?

Dann sagt er: „Ich will nicht hinschauen. Ich will nicht wissen, wie ich bin. Ich will mich durchwursteln. Und ich will, dass das niemand mitbekommt. Auch ich selbst nicht. Das gelingt mir recht gut."

Ich nicke und schweige.

Nach einer Weile fährt er fort: „Ich meine immer, ich schaue in meinem Leben mehr hin. Aber vielleicht stimmt das gar nicht. Vielleicht tue ich nur so, als ob ich mehr hinschaue. Ich produziere damit genau den Dünnschiss, den ich bei andern so verachte! Ich beziehe mich auf nichts und niemanden wirklich. Auch auf mich selbst nicht. Ich tue nur als ob. Ich dachte, das merkt sowieso niemand. Aber du scheinst es zu merken."

„Ja", sage ich, „das merke ich."

Niels schweigt. Frustriert schaut er auf den Boden. Dann geht es wie ein Ruck durch ihn, er schaut mir direkt in die Augen und sagt: „Ich will es bequem haben! Ich will mit meinem schnellen Auto auf der Autobahn fahren und nichts mitbekommen! Von dem, wie die Dinge wirklich sind, will ich nichts mitbekommen! Das Schlimmste aber ist: Ich bekomme auch mich selbst nicht mit! Ich lebe wie in einer Blase, die mit der Realität nicht viel zu tun hat. Doch noch nicht mal das merke ich, wenn ich drin bin!"

Im Nachgespräch sagt mir Niels, er habe in seinem normalen Leben gar kein wirkliches Gefühl für sich selbst. Er spüre gar nicht, wie er eigentlich sei. Das Ganze sei wie eine Art Dauer-Dämmerzustand, aus dem er kaum je aufwache.

Dann sagt Niels, dass er sich letzte Woche wieder für einen Tantra-Workshop angemeldet habe. Er wisse nicht genau, warum er da immer wieder hingehe. Er spüre zwar, dass er sich auf einige der vertrauten Menschen freue, aber richtig auf sie einlassen wolle er sich nicht. Sonst würde er ja auch Probleme bekommen mit Kerstin. Aber er fände es spannend, Übungen mit Frauen zu machen, die er nicht kenne. Und er genieße es einfach, Frauen zu berühren und von ihnen berührt zu werden. Und so ein Workshop habe einfach den großen Vorteil, dass das so leicht gehe. Er

müsse nicht Frauen extra dafür suchen, sondern sie seien einfach schon
da! Und vor allem seien sie danach auch wieder weg! Nach dem Workshop wäre alles vorbei! Das finde er gut. Den Beziehungen, die da entstehen, würde auf diese Weise sozusagen von außen ein Ende auferlegt. Das
sei für ihn sehr erleichternd. So könne er sich einfach ausprobieren und
nach einer Woche sei wieder Schluss. Egal, was währenddessen passiert
oder auch nicht passiert sei. Das sei übrigens auch für Kerstin gut, fährt
Niels fort. Sie könne es viel besser aushalten, wenn er an einem Workshop
teilnehme, als wenn er eine Frau außerhalb treffe. Außerdem müsse er ihr
auch nicht alles ganz genau erzählen. Für ihn wäre es jedenfalls bequem,
das so zu machen. Wir hätten ja gesehen, dass ihm das wichtig sei. Er
würde halt den Ball flach halten und sich durchwursteln in seinem Leben.
So wäre das eben.

Einen Monat später sagt *Vorstopper* in der *Direkten Begegnung*: „Ich will
es bequem haben. Ich will den Preis für den geilen Schwanz nicht zahlen.
Ich bin voller Groll. Ich bin trotzig. Ich nehme mein Leben nicht an. Ich
fühle mich verraten!"

Ich frage: „Von deiner Mutter?"

Er sagt: „Ich weiß nicht. Ich spüre Wut auf meinen Vater. *Er* hat schließlich meine Mutter getötet! Und mit diesem Menschen musste ich unter
einem Dach leben!

Und dazu war er auch noch Pfarrer, der ‚Bote Gottes'! Das konnte ich
nicht aushalten. So bin ich, *Vorstopper*, weggegangen. Ich wollte mit dieser Welt und mit diesen Menschen nichts zu tun haben!

Bis heute trage ich diesen Groll in mir."

*Das kommt mir bekannt vor. Diese Wut auf den Vater, die Verweigerung
des Lebens. Das war bei Kommandeur auch so. Jetzt sind wir also wieder
hier angelangt. Dann stimmt es also doch, dass Kommandeur, Wanja und
Vorstopper – zumindest aus meiner Sicht – eigentlich eins sind. Auf ihren
Plätzen zeigen sich dieselben Zustände, dieselben Themen. Dann bin ich*

also doch schon die ganze Zeit mit dem Verborgenen Ich zugange – unabhängig davon, ob wir es nun Kommandeur, Wanja oder Vorstopper genannt haben!

Er schweigt. Dann sagt er: „Es ist leer in mir. Ich bin wie tot. Ich will das Leben nicht. Es ist unglaublich zäh. Irgendwas zwischen Leben und Tod. Es passiert nichts. Es ist ewiger Stillstand."
Dann ist er still. Es sieht so aus, als warte er. Nicht auf etwas, sondern grundsätzlich.
Auch ich schweige. Irgendwann beende ich die Sitzung.
Neue Sitzung. Niels sagt auf dem Platz von *Vorstopper*: „Ich will mittelmäßig sein. Ich will nicht auffallen und ich will keinen Ärger haben. Das Leben zieht an mir vorbei. Es ist beliebig. Ich will nicht gestört werden. Mich vermisst sowieso niemand."
„Doch", sage ich, „ich vermisse dich! Und vielleicht auch Stefan aus der Ausbildungsgruppe."
Er schaut mich an. Er ist betroffen. Er schweigt. Er schaut auf den Boden. Dann schaut er wieder zu mir, dann wieder auf den Boden.
Er schweigt, ich schweige. Nichts passiert.
Nach eineinhalb Stunden beende ich die Sitzung.
Niels ist frustriert. Er ist mutlos. Das kann ich verstehen.
Ich sage: „Es ist, wie es ist. Es scheint immer gleich zu sein. Trotzdem kenne ich keine Alternative zu dem, was wir tun. Auch wenn es nie aufhören sollte. Wenigstens ist es wahr."

Niels gibt auf
Wir sehen uns wieder in der Ausbildungsgruppe. In der Anfangsrunde sagt Niels: „Ich kann nicht mehr. Mein Prozess stagniert. Immer sind wir bei *Vorstopper*, immer ist er abgegrenzt, immer fühlt er sich tot. Ich kann nichts tun. Ich bin frustriert. Eigentlich habe ich resigniert. Ich kann es nicht erzwingen. Wenn es nicht geht, dann geht es eben nicht. Ich will

mich nicht mehr weiter anstrengen. Ich gebe auf, auch wenn das schrecklich für mich ist. Ich bin an mir selbst gescheitert!"

Mich berühren seine Worte, ich kann seine Verzweiflung sehen. Ich fühle, dass das einfach wahr ist, was er sagt. Er übt damit keinen Druck aus, es ist auch keine Anklage, es *ist* nur so.

Ich sage: „Vielleicht musstest du genau an diesen Punkt kommen, wo du aufgibst, wo du nicht mehr kannst. Was das für dich heißt, weiß ich noch nicht. Vielleicht musst du wirklich einen anderen Weg gehen. Vielleicht ist das aber auch ein Wendepunkt hier in dieser Arbeit, das wird sich zeigen. Aber jetzt, für dieses Wochenende, lasse dir Zeit. Sei einfach mit uns und mit deinem Aufgegeben-Haben. Vielleicht ändert sich gerade dadurch etwas. Vielleicht ist es genau das, was du brauchst, um weitergehen zu können – vielleicht aber auch nicht. Vielleicht fühlst du es auch Sonntagmittag noch genau so wie jetzt. Auch das wäre in Ordnung. Schau einfach, was sich in dir ereignet, ohne dass du es beeinflusst. Das Gute an dem Schrecklichen ist ja: Du hast nichts mehr zu verlieren."

„Ja", sagt Niels, „das ist wirklich gut. Das spüre ich schon jetzt. Ich fände es zwar sehr traurig, wenn ich aufgeben müsste, aber ich bin trotzdem erleichtert. Es tut gut, scheitern zu können."

Ich fühle Niels' Prozess auf Messers Schneide. Ich frage mich: Braucht er genau das? Ist das der Wendepunkt, wo er sich entweder tiefer einlassen oder eben gehen wird? Was mich freut, ist, dass sich Niels offensichtlich spüren kann. Das ist die Voraussetzung dafür, dass er seinen „Kompass" überhaupt wahrnehmen kann.

Ich nehme mich Niels gegenüber ein wenig zurück. Ich glaube, das macht es ihm leichter zu spüren, wie sein Weg weitergehen wird.

Niels wirkt entspannt an diesem Wochenende. Er ist eher still, wirkt aber präsent und anteilnehmend. Am Sonntag in der Abschlussrunde sagt Niels, dass er spüre, dass er doch weiter dabeibleiben wolle. Er habe sich ganz frei lassen können, das habe ihm gutgetan. Er habe von jeglichem Druck losgelassen, dass er es unbedingt schaffen müsse. Und auch davon, dass das hier der einzige Ort sei, wo wirkliche Heilung möglich sei. Sicher gebe es auch andere gute Wege. Trotzdem aber sei ihm klar geworden, dass er hierbleiben wolle. Er wisse zwar im Moment nicht, ob er jemals selbst mit Menschen in dieser Art arbeiten wolle, aber das werde sich bestimmt noch zeigen. Es sei für ihn nicht leicht, die Methode zu erlernen, aber das habe mit seinem eigenen Prozess zu tun. Da er sich von *Vorstopper* aus *allem* versperre, würde er sich natürlich auch dem Erlernen dieser Arbeit versperren.

Für ihn sei jedenfalls an diesem Wochenende klar geworden, dass es für ihn erst mal prioritär um seinen eigenen Prozess gehen müsse. Ob das Ganze für ihn jemals eine berufliche Perspektive habe, wolle er sich offenlassen.

Ich freue mich. Ich spüre, dass Niels wirklich losgelassen hat. Er hat sich die Erlaubnis gegeben zu gehen. Und gerade dadurch hat er gespürt, dass er doch da sein möchte, wie schön!

7. Therapeutisches Prozessjahr

Ich lasse mir nicht in die Karten schauen

In unserer nächsten Sitzung gehe ich wieder zu *Vorstopper*.

Er sagt, er sei verschlossen und wolle sich auf nichts einlassen.

Er schweigt lange. Auch ich schweige.

Nach zwei Stunden beende ich die Sitzung.

Am Nachmittag geht es weiter. Niels sagt, er würde sich gerne während der Mittagspause im Sitzungsraum ein bisschen hinlegen, wenn ich nichts dagegen habe.

Als ich zur vereinbarten Zeit anklopfe, schläft er und wacht erst durch mein Hereinkommen auf. Ich frage, ob er denn schon bereit sei. Er bejaht, steht schnell auf, setzt sich auf den Sessel und schaut mich dienstfertig, aber abwesend an.

Auch ich setze mich. Ich sage: „Du siehst nicht aus, als ob du schon bereit bist. Du kommst mir noch ganz schlaftrunken vor."

Niels hält inne. Erst jetzt merkt er, dass er noch gar nicht bereit ist. Eigentlich hätte er noch ein paar Minuten gebraucht, um ganz aufzuwachen und wieder präsent zu sein für unsere Arbeit.

Niels fällt an diesem kleinen Beispiel auf, wie er offensichtlich immer wieder Dinge sagt, die er gar nicht wirklich meint. Er sagt, er habe vollkommen automatisch geantwortet. Er sei noch nicht mal auf *die Idee* gekommen zu prüfen, ob er bereit sei.

Niels ist entsetzt. Er sagt, er spüre gerade, wie er immer aus einer Art Vorzimmer antworte. Ein Vorzimmer, in dem er gar nicht anwesend sei. Die Antwort, die er mir gegeben habe, habe mit ihm gar nicht wirklich was zu tun. Dieser kleine Vorfall sei ja jetzt nicht tragisch. Tragisch aber sei, dass er manchmal Dinge sage, die er gar nicht meine. Und das tue er so selbstverständlich, dass er es ohne meine explizite Nachfrage noch nicht mal gemerkt hätte.

Nachdenklich schaut er vor sich hin. Er betrachtet seine Fingernägel, sie sind extrem kurz. Er sagt: „Ich brauch mich eigentlich nicht zu wundern, warum ich mir meine Nägel ständig kaputt beiße. Meine Nägel sind ja symbolisch gesehen meine Krallen, mein Mich-Wehren und mein Für-mich-Einstehen. Das tue ich nicht. Ich übergehe mich ständig. Ich gebe ständig irgendwelche Antworten, von denen ich denke, dass sie erwartet würden. Aber sie haben mit mir nichts zu tun. Ich komme gar nicht vor. Ich beschneide mich ständig – und genau das tue ich auch mit meinen „Krallen". Ich glaube, da ist viel Wut in mir. Aber lieber beiße ich mir meine Finger kaputt, als dass ich die zeigen würde."

Niels erzählt mir dann von einem kleinen Streit, den er am Wochenende mit Kerstin hatte. Er sagt, sie habe sich darüber beschwert, dass er zu wenig putze. Ich frage nach, wie er das denn selbst sehe, ob er auch das Gefühl habe, dass er zu wenig mache im Haushalt. Er sagt, er glaube schon, dass Kerstin mehr mache als er. Aber ihm wäre das halt auch nicht so wichtig. Und wenn er dann mal was putzen wolle, habe sie es eigentlich immer schon gemacht…

Ich bitte Niels auf *Vorstoppers* Platz. Da sagt er: „Mich geht das nichts an. Mich interessiert putzen nicht. Mich interessiert nicht, ob es sauber ist. An mir prallt alles ab. Ich sehe unsere Wohnung gar nicht wirklich." Er schweigt. Ich auch.

Dann sagt er: „Eigentlich bin ich wütend. Mein Rückzug ist auch meine Strafe. Ich lasse mich auf nichts und niemanden ein. Man wird ja sowieso verarscht. Beziehung ist eine Illusion."

Ich frage: „Wer hat dich verarscht?"

Er sagt: „Nun, verarscht ist vielleicht nicht das richtige Wort, aber meine Mutter hat mich verlassen."

Ich sage: „Ja, sie hat dich verlassen. Sie ist gestorben und sie hat dich alleine zurückgelassen. Aber verarscht hat sie dich nicht. Sie hat es ernst gemeint. Ich glaube, es war schlimm für sie, dich verlassen zu müssen. Sie wollte dich nicht im Stich lassen. Aber es ging nicht anders."

Vorstopper nickt. „Ja, das ist wahr. Sie hat es ernst gemeint. Sie hat die Beziehung eigentlich nicht verraten. Es hat sich nur so angefühlt für mich, weil sie plötzlich weg war. Aber sie hat mich geliebt. Ich glaube auch, dass es schlimm war für sie, mich zurückzulassen." Er muss heftig weinen. Ich spüre den abgrundtiefen Schmerz seines Verlassen-worden-Seins.

Dann sagt er: „Ich habe immer alle Beziehungen abgewertet, damit ich das nicht mehr spüren muss. Ich dachte immer, ich kann diesen Schmerz nicht aushalten. Aber gerade geht es." Wieder weint er. Er verbirgt sein Gesicht mit den Händen. Die Tränen tropfen auf sein Hemd.

Ich bin still. Dieser Moment fühlt sich sehr kostbar an.

Im Nachgespräch sagt Niels: „Gerade fühle ich mich als Mensch, das tut gut! Ich bin so unmenschlich mit meinem Mich-Fernhalten von allem."

Einen Monat später erzählt mir Niels, dass er Kerstin nicht alles sage, was er mit anderen Frauen am Laufen habe. Er lüge sie zwar nie direkt an, aber er lasse gewisse Dinge weg, die zu Problemen führen würden. Eigentlich sei es nämlich so, dass er sich von anderen Frauen sexuell stärker angezogen fühle als von ihr. Das bedrücke ihn. Er könne das nicht ändern und wolle es ihr nicht sagen. Sicher würde es sie sehr verletzen und vielleicht würde es sogar ihre Beziehung gefährden. Es sei einfach besser, nicht allzu offen zu sein. Eigentlich, sagt Niels, sage er sowieso niemandem wirklich alles. Es sei immer eine Art „Schonversion", die er erzähle. Ich sage, das höre sich nach *Vorstopper* an. Er solle sich doch bitte mal auf seinen Platz stellen.

Aufrecht und machtvoll steht er da. Die Arme hat er vor der Brust verschränkt.

Er sagt: „Ich bin da. Aber ich lasse niemanden an mich ran. Und ich lasse mir von niemandem in die Karten schauen. Ich mache die Dinge mit mir selbst aus. Ich will keine nahen Beziehungen haben. Es reicht mir, wie es ist. Mehr will ich nicht."

Er schweigt. Dann sagt er: „Ich bin abgegrenzt, ich will Distanz. Ich traue niemandem. Ich lasse mich auf niemanden ein. Es gibt keinen Weg an mir vorbei. Niemand kommt durch. Ich bin unverletzbar. So will ich es. Ich lebe nicht. Aber ich will es so."

In unserer nächsten Sitzung erzählt mir Niels, dass er mit Kerstin gesprochen habe. Er sagt, er habe ihr alles gesagt, was er ihr eigentlich nie habe sagen wollen. Es wäre einfach so aus ihm herausgekommen, er hätte sich das nicht vorgenommen. Es wäre natürlich nicht einfach gewesen, das habe er auch nicht erwartet. Kerstin wäre schon sehr verletzt gewesen, und sie habe ihm auch Vorwürfe gemacht. Aber nach einer Weile sei sie ruhiger geworden und habe verstanden, dass er sich einfach nur habe öffnen wollen und das habe sie berührt.

Danach wäre es sehr innig geworden. Sie seien miteinander ins Bett gegangen und hätten wunderschönen Sex gehabt! Das sei toll gewesen. Er habe richtig Lust auf sie gehabt, das habe ihn sehr gefreut. Er könne das ja auch nicht *machen*, aber so sei es eben gewesen.

Er spüre noch heute, wie es ihn erleichtere, ihr alles gesagt zu haben. Gerade empfinde er sie als eine großartige Frau und freue sich, mit ihr zusammen zu sein.

Dass sie ihn aushalten könne, das sei schon sehr bemerkenswert. Das würden ihr sicher nicht viele Frauen nachmachen.

Panzer um die Brust

In einer späteren Sitzung sagt *Vorstopper*: „Ich fühle mich ganz fest im Brustbereich, ich bin wie ein Panzer. Und ich presse auch die Zähne zusammen. Ich blocke alles ab. Ich will zu niemandem Kontakt. Nie wieder! Das habe ich mir geschworen."

Vorstopper schweigt eine ganze Stunde. Unverwandt schaut er mir dabei in die Augen. Ich schaue ebenso zurück. Dann sagt er: „Du hältst mich anscheinend aus."

Ich antworte: „Ja."

Seine Augen füllen sich mit Tränen. Er sagt: „Das berührt mich."

Auch ich bin berührt. Ich spüre, wie er sich so, wie er nun mal ist, mir zumutet. Das ist gut.

Neue Sitzung. Wir sind bei *Vorstopper*.

Lange schweigt er. Dann sagt er einzelne Sätze, dazwischen sind immer wieder lange Pausen:

„Ich bin misstrauisch.

Ich bin abgegrenzt.

Ich lasse mich auf niemanden ein. Auch nicht auf dich.

Eigentlich gibt es nichts zu sagen. Ich habe alles längst gesagt.

Mehr gibt es nicht.

Ich sehe, dass du dein Leben anders lebst als ich. Aber für mich geht das nicht. Meine Resignation ist absolut."

Ich sage: „Du kannst nicht lieben."

Er antwortet: „Was ist das? Ich kenne keine Liebe! Liebe ist für mich ein Fremdwort."

Ich frage: „Glaubst du, dass Kerstin dich liebt?"

Er: „Ja."

Ich: „Kannst du ihre Liebe fühlen?"

Er: „Nein. Sie ist mir befremdlich. Ich halte sie von mir weg. Nur so kann ich meine alte Lösung aufrechterhalten. Wenn ich mich von ihrer Liebe berühren lassen würde, würde das meinen Panzer sprengen. Das kann ich mir nicht leisten."

Herzoperation

Drei Wochen später erfahre ich, dass Niels an seinem Arbeitsplatz starke Schmerzen im Brustbereich bekam. Seine Kollegin legte ihm nahe, sich nebenan in die Notaufnahme zu begeben. Die Untersuchungen zeigten, dass seine rechte Herzklappe beschädigt und die Blutzirkulation dadurch lebensgefährlich beeinträchtigt ist. Niels entscheidet sich, die ihm von den Ärzten dringend empfohlene Herzoperation machen zu lassen. Sie wollen ihm eine künstliche Herzklappe einsetzen, dafür muss der ganze Brustkorb geöffnet werden. Sie sagen ihm, dieser Eingriff würde häufig gemacht und die Prognosen seien gut. Wenn er weiterleben wolle, sei diese Operation unumgänglich.

Ich bin schockiert. Was für eine heftige Sache! Und das genau zu diesem Zeitpunkt! Vorstopper hatte ja von einem Panzer um seine Brust gesprochen! Er hatte da einen Druck gespürt. Waren das vielleicht schon die ersten Symptome? Auf diese Idee wäre ich nie gekommen. Ich hatte seine Worte rein symbolisch verstanden. Und jetzt dieser Eingriff: Vorstopper will seinen Panzer um jeden Preis behalten und jetzt wird ihm mit einer Knochensäge die Brust geöffnet!

8. Therapeutisches Prozessjahr

Liebe ist für mich zu gefährlich

Nach zweieinhalb Monaten sehe ich Niels wieder. Die OP ist soweit gut verlaufen, aber die Zeit danach und auch die Reha waren für ihn sehr anstrengend. Noch immer fühlt er sich schwach. Sein Hausarzt hat ihn für zwei weitere Wochen krankgeschrieben. Wir gehen zu *Vorstopper.* Er nimmt sich gleich den Hocker, um nicht stehen zu müssen.

Er sagt: „Ich bin zwar noch schwach, aber ich kann mich trotzdem schon wieder abgrenzen. Das ist gut, denn mir kommt viel Liebe und Mitgefühl von verschiedenen Menschen entgegen. Da muss ich schon gut aufpassen, dass es mich nicht zu sehr berührt. Sonst könnte mein Panzer Risse bekommen!"

Ich sage: „Gerade eben haben sie dir deinen Panzer aufgeschnitten. Ist dir das denn lieber, als dein Herz zu spüren?"

Er schweigt eine Weile. Dann sagt er: „Die Liebe zu fühlen ist für mich zu gefährlich. Das will ich nicht. Ich will auch deine Liebe nicht! Ich muss mich davor abgrenzen. Das macht nur abhängig. Das will ich nicht. Deshalb blocke ich alles ab."

Ich kann es schwer aushalten, Niels so zu sehen. Er wirkt noch ganz zart und verletzlich. Es ist zu spüren, dass er noch nicht wieder in seinem normalen Leben gelandet ist. Am liebsten würde ich ihn vor dieser schnellen und groben Welt abschirmen. Er wirkt noch sehr schutzbedürftig. Aber Vorstopper will keine Nähe. Er will nichts Zartes schwingen lassen. Er grenzt sich ab. Ihn schreckt der Tod nicht, den nimmt er in Kauf. Ihn schreckt die Liebe.

Als wir uns nach vier Wochen wiedersehen, hat Niels auf reduzierter Basis wieder zu arbeiten begonnen. Er sagt, der Klinikbetrieb mache ihm zu schaffen, es würden so viele unfähige Leute in Leitungspositionen sitzen, das wäre schwer zu ertragen. Niemand würde wirklich Verantwortung übernehmen wollen.

Er hält inne und sagt dann: „Naja, ich kann das ja verstehen. Ich bin auch nicht anders. Jeder duckt sich, jeder versucht nur, es sich irgendwie bequem zu machen. Niemand hat eine Meinung, zu der er wirklich steht. Eine Meinung, die er auch dann, wenn es unangenehm wird, vertritt. Jeder windet sich und lässt die heißen Eisen liegen. Wir sind eine Horde Blinder, die irgendwie umherirren. Eigentlich ist es ein Wunder, dass trotzdem einiges funktioniert in diesem Krankenhaus!"

Wir gehen in dieser Sitzung nicht zu *Vorstopper*. Niels erzählt nur und ich höre zu. Mehr scheint er diesmal nicht zu brauchen. Niels wirkt noch nicht gesund und belastbar. Diese Erfahrung muss ja auch erst mal verdaut werden. Das braucht Zeit.

Die nächste Sitzung sagt Niels ab. Seine Blutwerte sind nicht gut und er fühlt sich zu schwach für die lange Reise. Er schreibt, die Ärzte überlegen sich, ob sie ihn nicht noch mal operieren müssen. In einer Untersuchung wäre ein Schatten auf der neu eingesetzten Herzklappe entdeckt worden, den sie nicht deuten könnten. Er schreibt, es frustriere ihn, dass sich sein Zustand nicht bessere. Gerade habe er Sorge, ob er überhaupt jemals wieder richtig gesund werde.

Nach zwei Monaten sehe ich Niels wieder. Seine Blutwerte sind besser, auf eine zweite OP wurde verzichtet. Der Schatten auf der neuen Herzklappe ist zwar immer noch zu sehen, aber die Ärzte haben entschieden, konservativ zu arbeiten und die Entzündung, um die es sich wahrscheinlich handelt, nur medikamentös zu behandeln. Niels fühlt sich noch immer nicht richtig gut, aber doch besser als in den vergangenen Wochen. Sein Hausarzt hat ihn für weitere sechs Wochen krankgeschrieben. Niels ist froh darüber. Er hat aber auch Schuldgefühle und fragt sich, ob das wirklich nötig sei. Schließlich könne er sich ja normal bewegen und normal Dinge erledigen.

Ich sage, es sei sehr gut, dass er diese Zeit habe. Er solle sie nutzen, um sich von dieser schweren Zeit zu erholen. Und selbst wenn er das Gefühl habe, nur einen Extra-Urlaub bekommen zu haben, wäre das nicht verkehrt.

Ausatmen

Niels will heute zu *Vorstopper* gehen. Er stellt sich auf seinen Platz. Er wirkt weich, wenig gepanzert. Er sagt: „Ich will mich nicht mehr anstrengen. Ich kann nicht mehr, es ist zu viel." Eine Weile schweigt er, entspannt schaut er zu mir hin.

Dann sagt er: „Irgendwie bin ich traurig, ich weiß nicht warum…"

„Hm", sage ich, „du sagst das, als wärst du erstaunt darüber…"

„Ja, das bin ich auch. Ich habe immer gedacht, wenn ich mich nicht mehr anstrenge, dann bin ich tot. Aber ich bin ja gar nicht tot! Vielleicht ist es ja grad andersrum: Mit meiner Anstrengung bring ich mich um. Wenn ich aber loslasse, beginnt das eigentliche Leben!"

Wieder ist er still. Ich fühle, wie er sich weiter ausbreitet und entspannt. Er sagt: „Es tut gut auszuatmen. Das habe ich nie gemacht! Ich habe immer nur eingeatmet und die Luft angehalten. Gerade aber atme ich aus. Ich lasse los, das tut gut. Ist das nicht erstaunlich? Ich habe mir das gar nicht vorgenommen, ich habe mich nicht dafür angestrengt!"

Ich nicke.

Er sagt: „Weißt du, ich weiß aber trotzdem nichts. Ich weiß weder, wer ich bin, noch, was ich will. Das ist mir im Moment aber auch egal. Ich spüre nur, dass es guttut, loszulassen. Das mache ich gerade. Vielleicht habe ich auch nur aufgegeben. Aber auch das ist mir grad egal. Ich spüre, dass es guttut auszuatmen, mehr brauch ich im Moment nicht zu wissen. Gerade kann ich mich spüren, das ist angenehm. Es ist so einfach. Was das für mein Leben heißt, weiß ich noch nicht. Aber darüber mag ich mir gerade keine Gedanken machen. Es ist gut so."

Wir bleiben noch eine Weile bei *Vorstopper*. Ab und zu sagt er etwas, dann ist er auch wieder still. Nach anderthalb Stunden sagt er, es reiche ihm für heute, mehr brauche er nicht.

Auch als ich Niels einen Monat später sehe, wirkt er weich.

Vorstopper steht lange still da. Er schaut vor sich hin. Er wirkt in sich selbst versunken. Dann sagt er: „Ich bin müde. Ich habe so lange gekämpft. Ich kann nicht mehr. Ich will nicht mehr. Es reicht. Ich habe nichts mehr zu verlieren. Es ist gut, dass ich endlich loslassen darf."

Im Nachgespräch erzählt mir Niels von einer Bibelstelle, die ihm in den Sinn kam, als er auf *Vorstoppers* Platz stand. Im Alten Testament gibt es eine Geschichte von Jakob, der mit seinem Gesinde einen großen Fluss überqueren musste. Mehrfach fährt er in einem Boot hin und her und bringt Menschen und Tiere auf die andere Seite. Dann wird beschrieben, wie er sich, nachdem er alles geschafft hat, am Fluss hinlegt und schläft. Niels sagt, er fühle sich gerade wie Jakob. Er fühle sich so, als ob er nach einer riesigen Anstrengung am Fluss liegen würde und sich ausruhe. Das sei sehr wohltuend. Mehr gäbe es im Moment nicht.

Supervision

Niels hat inzwischen die zweijährige Ausbildung bei mir abgeschlossen. Eine kleine Gruppe der Teilnehmenden trifft sich aber noch weiter mit mir zur Supervision.

Nach einer dieser Supervisionssitzungen wird Niels von einem der Teilnehmer, Stefan, gefragt, ob er nicht Lust habe, mit ihm wöchentlich zu telefonieren, um sich gegenseitig darin zu unterstützen, in Fühlung zu bleiben mit den *Personen* und dem *Verborgenen Ich*. Niels sagt, er finde die Idee super und fragt, ob sie nicht besser sogar täglich miteinander telefonieren sollen.

Als ich die beiden in der nächsten Supervision sehe, ist Stefan wütend. Niels hat Stefan kein einziges Mal angerufen und auch auf seine hinterlassenen Sprachmitteilungen hat er nicht reagiert.

Niels sagt, das sei ihm jetzt unangenehm. Ja, das wäre blöd von ihm gewesen und es tue ihm leid. Es wäre einfach so viel los gewesen in diesen

Wochen und er wäre nicht dazu gekommen zu telefonieren. Er wolle sich dafür entschuldigen.

Stefan reicht das nicht. Er ist wütend. Er fühlt sich von Niels verarscht. Es war ja Niels, der sogar das tägliche Telefonieren vorgeschlagen hatte! Warum hat er ihn das gefragt, wenn er es doch gar nicht will?!

Niels weiß nicht, was er dazu sagen soll. Stumm und verschlossen schaut er vor sich hin. Ich frage ihn, was *Vorstopper* wohl dazu zu sagen habe. Niels sagt, er wisse es nicht. Er könne ihn nicht spüren.

Ich bitte Niels, sich auf *Vorstoppers* Platz zu stellen. Plötzlich spürt er *Vorstopper*. Scharf und abgegrenzt schaut er zu Stefan und sagt: „Ich will nicht mit dir telefonieren! Weder täglich noch wöchentlich!"

Ich bitte Niels, sich wieder zu uns zu setzen. Er verbirgt sein Gesicht in den Händen. Er schweigt. Dann sagt er: „Das ist schrecklich für mich. Ich habe das vorher so nicht gespürt. Ich dachte wirklich, ich wolle mit dir telefonieren. Jetzt schäme ich mich. Ich kann das gerade nur schwer aushalten."

Niemand sagt etwas. Stefan schaut weiterhin grimmig. Dann ergreift Niels noch mal das Wort. „Aber es stimmt noch immer nicht genau, was ich sage. Auf diffuse Art habe ich *Vorstopper* schon gespürt. Ich habe ihn sogar genau da gespürt, wo du mich gefragt hast, ob ich telefonieren wolle! Aber ich habe ihn weggeschoben. Ich wollte ihn nicht spüren. Ich habe gedacht, mir ist diese Arbeit doch wichtig, da ist es doch eine super Idee, sich im Alltag daran zu erinnern! Aber ich habe damit genau das Falsche getan. Ich habe mich, *Vorstopper*, nicht ernst genommen und so getan, als wäre ich jemand anderes. Wahrscheinlich war der *Liebe Niels* da. Der will es ja immer allen recht machen und schön brav mitarbeiten. Was mich jetzt aber vor allem schockiert, ist, wie schnell und vollkommen automatisch das passiert ist. Ich habe das alles überhaupt nicht mitgekriegt. Und selbst da, wo du, Gabrielle, mich nach *Vorstopper* fragtest, habe ich ihn erst mal nicht spüren können. Ich war nur blank, ich habe nichts gespürt! Das, was ich von *Vorstopper* aus zu sagen gehabt habe, war zu verboten!

Erst als ich auf seinem Platz stand, war es mir plötzlich vollkommen klar."
Niels ist zerknirscht. So möchte er nicht sein. Die Scham ist quälend. Die
Telefonate mit Stefan sind das eine. Das ist unangenehm und das tut ihm
leid. Aber noch viel schlimmer ist für ihn, was diese Situation grundlegend über sein Leben aussagt. Wie oft wird er auch sonst Dinge sagen,
die er eigentlich gar nicht meint? Das fühlt sich für Niels schrecklich an.
Er sagt, er sei total verunsichert.

Sex ist das Einfallstor der Liebe
In der nächsten Sitzung sagt Niels auf *Vorstoppers* Platz: „Eigentlich bin
ich ein Einsiedler!
Das darf aber niemand wissen, das ist streng geheim! Wenn ich dir das
jetzt sage, ist das ein Outing von einer Tragweite, wie wenn ich dir sagen
würde, dass ich schwul bin."
Nach einer Weile fährt er fort: „Ich fürchte die Liebe. Ich will nie wieder jemanden lieben. Deswegen bin ich Einsiedler geworden. Lieben ist
furchtbar. Man wird verlassen, das habe ich erlebt. Das will ich nie wieder erleben! Das ist mein Schwur. Deshalb lasse ich mich nie wieder auf
einen Menschen wirklich ein."
Er ist jetzt still. Ich schaue ihn an, er schaut mich an. Es fühlt sich warm
an. Dann sagt er: „Das Schwierige an den Menschen schreckt mich nicht.
Ich kann ihnen in ihren Abgründen begegnen, und das tue ich manchmal
auch in meiner Arbeit. Dem Leid kann ich gut begegnen, das macht mir
keine Mühe. Ich kann Trauer aushalten, ich kann Schmerz aushalten, ich
kann Wut und Verzweiflung aushalten. Was mich aber schreckt, ist die
Liebe. Vor ihr habe ich Angst. Deswegen will ich auch keinen Sex. Ich
kann nicht verhindern, dass mit Sex auch Liebe ins Spiel kommt. Der Sex
ist das Einfallstor. Deshalb darf er nicht sein."

Seltsam, denke ich. Ich verstehe genau, was er sagt. Ich spüre sein Nein,
gleichzeitig aber spüre ich auch seine Liebe. Ich spüre seine Wärme und

Ernsthaftigkeit, mit der er sicher auch in seiner Arbeit im Krankenhaus den Menschen begegnet.
Gerade erinnere ich mich an die Sitzungen mit König, die ich vor langer Zeit mit ihm hatte. Das fühlt sich gerade ähnlich an.
Wird diese Liebe jemals auch zu Kerstin fließen? Das scheint im Moment noch zu gefährlich zu sein.

Als ich Niels das nächste Mal sehe, kommt er direkt von einem Tantra-Workshop, den er am Wochenende besucht hat. Er sagt, er habe sich da in eine Frau verliebt. Das sei schlimm. Er wisse, dass er sie loslassen müsse, aber das könne er fast nicht aushalten. Er habe viel geweint die letzte Nacht.

Auch jetzt stehen ihm die Tränen in den Augen. Niels wirkt jung. Den fast 60-jährigen Mann sehe ich nicht. Ich frage, wie alt er sich fühle. Er sagt, er fühle sich nicht erwachsen, eher wie ein Jugendlicher, vielleicht so 17 oder 18 Jahre alt. Ich frage, ob ich diesen Jugendlichen kennenlernen darf. Er bejaht.

Er wählt einen Platz vorne rechts und stellt sich hin. Seine Augen beginnen sofort zu leuchten und er erzählt mir von der Begegnung mit dieser Frau, sie heißt Melanie. Sie hat ihn tief berührt und er will sie unbedingt bald wiedersehen.

Er kann sich nicht vorstellen, dass das jetzt schon alles mit ihr gewesen sein soll. Er hat sich mit ihr so lebendig gefühlt! Er möchte sie tiefer kennenlernen, mit ihr Zeit verbringen, sie streicheln, küssen, mit ihr Sex haben… Warum darf er das nicht? Das ist doch schrecklich! Er fühlt sich, als würde er des Wichtigsten im Leben beraubt!

Der Jugendliche fühlt sich jung, unerfahren und naiv an. Er wirkt wie ein frisch verliebter Teenager. Oder ist das vielleicht Tiger? Warum bin ich eigentlich nicht zu Tiger gegangen? Vielleicht, weil er sich so jung anfühlte. Tiger kam mir bisher nicht besonders jung vor. Ich bin mir nicht sicher.

Es ändert sich was

Als ich Niels das nächste Mal sehe, sagt er, dass er das Gefühl habe, dass sich in seinem Leben doch etwas verändere. Er sei zwar immer noch der Gleiche, aber er spüre, dass er sich mehr zeige. Und zwar auch da, wo er früher immer ausgewichen sei.

So sei er vor Kurzem auf einer mehrtägigen Geburtstagsfeier eingeladen gewesen und da sei eine junge Frau gewesen, die ihm sehr gefallen habe. Diesmal habe er ihr einfach gesagt, dass sie ihm gefalle. Sicher habe das dazu beigetragen, dass sie später zusammen gekuschelt hätten. Das habe ihn gefreut. Früher habe er so was ja nie gesagt. Er habe sich richtig lebendig gefühlt dabei.

Und dann habe es bei dem Fest noch eine Situation gegeben, wo er sich eingebracht habe. Es sei ein befreundetes Paar da gewesen, das er zwar sehr möge, das aber immer wieder viel untereinander streiten würde. Auch jetzt hätten sie sich wieder gestritten und damit viel Raum eingenommen. Er habe irgendwann das Gefühl gehabt, das sei jetzt zu viel. Es habe ihn genervt und zudem fand er es unangemessen der Freundin gegenüber, die Geburtstag hatte. Das habe er dann einfach gesagt. Das Paar wäre zwar schon etwas irritiert gewesen, aber trotzdem habe das für ihn so gestimmt. Es habe ihm gutgetan, mal nicht nur der *Liebe Niels* zu sein, sondern das zu sagen, was er wirklich fühle.

Was er mir eigentlich sagen wolle, sagt Niels, sei, dass er das Gefühl habe, mehr er selbst zu sein. Nicht so, wie es die anderen erwarten würden, und noch nicht mal so, wie er es selbst von sich erwarten würde. Sondern einfach so, wie er nun mal sei. Selbst wenn er andere enttäusche oder verärgere, sei das halt so. Er spüre, dass er mehr Spielraum habe in seinem Leben. Gerade fühle er sich nicht tot. Für andere wäre das wohl normal, aber für ihn sei das schon bemerkenswert.

Gott muss ein Spieler sein

Ich bitte Niels auf *Vorstoppers* Platz.

Er stellt sich hin, schaut mich an und sagt: „Ich fühle eine Entschlossenheit. Ich will jetzt hier sein. Aber ich bin misstrauisch."

Ich frage: „Misstraust du auch mir?"

„Ich misstraue allen, auch dir."

„Worin misstraust du mir?"

„Dass auch du mich irgendwie haben willst. Dass ich auch hier irgendwie sein soll."

„Hm".

Er schweigt. Auch ich sage nichts.

Dann sagt er: „Es tut gut, das so offen zu sagen. Ich bin froh, dass du meine Aussage einfach stehen lässt. Ich will nicht für meine Legitimation kämpfen."

„Ja", sage ich, „das verstehe ich. Das ist auch nicht nötig. Ich spüre, dass du so fühlst."

Vorstopper schweigt und schaut mich an. Er fühlt sich trotzig an. Grundsätzlich trotzig, trotzig als Lebensgefühl. Er steht und schweigt.

Plötzlich aber brechen die Worte wie ein Wasserschwall aus ihm heraus: „Ich will dieses Leben nicht! Ich bin wütend! Ich bin wütend auf Gott! Er ist ein Spieler!

Er nimmt die Menschen nicht ernst! Würde er die Menschen ernst nehmen, würde er nicht zulassen, was in der Welt passiert! All die Katastrophen, die Hungersnöte, die Kriege, das ganze Elend! Wir müssen Gott gleichgültig sein, sonst würde er das nicht zulassen!

Genauso gleichgültig wird es ihm damals gewesen sein, als meine Mutter starb! Sonst hätte er das nicht zugelassen! Ja, Gott muss ein Spieler sein. Er verteilt die Karten. Der eine hat Glück, er hat ein gutes Blatt, der andere hat Pech, er hat Scheißkarten. Gott ist es egal! Aber ich spiele nicht mit! Ich nehme die Karten nicht, die er mir ausgeteilt hat! Das ist meine Strafe!"

Vorstopper schreit mir die Sätze ins Gesicht. Es fühlt sich an, als habe er ein Leben lang darauf gewartet, diese Sätze einmal herauszuschreien. Ja, er zweifelt an Gott! Ja, er verurteilt Gott!

Dann ist *Vorstopper* ruhig. Er sieht jetzt erleichtert aus. Sein Gesicht ist weich, er wirkt nachdenklich.

Nach einer Weile ergreift er wieder das Wort: „Ich weiß ja gar nicht, ob es wirklich einen Gott gibt. Und, falls es ihn gibt, wie er auf uns schaut. Es tut mir gut, mir das zu erlauben, mir zu erlauben, dass ich das nicht wissen darf. Das nimmt mir eine schwere Last. Im Moment spüre ich keine Wut mehr, das ist gut. Trotzdem weiß ich nicht, wie das gehen könnte, mein Leben zu ergreifen, mein Leben wirklich zu leben. Ich habe damit keine Erfahrung."

9. Therapeutisches Prozessjahr

Ich spüre den Boden

Niels ist bedrückt, als ich ihn wiedersehe. Er sagt, seine Blutwerte seien wieder schlecht und vielleicht müsse er nochmals in die Klinik. Er wirkt müde und angestrengt. Dann erzählt er, dass er gerne in den Tantra-Osterworkshop gehen würde, falls dies seine Gesundheit zulasse, Kerstin sei aber dagegen. Vielleicht würde er es auch einfach sein lassen. Gerade sei es ihm nicht so wichtig.

Auf *Vorstoppers* Platz nimmt er sich gleich den Hocker. Er sagt, er könne heute nicht stehen, er fühle sich nicht stark genug dafür. Er ist still. Dann sagt er: „Ich spüre mich. Das ist gut. Ich habe den Eindruck, meine Anspannung lässt nach." Er ist eine Weile still. Dann sagt er: „Aber ich bin schwach. Ich habe Angst, dass ich sterben könnte. Ich möchte noch nicht sterben!"

Ich sage nichts.

Dann sagt er: „Früher habe ich das Fühlen nicht ausgehalten, aber gerade geht es. Heute kann ich mich so nehmen, wie ich bin. Ich habe Angst, aber ich kann sie aushalten. Ich glaube, dass ich es sogar aushalten könnte, wenn ich jetzt sterben müsste. Ich fände das zwar schade. Gerade jetzt, wo ich anfange zu schnuppern, wie das Leben eigentlich sein könnte. Gerade jetzt, wo ich hören kann, dass die Vögel draußen zwitschern und der Frühling ruft. Aber ich nehme es, wie es kommt. Ich habe sowieso keine Wahl."

Die Sitzung bleibt kurz. Niels fühlt sich nicht gut, er will wieder nach Hause.Die nächste Sitzung fällt aus. Niels ist im Krankenhaus. Er schreibt, es sei mühsam. Die Ärzte wüssten auch nicht, warum seine Werte so schlecht seien. Er schreibt, er befürchte, dass er nie wieder gesund werde. Ihm käme dieses Kranksein endlos vor.

Einen Monat später ist Niels wieder bei mir. Er sagt, gesundheitlich gehe es ihm ein bisschen besser, aber er fühle sich niedergeschlagen.

Auf *Vorstoppers* Platz, sagt er, fühle er Leblosigkeit, Depression, Trauer. Er fühle sein Tot-Sein. Er sagt, er habe Angst, sich dem zuzuwenden, vielleicht würde er dann ja tatsächlich sterben. Ich sage: „Ja, vielleicht ist es aber auch gerade umgekehrt. Vielleicht stirbst du, wenn du dich dem *nicht* zuwendest!"

Vorstopper nickt. Er schließt die Augen. Dann sagt er: „Ich kann mein Herz klopfen hören. Seit der OP höre ich es tatsächlich, denn die neue Herzklappe macht ein ganz leises Geräusch. Jeden Schlag kann ich hören. Es ist, als wolle mich mein Herz daran erinnern, dass es da ist."

Er schweigt, seine Augen sind noch immer geschlossen. Dann sagt er: „Ich fühle mich ruhig. Gerade zwinge ich mich zu nichts."

Dann öffnet er die Augen und sagt: „Es tut gut, mir selbst in die Augen zu schauen. Gerade fühle ich mich wie Don Quichote. Er hat ein Leben lang einen vergeblichen Kampf gegen die Windmühlen geführt und ich kämpfe ein Leben lang einen vergeblichen Kampf gegen mich selbst. Ich meinte immer, ich muss kämpfen, um zu leben. Aber eigentlich habe ich mit diesem Kampf das Leben außen vor gelassen. Ich hatte einfach Angst, mir selbst zu begegnen. Ich dachte immer, dann sterbe ich.

Aber das stimmt ja gar nicht!"

Er schließt die Augen. Er scheint sich selbst zu lauschen, er wirkt entspannt. Seinen Panzer hat er wohl gerade mal zur Seite gelegt.

Nach einer Weile sagt er: „Ich fühle den Grund. Ich spüre den Boden. Ich glaube, ich habe losgelassen. Das tut gut. Eigentlich fühle ich mich lebendig, auch wenn ich schwach bin.

Gerade habe ich keine Angst vor dem Tod. Ich stehe ja auf dem Grund, tiefer geht es nicht. Wo sollte ich denn noch hinfallen?!"

Die nächste Sitzung sagt Niels wieder aus gesundheitlichen Gründen ab. Jetzt macht die Galle Probleme, er muss sie sich herausoperieren lassen. Niels hofft, damit eine Wende in seinem Genesungsprozess einleiten zu können.

„Ich lasse nicht von dir, ehe du mich segnest"

Nach drei Monaten sehe ich Niels wieder. Er sagt, es gehe ihm jetzt deutlich besser. Er habe nun das Gefühl, doch noch mal richtig gesund zu werden.

Ansonsten bin ich aber irritiert über Niels' Bericht. Alles, was er erzählt, wirkt so glatt, so unberührt. Er erzählt mir, wie wenn ich eine Fremde wäre. Eigentlich habe ich den Eindruck, er will mich loswerden. Ich kann nicht spüren, was er hier will.

Ich frage nach. Niels ist überrascht. Er sagt, dass auch er eine Distanz fühle. Er wisse aber nicht, warum das so sei. Er habe sich auf die Sitzung bei mir gefreut.

Ich sage: „Dann lass uns mal zu *Vorstopper* gehen, vielleicht weiß er mehr."

Vorstopper sagt: „Ich bin vorsichtig. Ich weiß nicht, ob ich dir trauen kann. Ich spiele auf der Bühne des Lebens nicht mit."

Ich antworte: „Ja, so ist es wohl mal wieder!"

Dann sagt er: „Ich bin trotzig."

Unnahbar steht er mit verschränkten Armen da.

Plötzlich schreit er: „Ich will keine Nähe! Ich spiel dein Spiel nicht mit! So wie du mit uns Menschen umgehst, so will ich das nicht! Krieg, Not, Hunger, Tod!

Ich werf dir mein Leben vor die Füße! Ich will es nicht!"

Verzweifelt weint er. Es schüttelt ihn vor Schmerz. Schluchzend sagt er: „Ich spüre, ich kann diesen Kampf nicht gewinnen, aber ich habe mich verbissen. Wie ein Hund mit seinen Zähnen hänge ich da drin. Ich kann nicht loslassen. Ich bin so wütend auf Gott!"

Er verbirgt sein Gesicht in den Händen.

Als er wieder ruhiger ist, schaut er mich an. Er fragt: „Kennst du die Bibelgeschichte von Jakob, der mit dem Engel kämpft?" Ich nicke. Er sagt: „Gerade habe ich das Bild vor mir, wie Jakob am Fluss mit dem Engel kämpft und schreit: Ich lasse nicht von dir, ehe du mich segnest! Gerade komm ich mir vor wie er. Ich kämpfe gegen Gott! Jakob verletzte sich beim Kampf an der Hüfte und hinkte den Rest seines Lebens. Aber der Engel segnete ihn.

Ich bin eigentlich genauso. Ich will Gott zwingen. Ich will, dass er so ist, wie *ich* es richtig finde. Gott aber lässt sich nicht zwingen. Und so verweigere ich das Leben. Ich bin gnadenlos. Voller Wut und Trotz tue ich das. Ich will Gott bestrafen. Das hat er jetzt davon! Dann mache ich eben nicht mit! Meine Wut hat nichts mit den Menschen zu tun. Sie betrifft die Menschen nicht, sie können ja nichts dafür. Aber mein Leben nicht zu ergreifen, das scheint mir eine angemessene Strafe für Gott! Ich wüsste nicht, wie ich ihn sonst bestrafen könnte."

Im Nachgespräch ist Niels erleichtert. Er sagt, er spüre, dass *Vorstopper* einen sehr kindlichen Blick auf Gott habe. Das sei ihm gar nicht klar gewesen. Gerade aber spüre er, dass Gott größer sei. Gott sei nun mal nicht zu fassen mit unserer begrenzten Vorstellungskraft. Er wisse zwar auch nicht, wie Gott das Leben hier auf der Erde gemeint habe. Aber gerade spüre er einen Raum in sich, das offen lassen zu können. Das tue gut. Das erleichtere ihn.

Alles wieder gelöscht

In unserer nächsten Sitzung bin ich wieder irritiert. Niels erzählt mir von Besuchen bei seinen beiden Brüdern, er erzählt mir von seiner Tochter, die gerade ein Kind bekommen und ihn zum Großvater gemacht hat, und von einer Wienreise mit Kerstin. Gesundheitlich geht es ihm langsam, aber stetig besser. Er hat die Arbeit im Krankenhaus auf reduzierter Basis wieder aufgenommen.

In seinem Bericht gibt es keinerlei Bezugnahme auf die letzte Sitzung, keinerlei Bezugnahme auf *Vorstopper* oder seine *Personen*. Er scheint mal wieder aus einer vollkommen anderen Welt zu kommen und jeden Bezug zu dem, was wir hier tun, verloren zu haben.

Ich ärgere mich. Mal wieder will er mich abspeisen! Warum macht er das? Was macht er überhaupt hier? Er will doch mit allem, was wir hier tun, nichts zu tun haben! Er erinnert sich doch nicht mal daran, dass hier jemals etwas Bedeutsames passiert ist! Ich bin gekränkt, ja, ich finde das unverschämt. Achtung! Ich gerate in eine blinde Reaktion! Ich muss aufpassen. Meinen Ärger darf er nicht abbekommen. Nur, wie soll ich mich verhalten?

Als Niels seinen Bericht beendet hat, frage ich ihn, ob er spüre, in welcher *Person* sein *Ich-Fokus* liege. Er hält inne. Zerknirscht schaut er mich an. Er sagt: „Wohl bei jemandem im Vorderen Raum."

Ich sage: „So nehme ich dich auch wahr. Ich muss zugeben, ich bin schon etwas irritiert darüber, dass du in deinem ganzen Bericht kein einziges Mal Bezug nimmst auf deine *Personen* und dein *Verborgenes Ich*. Mir kommt es vor, als habe das, was wir hier in den Sitzungen erleben, mit deinem Leben draußen nichts zu tun! So, als wären das zwei vollkommen verschiedene Welten! Mir scheint, in deinem Alltag weißt du oft nichts mehr von dem, was du hier erfährst. Und gerade wirkt es auf mich so, als ob du das auch gar nicht vermisst. Das darfst du natürlich so machen! Aber ich muss zugeben, ich fühle mich getroffen."

Niels ist geschockt. Wie vom Donner gerührt. Er schaut vor sich hin. Er sagt nichts. Seine zuvor heitere und belanglose Stimmung ist in sich zusammengebrochen. Lange sind wir still.

Dann sage ich, er solle sich doch bitte mal auf *Vorstoppers* Platz stellen. Er stellt sich hin. Er wirkt bedrückt. Er schaut auf den Boden.

Dann sagt er: „Ich will nicht, dass du mich siehst. Ich will nicht vorkommen."

Er weint. Stumm laufen ihm Tränen übers Gesicht.

Dann sagt er, plötzlich wütend: „Lass mich in Ruhe! Es geht besser, wenn ich nicht da bin!"

Ich sage nichts.

Er schaut mir direkt in die Augen, ich schaue zurück. Ich habe nicht den Eindruck, dass er wirklich auf mich wütend ist. Er schaut wieder auf den Boden. Nach einer Weile sagt er, dass er müde sei und nicht mehr weitermachen wolle. Ich bitte ihn zurück auf den Ausgangsplatz. Er sagt: „Ich bin frustriert. Ich habe das Gefühl, bei mir geht es einfach nicht. Ich frage mich mal wieder ernsthaft, ob ich nicht mit der Arbeit hier aufhören soll. Das wäre zwar ein Scheitern, aber manchmal ist es besser, sich ein Scheitern einzugestehen, als ewig in einer ausweglosen Situation zu verharren."

Ich sage: „Ich verstehe, dass du frustriert bist. Es fühlt sich an, als wären wir schon hundert Mal an dieser Stelle gewesen. Allerdings hat mir *Vorstopper* noch nie so klar wie heute gesagt, dass ich ihn in Ruhe lassen soll. Sonst agiert er meist indirekt. Es gibt ihn dann einfach nicht. Es gibt auch die Sitzungen nicht. Dein Leben findet komplett jenseits von dem, was sich hier ereignet, statt. So war das ja auch heute im Vorgespräch. Die Realität, die wir hier erforschen, *Vorstopper*, dein Am-Leben-nicht-Teilnehmen – all das gibt es in deinem Alltag nicht. So ist *Vorstopper*. Er will das nicht. Er will, dass du ein unscheinbares Leben ohne weitere Bedeutung führst. So kann er wegbleiben. So ist es für ihn sicher. Am besten ist es, wenn noch nicht mal du selbst dich mitbekommst. So wie heute.

Alles ist normal. Du weißt von nichts. Ich denke, du musst *Vorstoppers* Aussage: „Lass mich in Ruhe!" für dich noch mal prüfen. Sie kann zwei konträre Dinge bedeuten:

Möglichkeit eins ist, *Vorstopper* will, dass ich ihn wirklich ganz und gar in Ruhe lassen soll. Er will nicht weiter von mir behelligt werden, und nur so ist seine Aussage zu verstehen. In diesem Fall wäre es tatsächlich angemessen, die Arbeit hier zu beenden, weil ihr dann die Legitimation fehlt. Möglichkeit zwei ist: *Vorstopper* ist soweit aufgewacht, dass er es wagt, sich pur und ohne jeden Schnörkel zuzumuten. Natürlich sagt er dann Dinge, die alles andere als bequem sind. In diesem Fall wäre seine Aussage heute paradoxerweise ein Schritt in Richtung Leben."

Niels sagt, er wolle sich Zeit lassen, darüber nachzusinnen. So oder so wolle er mich aber im nächsten Monat noch mal sehen. So verabschieden wir uns.

Traumwelt

Als wir uns wiedersehen, ist Niels noch immer erschüttert von der letzten Sitzung. Er sagt, ihm sei bewusst geworden, dass er sich in seinem Alltag eigentlich immer in einer Art Traumwelt befinde und gar nicht merke, dass er keinerlei Bezug zu *Vorstopper* – also zu seinem *Verborgenen Ich* – habe. Gerade sei Kerstin ein paar Tage weg gewesen und er habe gemerkt, dass er sich eigentlich leer fühle. Das fühle er meist nicht wirklich, weil er sich ständig ablenke. Eigentlich aber sei die Leere im Untergrund ständig da.

Auf *Vorstoppers* Platz sagt er: „Ich will vom Eigentlichen nichts wissen. Im Moment wären Leere und Traurigkeit das Eigentliche. Das will ich nicht fühlen. Ich habe mir ein uneigentliches Leben aufgebaut. Niels lebt darin wie in einem Traum. Er ist so selbstvergessen. Er weiß nicht, was er tut, er weiß nicht, was er sagt, und er weiß nicht, was er fühlt. Richtig zufrieden kann das natürlich nicht machen. Satt kann man von dieser Art Leben nicht werden. Es tut gut, das mal so klar vor Augen zu haben."

Dann erzählt er mir von einer Beerdigung, die ihn sehr bewegt hat. Der Vater von Elena, seiner zweiten Frau, ist gestorben. Er hatte eine innige Beziehung zu ihm, die auch nach der Trennung von Elena noch fortbestanden hat. Bei der Beerdigung nun hat er Elena und ihre beiden inzwischen erwachsenen Töchter das erste Mal seit der Trennung wiedergesehen. Sie waren offen und freundlich zu ihm, das hat ihn überrascht und gefreut. Eher hätte er erwartet, dass sie ihn ablehnen.

Vorstopper sagt: „Eigentlich habe ich Elena heimlich doch immer geliebt. Ich habe versucht, das vor mir selbst und allen andern zu verbergen. Aber gerade spüre ich, dass es doch so ist. Und ich habe auch Wolfgang, den Vater von Elena, geliebt. Und ich habe auch die beiden Töchter von Elena geliebt.

Gerade spüre ich, dass ich auch meine eigenen Kinder, Pascal und Sereina, sehr liebe. Es schmerzt mich, dass ich so wenig Kontakt habe zu Sereina. Sie hat sich von mir zurückgezogen. Ich denke, sie ist noch immer wütend, dass ich damals weggegangen bin. Ich möchte den Kontakt zu ihr intensivieren. Ich möchte, dass sie spürt, dass ich ihr Vater bin. Ich möchte sie als meine Tochter spüren.

Leider ist das im Moment nicht so. Bei Pascal ist das anders. Zu ihm ist der Kontakt nie ganz abgebrochen. Obwohl es immer wieder sehr schwierig war mit ihm, ist das Band nie ganz gerissen. Mit Sereina war es früher einfacher, sie hat wenig Probleme gemacht als Kind. Aber nach meinem Weggehen hat sie mich wie ausgelöscht. Sie hat sich nur noch auf ihre Mutter bezogen. Aber ich liebe sie und ich möchte den Kontakt zu ihr wiederfinden! Und natürlich ist da auch noch mein erstes Enkelkind, Sofie! Ich habe sie jetzt schon zwei Mal gesehen. Sie ist sehr süß! Ich möchte sie gerne aufwachsen sehen, ich möchte gerne auch mit ihr im Kontakt sein dürfen!

Vielleicht kann ja heute noch mal etwas Neues entstehen zwischen Sereina und mir. Vielleicht ist es mir möglich, eine Beziehung neu zu ihr aufzubauen. Das jedenfalls wünsche ich mir sehr!"

*Vorstopper ist einen Moment still. Er wirkt aufgewühlt und erregt. Hat er jemals so viel gesprochen? Er, Vorstopper? Gerade scheint ihn das Leben was anzugehen. Gerade scheint **er** das alles zu spüren!*

Vorstopper ist *da*

Nach einer Weile ergreift *Vorstopper* wieder das Wort.

„Ich liebe auch Kerstin. Das war mir nicht immer klar, aber gerade kann ich es spüren. Sie ist mutig, sie ist ehrlich und sie kann mir ein Gegenüber sein. Sie hält mich aus, das beeindruckt mich! Ich spüre eine Wärme und Liebe zu ihr. Es ist schön, das zu fühlen!

Und ich spüre die Liebe zu meiner Mutter. Ich spüre, dass auch sie mich geliebt hat. Sie hat mir alles gegeben, auch wenn sie früh gegangen ist."

Vorstopper atmet tief. Er ist jetzt still. Er sieht ganz weich und empfänglich aus. Er schaut mich an. Gerade sehe ich keinen Vorwurf, keinen Trotz.

Dann sagt er: „Eigentlich habe ich nicht wirklich einen Mangel an Liebe erlebt.

Auch die zweite Frau meines Vaters, Erika, hat mich wirklich geliebt. Sie konnte meine Mutter zwar nicht ersetzen, aber trotzdem hat sie mich geliebt, das war für mich wichtig. Und auch ich habe sie geliebt, auch wenn ich ihr das wenig gezeigt habe.

Heute kann ich den Verlust meiner Mutter tragen. Heute kann ich es aushalten, wenn ein geliebter Mensch stirbt. So wie Wolfgang. Das ist zwar schmerzhaft, aber ich kann es aushalten. Die Liebe bleibt trotzdem. Das spüre ich. Seltsam. Gerade kann ich mein Herz wieder deutlich klopfen hören, da besteht wohl ein Zusammenhang!"

Vorstopper schaut mich an. Er ist *da*, er ist wach und präsent.

Er sagt: „Es ist eigenartig. Irgendwie fühle ich mich heute *anders*. Ungewohnt. Ich kann es schwer beschreiben. Irgendwie bin ich anders und doch der Gleiche. Es ist seltsam. Kannst du das verstehen?"

Ich nicke.

Er sagt weiter: Schon in den letzten Wochen ist mir aufgefallen, dass ich immer wieder mal meine Liebe gespürt habe! Das war befremdlich! Und dann wieder habe ich meine Gefühllosigkeit gespürt. Offenbar sind das zwei ganz unterschiedliche Schichten in mir! Völlig unvereinbar! Wenn ich die Gefühllosigkeit spüre, kann ich mir überhaupt nicht vorstellen, dass ich jemals lieben könnte! Wenn ich aber meine Liebe spüre, kann ich mir genauso wenig vorstellen, dass ich davon jemals wieder vollkommen getrennt sein könnte!

Das ist doch sehr befremdlich, oder? Jetzt bin ich gerade in der Schicht, wo ich meine Liebe fühlen kann…"

Er ist still. Er wirkt noch immer aufgewühlt.

Dann sagt er: „Ich glaube, ich bin von meinem hohen weißen Ross abgestiegen. Ich fühle mich ganz erdig an. Gerade fühle ich mich als *Mensch*. Aber ich weiß noch nicht so recht, wie das ist, mich als *Mensch* auf der Erde zu bewegen.

Ich habe keine Erfahrung damit, aber ich bin bereit. Gerade fühle ich mich einfach nur pragmatisch. Irgendwie ernüchtert. Ich habe mir ‚das Zurückkommen' zwar ein bisschen romantischer vorgestellt, aber es ist auch so okay."

Ich bin berührt, aber auch misstrauisch. Ist das jetzt der große Durchbruch? Oder will er mich mit seinen Einsichten nur wieder loswerden? So fühlt es sich allerdings nicht an. Es hat mich berührt, wie er da war.

Aber ich habe nun schon so viele Wechselbäder erlebt mit Niels, dass ich es auch jetzt für möglich halte, dass das nächste Mal wieder alles vergessen ist. Ich werde sehen. Aufhören wollte er jedenfalls jetzt nicht.

10. Therapeutisches Prozessjahr

Ja, ich spiele mit dem Feuer

Als ich Niels wiedersehe, sagt er, es gehe ihm gut. Er erzählt mir von einer Familienaufstellung, die er in Bezug auf seine Tochter Sereina gemacht hat. Er sagt, ihm sei schmerzlich bewusst geworden, dass er sie im Stich gelassen habe. Genauso wie seine Mutter ihn verlassen habe, habe er seine Tochter verlassen. Allerdings mit dem zentralen Unterschied, dass er nicht gestorben sei, sondern die Familie wegen Elena verlassen habe. Gerade müsse er sich schmerzlich eingestehen, dass er sich nicht ausreichend um seine Kinder gekümmert habe! Sereina werde sich von ihm vernachlässigt und zurückgesetzt gefühlt haben. Und zu Recht! Er müsse sich eingestehen, dass er seine eigenen Kinder aus dem Blick verloren habe. Das sei hart.

Dann wechselt Niels das Thema. Er erzählt von Melanie. Das ist die Frau, die er vor einiger Zeit in einem Workshop kennengelernt und sich dort auch gleich in sie verliebt hatte. Er hatte ihr damals einen Brief geschrieben, aber sie hatte darauf nie geantwortet. So war er davon ausgegangen, dass sie kein weiteres Interesse an ihm habe. Jetzt aber habe sie ihm unvermutet geschrieben. Sofort, sagt Niels, habe er wieder eine große Aufregung und Anziehung gefühlt. Er wolle sie jetzt besuchen, sie wohne allerdings weit weg.

Niels sagt, er habe Kerstin von dem Brief erzählt und ihr gesagt, dass er Melanie besuchen wolle. Sie sei wieder ausgeflippt, das habe er auch nicht anders erwartet. Sie habe ihn angeschrien und ihm vorgeworfen, er spiele mit dem Feuer. Niels sagt, erst habe er das abgestritten und sich verteidigt. Aber am nächsten Morgen sei er aufgewacht und habe gespürt: Ja, das stimmt, ich spiele mit dem Feuer! Das habe er ihr dann auch beim Frühstück gesagt.

Zu seinem großen Erstaunen wäre sie berührt gewesen und sei ruhiger geworden. Danach seien sie wieder ins Bett gegangen – es sei ein Samstag gewesen – und sie hätten sehr innig miteinander geschlafen. Das hätten sie beide sehr genossen. Er wäre sogar richtig wild und feurig gewesen. Er habe sie sehr begehrt, das habe ihn selbst erstaunt. Das habe sie sich ja immer von ihm gewünscht, aber er könne das nicht *machen*. Jetzt aber sei es einfach so gewesen, das habe ihn sehr gefreut.

Alles ist gleich, und doch ist alles anders

Ich bitte Niels auf *Vorstoppers* Platz. Ich möchte schauen, wie *Vorstopper* zu dem Ganzen steht. Ruhig schaut er mich an. Er wirkt entspannt.

Dann sagt er: „Ich fühle mich, wie wenn ich auf einer Säule stehen würde. Ich bin nicht wie andere Menschen, aber das will ich auch gar nicht sein. Hier oben ist es ruhig und friedlich, das ist gut. Ich will es so haben. Ich strenge mich nicht an und ich fühle mich nicht bedroht. Gerade ist alles einfach. Es ist, als hätte ich einen Schalter umgelegt. Alles ist gleich, und doch ist alles anders. Ich weiß nicht, wie das passiert ist. Aber es fühlt sich sehr gut an."

Im Nachgespräch sagt Niels: „Ich habe das Gefühl, dass mein Leben langsam gut wird – nein, nicht langsam, eigentlich *ist* es bereits gut! Das ist sehr berührend für mich. Ich habe immer daran gezweifelt, ob das für mich überhaupt möglich sei. Im Moment fühlt es sich ganz einfach an, geradezu banal! Ich frage mich, warum ich das nicht schon viel früher gemacht habe. Aber wahrscheinlich wäre es früher einfach nicht gegangen. Obwohl es so einfach ist, wusste ich nicht, wie es geht. Ich kann auch gar nicht genau beschreiben, *was* wirklich passiert ist. In gewisser Weise ist ja alles noch genau wie vorher, nur *fühle* ich mich anders dabei. Das ist wohl nur schwer zu verstehen. Ich fühle, ich bin anwesend. Ich fühle, ich bin der, der dieses Leben lebt. Ich fühle, *das bin ich!*" Er umfasst sich mit den Armen, er berührt seinen Körper. „Es ist banal, ich sagte es schon. Und doch, für mich fühlt es sich neu und frisch an. Für mich ist das keine Selbstverständlichkeit! Gerade spüre ich: *So bin ich gemeint!*

Natürlich ist jeder von uns einfach so, wie er ist, gemeint! Ach je, das ist

schwierig mit den Worten… Ich kann es nicht besser ausdrücken. Vielleicht noch mal so: Ich fühlte immer einen Abstand zwischen mir und der Welt. Zwischen dem, wer ich bin, und dem, was ich tue. Dieser Abstand ist grad weg. Ja, vielleicht ist das sogar der einzige Unterschied! Der macht aber alles aus! Das berührt mich gerade sehr."
Er hat Tränen in den Augen.

Ich freue mich. Es ist schön, Niels' Verborgenes Ich so zu sehen. Auch beeindruckt mich, wie er diese Melanie-Geschichte mit Kerstin gleich angesprochen hat. Früher hätte er das bestimmt nicht so gemacht.
Gleichzeitig bin ich weiterhin skeptisch. Ist er nur verliebt? Wird er diesen neuen Zugang zu sich offenhalten können? Was bedeutet das Bild mit dieser Säule? Das hört sich doch auch ein bisschen nach „hohem Ross" an. Allerdings könnte es auch dafür stehen, dass er spürt, dass er einen weiten Weg gegangen ist und an einem anderen Ort steht als viele andere. Das ist ja einfach eine Realität.

Niels sagt im Nachgespräch, dass er es nicht eilig habe, die Sitzungsarbeit zu beenden. Er wolle sich die Zeit lassen, bis er sich stabil fühle an diesem neuen inneren Ort. Zudem würde diese neue Bewegung jetzt auch nicht bedeuten, dass es ihm nur noch gut gehe und er keine Probleme mehr habe in seinem Leben.
Einen Monat später sehe ich Niels wieder. Er sagt, sein Leben wäre gerade schön und spannend. Er sei zu Melanie und ihrer Familie gefahren. Da habe er auch ihren Mann und ihre drei Kinder kennengelernt. Sie hätten alle ganz entspannt gewirkt, als wäre das eine alltägliche Situation. Er verstehe das alles noch nicht so ganz.
Mit Melanie sei es sehr schön gewesen, auch wenn die Zeit, die sie zu zweit gehabt hätten, sehr begrenzt gewesen sei. Sie wären sich nur einmal körperlich nähergekommen. Sie hätten aber nicht miteinander geschlafen. Die Zeit dafür wäre zu knapp gewesen – die Kinder sollten bald

wieder von der Schule zurückkommen – und er habe es dann nicht erzwingen wollen. Nach zwei Tagen sei er dann wieder abgereist, obwohl er ursprünglich geplant hatte, noch länger zu bleiben. Er habe dann aber gemerkt, dass es zu viel sei. Zu viel für ihn und Melanie – aber auch zu viel für Kerstin. Er habe gespürt, dass er ihr das nicht antun wolle.

Interessant, denke ich, das ist ja wirklich was Neues. Bis jetzt hatte er Kerstin immer ausgeblendet, wenn er bei einer anderen Frau war, und jetzt plötzlich kommt sie vor. Und zwar nicht als Verbot. Er spürt, dass er ein Band zu ihr hat, auch wenn er gerade mit einer anderen Frau zusammen ist. Kerstin ist ihm auch in dieser Situation nicht gleichgültig.

So bin ich eigentlich

Wieder bin ich gespannt, was *Vorstopper* zu sagen hat.

Er sagt: „Ich bin zufrieden. So bin ich eigentlich. Ich bin froh, dass ,das Gespenst' hinter der Tür endlich zum Vorschein kommt. Es ist weniger schlimm, als ich befürchtet habe: Ich liebe Kerstin und ich liebe Melanie. Ich will gar nicht mit vielen Frauen sein. Ich will auch nicht mit vielen Frauen Sex haben. Nur da, wo es wirklich stimmt. Da, wo mein Herz offen ist."

„Ja", sage ich, „so ist es wohl. Das wird dich zwar wahrscheinlich in Schwierigkeiten bringen, denn die meisten Frauen wollen keine anderen Frauen neben sich haben. Aber dann gehört das eben dazu. Wohin dich das führen wird, wissen wir nicht. Müssen wir aber auch nicht wissen. Gut ist auf jeden Fall, dass du überhaupt vorkommst! Das ist die Basis. Alles andere wird man sehen. Ich freue mich, dass du dein Leben annimmst – was immer auch dadurch geschieht."

„Ja," sagt *Vorstopper*, „ohne Schwierigkeiten geht es wohl nicht. Manche Menschen werden mich nicht mögen. Und viele werden mich nicht verstehen. Die meisten wollen nur den *Lieben Niels* und nicht *mich*. Sie müssen sich halt dann von mir verabschieden. Das ist zwar schade, aber wohl der Preis, den ich zu zahlen habe. Auch mit dem *Lieben Niels* haben wir ja einen Preis bezahlt, und der war nicht gering! Ich bin froh, dass es jetzt so ist. Eigentlich kann ich erst jetzt jemandem wirklich begegnen. Vorher habe ich geschlafen."

Seltsam. Vorstopper selbst will Liebe und Sex. Aber nicht nur mit einer Frau. Ist das noch eine Reaktionsschicht von ihm, ein Schutz, oder entspricht das seinem Wesen? Das kenne ich so nicht.

„Übrigens", sagt er dann, „Kerstin ist schon richtig ausgeflippt, als ich nach Hause kam nach meinem Besuch bei Melanie. Das war ja letztes Mal noch offen. Sie sagte mir, wenn ich mit Melanie geschlafen hätte, hätte sie Schluss gemacht! Ich bin ruhig geblieben und habe ihr nur immer wieder gesagt, dass ich mit ihr sein will. Vorwurfsvoll hat sie mich gefragt, ob ich denn mit Melanie immer noch Sex haben wolle. Und – du glaubst es nicht – ich habe einfach ‚Ja' gesagt! Und zwar, weil es so ist! Ich habe die Antwort klar in mir gespürt, und so habe ich es ihr auch gesagt. Das war heftig! Sie schrie und tobte. Sie sagte, ich solle das zurücknehmen. Aber das tat ich nicht. Ich will mich nicht mehr verbiegen. Ich will nicht mehr lügen. Das sagte ich ihr.
Ich weiß jetzt, die Beziehung zu Kerstin kann nur gelingen, wenn ich, *Vorstopper*, vorkomme. Und zwar so, wie ich bin – und nicht so, wie sie mich haben möchte!
Irgendwann ist Kerstin dann ruhiger geworden. Irgendwann hat sie tatsächlich gehört, dass ich mit ihr sein will. Dass ich *sie* zur Frau haben will! Dass ich mit ihr sein will und trotzdem Sex mit Melanie haben will. Zumindest will ich das sagen und fühlen dürfen! Ob ich das dann auch mache, ist eine ganz andere Sache.
Erstaunlicherweise hat Kerstin dann plötzlich gesagt, dass sie das von sich selbst auch kenne. Dass sie in ihrer früheren Beziehung auch Sex mit

anderen Männern hatte. Allerdings habe sie das ihrem Partner damals verschwiegen.

Kerstin sagte dann, dass sie auch nicht wisse, wie es jetzt weitergehe mit ihnen. Sie wisse nicht, ob sie es aushalten könne, wenn er Sex habe mit einer anderen Frau. Gerade aber sei sie einfach sehr berührt davon, mit ihm zusammen zu sein. So viel Ehrlichkeit habe sie in einer Beziehung noch nie erlebt. Das habe sie sich immer gewünscht und dafür sei sie sehr dankbar. Und dann haben wir wieder wunderbaren Sex gehabt! Ich habe sie so begehrt, das war so schön! Ich konnte sie richtig „nehmen" – ich weiß nicht, ob du verstehst, was ich meine. Ich war total erregt, ich wollte sie unbedingt haben! Das war wunderschön! Das hat uns beide sehr glücklich gemacht und macht mich auch jetzt noch glücklich!"

Abschied

In unserer nächsten Sitzung erzählt mir Niels, dass er seine Tochter Sereina und die kleine Sofie besucht habe. Er sagt, sie hätten es gut gehabt, aber es brauche Zeit, bis wieder Vertrauen entstehe. Er habe Sereina schon noch sehr zurückhaltend erlebt.

„Aber in meiner Beziehung zu Kerstin fühle ich mich gerade sehr glücklich!", sagt Niels weiter. „Es hat zwar nochmals eine Krise gegeben, aber die haben wir gut durchgestanden. Kerstin hatte mich nämlich gefragt, ob ich denn wirklich unbedingt mit Melanie Sex haben müsse. Ob ich es nicht einfach lassen könne, ihr zuliebe. Ich habe wahrheitsgemäß geantwortet, dass ich das nicht möchte. Ich sagte, ich wolle es mir offenhalten. Das hat sie sehr getroffen.

Aber so war es in mir! Ich habe gespürt, dass das meine ungeschminkte Wahrheit ist! Und deswegen habe ich das auch so gesagt. Dabei weiß ich noch gar nicht, ob es mit Melanie je dazu kommen wird! Aber darum ging es für mich gar nicht. Ich wollte einfach nicht wieder eine Illusion aufbauen, die ich dann enttäusche.

Kerstin hat gesagt, dass das für sie sehr schwer sei. Aber sie hat akzeptiert, dass ich das so sage, weil ich es so fühle. Das hat mich dann wieder richtig überwältigt!"

Niels ist auch jetzt aufgewühlt. Sein Leben geht ihn plötzlich was an!

„Weißt du," sagt er, „mich hat das so berührt, dass mich Kerstin einfach so sein lässt, wie ich bin! Ich fühlte es wie eine Welle von Liebe, die mich überströmt. Ich kann das kaum beschreiben. Ich habe gespürt, Kerstin ist wirklich *meine* Frau! Mit ihr kann ich meinen Weg gehen! Mit ihr kann ich lernen, immer ehrlicher zu werden. Was ist das doch für ein unglaublicher Schatz! Ich fühle, dass mein *Ja* zu ihr noch mal viel tiefer geworden ist.

Ist das nicht schön, dass ich ausgerechnet diese Frau geheiratet habe? Das ist doch unfassbar!"

„Ja", sage ich, „das ist es. Du hast hoch gepokert und gewonnen!"

Niels sagt: „Ich habe so ein großes Glück! Ich bin so froh über mein Leben! Dass ich diesen Weg gehen konnte und jetzt dahin finde, wo es wirklich zu *meinem* Leben wird!

Mit Melanie habe ich übrigens letzthin wieder Kontakt gehabt. Ich werde sie wieder besuchen, wenn sie demnächst in Kur fährt. Ich bin immer noch verliebt in sie. Seltsam, dass das zusammengeht, aber das ist so mit mir. Ich kann das nicht ändern. Ich bin einfach sehr froh, dass ich mich selbst inzwischen so sein lassen kann. Das ist das eigentliche Geschenk."

„Schön", sage ich, „das klingt alles sehr aufregend!

Ich habe das Gefühl, meine Aufgabe hier mit dir neigt sich allmählich seinem Ende zu. Ich habe den Eindruck, du brauchst mich eigentlich nicht mehr. Das Leben gilt es ja einfach zu leben. Mit all den Turbulenzen, die nun mal dazugehören, und allen Fehlern, die wir machen und die wir auch machen dürfen! Manchmal lernen wir aus ihnen und manchmal auch nicht – oder noch nicht…"

„Das hört sich gut an. Ich habe auch das Gefühl, dass die Zeit dafür reif ist."

„Gerne will ich aber erst mal noch *Vorstopper* sprechen. Ich will wissen,

wie es ihm geht und wie er auf all das Neue in deinem Leben schaut."
Niels stellt sich auf *Vorstoppers* Platz. Er wirkt entspannt, ruhig.
Dann sagt er: „Ich bin ruhig. Mit geht es gut. Ich lebe mein Leben so, wie ich es will. Das ist gut. Gerade gibt es auch bei meiner Arbeit im Krankenhaus schöne Momente. Kürzlich kam eine Angehörige eines sterbenden Patienten in mein Büro, sie war tränenüberströmt. Ich habe ihr fast nur zugehört. Im Erzählen hat sie sich langsam beruhigt. Bei der Verabschiedung fragte ich, ob ich noch etwas tun könne für sie. Sie sagte: Ja, bitte segnen Sie mich. Und das habe ich dann auch getan. Ich habe die Worte einfach aus meinem Innern aufsteigen lassen. Sie waren ganz frisch, neu. Noch nie zuvor hatte ich jemanden so gesegnet. Die Frau war tief berührt und hat sich bei mir bedankt. Das war sehr schön.
Mir wird langsam klar, dass ich in meiner Arbeit das tun will, was ich schon mache und was ich eigentlich auch ganz gut kann. Ich habe viel Erfahrung damit, Menschen in Krisensituationen zu begleiten. Ich glaube, das kann ich ganz gut. Damit will ich weitermachen. Ich habe keine Lust, jetzt nochmals von vorne anzufangen und zu versuchen, eine therapeutische Praxis aufzubauen. Das passt nicht mehr für mich. Ich bin jetzt 59. In vier Jahren kann ich mich pensionieren lassen, wenn ich das möchte. Aber vorher nochmals alles neu anfangen, das ist mir zu viel.
Allerdings kommen die *Alltagspersonen* und auch das *Verborgene Ich* schon jetzt manchmal vor bei den Gesprächen, die ich mit Angehörigen und Patienten führe. Ich nenne sie zwar nicht so, ich sage dann eher: Es gibt einen Anteil, der fühlt sich so und so an und ein anderer Anteil fühlt ganz anders, nämlich so und so. Das entlastet die Menschen wirklich. Sie fühlen sich verstanden und haben nicht mehr das Gefühl, sie müssten sich verbiegen, damit es irgendwie zusammenpasst.
Es tut mir gut, das jetzt so auszudrücken. Ich will auch vor dir dazu stehen, dass ich nicht therapeutisch arbeiten möchte wie du. Ich will keine therapeutische Praxis eröffnen. Das setzt mich unter Druck und bringt mich nicht weiter.

Ich glaube, mindestens für den Moment stimmt es so, wie es ist."

Er schweigt. Er schaut mich an. Tränen treten ihm in die Augen.

Dann sagt er: „Dass ich hier jetzt so stehe, wie ich stehe, hat mit dir und deiner Arbeit zu tun! Das kommt mir viel zu klein vor, so wie ich das jetzt sage. Trotzdem, ich will mich dafür bei dir bedanken. Ich habe nicht gedacht, dass das für mich möglich ist! Ich fühle mich *da*, ich bin anwesend, und ich fühle Niels' Leben als *mein* Leben. Ich kann noch gar nicht fassen, dass es wirklich so ist! Ich bin sehr glücklich!"

Tränen laufen ihm übers Gesicht. Auch ich bin bewegt. Auch mir kommen die Tränen.

„Ja", sage ich dann, „danke. Auch ich bin sehr froh. Du weißt ja, eigentlich habe ich nicht wirklich was getan."

„Ich weiß. Trotzdem. Ohne dich wäre es nicht gegangen."

„Ja, das ist wohl so."

„Du bist *da*geblieben und du hast mich so sein lassen! Das ist unglaublich!"

„Ja, das habe ich. Und auch du bist *da*geblieben. Das war ja mehrfach äußerst kritisch!"

„Allerdings! Ich war einfach zu resigniert. Ich hatte das Leben schon zu sehr aufgegeben."

„Und doch bist du geblieben! Oder wiedergekommen."

„Ja. Darüber bin ich sehr froh. Dass ich die Kraft dazu hatte. Aber auch das hatte mit dir zu tun. Du hast einfach daran geglaubt, dass es möglich ist. Das hast du mir auch immer wieder gesagt."

„Ja, schon. Ich fühle das so. Es gibt in mir diese Zuversicht, ich weiß gar nicht warum."

„Die ist auch dringend nötig! Ich glaube, sonst könntest du die Arbeit nicht tun, die du tust."

„Da hast du wohl Recht. Manchmal kostet es mich allerdings schon einiges. Auch dein Prozess hat mich einige Nerven gekostet! Trotzdem. Ich will es tun, und es erfüllt mich, es tun zu dürfen. Und wenn sich dann ein

Prozess öffnet, so wie jetzt bei dir, und du dein Leben wirklich als *dein Leben* begreifst, macht mich das schon sehr glücklich!

Und natürlich gibt mir das dann auch wieder Mut, in anderen Prozessen dranzubleiben, wenn es zäh und mühsam ist und der Prozess über lange Zeit zu stagnieren scheint."

„Danke dir, das ist schön für mich zu hören!"

„ Ich empfinde deinen Weg als großes Geschenk. Weder ich kann wirklich was tun, noch du kannst es. Wir können uns nur beide ganz und gar auf das einlassen, was da ist. Das geht. Damit schaffen wir gute Voraussetzungen. Aber wirklich verändern, wandeln, *machen*, können wir es nicht. Wenn das geschieht, ist es vielmehr ein Geschenk, es ist Gnade…"

„Ja, so empfinde ich es auch. Vielleicht gibt es ja doch einen Gott…"

Wir müssen beide lachen. Es ist innig, es ist nah, es ist heiter.

Und es fühlt sich nach Abschied an.

Als Niels wieder auf dem Ausgangsplatz sitzt, sagt er: „Ich habe schon sehr viel Glück gehabt in meinem Leben. Dass ich geliebt wurde, dass ich unterstützt wurde und dass ich jetzt hier diesen Weg gehen konnte!"

Wir plaudern noch ein bisschen. Und ja, Niels sagt, er will gerne jetzt alleine weitergehen. Wir fühlen beide, dass die Zeit reif ist, die Sitzungsarbeit zu beenden.

Wir umarmen und verabschieden uns. Ich wünsche Niels alles Gute und sage, dass ich mich freuen würde – falls er Lust dazu habe –, ab und zu wieder was von ihm zu hören.

Ein halbes Jahr später bekomme ich eine Mail von ihm. Er schreibt:

Liebe Gabrielle,
über Katrin habe ich deine Glückwünsche zu meinem 60. Geburtstag bekommen – darüber habe ich mich sehr gefreut und danke dir herzlich!
Danken möchte ich dir auch nochmals für den Weg, den ich bei dir mit deiner Begleitung und Unterstützung über viele Jahre gehen konnte, und dir ein bisschen davon erzählen, wie es für mich weitergegangen ist –

besonders, was Beziehungen angeht – und wo ich mich jetzt gerade sehe.
Ich erlebe, wie sich das, was sich in den letzten Sitzungen bei dir gezeigt
hat, in meinem Leben bestätigt und vertieft, und ich bin sehr glücklich
darüber! Vorstopper kann sich immer mehr und immer tiefer auf Kerstin
beziehen – das empfinde ich als großes Glück und nicht zu erwartendes
Geschenk für mein Leben.
Gleichzeitig gibt es in Melanie, eine zweite Frau, die er liebt. Das zeigt
sich immer klarer und ist eine große Herausforderung, die Kerstin und
mich immer wieder an Grenzen bringt. Zugleich empfinde ich es ebenfalls
als ein großes Geschenk, mich für diese Liebe öffnen zu können und zu
erleben, dass sie mich noch mehr aufmacht, auch für Kerstin! Mit ihr bin
ich da in einem tiefgreifenden, durchaus an die Nieren gehenden und doch
auch wahrhaftigen und heilsamem Austausch und fühle mich dabei oft
nichtwissend auf Neuland unterwegs.
Spannend finde ich auch, dass von Vorstopper her gesehen alle anderen
Frauen uninteressant sind, was sexuelle Begegnungen angeht. Er kann
und will sich nur mit Frauen einlassen, die er liebt und auf die er sich
mit Leib und Seele bezieht. Besonders in den Tantra-Workshops tritt das
immer klarer zutage, wo die Lust an erotischen Abenteuern gegen Null
geht. Ja, es gibt da andere Personen in mir, die da im Prinzip ansprechbar
sind – aber eben nicht Vorstopper als zentrale und maßgebende Instanz in
meinem System.
Auch auf anderen Feldern sehe ich, wie sich Veränderungen in meinem
Leben anbahnen – auch wenn das noch sehr im Knospenstadium ist. Die
Liebe, mit der ich mich für Melanie und auch für Kerstin öffne, öffnet mich
auch noch in anderen Bezügen.
Besonders empfinde ich das im Blick auf das politische Engagement von
Melanie für Flüchtlinge. Durch sie ist dieses Thema plötzlich emotional
ganz anders in mir angekommen. Ich spüre mein Herz auch an dieser
Stelle für Menschen, die nicht wie Menschen behandelt werden…
Nicht vergessen habe ich deine Ermutigung, einen eigenen therapeutischen

Weg zu beschreiten. Darauf richte ich zurzeit nicht meinen Focus – es ist noch ungewiss, wann und wie das mal konkret für mich wird –, aber ich merke deutlich, dass es da Potenzial in mir gibt und auch eine vorsichtig aufkeimende Lust, einen solchen Weg in der Zukunft einzuschlagen.

Ein Aha-Erlebnis in dieser Hinsicht hatte ich vor einigen Tagen bei einer Auseinandersetzung mit Kerstin. Ich hatte das Gefühl, zum ersten Mal direkt mit ihrem Verborgenen Ich (sie nennt es General) zu kommunizieren, und sie hat mir das im Nachhinein bestätigt. Ein beiläufig geäußertes Stichwort von ihr hat mich es plötzlich wahrnehmen und dann mehr und mehr erkennen lassen. Es ist schwer, das in einer Mail zu beschreiben, aber allein die Tatsache, dass ich diesen „General" gesehen und ihm in seinen aggressiven, wütenden und misstrauischen Impulsen Raum gegeben und ihn nicht verurteilt habe, hat in Kerstin unglaublich viel gelöst und verändert. Die damit verbundene Haltung und Sicht haben sich nicht aufgelöst.

Im Gegenteil: Kerstin hat das „Nein" ihres „Generals" zu meiner Beziehung mit Melanie jetzt klar zu sich genommen. Darin liegt eine potenzielle Bedrohung der Beziehung von Melanie und mir, deren ich mir sehr bewusst bin. Dennoch hat es mich auf eine Weise entspannt, dass sie zu ihrem „Nein" steht, weil es einfach wahr ist und ich es ohnehin untergründig immer gespürt habe.

Ich bin trotz aller Gefährdungen und unkalkulierbarer Entwicklungen zuversichtlich, dass unsere Liebe bleiben wird und wir uns auch nicht trennen werden (müssen). Ich traue uns beiden zu, da einen langen Atem zu haben…

Kerstin sagt „Nein", aber sie akzeptiert mein „Ja". Sie zwingt mich nicht und sieht sich selbst in einem Prozess der Veränderung, in dem sie ihre eigenen Themen erkennt und daran arbeitet. Ich finde das sehr stark! Sie wird demnächst auch wieder bei einer Therapeutin ihre Personen und ihr Verborgenes Ich weiter erforschen, so wie sie es früher schon mal gemacht hat. Was mich angeht, fühle ich mich gerade sehr klar mit dem, was ich tue

oder lasse. Falls ich da in Turbulenzen komme oder aber eine Paarberatung
ansteht, würde ich mich bei dir melden und um einen Termin anfragen.
So viel für heute von mir. Ich hoffe, es geht dir gut.
Ich habe geplant, demnächst mal wieder in den Süden Deutschlands zu
kommen. Vielleicht können wir uns da mal „einfach so" treffen? Das fände
ich sehr schön!
Einen schönen Herbst dir und ganz liebe Grüße!

Niels

Essentials 3

Verschiedene Phasen und Brüche

Niels Prozess ist verwirrend. Die verschiedenen Begleiter, die zwischenzeitlichen Abbrüche, Stagnationsphasen und Wiederholungen machen ihn unübersichtlich.

Daher fasse ich zusammen:

In der ersten Phase des Prozesses begegnen wir im *Vorderen Raum Tiger*, einem Charmeur und Frauenliebhaber, und indirekt dem *Lieben Niels*, der harmlos ist und niemandem etwas zuleide tun möchte. Zudem erleben wir einen gütigen, aber ohnmächtigen *König*. Bereits sehr früh im Prozess zeigt sich auch Niels' *Verborgenes Ich*, das wir zu dieser Zeit *Kommandeur* nennen. Es ist vollkommen zurückgezogen und verweigert sich dem Leben.

In der zweiten Phase entdeckt Niels bei Veeta Wittemann ein vertrauensvolles, sechsjähriges *Kind*, das aber durch den frühen Tod der Mutter einen tiefen Schmerz in sich trägt. Als zentrale Figuren zeigen sich zudem bei Artho Wittemann *Wanja*, der auf „seiner Ofenbank" schläft, und *Vorstopper*, der immer nur ankündigt, gleich etwas Substanzielles zu liefern, das aber nie tut.

In der dritten Phase des Prozesses – Niels wird jetzt wieder von mir begleitet – verbringe ich erst einmal viel Zeit mit *Wanja*. Er zeigt sich über lange Zeit passiv, zurückgezogen, unbeteiligt. Doch in einer überraschenden und bewegenden Sitzung ist *Wanja* plötzlich *da*. Er äußert sich wach, klug und differenziert über sein Leben. Und auch *Tiger* ist *da* und zeigt sich mit seiner Liebe. Das reicht Niels erst mal und er beendet unsere Sitzungen.

In der vierten Phase, ein halbes Jahr später, spürt Niels jedoch, dass er sich wieder gelähmt fühlt in seinem Leben. Er meint, das habe mit *Vorstopper* zu tun. Ihm will er sich jetzt weiter zuwenden. In *Vorstopper* spürt Niels seinen Panzer, seine Wut und eine aggressive Sexualität. Er spürt sein Nein zum Leben. Diesem Nein und auch der Wut sind wir bereits früher begegnet. Wir kannten sie bereits von *Kommandeur*. Wir kommen zu der Überzeugung, dass *Kommandeur, Wanja* und *Vorstopper* alles Namen für sein *Verborgenes Ich* sind. Wir nennen es von jetzt an *Vorstopper*.

Vorstopper ist gnadenlos in seiner Verweigerung. Er will vom Leben nichts wissen. Seine Wut richtet sich nun vor allem gegen Gott, der eine so ungerechte Welt zulässt. Sein Nicht-am-Leben-Teilnehmen ist *Vorstoppers* Rache an Gott.

Doch Niels spürt *Vorstopper* nur in den Sitzungen. In seinem Alltag spürt er ihn nicht. Dort ist Niels' *Ich-Fokus* überwiegend im *Lieben Niels*, der sich bemüht, es allen recht zu machen. Der *Liebe Niels* versucht, Konfrontationen aus dem Weg zu gehen, indem er sich anstrengt, sich verbiegt und vergisst. Doch dass dem so ist, spürt Niels in seinem Alltag nicht. Er ist selbstvergessen in seinem schlafwandlerischen Tun. Als das in den Sitzungen deutlich zutage tritt, schämt sich Niels sehr und droht von seiner Resignation überwältigt zu werden. Er glaubt, dass er ein hoffnungsloser Fall sei und es bei ihm „eben nicht gehe".

Fünfte Phase: Niels' Prozess wird durch eine plötzliche und schwere Herzerkrankung unterbrochen. Über Monate kann er nicht mehr zu den Sitzungen kommen. Als er dann wieder da ist, scheinen Krankheit und die akute Lebensbedrohung spurlos an *Vorstopper* vorübergegangen zu sein. Er ist hart und unerbittlich wie immer. Doch dann erreicht es ihn doch: Das Bild des bei der Herzoperation gewaltsam geöffneten Brustraums. Er wird weicher. Vorstopper kann und will nicht mehr verhindern, dass sein Panzer bricht und ihn die Liebe und Fürsorge vieler Menschen berührt. Und plötzlich spürt *Vorstopper* auch seine eigene Liebe, die Liebe zu seinen Kindern, zu seiner Frau und anderen wichtigen Menschen in seinem Leben.

Vorstopper spürt gleichzeitig aber auch zunehmend seinen von allen und allem unabhängigen und unangepassten Willen. *Vorstopper* lässt sich von niemandem was vorschreiben!

Niels' *Ich-Fokus* verschiebt sich mehr und mehr zu seinem *Verborgenen Ich*, zu *Vorstopper*.

Er will sich – *Vorstopper* – jetzt treu bleiben. Er will zu sich stehen, auch da, wo es schwierig ist. Besonders in der Beziehung zu seiner Frau stellt ihn das vor eine große Herausforderung. Denn er liebt noch eine andere Frau. Aber Niels (*Vorstopper*) bleibt da – und bemerkenswerterweise auch seine Frau. Sie ist berührt von Niels Ernsthaftigkeit und Ehrlichkeit – auch wenn die Situation für sie nicht einfach ist.

Vorstoppers Resignation

Zentral in Niels' Prozess war, dass ihm die Wahrnehmung seines *Verborgenen Ich* immer wieder verloren ging. Niels hatte es sehr schwer, sein *Verborgenes Ich* zu akzeptieren und zu spüren: *Das* bin *Ich. So* bin *Ich.*

Immer wieder schien die Resignation überhandzunehmen und den ganzen Weg, den er bis dahin schon gegangen war, unter sich zu begraben. Lieber war er „niemand" als so jemand. Aber ohne sein *Verborgenes Ich* konnte Niels keinen Sinn in seinem Leben erkennen und ohne sein *Verborgenes Ich* hatte er keine Orientierung. Sein Leben plätscherte nur im Halbschlaf vor sich hin. Das war zwar bequem, aber im Stillen verachtete er sich dafür.

Ja, die Resignation schien übermächtig. Und sie diente, wie allmählich sichtbar wurde, einem doppelten Zweck: Zum einen verbarg sie die Wut auf Gott. Das war verboten. Niemals durfte man wütend sein auf Gott!

Zum anderen war die Verweigerung seines Lebens – die sich in der Resignation zeigte – auch seine Rache an Gott. Niels weigerte sich, die „Karten" zu nehmen, die ihm ausgeteilt worden waren. Er weigerte sich, sein Leben zu ergreifen. Er akzeptierte keinen Gott, der – so wie er es fühlte – mit menschlichen Schicksalen wie mit Karten spielte.

Der Vorwurf

Interessant ist, dass Niels' *Verborgenes Ich* nicht nach einem anderen Schicksal trachtete. Das wäre auch nicht zu haben gewesen. Was sein *Verborgenes Ich* brauchte, war, seine Wut, seinen Vorwurf an Gott *ausdrücken* zu können. Es musste Gott beschuldigen dürfen. Es brauchte einen Raum, wo es genau so sein durfte. Das war notwendig. Mehr aber auch nicht. Niels' *Verborgenes Ich* entspannte sich, es nahm sich so, wie es ist – und sank tiefer.

In einer tieferen Schicht *war* dieser Vorwurf nicht mehr da. Da *gab* es eine Akzeptanz für das Größere und Schicksalshafte im Leben.

Niels' Rachegefühl galt also nicht den Menschen. Trotzdem bekamen es auch die Menschen ab. Sie wurden zwar nicht unmittelbar mit seiner Wut oder seinen Vorwürfen konfrontiert, aber sie begegneten in Niels einer Mauer des Schweigens. Sie fühlten einen Panzer, den nichts zu durchdringen vermochte. Nichts konnte für Niels eine wirkliche Bedeutung bekommen.

Das werden die Menschen, die ihm nah sein wollten, gefühlt haben. Meist erlebten sie den *Lieben Niels*. Der war zwar freundlich und versuchte, es allen recht zu machen, aber es war besser, auf dessen Wort nicht zu zählen. Denn wenn es dem *Verborgenen Ich* nicht passte, torpedierte es jede gemachte Zusage.

Das zu erkennen, war für Niels sehr schmerzlich und beschämend. Niels wollte, dass man ihm vertrauen kann, und gerade auch der *Junge* und der *König* schienen ja vertrauenswürdig – aber gegenüber dem *Verborgenen Ich* waren sie machtlos. Wenn das *Verborgene Ich* etwas nicht wollte, „vergaß" Niels einfach, was er eben noch gesagt hatte.

Spaltung

Besonders schmerzlich zeigte sich die Beziehungslosigkeit des *Verborgenen Ich* in Niels' schwacher Bindung zu seinen Kindern Sereina und Pascal. Er zog von seiner Familie weg, weil er sich da unlebendig fühlte.

Er glaubte in Elena die Frau gefunden zu haben, die er wirklich lieben konnte. Dass er damit aber auch den Kontakt zu seinen Kindern verlor, spürte er wenig. Niels war ganz im Bann seiner neuen Beziehung. Die eigenen Kinder ließ er im Stich – wie er es am Ende seines Prozesses selbst ausdrückte.

Eine grundsätzliche Beziehungslosigkeit verändert sich nur dann, wenn das *Verborgene Ich* selbst in Beziehung tritt.

Dann erst lässt die Spaltung nach. Dann erst wird nicht mehr nur eine *Person* jemanden lieben, während *Vorstopper* gleichzeitig von derselben Beziehung unberührt bleibt.

Die Spaltung ist auch *zwischen* den *Personen* zu sehen: Für *Tiger* gab es „den Schwarm", die Frauen, die ihn umschwärmten – die Beziehung zu Kerstin gab es für Tiger nicht. Für den *Jungen* und den *König* aber gab es nur Kerstin – der Schwarm hingegen interessierte sie nicht, ja, für sie existierte der eigentlich gar nicht. Je nachdem, wie die Situation gerade war, wechselte Niels seinen *Ich-Fokus*. Mal war *Tiger* da, mal der *Junge* und mal der *König*. Je nachdem hatte man also jemand ganz anderen vor sich. Für seine Beziehungen und speziell für Kerstin war das sehr schwierig. Denn in der einen *Person* fühlte sich Niels verheiratet, in der anderen aber nicht!

Das Verborgene Ich ist die Wurzel

Die Situation kann sich erst dann ändern, wenn das *Verborgene Ich* da ist. Wenn das *Verborgene Ich* zu jemandem Ja sagt, kann dieses Ja nicht einfach verschwinden, wenn der *Ich-Fokus* zu einer *Person* im *Vorderen Raum* wechselt. Denn das *Verborgene Ich* ist die Wurzel, der Boden von allen *Personen*. Daher wird jede *Person* dieses Ja fühlen. Sie *könnte* es gar nicht vergessen.

Doch ein *Verborgenes Ich* wird nur dann zu einem Menschen Ja sagen können, wenn es überhaupt am Leben teilnimmt. Ein *Verborgenes Ich*, das nur auf den Tod wartet (was leider gar nicht so selten vorkommt), sagt nicht Ja. Es sagt aber auch nicht Nein. Es sagt einfach gar nichts – und wartet, bis alles vorbei ist.

Stattdessen werden die *Personen,* die Masken, reden. Sie werden „Ja", „Nein" oder „Vielleicht" sagen – aber ihre Aussagen sind nicht tragfähig, denn sie haben keinen Boden. Das musste Niels schmerzlich erleben.

Niels befand sich über Jahrzehnte in der Situation – ob er es nun schon wusste oder nicht –, dass sich sein *Verborgenes Ich* aus allem heraushielt. *Vorstopper* wollte von nichts etwas wissen, am allerwenigsten von Beziehungen. Er hatte sich geschworen, sich nie mehr auf eine Beziehung einzulassen. Das war viel zu schmerzhaft, viel zu unberechenbar, viel zu verletzlich. Das wollte er nie wieder.

So konnte Niels nur über seine *Personen* im *Vorderen Raum* mit jemandem in Beziehung treten. Und je nachdem, wer gerade in Niels' Ich-Fokus war – *Tiger, Junge, König,* der *Liebe Niels* –, war er „jemand anderes". Bei Kerstin war er vor allem der *Junge, König* oder der *Liebe Niels. Sie* hatten nichts zu verbergen. *Sie* waren ihr treu, *sie* interessierten sich tatsächlich nicht für andere Frauen. Dafür mussten sie sich noch nicht mal anstrengen. Nur, dass es noch eine ganz andere Realität gab, das hat niemand dazu gesagt.

Als Kerstin davon erfuhr – Niels' Handeln hatte es offenbart –, war sie schockiert. Diese „andere Realität" hatte sie zuvor nicht zu sehen bekommen. Und so war das auch gewollt. Es war ja kein Zufall, dass sich *Tiger* nicht zeigte, wenn sie da war.

Diese Spaltung verringerte sich, als *Vorstopper* anfing, ein Gewahrsein für sich selbst zu bekommen. Doch dann ging es erst mal überhaupt nicht um Kerstin. Es ging um ihn selbst! – und das musste auch so sein. Bevor ein *Verborgenes Ich* ein Gefühl für sich selbst hat, kann es nicht spüren, welche Gefühle es für jemand anderen hat.

Vorstopper fühlte erst sein Tot-Sein, sein Weg-Sein. Dann fühlte er Wut. Erst auf den Vater, dann auf Gott. Dann wollte er „ficken, einer Frau die Kleider vom Leib reißen und sie vögeln". Wir erinnern uns, das *Verbor-*

gene Ich kennt keine Moral. Es kann nicht erzogen werden und es nimmt auf keine gesellschaftlichen Gepflogenheiten Rücksicht. Es ist, wie es ist. Wir können unser *Verborgenes Ich* nur wahrnehmen oder uns von ihm abspalten.

So oder so aber hat seine Haltung eine Wirkung. Es kann nicht nicht wirken. Es bestimmt die Grundstimmung unseres Lebens. Auch das „Tot-Sein" hat ja eine Wirkung, wie wir bei Niels' Prozess sehen.

Sex und Beziehung

In einer späteren Phase will *Vorstopper* Sex. Das wird deutlich. Aber erst nachdem er die Verachtung gegenüber seinem sexuell gierigen Vater ausgedrückt hat. Interessanterweise tritt *Tiger* danach nicht mehr in Erscheinung. Es hatte sich mir nicht mehr angeboten, ihn aufzusuchen. Diese Energie kam jetzt im *Verborgenen Ich* selbst zum Vorschein. Sie musste nicht mehr abgespalten werden. *Tiger* war die vorgeschobene *Person*, um das Eigentliche, die ungezähmte, pure Sexualität zu verbergen. *Tiger* war tatsächlich die „Hauskatzen-Variante", die gerade noch erlaubte Version von dem, was eigentlich in *Vorstopper* ist.

Später im Prozess zeigte sich: Es geht *Vorstopper* nicht nur um Sex. Es geht ihm auch um Beziehung, letztlich geht es ihm um Liebe. Auch da war *Tiger* das harmlose Abbild des Eigentlichen. *Tiger* redete zwar mal auf einem Sonnwendfest mit einer Frau etwas länger oder genoss eine kurzfristige, spielerisch-erotische Begegnung auf einem Tantra-Workshop. Doch in dem Moment, da die Themen „Beziehung und Sexualität" bei *Vorstopper* auftauchten, änderte sich dessen Dimension. Jetzt wurde es ernst, jetzt wurde es konkret, jetzt wurde es langfristig. Es war kein bloßes Spiel mehr.

Und von da an – das finde ich bemerkenswert – beginnt Niels, mit Kerstin über seine Beziehung zu anderen Frauen zu sprechen. Er „vergisst" sie nicht mehr einfach und macht sich selbst vor, es gehe Kerstin nichts an. Nein, er mutet sich zu. Er sagt, was er fühlt. Das belastet die Beziehung zwar erheblich, aber seine Offenheit gibt ihr auch einen neuen Boden. Gerade in dieser Zumutung bezieht sich *Vorstopper* auf Kerstin. Er lässt sich paradoxerweise genau dadurch auf die Beziehung zu ihr ein.

Kerstins Reaktion ist beeindruckend: Sie versteht. Auch wenn sie mit der Sache selbst nicht einverstanden ist. Aber sie erkennt an, dass Niels – also *Vorstopper* – so ist. Das ist viel. Das ist sogar sehr viel.

Es erstaunt mich nicht, dass genau in diesen Situationen die Sexualität zwischen den beiden aufblühen kann. Wahrheit ist das stärkste Aphrodisiakum. Und Niels zeigt seine Wahrheit. Unabhängig davon, ob Kerstin ihn zum Teufel jagen wird oder nicht. Er weiß nicht, wie sie reagieren wird. Er weiß nicht, ob sie verstehen kann, dass sein „Sich-mit-der-Wahrheit-Zumuten" eigentlich ein Schritt auf sie zu ist. Doch sie versteht. Das ist für *Vorstopper* unglaublich. Eigentlich kann er das nicht fassen. Dass jemand tatsächlich anerkennt, dass er einfach ist, wie er ist! Er war sich doch ganz sicher, dass es auf der Welt keinen Platz für ihn gibt! Deswegen hat er sich doch von jedem und allem zurückgezogen! Dass das nun offenbar doch nicht so ist, zumindest nicht absolut so ist, erschüttert *Vorstopper* zutiefst. Damit wird ja seiner Verweigerung des Lebens die Grundlage entzogen! Wenn er vorkommen darf, wenn er wirklich sagen und sein darf, wie er ist, dann ist das ja eine vollkommen andere Ausgangslage! Dann könnte Niels' Leben ja wirklich sein eigenes, *Vorstoppers* Leben, sein! Und unter diesen Umständen würde er schon gerne leben wollen!

Einen Preis müssen wir zahlen

Vielleicht hängt Niels' gnadenloses Festhalten an der „alten Lösung" – also durch den *Lieben Niels* zu agieren und von *Vorstopper* aus zu schlafen – auch damit zusammen, dass sie so schlecht eben gar nicht war. Niels war, auch zu Beginn des Prozesses, kein Mensch, dem es auffallend schlecht ging. Er hatte einen respektablen Beruf, er hatte Freunde, eine Frau und er wurde eigentlich von allen gemocht. Über weite Strecken war sein Leben durchaus angenehm – man denke nur an seinen Traum mit seinem schnellen, luxuriösen Auto auf der Autobahn. *Schlecht* war das nicht. Blöd nur, dass dann „die Autobahn" plötzlich aufhörte und er „sein Auto" tragen musste! Als immer wieder sehr *anstrengend* empfand Niels sein Leben schon – aber eben nur manchmal. Oft saß er auch in seiner abgekapselten Komfort-Kiste, die Menschen waren auf Abstand und er fühlte sich nicht schlecht. Eigentlich hatte er sogar ein heimliches Gefühl von Überlegenheit. Damit konnte er leben. Selbst wenn es ihn nicht wirklich satt machte.

Niels hatte also etwas zu verlieren. Und er wusste nicht, was kommen wird. Von diesem Szenario aus betrachtet, konnte sein neues Leben mit seinem *Verborgenen Ich* nur in die Katastrophe führen. Davor hatte er Angst.

Letztlich versuchte Niels etwas, was nicht funktionieren *kann:* Er versuchte, die Vorteile von beiden Lösungen zu vereinen, ohne den jeweiligen Preis zahlen zu wollen. Das konnte nicht gehen.

Wir zahlen immer einen Preis.

In der „alten Lösung" zahlte Niels den Preis des Nicht-lebendig-Seins. Da war er ausschließlich die *Personen* seines *Vorderen Raums.* Da war er ein anständiger und angesehener Mann, aber eigentlich war er nicht richtig *da.* Er fühlte sich nicht lebendig, er fühlte nicht, dass sein Leben wirklich *sein Leben* war.

In der „neuen Lösung" *ist* Niels *Vorstopper,* er ist sein *Verborgenes Ich.* Er fühlt sich jetzt tatsächlich lebendig. Aber er verstößt gegen viele gesellschaftliche Regeln und Konventionen. Einige Menschen werden ihn nicht mehr verstehen. Er ordnet sich der Gesellschaft nicht mehr unter und fällt damit in gewisser Weise aus ihr heraus.

Beide „Preise" sind gewichtig. Keinen kann man auf die leichte Schulter nehmen. Die Entscheidung wiegt schwer und ist folgenreich.

Man kann sich natürlich fragen, ob das Kerstin gegenüber fair ist, was Niels tut.

Nach meiner Erfahrung hat allerdings jede Beziehungskonstellation, in der wir uns vorfinden, etwas mit uns selbst zu tun. In jeder schwierigen Beziehung haben wir etwas zu lernen. Entweder haben wir zu lernen, einen neuen Umgang mit einer Situation zu finden. Oder wir haben zu lernen, eine Beziehung, die uns nicht guttut, zu verlassen. Den Beziehungspartner zu verändern, wird nicht gehen. Weder kann Niels Kerstin verändern, noch kann Kerstin Niels verändern.

Wäre Kerstin meine Klientin, würde ich mit ihr danach schauen wollen, was denn *sie*, was denn ihr *Verborgenes Ich* will. Das wäre eine sehr spannende Frage. Ich sehe Kerstin nicht als Opfer. Auch sie geht diese Situation etwas an.

Vorstopper lebt

Als ich Niels, Jahre nach dem Ende seines Prozesses, wiedersehe, sagt er, für ihn sei es heute vor allem wesentlich, ob er *Vorstopper* spüre oder nicht. *Das* sei sein Kriterium. *König* und *Tiger* wären wohl in *Vorstopper* „aufgegangen". Er spüre nur noch ihn. Und manchmal würde er natürlich in schwierigen Situationen weiterhin ausweichen, dann sei der *Liebe Niels* da. Immer wieder aber bekomme er das mit, und das sei für ihn sehr hilfreich.

Auch heute noch lebt Niels zwei Beziehungen gleichzeitig. Er ist immer noch mit Kerstin verheiratet und spürt seine Liebe und Loyalität zu ihr. Er ist aber auch in fast täglichem Kontakt mit Melanie, die er zwar aufgrund der Distanz nur selten sehen kann, mit der er sich aber trotzdem auch innig verbunden fühlt. Das ist für Niels eine konfliktreiche Situation, mit der er sich oft auseinandersetzen muss.

Aber Niels spürt, dass er, also *Vorstopper*, beide Beziehungen leben will: Er liebt Kerstin. Und er liebt Melanie. Das ist zuweilen schwierig. Aber es ist *sein* Leben. Mag die Welt denken, was sie will.

Fazit

In meiner Ausbildung bei Artho Wittemann haben wir einmal eine Übung gemacht, in der wir uns gegenseitig – mit vollem Einsatz – einen selbstgewählten Satz sagen sollten.

Ich sagte zu Gertraud, einer 72-jährigen Teilnehmerin: „Ich will dich!"

Gertraud sagte: „Ich will dich nicht!"

Ich sagte: „Ich will dich trotzdem!"

Gertraud sagte: „Dann will ich dich auch!"

Diese kleine Episode ist mir bis heute im Gedächtnis geblieben. Mir erscheint sie wie ein Vorblick auf das, was meine therapeutische Arbeit einmal ausmachen würde. Ich glaube, dass damals mein *Verborgenes Ich* gesprochen hat – obwohl ich es noch gar nicht im Blick hatte. Es sagte da, ohne dass ich mir darüber im Klaren war, was es in seinem Leben eigentlich will. Ich „rufe" nach dem verschollenen und verborgenen Ich. Eigentlich möchte ich Menschen begegnen, die ganz und gar – also mit ihrem eigentlichen Ich – *da* sind. Das ist aber kaum möglich. Nur sehr wenige Menschen sind in diesem Sinne *da*. Und auch ich war nicht wirklich *da*.

Doch ist dieses „Rufen" nach dem *Verborgenen Ich* zu meiner Aufgabe und zu meinem Beruf geworden. Ich harre aus und warte. In diesem Sinne rufe ich ohne Worte. Ich bleibe da und ich gebe nicht auf. Ich weiß, dass das die Mühe und Anstrengung wert ist.

In den beschriebenen Prozessen wird deutlich: Letztlich entscheidet der Wille des *Verborgenen Ich* über das Leben der Menschen. Es ist ihr eigentliches Ich. Die grundsätzliche Not, der Schmerz und die Ohnmacht der *Personen* im *Vorderen Raum* können sich ohne die Anbindung an ihr *Verborgenes Ich* nicht auflösen. Eigentlich können wir sogar sagen, die *Personen* sind Abspaltungen des *Verborgenen Ich*. Sie sind die „Reste", die gerade noch erlaubten „Überbleibsel" des *Verborgenen Ich*, die trotz allem versuchen, noch irgendeine Art von Leben aufrechtzuerhalten – was aber mehr einem Über-Leben gleicht als einem erfüllten Leben. Denn die Mitte, der grundsätzliche Ausgangs- und Orientierungspunkt, die Wurzel, das eigentliche Ich, fehlt.

Nimmt ein *Verborgenes Ich* jedoch wieder am Leben teil, wird die Abspaltung der *Personen* überflüssig – die Abspaltung war ja nur notwendig, weil das *Verborgene Ich* seine Teilnahme am Leben verweigerte.

Die Gründe für diese Verweigerung liegen weit in der Vergangenheit, in unserer Jugend, in unserer Kindheit oder noch früher. Doch das hat das *Verborgene Ich* vergessen. Aus seinem Versteck heraus beobachtet es über viele Jahre und Jahrzehnte „seine" *Personen* – also die von ihm abgespaltenen Persönlichkeitsanteile – und sieht deren Ohnmacht und die Vergeblichkeit ihrer Bemühungen.

Das ist für das *Verborgene Ich* der Beweis, dass die Menschen und die Welt heute noch genauso sind wie damals, als es beschlossen hatte wegzugehen. Das ist seine *Trance*, das ist seine Verkennung der Wirklichkeit. Dass die Ohnmacht, die vergeblichen Bemühungen der *Personen* im *Vorderen Raum*, von ihm selbst, von seinem eigenen Wegsein verursacht sein könnte, auf diese Idee kommt das *Verborgene Ich* nicht.

Und so ist das *Verborgene Ich* in sich verschlossen und isoliert. Seine Sicht ist verzerrt, nichts Reales dringt mehr zu ihm durch. Weder die Welt draußen noch die von ihm abgespaltenen *Personen*.

Ein *Verborgenes Ich* lässt sich nicht integrieren, wie sich das manche der *Personen* gerne vorstellen. Das wäre das vom Schwanz her aufgezäumte Pferd. Vielmehr wird das *Verborgene Ich* schließlich „seine" *Personen* integrieren, wenn es wieder am Leben teilnimmt. Aber nicht umgekehrt! Die Voraussetzung dafür ist, dass das *Verborgene Ich* wieder Ja zum Leben sagt. Und dafür wiederum ist es erforderlich, dass es gehört, verstanden und angenommen ist. Und zwar unabhängig davon, wie verdreht, verworren, verschlafen oder bösartig es geworden ist. Es braucht das Gefühl, dass es genau so sein darf, wie es ist, und dass jemand über Jahre und ohne jeden Druck wissen will, was es dazu gebracht hat, genau so zu sein. Anders gesagt: Das *Verborgene Ich* braucht eine absolut tragfähige und vertrauensvolle Beziehung. Eine Beziehung, die es belasten darf. Eine Beziehung, in der es ungerecht sein darf. Eine Beziehung, in der es seine *Trance* in den *Direkten Begegnungen* ausleben darf, ohne dass Bestrafung oder Rückzug folgt.

Irgendwann fällt ihm selbst auf, dass etwas nicht stimmt. Dass seine Beschuldigung oder Bestrafung nicht stimmt, dass sie der Beziehung zur Begleiterin, zum Begleiter nicht gerecht wird. Das irritiert. Das *Verborgene Ich* versteht nicht, warum die Begleiterin, der Begleiter nicht böse wird oder sie/er die Beziehung aufkündigt. Laut seinem *Trance*-Weltbild müsste das passieren. Das tut es aber nicht. Es tut das dauerhaft nicht. Aber wenn dem so ist, fühlt das *Verborgene Ich*, dann stimmt etwas nicht, stimmt etwas mit mir nicht! Ich war mir doch sicher, dass die Menschen böse und ignorant sind und es *niemand* ernst meint. Wenn es hier aber einen Menschen gibt, der nicht so ist, so ist es ja auch möglich, dass es noch einen anderen Menschen gibt, der es auch ernst meint, und dann noch einen – und dann stimmt womöglich mein ganzes Weltbild nicht! Dieser eine Mensch macht den Unterschied. Ob einer oder keiner, entscheidet alles.

Das *Verborgene Ich* erfährt also eine Kluft zwischen dem, was es fühlt, und dem, was geschieht. Und genau da öffnet sich die Tür einen kleinen Spalt breit. Die absolute Isolation wird durchbrochen, ein kleines bisschen Wirklichkeit – heutige Wirklichkeit – dringt zu ihm durch. Und es bekommt eine Ahnung davon, dass die Gefühle, die es hat, mehr mit damals zu tun haben als mit heute.

Die Beziehung zur Begleiterin, zum Begleiter ist also der Anker. Das *Verborgene Ich* braucht diese Beziehung. Auch wenn es das über Jahre abstreiten würde. Auch wenn es die Begleiterin, den Begleiter über Jahre zurückweist, angreift oder ignoriert. Das *Verborgene Ich* ist darauf angewiesen, dass es gesucht wird, dass es zumindest einem Menschen nicht egal ist, dass es weg ist. Das habe ich als Begleiterin zu leisten.

Ich setze mich dem *Verborgenen Ich* vollkommen aus. Und ich werde nicht böse, ich werde nicht ungeduldig und ich gehe nicht weg. Was immer auch passiert und was immer auch nicht passiert.

Auch wenn es lange dauert, irgendwann horcht das *Verborgene Ich* auf. Es *hält* es nicht mehr *aus*, sich weiter zu verstecken – denn es fühlt, dass ich es ernst meine. Zurückgezogen hatte es sich ja, weil es von niemandem gemeint war, weil es von niemandem gesehen und verstanden wurde und ihm niemand eine angemessene Antwort gegeben hat.

Das *Verborgene Ich* findet am „Leitseil" dieser Beziehung überhaupt erst einen Bezug zu diesem Leben. Erst durch diese Beziehung spürt es, dass es selbst da ist und dass es etwas will. Es spürt, dass es guttut, sich auszudrücken. Es spürt, dass es guttut, verstanden zu werden.

Die alten, ungelösten Themen verlieren ihre allumfassend lähmende Macht. Es spürt, es gibt ja noch ein Heute. Es ist ja noch nicht alles vorbei. Es bahnt sich mit dem Erkennen seiner selbst einen Weg zurück in dieses, sein Leben.

Bei allen drei beschriebenen therapeutischen Prozessen hat sich das *Verborgene Ich* hinter den *Alltagspersonen* und dem *Kind* versteckt. Es ist für das Selbst-Verständnis der Klientin beziehungsweise des Klienten wichtig, auch diese aufzusuchen und mit ihnen Zeit zu verbringen. Denn die Klientin, der Klient fühlten sich über lange Zeit vor allem in ihnen als „ich". Sie fühlen ihre Anstrengungen, ihre Bemühungen, ihr Es-gut-machen-Wollen, ohne dabei auf einen grünen Zweig zu kommen. Auch das will gesehen und anerkannt sein. Die Not muss gewürdigt werden. Die Klientin, der Klient – also ihre beziehungsweise seine *Personen* – müssen sich als Opfer fühlen dürfen, denn das ist ihre subjektive Realität. Das *Verborgene Ich* empfinden sie zu dieser Zeit als ihren „Feind", den es zu bekämpfen und auszumerzen gilt.

Ich bringe als Begleiterin dem *Kind* und den *Personen* Verständnis entgegen, ich fühle mit ihrem Leid mit. In der Verurteilung des *Verborgenen Ich* werde ich sie aber nicht bestätigen. Ich werde ihnen immer sagen, dass das *Verborgene Ich* – oder eben der „Feind", den sie spüren – schon seine Gründe haben wird, so zu sein, wie er nun mal ist. Ich sage, dass wir diese Gründe im Moment aber noch nicht verstehen und wir deswegen zu schnell urteilen. Wir verurteilen immer, was wir nicht verstehen.

Ich beziehe also Stellung für das *Verborgene Ich*, schon bevor ich es das erste Mal gesehen habe. Ich kämpfe für seine Legitimation, auch wenn ich noch nie direkt mit ihm gesprochen habe. Für die meisten *Personen* ist das zunächst befremdlich. Aber mein Einstehen für das *Verborgene Ich* hat meine Beziehung zu den *Personen* und dem *Kind* letztlich noch nie nachhaltig belastet. Dass sie ihm ausgeliefert sind, spüren sie auch selbst. Ich bin nur die Überbringerin der „schlechten Nachricht". Die Tatsache selbst hat nichts mit mir als Begleiterin zu tun. Das spüren sie.

Und natürlich schaut mir auch bereits das *Verborgene Ich* aus seinem Versteck heraus genau zu. Es registriert ganz genau, was ich zu den *Personen* sage und ob ich es nicht doch, wenn ich mit ihnen spreche, insgeheim infrage stelle oder sogar verurteile. Das *Verborgene Ich* braucht meine unbedingte Loyalität. Wenn das *Verborgene Ich* später in einem Prozess sichtbar hervortritt, ist es in *Trance*. Es glaubt, die Realität zu sehen, das, was es aber sieht, ist durch seine Vergangenheit geprägt. Seine Sicht ist verzerrt. Es fühlt sich, wie es sich damals gefühlt hat, bevor es weggegangen ist. Und damals war „Krieg".

So war es auch bei *Vernebler, Herrscherin* und *Vorstopper*. Sie waren sich sicher, dass die Menschen und die Welt noch genauso schlimm sind wie damals, als sie ihre Schutzschichten gebildet haben. Sie begründeten ihr Wegsein mit dem, was die *Alltagspersonen* auch nach wie vor erlebten. Sie kamen nicht auf die Idee, dass die Ohnmacht der *Alltagspersonen* und des *Kindes* mit ihrem eigenen Rückzug zu tun haben könnte.

Das *Verborgene Ich* ist in allen drei beschriebenen Prozessen ausgesprochen machtvoll. Es ist nicht kontrollierbar und es ist zum Äußersten entschlossen. Vor allem bei Caro und Niels erlebten wir eine hohe Aggressivität des *Verborgenen Ich*. Ja, das *Verborgene Ich* ist ein *Blindgänger!*

In Caros Prozess konnte ich einmal nicht verhindern, dass ihr *Blindgänger* explodierte.

Niels hingegen richtete die Aggression vor allem gegen sich selbst. Im Traum mit der blutigen Dusche ist allerdings zu sehen, was sein *Verborgenes Ich* eigentlich tun wollen würde.

Natürlich ließe sich ein *Verborgenes Ich* provozieren. Es würde dann sehr viel schneller hervortreten und sichtbar werden. Es wäre nicht schwer, eine Explosion aktiv herbeizuführen. Nur wäre das nicht hilfreich. Das können wir in Caros Prozess sehen. Wenn die Zeit nicht reif ist, kann der *Blindgänger* für alle anderen sichtbar explodieren, aber der Mensch selbst nimmt ihn nicht wahr. Caro spürte damals den brennenden Schmerz von Caroline, für ihr *Verborgenes Ich* aber war sie blind.

So strebe ich als Begleiterin die Explosion eines *Blindgängers* nicht an. Ich möchte den *Blindgänger* in seinem „Ruhezustand" kennenlernen. Schließlich möchte ich sein Vertrauen gewinnen – und das wird nur möglich sein, wenn ich ihn lasse, wie er ist. Das ist die Entschärfung des *Blindgängers*, die ich anstrebe. Provokation ist daher kontraindiziert.

Deshalb muss ich langsam sein. Deshalb darf ich keinen Druck ausüben. Deshalb muss ich das *Verborgene Ich* zu hundert Prozent so nehmen können, wie es ist. Nur dann wird es sich entspannen. Nur dann wird es irgendwann loslassen und sich selbst tatsächlich wahrnehmen können. Nur dann beginnt es, ein Gefühl für sich zu entwickeln. Solange es sich in Gefahr fühlt, richtet es seine Aufmerksamkeit ausschließlich auf sein Gegenüber. Auf den „Feind". Wie im Krieg.

Ein *Verborgenes Ich* jedoch, das sich ausreichend sicher fühlt, kann auf sich selbst schauen. Es kann wahrnehmen, wie es ist, und es kann sich darin niederlassen. Wenn es nicht anders sein muss, empfindet es diese Selbst-Zuwendung – nachdem es sich erst einmal daran gewöhnt hat –

sogar als angenehm. Es entspannt sich und sein Zustand vertieft sich.

So führt paradoxerweise gerade das *Nicht-verändern-Wollen* zu einer Wandlung.

Das ist allerdings kein planbarer Vorgang. Es ist ein Ereignis, das unwillkürlich und in gewisser Weise unvorhersehbar geschieht. Sowohl ich als Begleiterin wie auch die Klientin, der Klient können nur gute Umstände dafür schaffen. Aber „machen", können wir die Wandlung nicht.

Das Sinken durch die *Reaktionsschichten* benötigte in allen drei Prozessen viel Zeit. Es zeigte sich als organischer Prozess, der nicht beschleunigt werden kann. Jeder Druck wäre kontraproduktiv gewesen und hätte die Prozesse nur verlängert oder sogar scheitern lassen.

Die Ausrichtung des Prozesses auf das *Verborgene Ich* war für die *Alltagspersonen* und das *Kind* oft eine Zumutung. Sie bekamen weit weniger Beachtung und für sie mag es sich über Jahre so angefühlt haben, als „fahre das Schiff" in die völlig verkehrte Richtung! Aber Anna, Caro und Niels haben verstanden, dass es dessen bedurfte, dass diese Zumutung für den Weg zur Quelle unumgänglich ist. Sie waren einverstanden, das zu tragen. Über die Jahre hat das bei allen dreien dazu geführt, dass sie ihr *Verborgenes Ich* zunehmend als ihr eigentliches Ich wahrnahmen. Nachdem die Verurteilung und Ablehnung des *Verborgenen Ich* nachgelassen hatte, haben sie das als große Entlastung erlebt. Sie haben das Gefühl, mehr *da* zu sein, und mehr das tun zu können, was sie eigentlich wollen.

Durch das Zurückkommen des *Verborgenen Ich* werden gleichsam die Wurzeln und der Stamm eines Baumes spürbar, die vorher größtenteils abgespalten waren. Vorher gab es nur verschiedene Äste und Blätter, die aber von der „Hauptschlagader", den Wurzeln des Baumes, abgeschnitten waren. Entsprechend ging es dem „Baum" nicht gut.

Doch mit dem Zurückkommen des *Verborgenen Ich* fühlt sich der Mensch als *Eins*. Es gibt zwar weiterhin verschiedene Äste, es gibt weiterhin Blätter, Blüten und Früchte, und doch fühlen sie sich als ein Ganzes. Es ist *ein* Baum.

Diese Bewegung sehe ich bei allen drei beschriebenen therapeutischen Prozessen. Die *Personen*, das *Kind* und das *Verborgene Ich* fügen sich. Es gibt zwar immer noch verschiedene „Anteile", aber sie stehen nicht mehr unvereinbar nebeneinander.

Es sagt nicht mehr die *eine Person* etwas, von dem die andere *Person* dann aber nichts weiß. Durch die gemeinsame Wurzel sind alle miteinander verbunden. Der Stamm und die Wurzeln – also ihr eigentliches Ich – sind für Anna, Caro und Niels am Ende ihres Prozesses deutlich zu fühlen.

So findet in allen drei therapeutischen Prozessen eine grundsätzliche Verschiebung des *Ich-Fokus* (vgl. S. 38) von den *Alltagspersonen* oder dem *Kind* hin zum *Verborgenen Ich* statt. Das geht einher mit einem Gefühl von Souveränität, Präsenz und Unabhängigkeit. Die Lebensqualität nimmt zu.

Anna, Caro und Niels fühlen, dass sie in ihrem Leben mehr vorkommen. Sie spüren: Das ist *mein* Leben, so will *ich* leben! Das Gefühl, Opfer von sie bestimmenden Umständen oder auch anderer Menschen zu sein, hat sich massiv reduziert oder sogar ganz aufgelöst.

Das *Verborgene Ich* ist für niemanden bequem. Doch wenn wir es klar spüren, wollen wir es nicht mehr übergehen. Zu eindeutig fühlen wir, dass wir genau so eigentlich sind.

Das ist vor allem in Caros und Niels Prozess deutlich zu sehen. Bei Anna ist das noch offen. *Vernebler* ist sich noch nicht wirklich klar darüber, ob er sich auf ein Leben als Mensch einlassen will. Dafür braucht er noch mehr Zeit.

Grundsätzlich ist zu sehen, dass in jedem dieser Prozesse das eigentliche Ich immer mehr hervortritt. Anna ist mehr Anna, Caro ist mehr Caro und Niels ist mehr Niels. Das ist eine tiefe Befriedigung, das macht satt. Es ist schön, so zu sein, wie wir eigentlich sind. Es ist schön, auf Verbiegung, Tarnung und Verrenkungen zu verzichten, um vermeintlich besser anzukommen bei den Menschen. Und es ist schön, unsere Autorität zu spüren und aus dieser heraus unser Leben zu gestalten und zu leben.

Ich danke Anna, Caro und Niels, dass sie bereit waren, ihre zutiefst persönlichen Prozesse mit uns, mit Ihnen, zu teilen. Ich danke ihnen für ihren Mut, diesen Weg zu gehen, und für ihren Mut, sich mit ihrem therapeutischen Prozess auch der Öffentlichkeit zu zeigen.

Folgende Punkte fassen die Erkenntnisse, die wir durch ihre Prozesse erlangen konnten, zusammen:

- Untersuchen wir unser Da-Sein genauer, finden wir verschiedene *Alltagspersonen*, ein oder mehrere *Kinder* und ein *Verborgenes Ich*. Sowohl die *Personen* und das *Kind*, als auch das *Verborgene Ich* lassen sich – mit ausreichend Geduld – einzeln kennenlernen.
- Die *Personen* und das *Kind* verdecken das *Verborgene Ich*.
- Unser Verhalten – das Verhalten unserer *Personen* und *Kinder* im *Vorderen Raum* – folgt einer Logik. Es ist intelligent. Diese Logik erschließt sich allerdings erst durch das Erkennen und Verstehen des *Verborgenen Ich*.
- Lernen wir unser *Verborgenes Ich* kennen und annehmen, verschiebt sich unser *Ich-Fokus*, unser Ich-Gefühl, langfristig dahin. Im *Verborgenen Ich* erleben wir uns machtvoll und souverän. Wir spüren: Wir sind kein Opfer.
- Durch das Da-Sein im *Verborgenen Ich* nimmt die Spaltung zu den *Personen* und dem *Kind* ab. Durch die „gemeinsame Wurzel" – das *Verborgene Ich* – nimmt aber auch die Spaltung zwischen den *Personen* ab.
- Das *Verborgene Ich* befindet sich in chronischen *Reaktionshaltungen*.
- Sie haben sich durch verletzende Erfahrungen in der Vergangenheit, meist der Kindheit und Jugend, gebildet. Verbringen wir mit einer *Reaktionshaltung* Zeit, entspannt sie sich. Sie vertieft sich und wandelt sich dadurch.

- Der Weg durch die *Reaktionsschichten* unseres *Verborgenen Ich* bringt uns der Quelle näher. Wir spüren, wie wir gemeint sind, und es macht uns Freude zu sein, wer wir eigentlich sind. Heilung geschieht.

Ich hoffe, dass dieses Buch trotz aller beschriebenen Anstrengungen Mut macht, sich selbst zu begegnen, nach den verschiedenen *Personen* und dem *Kind* Ausschau zu halten und vielleicht sogar dem *Verborgenen Ich* zu lauschen. Vielleicht können wir hie und da einen verborgenen Willen in uns erahnen, der so gar nicht für die Öffentlichkeit bestimmt ist. Vielleicht ist das bereits „ein Zipfel" von unserem *Verborgenen Ich*.

Ich wünsche mir, in einer Welt zu leben, in der die Menschen sich selbst wirklich spüren. Ich wünsche mir eine Welt, in der jeder spürt, was er sagt, und meint, was er sagt. Ich wünsche mir, dass jeder das, was er in seinem Leben tut, aus seinem Innersten, aus seinem eigentlichen Ich heraus, verantworten kann.
Ich bin mir sicher, die *Blindgänger* wären dann keine Blind-Gänger mehr. Menschen würden ihre Macht nicht mehr blind agieren und ihre unbewältigten Traumata über äußere Konflikte, über Druck, Manipulation, Gewalt und Krieg austragen wollen.
In meiner Vision würden die Menschen ihr eigentliches Ich spüren und sich an ihm orientieren. Das wären kraftvolle, mutige und gleichzeitig sensible Menschen. Ihr eigentliches Ich würde sich selbst spüren und seinen eigenen, unabhängigen, individuellen Weg gehen. Und es würde seine Gaben in die Welt bringen wollen. Es spürte, dass es ihm selbst guttut, sich einzubringen und sich im Geben zu entfalten. Diese Menschen würden auf ihrem Weg anderen Menschen begegnen, Menschen, die selbst auch in ihrem eigentlichen Ich zu Hause sind. Das würde eine ganz neue Qualität von Begegnung und Beziehung ermöglichen. Menschen könnten sich auf das beziehen, was wirklich *da* ist. Sie würden zu sich

stehen können – und zwar auch dann, wenn sie Fehler gemacht haben oder wenn sie ungerecht waren. Und das wäre in Ordnung. Denn wir sind Menschen und wir dürfen Fehler machen. Und wir werden daraus lernen. Nicht weil wir müssen, sondern weil wir wollen. Weil es unserem Wesen entspricht, zu lernen, zu wachsen und uns zu entfalten. Weil es unserem Wesen entspricht, zu uns selbst, zu unserer Wahrheit und zu unserer Liebe zu finden.

Dank

Ich danke all meinen Klientinnen und Klienten, dass ich mit ihnen lernen durfte, welche willentlichen Veränderungen wir initiieren können und welche eben auch nicht. Ich danke ihnen für ihr großes Vertrauen, sich mir als Begleiterin auch in tief abgründigen Zuständen zu zeigen, sich mir damit auszusetzen und zuzumuten.

Ich danke meinen Schülerinnen und Schülern, die mich mit ihren Fragen dazu brachten, noch präziser auszudrücken, wie sich die *Personen* zueinander bzw. im Verhältnis zum *Verborgenen Ich* verhalten und was es von uns als Begleiterin oder Begleiter erfordert, um einen therapeutischen Prozess optimal zu unterstützen.

Ich danke meinen Lehrern: Allen voran Osho, der mein Leben seit meinem 12. Lebensjahr massiv prägte und mich an die Quelle von Liebe und Wahrheit in jedem von uns erinnerte. Ich danke Alan Lowen, der mir in vielen Workshops Räume eröffnete, in denen ich wachsen und lernen konnte, in meinen Beziehungen mehr und mehr ich selbst zu sein. Ich danke Halko Weiß, der mich mit Weitsicht und Behutsamkeit zur Hakomi-Therapeutin ausbildete. Ich danke Artho Wittemann für alles, was ich bei ihm über Innere Personen, das Innere Kind und die Geheimen Machtseiten lernte. Ich danke ihm für seine therapeutische Begleitung und letztlich auch für den Rauswurf, der mich dazu zwang, ganz auf meinen eigenen Füßen zu stehen.

Ich danke Dr. Richard Reschika für sein einfühlsames und sorgfältiges Lektorat.

Ich danke meinem Mann Harald Trede für seine unglaubliche Zuversicht, dass dieses Buchprojekt *Blindgänger* für mich zu bewältigen ist und dass die darin beschriebenen Erkenntnisse es wert sind, aufgeschrieben zu werden. Ohne ihn hätte ich dieses Buch so nicht schreiben können.

Glossar

Alltagspersonen: Synonym für *Personen.* Vom *Verborgenen Ich* abgespaltene Persönlichkeitsanteile

Ausgangsplatz: Der Sessel der Klientin/des Klienten gegenüber dem Sessel der Begleiterin/des Begleiters. Hier finden in einer Sitzung das Vorgespräch und das Nachgespräch statt. Um eine Unterscheidungsmöglichkeit zu gewährleisten, sind die Plätze der verschiedenen *Alltagspersonen,* der *Kinder* und des *Verborgenen Ich* im Sitzungsraum nicht identisch mit dem Ausgangsplatz.

Blinde Reaktion: Automatische, unreflektierte Reaktion auf das Verhalten eines anderen Menschen

Blindgänger: Bildhafter Ausdruck für das unerforschte und sich selbst noch unbekannte *Verborgene Ich* mit seinen teilweise explosiven Reaktionsschichten

Direkte Begegnung: Zentrales Element einer therapeutischen Sitzung. Die Begleiterin/der Begleiter begegnet unmittelbar einer *Alltagsperson,* einem *Kind* oder dem *Verborgenen Ich* der Klientin/des Klienten.

Hinterer Raum: Der Raum hinter der „Bühne des Alltags", der Raum des *Verborgenen Ich*

Ich-Fokus: Beschreibt das Phänomen, dass der Mensch je nach Situation „aus den Augen" unterschiedlicher Persönlichkeitsanteile – oder auch „aus den Augen" des *Verborgenen Ich* –auf die Welt und die Mitmenschen schaut. Der *Ich-Fokus* kann also in einer *Alltagsperson,* in einem *Kind* und auch im *Verborgenen Ich* liegen.

Kind: Vom *Verborgenen Ich* abgespaltener kindlicher Persönlichkeitsanteil

Lineare Problemlösung: Beschreibt eine Lösung, die auf dem Ursache-Wirkung-Prinzip beruht und willentlich zu bewerkstelligen ist.

Nachgespräch: Gespräch nach einer *Direkten Begegnung* zwischen der Begleiterin/dem Begleiter und der Klientin/dem Klienten

Personen: Synonym für *Alltagspersonen*. Vom *Verborgenen Ich* abgespaltene Persönlichkeitsanteile

Quelle: Urgrund unseres eigentlichen Seins, der Liebe und Wahrheit

Reaktionsschichten: Chronische Schutzschichten des *Verborgenen Ich*. Sie haben sich meist in unserer Kindheit entwickelt und halfen uns damals dabei, mit einer unerträglich schwierigen Situation besser zurechtzukommen.

Resonanz: Eine subtile, körperlich wahrnehmbare Schwingung, die durch das Verhalten eines anderen Menschen in uns ausgelöst wird.

Trance: Die durch unsere *Reaktionsschichten* verzerrte Wahrnehmung der Umwelt, die für uns selbst aber so selbstverständlich ist, dass wir sie nicht als solche erkennen.

Verborgenes Ich: Das von chronischen Schutzschichten verhüllte, eigentliche Ich

Verschiebung des Ich-Fokus: Eine durch einen therapeutischen Prozess ausgelöste langfristige und unwillkürliche Verschiebung des *Ich-Fokus* von den *Alltagspersonen* oder einem *Kind* des *Vorderen Raums* hin zum *Verborgenen Ich* im *Hinteren Raum*.

Vertikale Lösung: Die Veränderung eines Zustandes, die nicht willentlich steuerbar ist. Sie beruht auf dem vollkommenen Annehmen eines Zustandes. Spannungen lösen sich und wir sinken tiefer. Wir fühlen deutlicher, wie wir eigentlich sind. (vgl. *Wandlung*)

Vorderer Raum: Der „offizielle Raum" unserer selbst, die „Bühne" des Alltags. Hier finden wir alle *Alltagspersonen* und ein *Kind* beziehungsweise bei manchen Menschen verschiedene *Kinder*.

Vorgespräch: Gespräch zu Beginn einer therapeutischen Sitzung zwischen der Begleiterin/dem Begleiter und der Klientin/dem Klienten

Wandlung: Eine Veränderung, die nicht „gemacht" werden kann. Sie beruht auf Selbstannahme, Entspannung und In-sich-selbst-tiefer-Sinken. (vgl. *Vertikale Lösung*)

Wechsel des Ich-Fokus: Wechsel des Ich-Gefühls von einer *Alltagsperson* zu einer anderen *Alltagsperson* oder zu einem *Kind*; beziehungsweise der Wechsel des Ich-Gefühls von einer *Alltagsperson* oder einem *Kind* hin zum *Verborgenen Ich*; beziehungsweise der Wechsel des Ich-Gefühls vom *Verborgenen Ich* hin zu einer *Alltagsperson* oder einem *Kind*. *Der Wechsel des Ich-Fokus* ist mit etwas Übung willentlich steuerbar.

Literatur

Almaas, A.H., In die Tiefe des Seins, Kamphausen Verlag, Bielefeld 2010

Bauer, Joachim, Das Gedächtnis des Körpers, Piper Verlag, München 2004

Bauer, Joachim, Das kooperative Gen, Hoffmann und Campe Verlag, Hamburg 2008

Bauer, Joachim, Selbststeuerung, Karl Blessing Verlag, München 2015

Bauer, Joachim, Warum ich fühle, was du fühlst, Heyne Verlag, Hamburg 2005

Chödrön, Pema, Geh an die Orte, die du fürchtest, Arbor Verlag, Freiamt 2002

Chopich, Erika und Paul, Margaret, Aussöhnung mit dem inneren Kind, Bauer Verlag, Freiburg 1993

Die Bibel, nach der Übersetzung Martin Luthers, Deutsche Bibelgesellschaft, Stuttgart 1999

Eisenstein, Charles, Die schönere Welt, die unser Herz kennt, ist möglich, Scorpio Verlag, München 2017

Goldstein Joseph und Kornfield, Jack, Einsicht durch Meditation, Scherz Verlag, Bern 1996

Heidegger, Martin, Sein und Zeit, Max Niemeier Verlag, Tübingen 2006

Hellinger, Bert, Die Mitte fühlt sich leicht an, Kösel Verlag, München 1996

Hellinger, Bert, Ordnungen der Liebe, Carl-Auer-Systeme-Verlag, Heidelberg 1994

Hellwig, Mike, Radikale Erlaubnis, 2. überarbeitete Auflage, Hamburg 2018

Hendricks, Gay und Kathlyn, Liebe macht stark, Mosaik Verlag, München 1992

Hendricks, Guy, Bewusster Leben und Lieben, Kösel Verlag, München 2001

Hölderlin, Friedrich, Erste Gedichte. Homer, Luchterhand Literaturverlag, München 2004

Johanson, Greg und Kurtz, Ron, Sanfte Stärke, Kösel Verlag, München 1993

Krishnananda, Liebe ist kein Kinderspiel, Verlag Friedhelm Schrodt, Herrsching am Ammersee 2001

Kurtz, Ron & Prestera Hector, Botschaften des Körpers, Kösel Verlag, München 1997

Kurtz, Ron, Hakomi Eine körperorientierte Psychotherapie, Kösel Verlag, München 1979

Kurtz, Ron, Körperzentrierte Psychotherapie, Synthesis Verlag, Essen 1985

Mallasz, Gitta & Dallos, Hanna, Die Antwort der Engel, erweiterte Ausgabe, Daimon Verlag, Einsiedeln, Schweiz, 2013

Nidiaye, Safi, Herz öffnen statt Kopf zerbrechen, Intergral Verlag, München 2002

Nidiaye, Safi, Meditation löst Lebensprobleme, Ariston Verlag, München 1994

Osho, Das Buch der Heilung, Heyne Verlag, München 1995

Osho, Der Höhepunkt des Lebens, Osho-Verlag, Köln 1994

Osho, What is Meditation?, Osho International Foundation, Dorset 1995

Peters, Fritz, Meine Kindheit mit Gurdjieff, Innenwelt Verlag, Neuauflage Köln 2003

Ress, Radim und Riechers, Alexander, Dialog mit dem Unbewussten, Springer Verlag, Wiesbaden 2017

Riek, Saleem Matthias, Herzenslust, Aurum Verlag, Braunschweig 1999

Schellenbaum, Peter, Das Nein in der Liebe, dtv, München 1986

Schellenbaum, Peter, Ja aus Liebe, Kösel Verlag, München 2004

Schwartz, Richard, Systemische Therapie mit der inneren Familie, Pfeiffer Verlag, Stuttgart 1997

Stamboliev, Robert, Den Energien eine Stimme geben, Synthesis Verlag, Essen 1992

Stone, Hal & Winkelmann, Sidra, Embracing Our Selves, Nataraj Publishing, Delos 1989

Stone, Hal und Sidra, Abenteuer Liebe, Kösel Verlag, München 1997

Stone, Hal und Sidra, Du bist viele, Heyne Verlag, München1994

Tolle, Eckhart, Eine neue Erde, Arkana Verlag, München 2005

Tolle, Eckhart, Jetzt, Kamphausen, Bielefeld 2000

Weiss, Halko, Johanson, Greg, Mondo, Lorena (Hrsg.), Hakomi – Achtsamkeitsbasierte Körperpsychotherapie, Klett-Cotta, Stuttgart 2019

Wittemann, Artho, Die Intelligenz der Psyche, Kösel Verlag, München 2000

Wittemann, Artho, Warum wir erst anfangen, uns selbst zu verstehen, Kamphausen Verlag, Bielefeld 2009